A devilish
psychology encyclopedia

思いのままに人をあやつる心理学大全

監修　齊藤　勇

はじめに

人の心には、「顕在意識」と「潜在意識」がある。
顕在意識というのは、人が常に意識している領域、
そして潜在意識とは、無意識の領域である。
この顕在意識と潜在意識の割合は、1対9と言われている。
つまり、顕在意識はたったの1割しか使われておらず、
残りの9割は潜在意識、つまり無意識の世界が占めているのだ。

この9割を占める無意識の領域には、
普段、私たちが意識することのない願望や不安、孤独、恐怖、
さらには他人への敵意や嫉妬なども渦巻いている。
そして、人はこの無意識から自由でいることはできない。
しかし、この無意識を過度に恐れる必要はない。

なぜなら無意識の領域には、愛や優しさ、協調性といった善なる側面も、ドロドロとした悪意と同様に存在するからだ。

本書では、この無意識を操作する180の方法を解説している。
「操作」と聞くとまるで悪いことのように感じるかもしれないが、そんなことはない。
なぜなら無意識をあやつるとは、人間の「可能性」を引き出すことでもあるからだ。

本書で取り上げた、ビジネス、恋愛、自己変革といった領域では、個々の人間の中に潜在する「可能性」を引き出すための挑戦が、常に求められる。
その可能性をあなたが望むかたちで引き出し、コントロールすることができれば、あなたはもとより、周囲の人たちにも利益と幸福をもたらすはずだ。

心理学とは、「人を知るための学問」である。
自分を知り、相手を知り、人間というものを知れば、人生はより豊かになるはずだ。

齊藤 勇

思いのままに人をあやつる 心理学大全 目次

はじめに——2

第1章 思いのままに人を動かす心理学——17

難題を出して義理を作れば次の交渉が有利に進む——18
動作をマネるだけで商談相手を上機嫌にできる——20
人づてに褒めて部下を手なずけろ——22
自分のヤバい話を暴露すれば目下を従わせられる——24
「期待の言葉」がデキない部下をデキる部下へ変える——26
「して!」を「もらえる?」に変えて部下を従わせる——28
結論を会話の最後にすると相手を納得させられる——30
中途半端な時間を指示すると遅刻されづらい——32
男は励まし、女にはお願いで思いのままに動かせる——34
相手に反論させないためには話を一度認めてしまえ!——36
短所や欠点を伝えると信頼度がアップする——38
交渉を優位に進めたければ相手の口癖を指摘しろ——40
目線を先にそらせば話の主導権を握れる——42

あなたの本性がわかる心理テスト
「黒い優越感」診断——45
「仕事への思い」診断——47
「後輩や部下へのキレ方」診断——49

第2章 営業力がアップする心理学

第2章 営業力がアップする心理学 —— 51
最初から全部売ろうとしたって誰も買わない！ —— 52
個人ではなく多数意見であることを強調しろ！ —— 54
ヘタな理屈屋より愛嬌ある営業マンになれ‼ —— 56
具体的なデータを示すとどんな相手も信用する —— 58
商品の悪い所も話した方が長くつきあってくれる —— 60
難しいクライアントには「恐怖」を植えつけろ！ —— 62
戦略もデータも「見て触る」ことには絶対勝てない —— 64
奥手なクライアントはプライベートトークで切り崩せ —— 66
相手の性格をテキトーに指摘するだけで信頼される —— 68
手に入れるのが難しいものほど人は欲しくて仕方がなくなる —— 70
ドラマ性のあるトークに人は引き込まれる —— 72
粘り過ぎは嫌われるだけ‼潔く出直しが成功のカギ —— 74
ゆっくり丁寧に話すより早口の方が信頼されやすい —— 76
ワンポイントCOLUMN 世界のいろいろな交渉テクニック —— 78
深層心理を見破る心理テスト 交渉術編
「交渉の際の基本対処」診断 —— 79
「人見知り度」診断 —— 81
「社交性」診断 —— 83

第3章 「YES」と言わせる心理学 ―― 85

契約成立一歩手前に相手を褒めれば決着する ―― 86
自分の希望を通すには「〜だろ?」と決めつけて話す ―― 88
ここぞというとき大声を出せば交渉が決着する ―― 90
相手の40cm前後まで近づけば要求が通りやすくなる ―― 92
簡単な仕事をさせ続ければ部下はYESマンになる ―― 94
笑顔と世間話で営業相手は落とせる! ―― 96
ツンデレになるだけで相手の好意をゲットできる ―― 98
「もし私があなたなら」で不利な依頼を飲み込ませろ ―― 100
YESといわせ続ければデカい要求も快諾される ―― 102
交渉は相手を呼び出せ!アウェイにすれば勝ちやすい ―― 104
右側から忍び寄れば、上司は機嫌よく「イエス」と言う ―― 106
簡単な頼みを数回すれば大きな要求も快諾される ―― 108

あなたの本性がわかる心理テスト

「出世願望」診断 ―― 111
「社長度」診断 ―― 113
「二重人格度」診断 ―― 115

第4章 組織で生き抜くための心理学 ―― 117

相づちは「うん」よりも「いいね」「なるほど」に ―― 118
ダメな部下もプラスの暗示をかければ能力アップ ―― 120

「最悪いつになる?」で本当のスケジュールが分かる……122
リズムを同調させて上司の警戒心を解け……124
細部をリアルに語ることで相手は勝手に信頼してくれる……126
「監視」をすると効率ダウン部下は放置しろ……128
部下に「命令」するな!「確認」で動かせ……130
少しは手抜きしろ完璧な上司ほど嫌われる……132
1回の結果を褒めるより努力している姿勢を褒めろ……134
話に例えをとり入れると相手の理解が早くなる……136
失敗をアピールして評価を逆転させる方法……138
直接叱りづらい相手は第三者経由で叱れ……140
相手のメンツをつぶさずに先送りにすると角が立たない……142
「忘れてくれ」と言うと逆に記憶に残る……144
ワンポイントCOLUMN
礼儀作法の現代……146
深層心理を見破るテスト　会社編
「緊急対応能力」診断……147
「守秘能力」診断……149
「不満度」診断……151
第5章
自分に有利にことを運ぶ心理学……153
さりげなく体に触れれば相手の警戒心が消え失せる……154

いけすかない上司は孤立させれば丸くなる――156
ホットコーヒーを出せば交渉相手が妥協する――158
体をそらせれば口だけ番長を黙らせられる――160
3回繰り返して伝えれば部下を納得させられる――162
「姓」ではなく「名前」で呼び相手を自分になつかせる――164
浅く前かがみに座ると相手の長話はとまる――166
相手より高い位置からの発言は通りやすい――168
「ということは？」で簡単にYESかNOを決めさせられる――170
右上を見るだけで熟考中に見せられる――172
人の意見にケチをつければ自分の意見の株が上がる――174
一度会ったら疎遠にすると営業がうまく運ぶ――176
商品は「おすすめ」しないほうが購入に結びつく――178

あなたの本性がわかる心理テスト
「後輩への寛容度」診断――181
「裏切り者度」診断――183
「自分の周りから排除したい人」診断――185

第6章 相手の印象と欲望をあやつる心理学――187
食・性・金・休「欲」を絡めて人を惹きつける――188
アゴを20度上げるだけで見た目の好感度アップ――190
赤はテンションを上げる色勝負のときは赤パンをはけ！――192

色の使いわけでイメージは操作できる――194
「4割失敗」も「6割成功」と言えば良い印象に変えられる――196
人は実際の能力よりも数の多さに負けてしまう――198
黒を着るだけで強く見えて威厳があがる――200
どんなに時代が変わってもメガネは謹厳実直に見える――202
顔の右側は強さ左側は優しさを見せる――204
ファーストコンタクトはウソでも良い格好をすべし――206
人間関係はポジティブな表現の方がうまくいく――208
9割の人が外見で見る「見た目いのち」はホント――210
世間は騒音だらけ‼せめて自然音でストレス軽減――212
人の怒りは鏡を見せるだけで鎮火する――214
ワンポイントCOLUMN
メディアの印象操作テクニック――216
深層心理を見破る心理テスト　印象テク編
「人嫌い度」診断――217
「図々しさ」診断――219
「自己中心度」診断――221
第7章
1のものを100に見せる錯覚心理学――223
仕事の達成率を低く伝えて上司からの評価を上げる――224
値段の端数を8にすればお得品だと思わせられる――226

タウリン1gより1000mg！
桁がデカいと量が多く見える　228
商品は何かで例えると
実物以上の良い物に見える　230
偉い人の言葉を使えば
簡単に上司を出し抜ける　232
美女を同行させればバカでも
エリートに見える　234
身体を大きく見せれば
「デキるヤツ」に見える　236
黄色いネクタイを着用すれば
相手が秘密を話す　238
グレーの服を着れば相手の苛立ちを
静められる　240
相手から見て右側に
陣取ればすごいヤツだと思われる　242
会話に詰まったら間をとれば
話がうまい人と思われる　244
大きなウソは小さなウソを
重ねればバレない　246
褒めるときは倒置法を使うと
社交辞令だとバレない　248
会話力に自信がないなら
交渉は食事中に行え　250

あなたの本性がわかる心理テスト

「嘘つき人間」診断　253
「孤独度」診断　255
「洗脳されやすさ」診断　257

第8章
自己暗示で勝ち組になる心理学　259
自信を持つことで
運気は上げられる　260
心を強くするには
カラダを鍛えろ　262
やらなきゃいけないことは
口に出すべし　264

楽観的になると成功が舞い込んでくる 266
手の届く夢を終わりなく作り続けろ 268
成功するには人も自分も褒めまくれ 270
夢をリアルにイメージすると現実化する 272
よく笑う人ほどお金儲けが上手である 274
自分を動かすにはご褒美をたっぷり用意すべし 276
マイナスの言葉を吐くとそのとおりの結果がうまれる 278
レスポンスの早い人はデキる人だと思われる 280
会話のキャッチボールで相手に信頼感を与えろ 282
お金のためだけでなく「人のため」がより大きな力を生む 284
モヤモヤを消すには全部文字で書き出せ 286
ワンポイントCOLUMN 心を復元する脳科学 288
深層心理を見破る心理テスト 自己暗示編
「過去への執着心」診断 289
「緊急時の選択能力」診断 291
「うぬぼれ度」診断 293
第9章 気になる相手を惹きつける恋愛心理学 295
他人と違う行動で好印象を与える 296
「今電話しようとしてた!」で運命の人になる 298

へこんでいるときに近づけば
恋人になれる ―― 300
字を見れば相手の
性格がわかる ―― 302
自分のダメさを訴えれば
溺愛される ―― 304
椅子にゆったり腰掛けると
ベッドに誘い込める ―― 306
初体験を繰り返してあなたの
トリコにし続ける ―― 308
性格の違う相手を選べば
一生夫婦円満！ ―― 310
浮気を見破れば相手はあなたに
一途になる ―― 312
ふたり組に声をかければ
ナンパの成功率アップ ―― 314
誘いは2択に
すれば断られない ―― 316
友達づてで好きをアピれば
告白は成功する ―― 318
腹八分目で食事をやめれば
お持ち帰りできる ―― 320
嫉妬させると
マンネリ化した恋がよみがえる ―― 322

あなたの本性がわかる心理テスト

「恋人への嘘つき度」診断 ―― 325
「過去の恋愛傾向」診断 ―― 327
「異性との友情は成立するか」診断 ―― 329

第10章 複雑な女心をひもとく心理学 ―― 331

女性を口説き落とすときは
暗い場所を狙え！ ―― 332
「やっぱりいらない」と言えば
気になる相手から好かれる ―― 334
恋愛対象に尽くしすぎると
嫌われてしまう⁉ ―― 336

心の距離を縮めるためにはバーを利用しろ！――338
危険日こそ女は男を求める⁉――340
金と時間をかけさせると相手は自分しか見なくなる――342
離婚を防止する一番の方法は子どもを作ること――344
あなたの恋人は大丈夫？マメな女はストーカーになる――346
冬に生まれた女は口説きやすい⁉――348
遊び好き女は結婚しても遊び好きのまま――350
買い物大好き女は尻軽の可能性大⁉――352
最後までウソをつき通せば女性でも見抜けない――354
恋愛小説好きの女性はコンドームを使用しない⁉――356

ワンポイントCOLUMN
恋愛と性愛の違いの科学――358

深層心理を見破る心理テスト　恋愛編
「セクシー度」診断――359
「恋人への未練度」診断――361
「浮気願望」診断――363

第11章
人は3人集まればバカになる集団心理学――365

行列を意図的に作れば人の行動をあやつれる――366
集団の団結力を高めるには共通の敵を作るだけでOK――368
会社のPRをさせれば新人たちは会社の信者になる――370
成功率半分の指令を出せば集団は100％の力を発揮する――372

個別に仕事を割りふればミッション達成率100％ —— 374
味方をふたり確保しておけば会議で自分の案を通せる —— 376
「予測できない人」になればチームは簡単に操れる —— 378
意志を主張し続けて多数決をひっくり返す —— 380
困った質問には「どう思う?」で返せ —— 382
他人をおとしめるには悪い噂を流せ —— 384
集中的にひとりを怒ればみんなが自然と姿勢を正す —— 386
ルールを破れば熱狂的ファンがついてくる —— 388

あなたの本性がわかる心理テスト

「コミュニティ内での立場」診断 —— 391
「リスクマネジメント能力」診断 —— 393
「あなたの第一印象」診断 —— 395

第12章 長生きするための心理学

第12章 長生きするための心理学 —— 397
長生きしたければ人づきあいをよくしろ —— 398
誕生日前後は自殺に気をつけろ —— 400
ケンカはするな！ ケンカっぱやい人は早死にする —— 402
ギャンブルには負けておけ 勝って依存すると中毒になる —— 404
不安情報は見すぎるな 心の中もお先真っ暗でアウト —— 406
よくおごる人は金持ちじゃない？ 見栄を張ることに命がけなだけ —— 408
夢に「赤い服」が出てきたら女性に注意 —— 410

心臓病になりたくなければ「〜しなきゃ」をやめなさい　412
危険を避けたいならキレるな　怒る人には危険が多い　414
医者がいない方が　病人はなぜか減る　416
前向きな人ほど　PTSDに気をつけろ　418
「作り笑い」はガンになる⁉　強制される笑いはストレス　420
犯罪を一番起こすのは「長続きしない人」　422
飛ぶ夢・食事の夢を見た人は　欲求不満に注意　424
夢を見ないという人は　危険思想の持ち主かも？　426
ワンポイントCOLUMN　危険を感じる脳の働き　428

深層心理を見破る心理テスト　危険回避編
「金銭欲」診断　429
「他人への期待度」診断　431
「労働意欲」診断　433

第13章　自分を変身させる心理学　435

3秒の力強い握手で　自分が上だと知らしめられる　436
気にすることをやめれば　嫌いな相手も好きになれる　438
人の手の動きを観察すれば　気のきくヤツになれる　440
面倒な仕事を押しつければ　頼れる先輩になれる　442
聞き役に徹して　相手の「怒り疲れ」を待て　444

ライバル心の強い交渉相手には
戦わずして勝て　446
口達者なライバルは
イチャモンで打ち負かせ　448
「一緒に悩むフリ」だけで
信頼ゲット　450
部長の謙遜を否定できれば
昇格間違いなし　452
入室と退室を堂々とすれば
「デキるヤツ」になれる　454
質問と相づちを
挟めば会話が得意になる　456
失敗を口にしなければ
失敗知らずの人間になれる　458
服装を少し乱すだけで
また会いたいと思われる　460
持ち物のランクをアップさせれば
自信が生まれる　462
博愛主義に徹すれば誰からも
好かれる人になれる　464
メモをとるだけでデキる
新人に大変身！　466
落ち込んだら
なるべく早めに手を打て！　468
深呼吸するだけで
相手へのイライラを抑えられる　470

あなたの本性がわかる心理テスト

「友達に抱かれる第一印象」診断　473
「誰にも触れられたくない点」診断　475
「必要とする本当の友達」診断　477

第1章

思いのままに人を動かす心理学

難題を出して義理を作れば次の交渉が有利に進む

TRICKキーワード

ドア・イン・ザ・フェイス・テクニック

仕事やプライベートなどで比較的困難なお願いを頼みたいとき、どのように依頼すると相手は受け入れてくれるだろうか。

その問題を解決してくれる心理的手法に『ドア・イン・ザ・フェイス・テクニック』がある。譲歩的要請法と呼ばれるこの方法は最初に期待薄な無理な依頼をして、それをとり下げたあとでもう少し難易度が低いお願いをする。そうし

これができればあなたは…

デキる奴！

借りと思わせたら勝ち？
譲歩が目的達成を生む

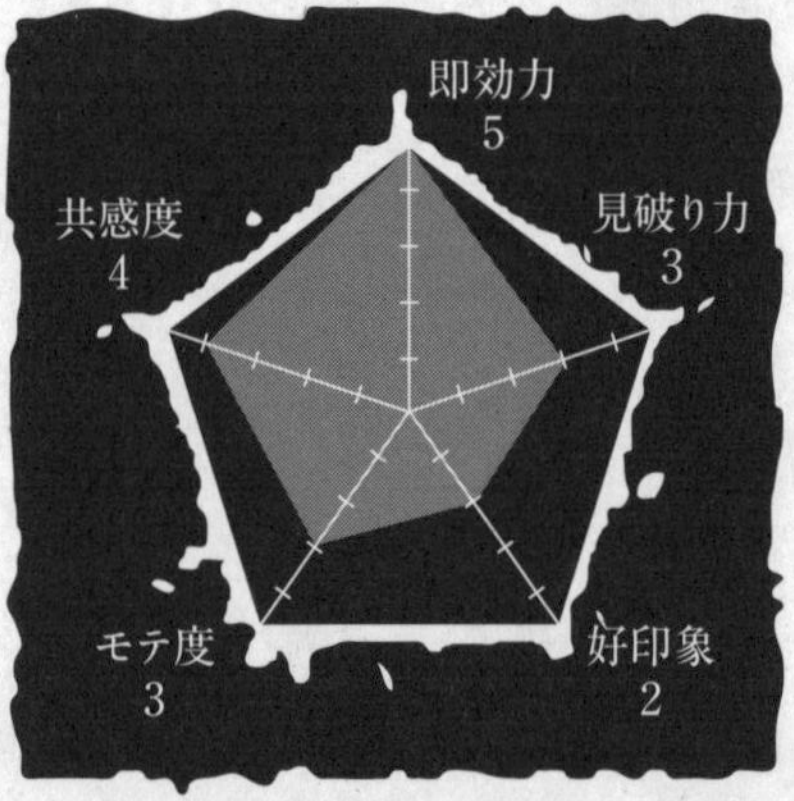

たプロセスを経ると、相手の胸の中には「最初の依頼を断ってしまった」という罪悪感が発生する。その罪悪感を利用して次の依頼を引き受けやすくするというテクニックなのだ。セールスを例に挙げてみよう。10万円の商品を勧めるとする。さすがに相手は断る。そのあと8000円の商品を紹介したところ、買ってもいいかなという気持ちにさせられ、取引完了となるわけだ。

この場合、最初の難題を断られた直後に次の依頼をすることが最大のポイントで、最初の依頼から時間を置けば置くほど次の依頼を受けてもらう可能性は低くなってしまう。1万円のお小遣いをねだって断られたあとに「1000円でも…」などとお願いするのはこの手法と一緒だ。

これが有効なのは、お返しをしなければならないという「返報性のルール」が我々の社会に存在しているからだ。「返報性のルール」とは他人から何らかの恩恵を受けた場合、似たような形でお返しをしなくてはいけないという社会的なルールのことだ。このルールは社会に深く浸透しており、逆らいがたい強制力を発揮している。『ドア・イン・ザ・フェイス・テクニック』の場合、「譲歩される＝恩恵」となる。結果、人々は「お返ししなくてはいけない」と感じるのだ。

悪魔の格言

本当の目的を遂げたければ、最初は無理難題をお願いしろ！

動作をマネるだけで商談相手を上機嫌にできる

TRICKキーワード
同調（シンクロ）

嫌いだと思う相手は誰にでも存在する。ご近所さんや職場にいた場合は見過ごすわけにはいかない。身近にいる嫌いな相手や、苦手とはいえどうしても良い関係をキープしておきたい商談相手などにはどうしたらいいだろうか。

同調（シンクロ）という良い方法がある。人間は自分と同じ行動をしてくれた相手に対し、「自分を受け入れてくれた」と解釈する。相手が

これができればあなたは…

行動をマネて相手の気分をあげろ

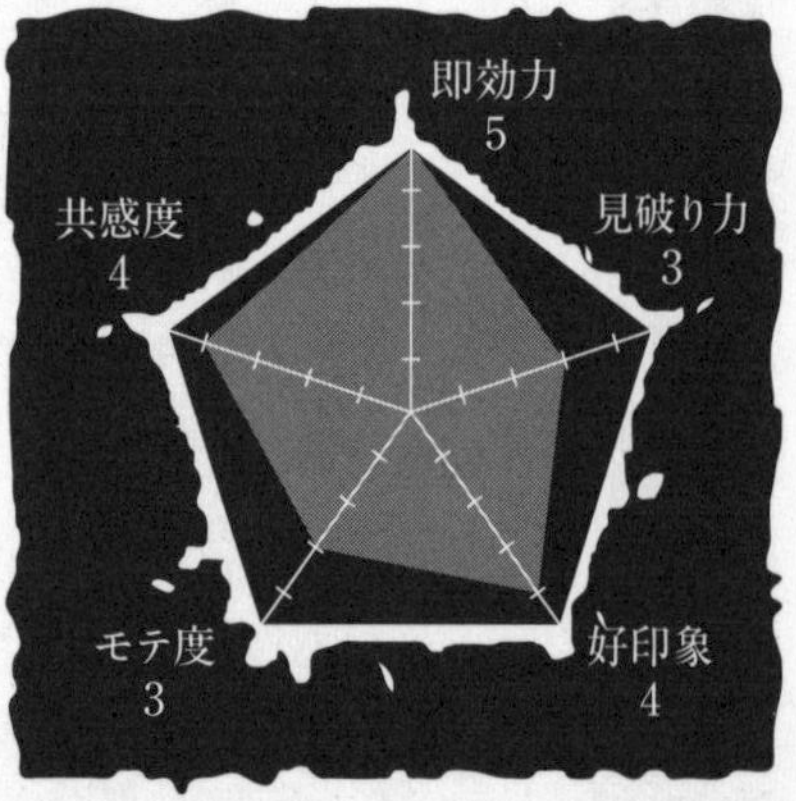

自分に好意を持っていると感じ、同時に自分も相手に好意を感じるのだ。これを心理学的にシンクロ効果と呼ぶ。つまり、商談相手が使った言葉や身ぶり手ぶりを真似するだけで無意識に相手は気をよくし、物事がスムーズに運ぶのである。嫌いな相手はもちろん意中の相手や家族、上司、会社の重要なクライアントなど応用範囲も広い。ただし、簡単そうに思われるが、注意点もある。過度なリアクションは逆効果になってしまい「馬鹿にされている」と感じさせてしまうのだ。あくまでも「さりげなく」というのがポイントだ。

悪魔の格言

あくまでも「さりげなく」、相手の動きを真似するだけで簡単に手なづけられる！

人づてに褒めて部下を手なずけろ

TRICKキーワード
ウィンザー効果

手のかかる部下や後輩などは悩みの種。そんな相手を思いのままに操縦できれば、上の立場にある人のストレスはかなり軽減されるはずだ。例えば、困った部下が同僚からこのように言われたらどう思うだろうか。

「○○先輩が君のことを見込みあるって褒めてたぞ」

「今回の営業成績、課長が褒めてたよ」

これができればあなたは…

デキる奴！

相手に好意を伝えるのは
間接的でも効果大!!

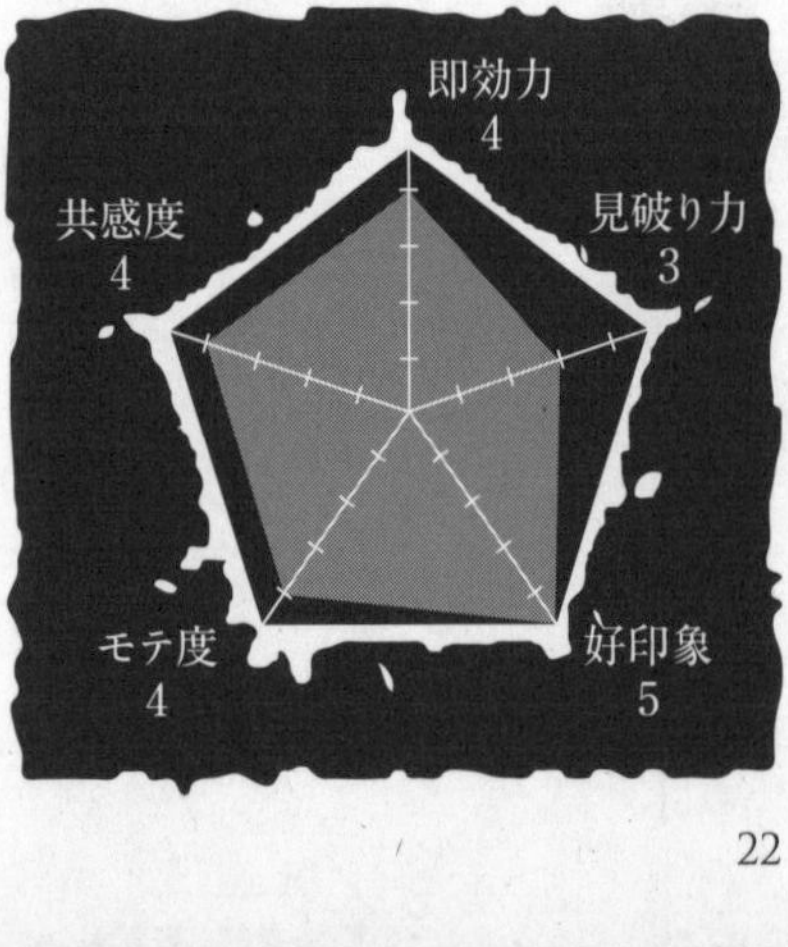

学校や職場で、人づてに自分の高評価を聞いて悪い気がする人はいないはず。自分とあまり親しくなかった相手やそんなに好きではない相手だった場合、「意外といいヤツなんだな」と今まで以上に好印象を持ち、自分の嬉しさも倍増する。

このように、直接褒められるより第三者から褒められることで、自分の受けとる好意が強調されることをウィンザー効果と呼ぶ。ミステリー小説『伯爵夫人はスパイ』の登場人物、ウィンザー伯爵夫人が言ったセリフ「第三者からの褒め言葉はどんなときにもいちばん効果があるのよ、忘れないでね」が由来と言われている。

人はまったく意識していない相手からでも、好意を伝えられると好感を持ってしまう傾向がある。これを「好意の返報性」と呼ぶ。自分を肯定してもらいたかったらまず、相手のことを肯定し、その相手の仲の良い人物にそれを話してみよう。好意は強調されて相手に伝わり、良い印象を持ってくれるだろう。同性・異性問わず、まずは相手を認めることが重要だ。しかし、世間にはそれが苦手な人もいることには注意しよう。陰で褒めて相手の心理をうまく利用していきたい。

悪魔の格言

どんな面倒な部下でも褒められるのは嫌いじゃない。陰で褒めて好感度アップ!!

自分のヤバい話を暴露すれば目下を従わせられる

TRICKキーワード
自己開示

普段は無口で寡黙に仕事している上司が、急に自分のプライベートで起きたヤバい話を打ち明けてきたらどうだろう。きっと多くの人が「こんなことを私に話してくれるなんて」と思うはずだ。そして、相手がこれだけ心を開いてくれるのなら自分も……と、同じような話題を話し出すだろう。このように自分のことを話す「自己開示」は相手への信頼を示し、相手の自己開

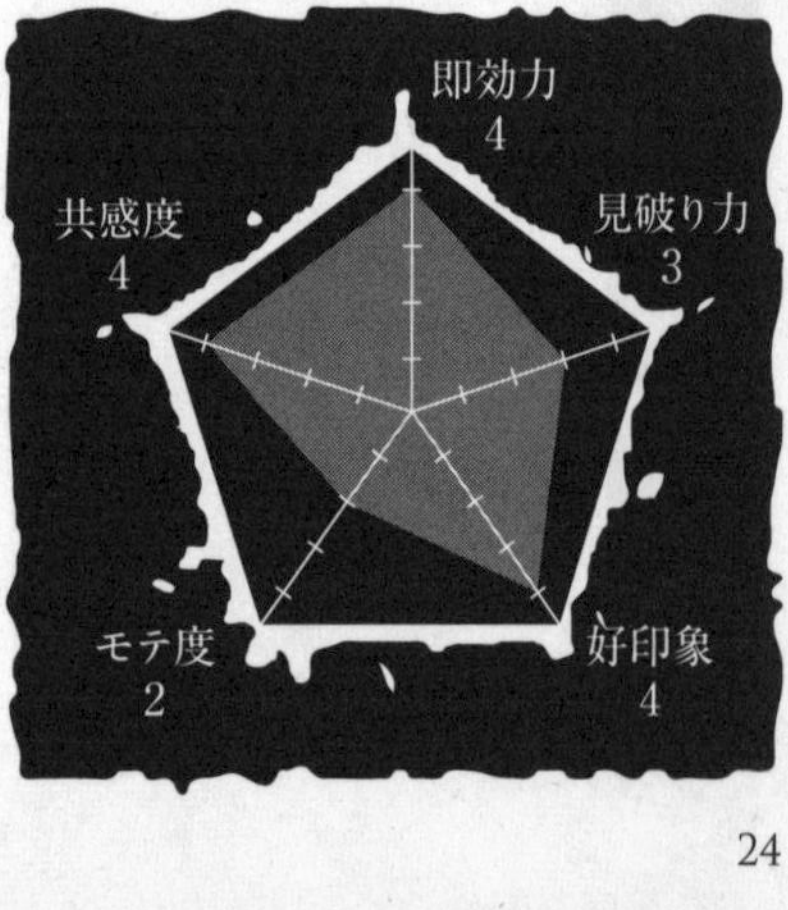

これができればあなたは…

相手を知るには自分をさらけ出そう!!

示を促すことになる。相手もヤバい話を打ち明ける「自己の相互開示」となる場合が多くなるのだ。

自己開示が相互開示を生むことは、次の心理実験からも明らかにされている。アメリカのボストン空港で、数人の実験者が、ロビーに座っている客に筆跡鑑定の名目で自己紹介を書いてもらうことにした。その際、実験者はそれぞれ、お客に記入してもらう答案用紙の上に、自分のこととして模擬例文を記入しておいたという。その内容は以下の通り。

Aさん「私は、今、筆跡鑑定のためのサンプルを集めています」

Bさん「私は友達が多いが、孤独を感じることがあります」

Cさん「私は正直、性的悩みを抱えています」

その結果、Cさんに依頼を受けた被験者は、AさんBさんに依頼を受けた人よりもより赤裸々に自分の情報を書いたという。つまり、よりプライベートに突っ込んだ話を先にされると、自分もそれにつられてしまう傾向があることがこの実験で証明されたのだ。ビジネスシーンでも、交渉に入る前に雑談などで自分の「うちあけ話」を少し漏らしてみてはどうだろう。

悪魔の格言

先陣切って自己開示すれば相手の本音を聞き出すチャンスだ!!

「期待の言葉」がデキない部下をデキる部下へ変える

TRICKキーワード

ピグマリオン効果

プロスポーツの世界では、結果が出ない選手に期待して、監督が使い続けることがある。結果、監督の起用という期待にこたえて結果を出した選手は何人もいる。このように期待をされた部下はそれを敏感に感じとり、上司の熱いまなざしや指導を意気に感じ、結果に結びつくことがある。これを『ピグマリオン効果』と呼ぶ。

アメリカの教育現場で行われた実験が興味深

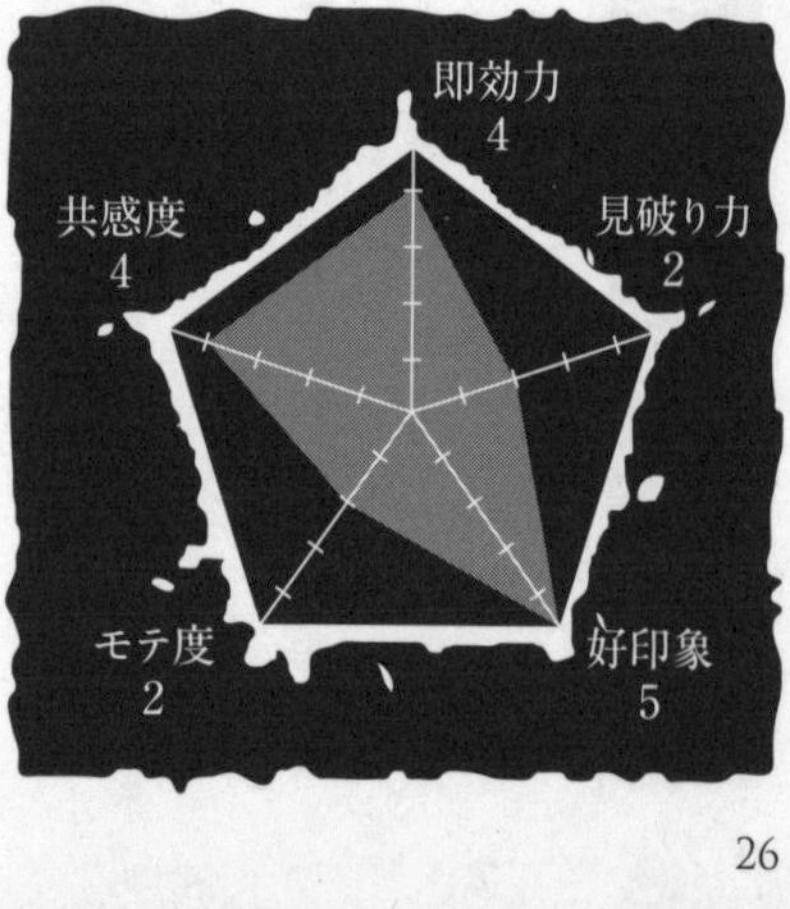

これができればあなたは…

デキる奴！

「君しかいないんだ！」
はやる気のサプリメント

い。あるとき、サンフランシスコの小学校で生徒に知能テストが行われ、表向きは「学力が伸びそうな生徒を選抜するためのもの」だと通知された。実はこの検査にはなんの意味もなかったのだが、選抜した生徒の名簿を担任の先生に渡す際、「この名簿の生徒は学力が伸びる生徒です」と伝えられた。すると先生は期待のまなざしで生徒に接し、熱心に指導に取り組んだ。やがて期待を感じとった生徒は成績を向上させたという。

ある野球監督の言葉で「打てないから起用しないんじゃない。君が打者として素晴らしいことはわかっている。守備に集中する姿勢を練習でも見せてほしい」というものがある。これをいわれた選手は「自分の打撃は信頼されている」と自信を持つ半面、守備も求められていることに気づき、モチベーション高く熱のこもった守備練習をするようになったそうだ。このようにやる気と結果を出させるには、上の立場の人間が部下に信頼や期待をもって接するのが上策なのである。

「君ならできる」「頼むぞ！」「君しかいない」「あなたの味方だ」などのように信頼や期待を込めた殺し文句も有効。部下は自信を持って仕事に臨むことだろう。

悪魔の格言

期待の言葉で部下のモチベーションを巧みに操れ!!

「して！」を「もらえる？」に変えて部下を従わせる

TRICKキーワード

疑問形指示の心理効果

相手があなたの指示を気持よく聞いてくれたらどんなに円滑に仕事が進むだろうか。

「書類を10部コピーして！」
「ここの文、差し替えて！」

というのが普通の指示の仕方だが、

「書類を10部コピーしてくれる？」
「ここの文、差し替えてもらえる？」

と語尾を命令形から疑問形に変えたらどうだ

これができればあなたは…

デキる奴！

何気なく使っている疑問形の有用性!!

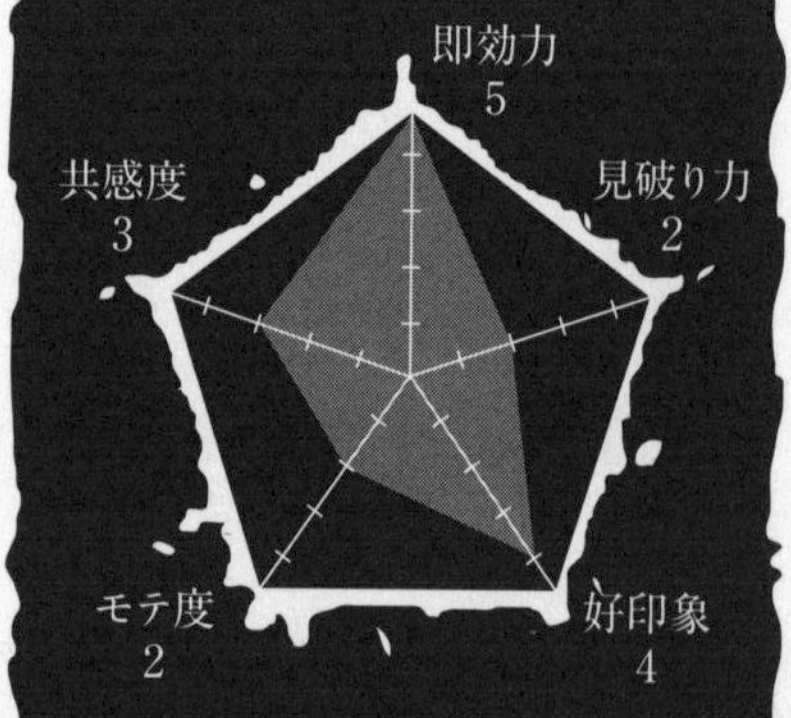

ろう。語尾を疑問形に変えるだけで耳にやわらかく丁寧に聞こえるものだ。このちょっとした気遣いがあるだけで、相手は気持ちよく指示を受け入れてくれる。社員なのだから指示には従うのが当然、と思っているとと社員の信頼は得られないのだ。行列の最後尾を間違ってしまったとき「列の後ろに並んでください！」といわれるより「列の後ろにお並びいただけますか？」と耳にする機会が多いのも、この効果を期待してのこと。社内に限らず、仕事を依頼している業者が作業の進捗状況の報告をしてこない場合なども疑問形指示を使ってみると良い。「進み具合をご報告いただけますか？」と「！」を「？」を変えて「報告しろ」の指示を棘のないいい回しに変えるだけで、相手が自身の報告が足らなかったのだと自覚することができ、今後の仕事が良い方向に転がるはずだ。もちろん、指示を受ける側にも気遣いは必要。指示を疑問形に変えて気をつかっているのが理解できていないのか「いいですよ！」と返す社員がいるそうだが、そこは「かしこまりました」「承知しました」など使うとお互いの気分を害することはない。指示する側も受ける側も人の関係を大切にしてスムーズに仕事を進めていきたいものだ。

悪魔の格言

「！」を「？」に変えて相手に優しい指示を出せ！

結論を会話の最後にすると相手を納得させられる

TRICKキーワード　クライマックス法

「週末、お台場で○○っていう日本初にイベントがあるんだって。一緒にいかない?」

「週末、お台場に行かない? すごいの。日本初の○○っていうイベントがあるんだって!」

同じような例文だが、聞き手としては、後者のほうが話に対する期待感がより膨らまないだろうか。これは、結論が最後にきているからだ。

このように結論を最後に持ってくる会話手法を

これができればあなたは…

デキる奴!

時代劇や探偵ものも同じ手法で視聴者は釘づけ!

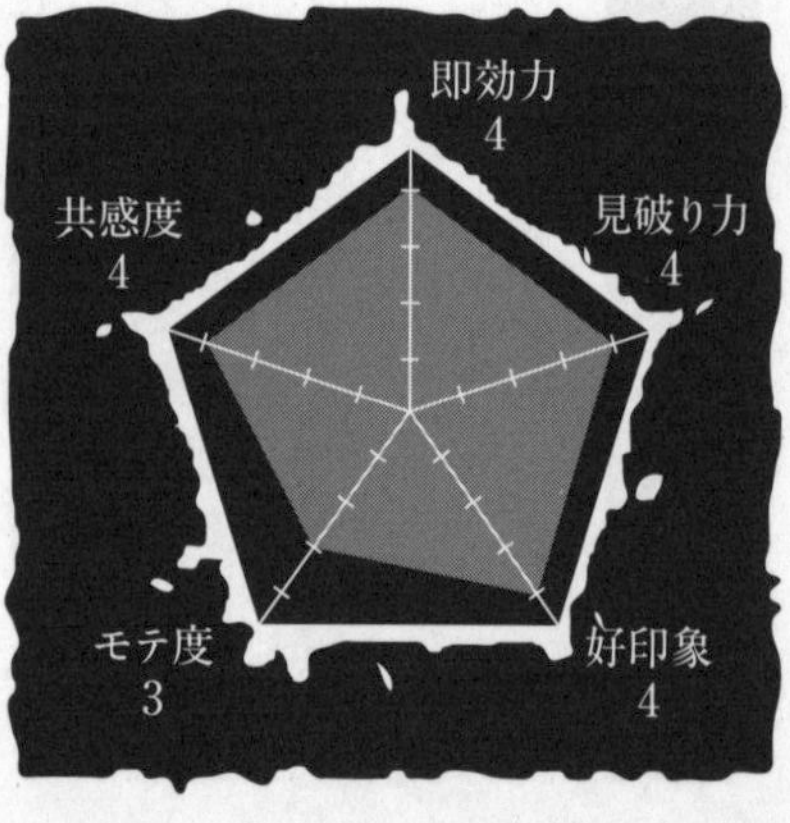

『クライマックス法』と呼ぶ。

前置きや関係のない雑談をして相手を話にのせてから、徐々に話の本質に迫っていく方法で、礼儀や形式にこだわる人がこの手法を好む傾向にある。

この手法は一般に聞き手が話の内容に強い関心・興味を持っている場合に有効で、講演やスピーチで多く採用される。推理小説はいろいろな事件が起こり、最後の最後で探偵が推理を完結させる形式をとっている。商談でも、相手が話にノッてきていると思ったら、結論はズバッと最後にしたほうが話が決まりやすいのだ。

悪魔の格言

興味があるとわかったら最後までじっくり焦らせ！

話を盛り上げて結論は先のばしに！
ズバリ 1万円で！
OK!

中途半端な時間を指示すると遅刻されづらい

TRICKキーワード

半端な数字の心理効果

いつも待ち合わせに遅れてくる人はいるもの。「9時に集合」などと言っても必ず遅れてくる。遅刻癖がある人は「○○時集合」を「○○時くらい集合」と変換してしまうようだ。

そんな人には、「8時55分集合ね」などと指定時間を中途半端にすると、その悪癖を最大限に阻止することができる。人は、具体的な数字を出されると緊張し、無意識に「その数字には何

これができればあなたは…

賢い奴

キリの良い数字より端数のほうが印象大

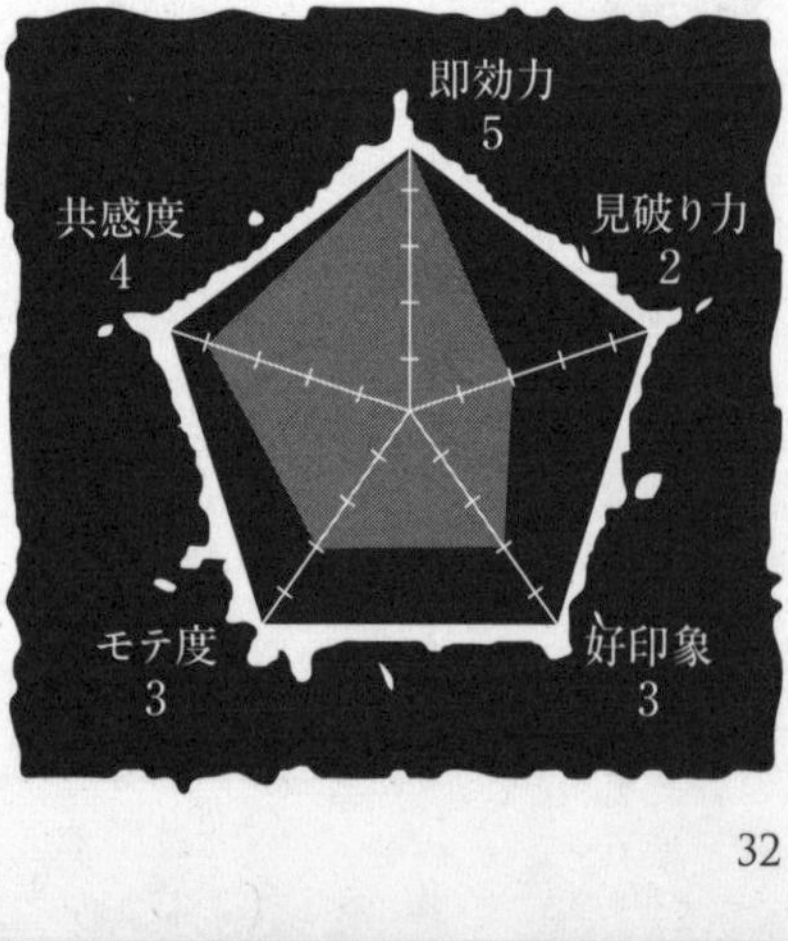

か意味があるんだな」と思い込む。そして脳に強くインプットする傾向があるからだ。

この心理トリックは、通信販売などでもよくみられる。ダイエット器具などの広告で「1週間で2・4キロダウン！」などと、小数点以下の数字まで詳細にうたっているものがあるが、これも、より具体的な数字を出すことで信ぴょう性を出し、なおかつ、中途半端な数字で視聴者の記憶に訴えているのである。

あなたの周りに困った遅刻者がいたら、次の待ち合わせには半端な時間を指定して、時間を強く脳に刻ませてみてはどうだろう。

悪魔の格言

相手に勝手に考えさせる半端な数字を使いこなせ！

男は励まし、女にはお願いで思いのままに動かせる

TRICKキーワード

言葉の使い分け

男女の性差を考えずに行動を起こすと、気づかぬうちに異性を傷つけてしまう場合がある。

このような傾向は女性を部下に持つ男性の管理職に多く、部下にやる気を出させようとかける言葉をひとつ間違えるだけで、女性はやる気をなくしてしまうケースが多いようである。

人間だれしも、人に頼られるとやる気が出るもの。では、人に「頑張ろう!」と思わせるに

これができればあなたは…

デキる奴!

お互いの信頼は重要！そのうえで言葉を変えよう!!

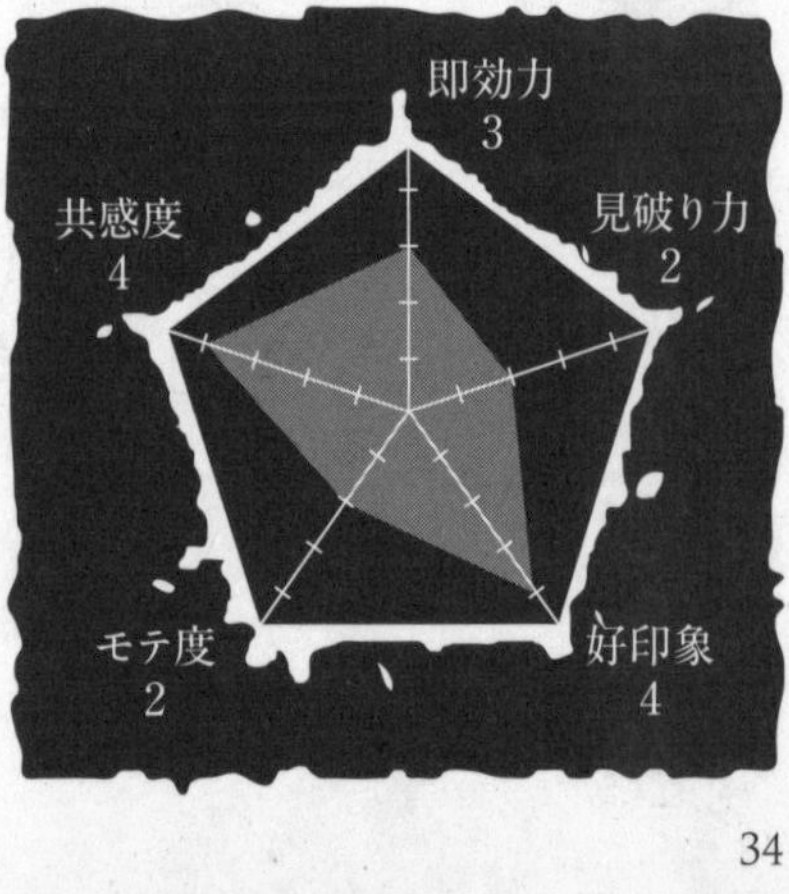

はどのような頼み方をすればいいだろうか。

上司が男性の部下に仕事を頼む場合は以下の通りだ。「この調べもの急ぎでお願いできないか？」と上司からいわれた部下は、会社の都合を考えて「わかりました」と引き受けてくれることが多いだろう。青春ドラマみたいに「頼んだぞ！　お前を信じてるよ」なんて励まされたら、奮起してやる気もアップするかもしれない。

では、女性の場合はどうだろうか。「自分の仕事の都合も考えず、なんで急なことをいい出すんだ」と考え、上司の信頼度が下がり、モチベーションも落ちていく。それを見越して上司がしっかりと説明し、今の仕事を他に振りわけるなりスケジュールを調整するなりして、きちんとお願いしてはじめて、女性社員は快く引き受けてくれるだろう。さらに、終わったときはお礼を忘れてはいけない。女性は、上司から気にかけられているか、気づかわれているか、正当に評価されているか、といったことを、敏感に感じとる生き物なのである。女性には頭ごなしに「○○しろ」などという命令口調や指示はせず、しっかりと理由を説明した上で「○○をお願い」と頼むのが効果的なのだ。

悪魔の格言

男性は励まして奮起させ、女性にはお願いとお礼を忘れるな!!

相手に反論させないためには話を一度認めてしまえ！

TRICKキーワード

イエス・バット法、イエス・アンド法

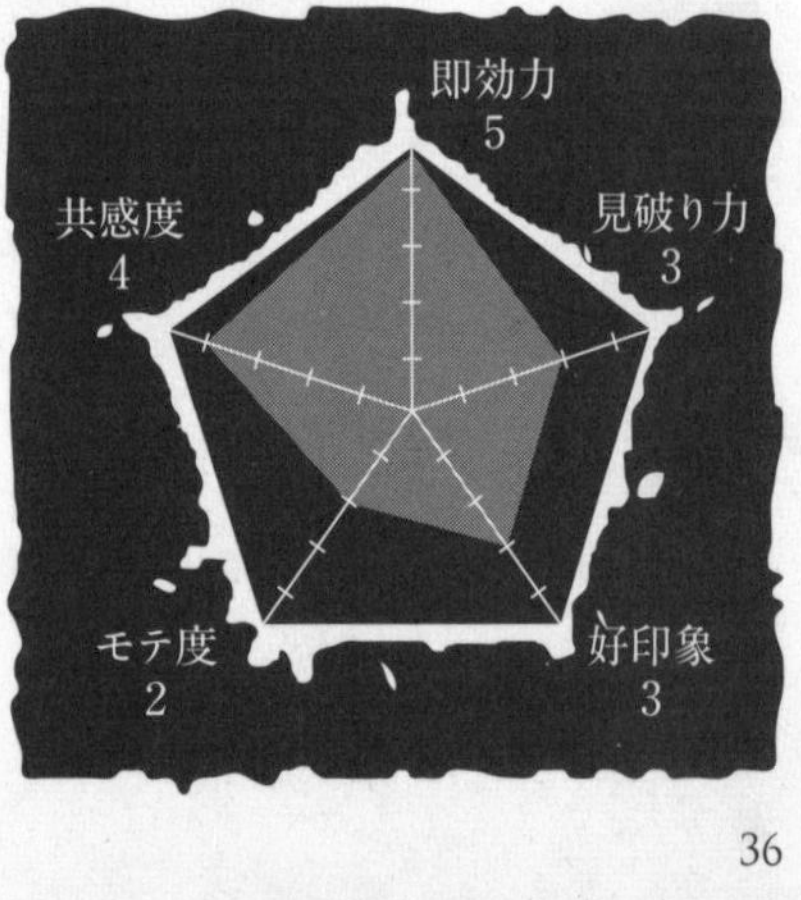

友達と買い物に行った際、あなたが気に入った商品について、その友人がこういったとする。

「前に使ったことがあるから、こっちのほうが絶対オススメ！　こっちを買いなよ‼」

友人はあなたの気に入っていない商品を支持している。こんなとき、どのように返事するのがいいのだろうか。

1「いや、こっちの方がいい！」

これができればあなたは…

デキる奴！

反論は相手を肯定して気分を害さないように！

2「確かによさそうだね。でも、こっちの○○がかなりいい感じじゃない？」

この場合、1は頭ごなしに自分の意見を主張したぶん、その場の雰囲気は気まずくなる。2も意見は述べているが、はじめに相手の発言を肯定しているので友人も悪い気はしないはずだ。

このいい回しは一旦肯定してから「でも」「しかし」とつなげるので『イエス・バット法』と呼ばれている。販売などで相手に食い下がるとき、この手法を無意識に使っているセールスマンも多いのではないだろうか。相手の反感や怒りを買わずに反論できる話し方だが、多用しすぎると回りくどくなってこちらの意図が伝わりにくくなることがあるので注意が必要だ。そんなときにオススメなのが次の方法である。

「そうですね。ということは、○○でよろしいですね？」などと肯定をさらに肯定して相手の話を受け止める「イエス・アンド法」だ。相手の話したことを要約しつつ確認し、こちらの提案をする会話手法である。この手法の場合、会話を「そして」「では」「それなら」などの接続詞でつなげるため、否定系の「イエス・バット法」より相手にソフトな印象を与える効果もある。

悪魔の格言

回りくどくならずに＋《プラス》と－《マイナス》を駆使してうまく逆提案すべし！

短所や欠点を伝えると信頼度がアップする

TRICKキーワード
両面提示

「この掃除機は排気もきれいだし、吸引力も落ちない優れモノです」

「この掃除機の排気はきれいで吸引力も落ちませんが、少し音が気になるかもしれません」

家電量販店で掃除機を購入するときに店員さんがいったセリフである。1つ目は片面提示といい、ポジティブな部分だけを提示する方法。2つ目はネガティブな面も提示する『両面提示』

これができればあなたは…

デキる奴！
短所をうまく長所にいい変えられたら完璧！

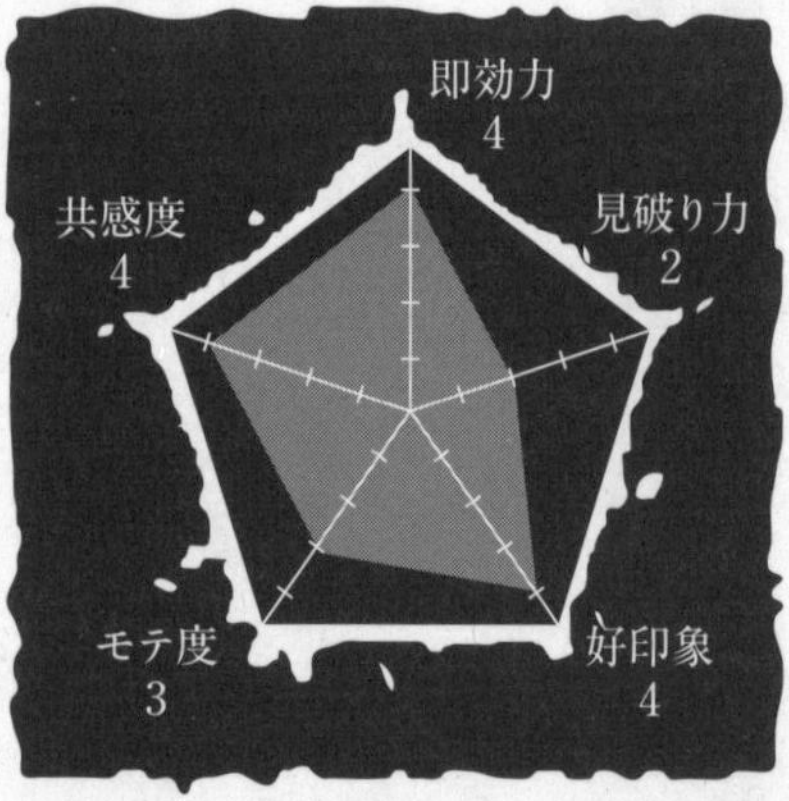

という方法だ。一般的に、片面提示が有効なケースは、最初からお客さんが賛同している場合や商品（サービス）について知識が深い場合、面倒なことを嫌う場合。『両面提示』の効果が高いのは、批判的なお客さんの場合や商品（サービス）について知識が浅い場合、決定を自分の意思で行いたい場合が挙げられる。

アメリカ陸軍情報教育部が行った実験によると、教育程度の高い人ほど一面的な説得には応じにくく、両面提示したほうが説得に応じやすいことが確認されている。それはなぜか？　いいことばかりいわれると人間は不信感や不誠実な印象を抱く。逆にプラス、マイナスの両面をいってくれる人のほうが誠実さを感じ、信頼度は高くなる。

ポイントは悪い面をいつ伝えるか、ということ。効果的なのは、会話のやりとりで相手にある程度好意を持ってもらったあと。また、デメリットよりもメリットのほうが大きく伝えられるときも有効だ。デメリットを伝えることで、相手にメリットをより大きく感じさせることもできる。ちなみに、短所や欠点をはじめから述べておくことによってクレームを抑える効果も期待できる。

悪魔の格言

デメリットを述べて相手の信用を鷲掴み!!

交渉を優位に進めたければ相手の口癖を指摘しろ

TRICKキーワード

習慣指摘の心理的効果

Aさんの電話応対には癖があった。

「え～。その件は業者に確認します」

「承知しました。え～、すぐに見積もりを出させます」

Aさんの電話応対を聞いていた同僚が「君は『え～』が多いね」と指摘した。悪意はまったくなかったその一言でAさんは「え～」が口に出そうになると口ごもり、今までスムーズにでき

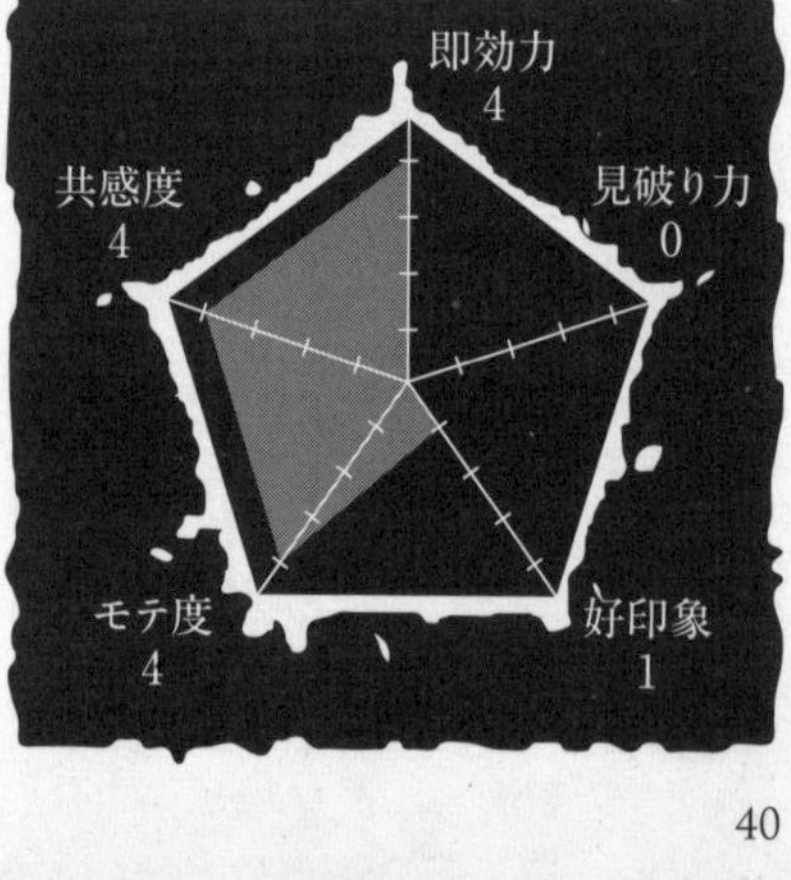

これができればあなたは…

無意識下の行動ほど他人の指摘に弱い!?

ていた会話がぎこちなくなることが増えてしまった。調子を崩してしまったAさんは大事な商談でもぎこちない会話に終始し、取り引きが失敗に終わってしまったこともあったとか。

無意識で行っていた行動（Aさんの『え～』という発言）や自分の習慣を誰かから指摘されると必要以上に意識するあまり、以前のようなスムーズな行動がとれなくなることがある。

この現象を利用した「悪癖を直す」心理学的な実験が行われた。被験者に対して爪を噛む、タバコを吸うなどいつも無意識に行っている行為を意識的に行うように命ずる。すると、その行為をするたびに被験者たちは抵抗感や嫌悪感を抱きはじめ、今まで無意識に行っていたその行為をしなくなっていったという。

スポーツの世界では、この現象を利用して、相手のミスを誘発させているようだ。野球では、キャッチャーが打者の癖を指摘するとそのことが気になってしまい、好調だった打者が凡打の山を築く可能性が高くなるとか。このようにライバル関係にある相手の癖を見つけて指摘できれば、その行為を気にするあまり、相手が勝手にペースを崩し、自滅してくれるかもしれない。

悪魔の格言

相手の癖を見抜いて言うだけで相手は勝手に自滅する!!

目線を先にそらせば話の主導権を握れる

TRICKキーワード

視線の心理効果

「相手の目を見て話しましょう」と、我々は小学生のころから教わってきた。ところが、意識して相手の目をずっと見ていると逆に力が入ってしまい、にらんでいるように受けとられてしまうこともある。また、シャイな人はついつい目線を外してしまうことがある。しかし。それでいいのだ。ただ、取り引きなどで話を有利に進めたいときは、必ずしもずっと目を合わせてい

これができればあなたは…

デキる奴！

目線はずしのタイミングを図って交渉上手!!

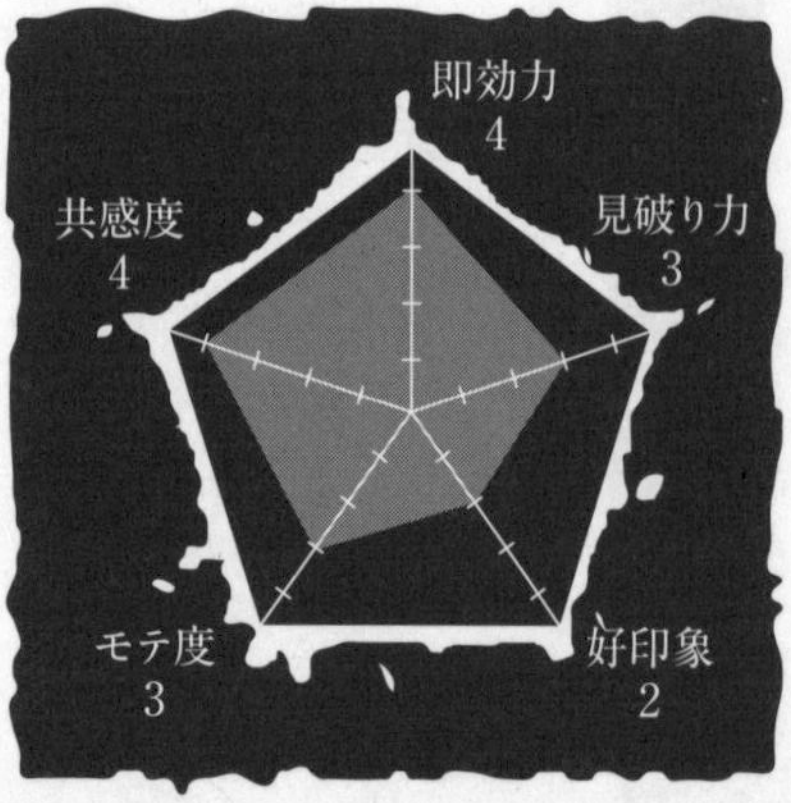

れば良いわけではない。目をそらしたほうが会話のイニシアチブを握れるという心理効果があるのだ。視線をそらすことで、自分のほうが相手より優位に立っているという印象を相手に植えつけられる。

重要な取り引きの場合、両者の目が合っているときは対等な関係だ。しかし、一方が目そらすと先に目をそらされた相手は「何か不満でもあったのか」など気をまわすことになり、こちらの様子をうかがう。あとは受け身になって動揺した相手の心理をうまくコントロールし、こちらが優位になるように話を進めれば良い。

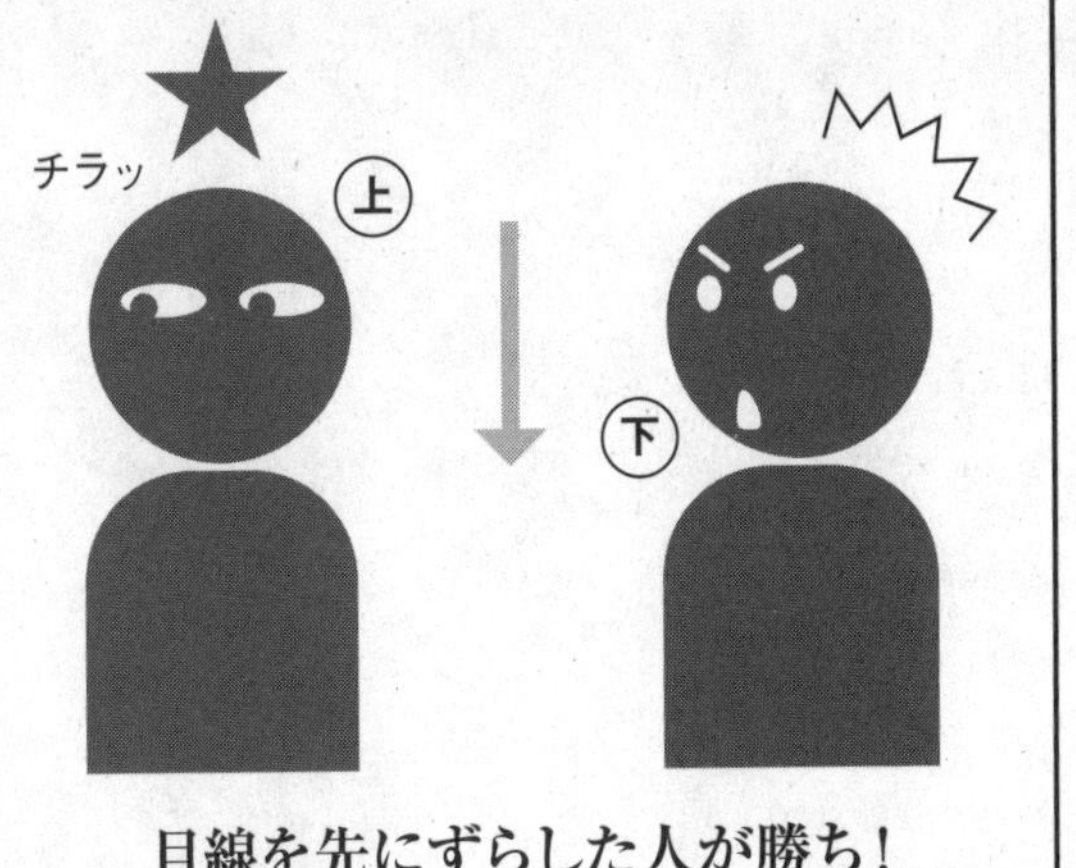

目線を先にずらした人が勝ち！

悪魔の格言

先に目線をはずして会話のイニシアチブはいただき！

あなたの本性がわかる心理テスト

他人を思いのままに
動かしているか!?
人を動かすスキルがわかる!

Question 1

浦島太郎のお話の登場人物。あなたは次のうち、誰の気持ちにもっとも共感しますか?

C 浦島太郎をもてなそうとした**姫**	A いじめから助けてもらった**カメ**
D 玉手箱をあけて年老いた**浦島太郎**	B カメを助けたいと思った**浦島太郎**

「黒い優越感」診断

誰に共感するかで、日頃から友達や他人に強く抱いている優越感を探ります。あなたは心のなかで、友達や他人のどんなポイントを見下したがっているだろうか。

A アラ探しが趣味・特技

自分より権力のあると思われる相手を毛嫌いしている。そんな相手のアラを探して、「アイツはまったくすごくない」と思うことで、自分を慰める傾向が。

B 能力のなさを見下して

友達に能力がないのだと確認しては優越感を得たいと思うタイプ。自分は友達よりも優れているのだと認識しており、そこからくる余裕を、優しさに変えている。

C 友達への同情心が活力

ゆくゆくは浦島太郎がおじいさんになってしまうかもしれないと、彼が海底にいる時点で姫は知っていた。だからこそ、楽しい宴でもてなそうとした。

D 人の外見をコケ下ろす

自分に特別な才能がないと感じているあなたは、外見には自信を持っている様子。友達が成功しても外見をコケ下ろし、自分を安心させる。

Question 2

直感でお答えください。
あなたの書斎に置く仕事机としてふさわしいのは?

C 自分で組み立てられる**機能机**	A **キャスター**つきの机
D **木製**のナチュラルな机	B **透明**なガラス製の机

「仕事への思い」診断

書類などを置いたり、デスクワークをしたりする、大事な机。どのような机を選ぶかで、あなたの仕事への思い入れがわかる。

A

仕事への思い入れ 20%

今の仕事にも、これからする仕事にも、大きなこだわりがないタイプ。今の仕事に不都合が出てきたらすぐにでも辞めてしまえる。そのため適応力もピカイチ。

B

仕事への思い入れ 60%

人に見られてカッコいいと思われる仕事を好んでする傾向。仕事内容ではなく、会社のネームバリューにこだわってしまうことも。モチベーションが保てるならいいが……。

C

仕事への思い入れ 99%

仕事にもメリハリをつけて、楽しくできる人。結果にこだわり、粘り強く取り組むので、やりがいがある仕事に出会ったと感じたら、その仕事に一途に取り組む職人気質な面も。

D

仕事への思い入れ 40%

他人の意見も参考にしながら、まっさらな「自分」という存在に、色をつけていく途中のあなた。ただ、「自分に合わない」と感じたらすぐに仕事を辞める面もあるようだ。

Question 3

ある国のニュース。不発弾が爆発するのを見たカメラが捉えた爆発の様子は、どのようだったでしょうか？

C	A
破裂粉砕するかのように爆発	**少しずつ**爆発
光ってから爆発	一気に**ドカン**と爆発
D	B

「後輩や部下へのキレ方」診断

爆発は、怒りの象徴。どのような爆発を想像したかで、あなたが後輩や部下にキレる瞬間がわかってしまう。

A だんだんヒートアップ

その場の雰囲気や部下の態度によって、怒りを少しずつヒートアップしていくタイプ。最初は軽く注意を促す予定が、いつの間にか部下が目に涙を……なんていうことも。

B 突如として怒るタイプ

怒りを爆発させるのもクールダウンするのも、実に唐突。周囲はそんなあなたについていけず、「あれっ？　何で怒っているの？」というように、戸惑いを隠せない!?

C 周りも巻き込んで爆発

周囲や物にやつ当たりするなど、怒られる当人以外にも迷惑がかかるキレ方をする。ただの嫌われ者になる可能性も否定できないので、静かに自分を見つめてみるのが良い。

D 怒りが顔に出るタイプ

怒りが顔に出るタイプ。そんなあなたの顔色が変わるのを見て、周囲の人たちはビクビクしているかも。「怒りが顔に出てしまう」というのは、未熟な証拠。

第2章

営業力がアップする心理学

最初から全部売ろうとしたって誰も買わない！

TRICKキーワード

マクドナルド法

交渉や営業を行うとき、多くの場合は「こちらを買って頂けないでしょうか」ということで交渉に行くものだ。しかし大抵の場合、いきなり「買ってください」と言われても、すぐには買ってくれない。

　そこで、私たちもよく知っているマクドナルドが行なっている交渉術を教えよう。

　マクドナルドに行くと、ハンバーガーを頼んだ

イメージ操作

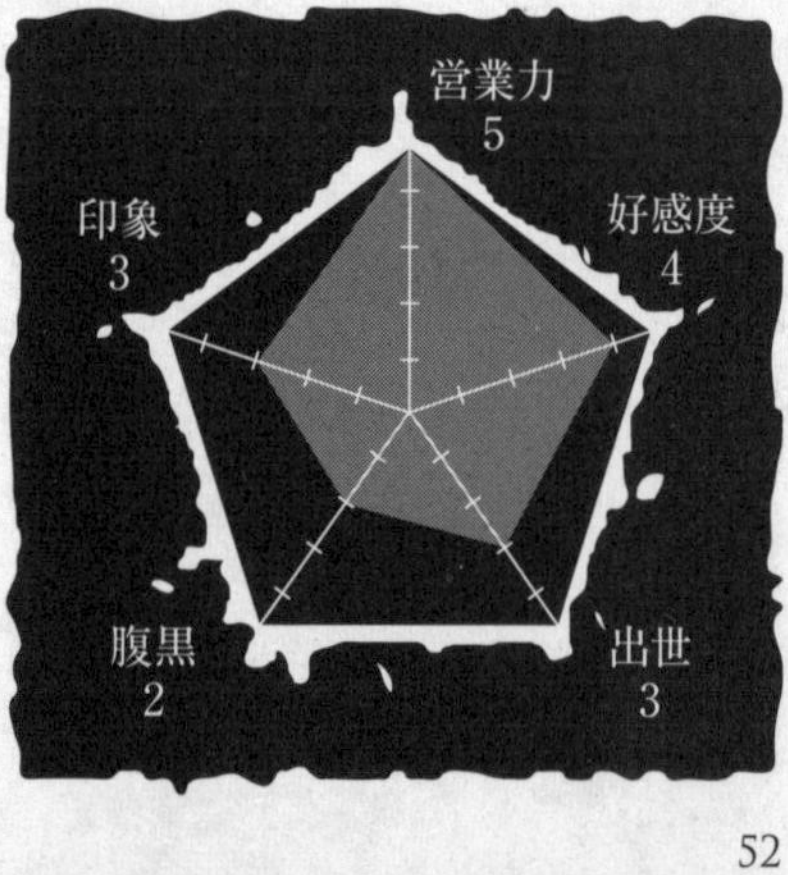

あとに必ず「ご一緒にドリンクはいかがですか?」とすすめられる。いきなりセットで買うと高い気がするが、追加注文でちょっとずつ言われると、お得な気がしてしまう。

この手法を真似て交渉を行うと、非常に成功率が高くなるという。これはアメリカの説得研究者ケビン・ホーガンによって「マクドナルド法」と名づけられた手法である。

最低条件を最低価格で設定し、客の「安い!」という購買意欲をそそり、その上で「追加オプションでこんなものもありますが?」と交渉を進めると、思わず買ってしまう人が多いのだ。

悪魔の格言

まずは商品をバラ売りにして足し算で稼げ

A
B
高いセット商品→
「買ってくれませんか?」
安いバラ売り→
「オプションいかがですか?」

マクドナルドの商売テクの応用

個人ではなく多数意見であることを強調しろ！

TRICKキーワード

同調効果

交渉を行う際は、主語をいかに使い分けるかが大事である。一般的には、「わたくし」という1人称を使うのが普通だが、これを「みなさま」や「他の多くのお客様」など3人称に変えてみるだけで、断然と説得力が向上するのだ。

相手も「わたくし」という1個人の意見だと一考してしまうものだが、「みんな」という多数意見だと「乗っからなきゃ損かも?」という考

イメージ操作

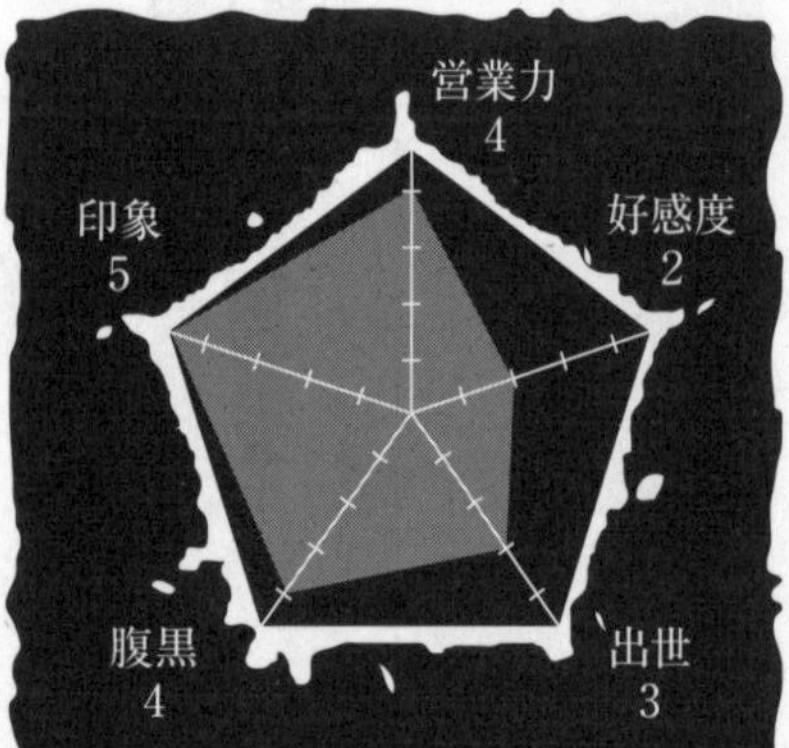

えが働き、意外と簡単にうまくいってしまうことがあるのだ。

これは「同調効果」と言われ、フロリダ・アトランティック大学のビブ・ラタネという心理学者によって実験・立証されている。

ラタネは、被験者744人に1つだけ好きな色を選ばせるというゲームを行った際、複数のダミーの参加者を仕込み、同じ色を選ぶように指定した。すると約31%もの参加者が、ダミーが選んだ色と同じ色に同調したのである。

ちなみに、たった1つの要因で31%もの人が動くというのは、心理学的にはかなり高い数値である。これは、多くの人が多数意見に同調する傾向があるということを示している。

イベントなどにサクラを動員して同調を促すのは、このためなのだ。同じように、多数意見をでっちあげれば、多くの人が同調しやすくなってしまう。

「みなさま」のみならず、政治においては「国民」、学校においては「生徒のほとんど」、顧客対応においては「多くの会員様」「多くの企業」など、言い方はさまざまである。

悪魔の格言

みんなの意見と吹聴し、相手を「損するかも」と焦らせろ！

ヘタな理屈屋より愛嬌ある営業マンになれ!!

TRICKキーワード

ノンバーバル・コミュニケーション①

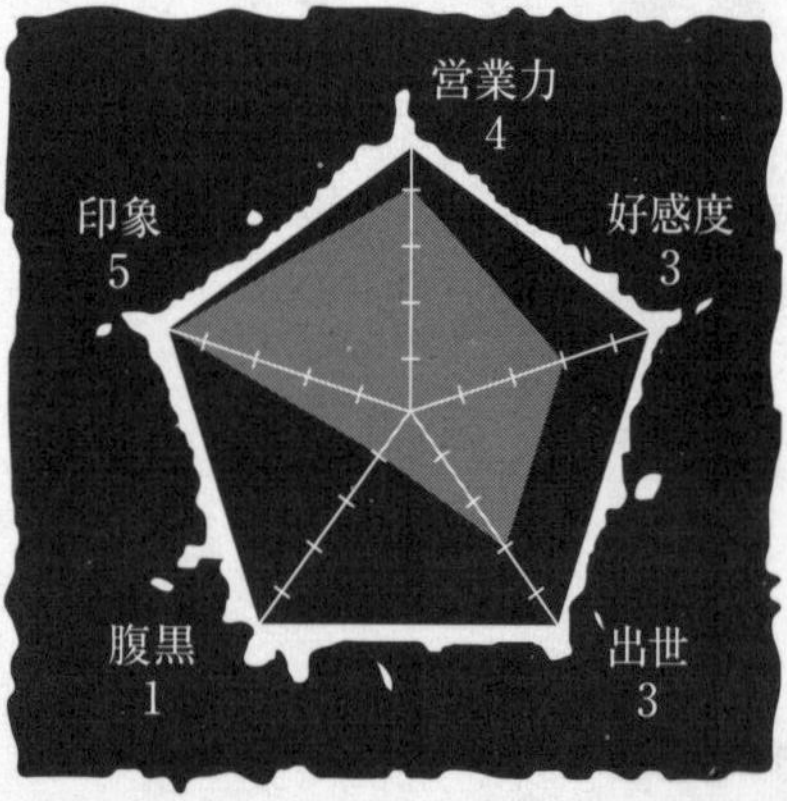

人が人と会話をするとき、言葉の内容だけでコミュニケーションを交わしていると思っているかもしれないが、それは大間違いである。

人が人と会話を交わすときには、表情や仕草、服装などの視覚的情報なども含めて、相手が伝えたいと思っていることを認識しているのだ。

だから「わたしとあの人は同じ話をしているのにどうして…」という場合には、表情やリア

イメージ操作

クションに差があるということに気づいてほしい。

この非言語のコミュニケーションを「ノンバーバル・コミュニケーション」と言う。言語コミュニケーションが左脳に働きかけるのに対し、ノンバーバル・コミュニケーションは右脳に働きかける。右脳に働きかけられるということは潜在意識に働きかけられるということなので、通常の言語でのやりとり以上に深層意識に残りやすいのだ。

潜在意識は左脳の顕在意識の5000倍の効力があると言われているので、その効果は絶大だ。表情、リアクション、衣服の3つを気にするようにすると、ノンバーバル・コミュニケーションにおいて大きな効果を発揮する。

表情はなるべく豊かに、リアクションは大きく、衣服は小綺麗にしてみよう。クライアントの対応が大きく変わることは間違いない。

そんなに営業能力が高いとも思えないのに、愛嬌だけでバンバン仕事をとってくる人がいるが、そういった人はノンバーバル・コミュニケーション力に長けている可能性が高い。

悪魔の格言

言葉だけではなく、仕草と表情のコミュニケーションで差をつけろ！

具体的なデータを示すとどんな相手も信用する

TRICKキーワード

数字効果

交渉を行う際のキーポイントのひとつに、いかにして具体性を示すかということがある。さまざまな商品のキャッチコピーとして、「これで～%アップ」「たった5分でできる」「100人中～人が…」といった数字データを見たことがあるだろう。

この数字の効果は、「たくさんの人」や「多くの場合」と言うよりも具体的なイメージを与え

交渉力アップ

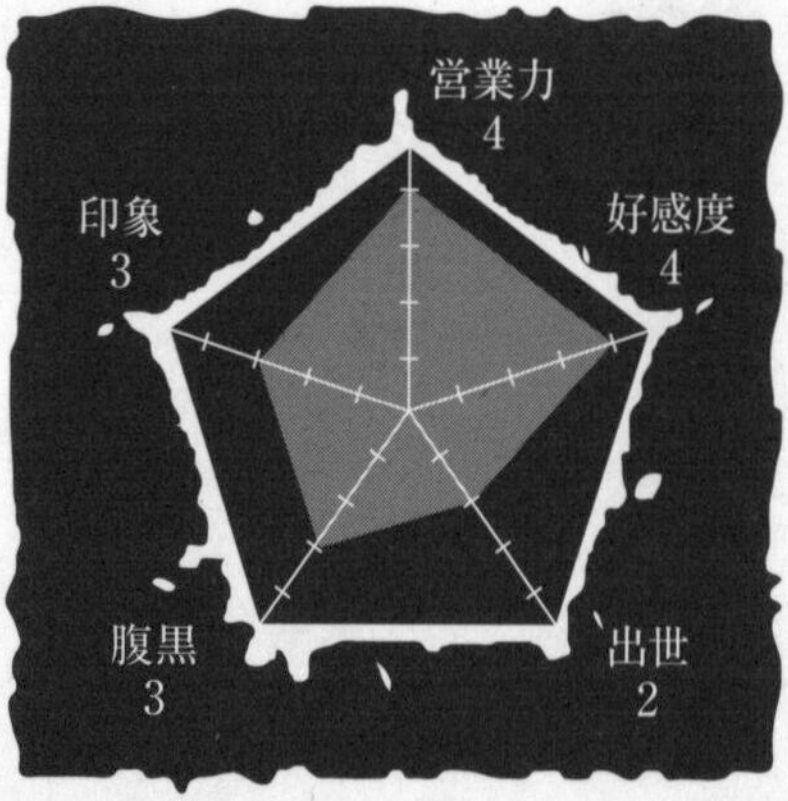

るため、信用につながるのだ。

あるアメリカの心理学者がこの数字の効果の実験を行っている。「非行少年の多くは、大人になると犯罪者になる」という文と、この文の「多くは」を「80％」「10人中8人」に置き換えた文を300人の学生に読ませ、どちらが説得力があるかを聞いた。

すると、数字を入れた文の方が説得力があるとほとんどの学生が答えたのだ。

さらにその説得効果は、1週間後にも残っていたという。つまり、数字による説得効果は持続性もあるということだ。

悪魔の格言

～%、～人、～分など、具体的な数字で信用をゲット！

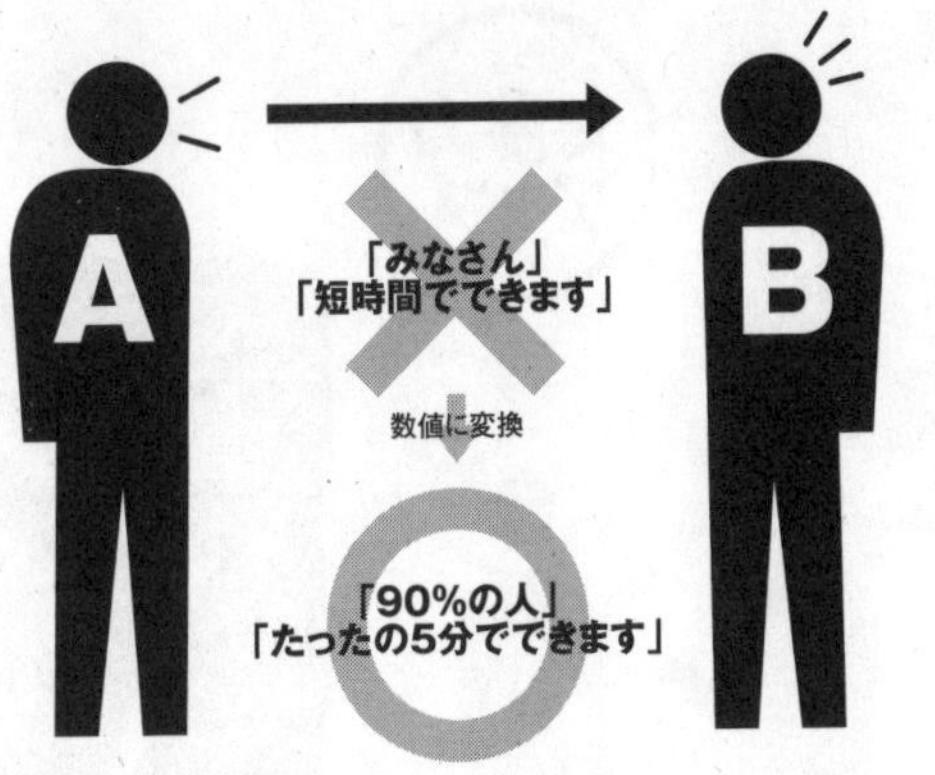
A
B
「みなさん」
「短時間でできます」
数値に変換
「90%の人」
「たったの5分でできます」

数字を使うと信頼×持続力アップ

商品の悪い所も話した方が長くつきあってくれる

TRICKキーワード　両面提示

交渉の際に人に信頼してもらうためには、なるべく自分や会社の良い所を知ってもらいたいというのは当然のことである。

「当社の商品はこんなに機能的で他社製品より段違いに高性能！」キャッチコピーをそのまま受け売りしたようなセールスは、一見すると効果的に思えるが、実際のところは誰もが「ホントかな？」と疑ってしまうものだ。

交渉力アップ

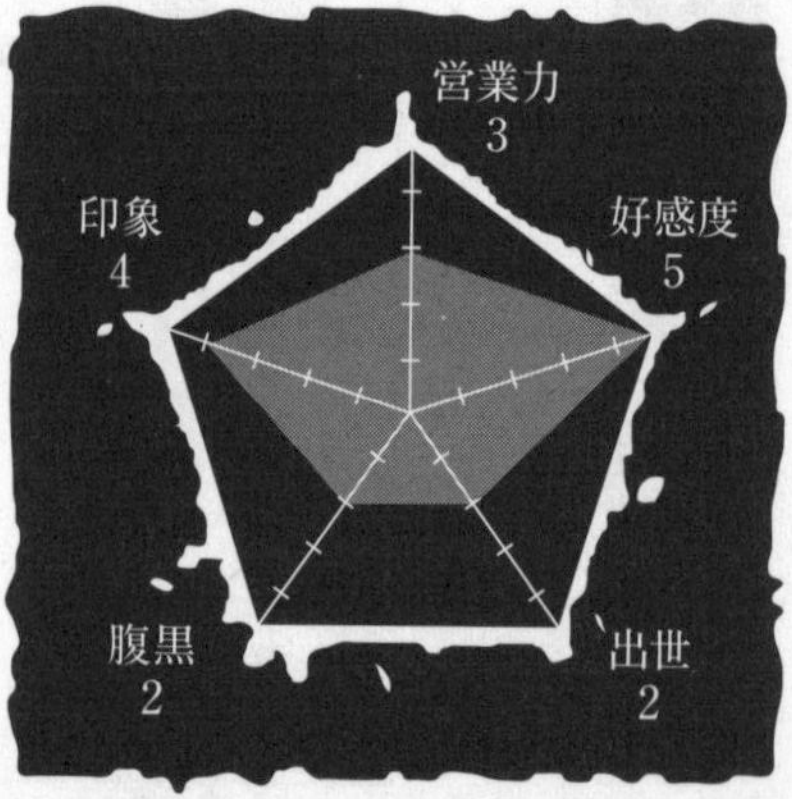

しかし、本当のところ負の要素がないものなどないし、プラスの要素ばかり言われても実際のところは他の商品よりマイナスの要素もいくつかあるのは、誰でも経験上知っているものだ。

だから、むしろ負の要素も先に示した上で、それを差し引いてもこんなに良いところがあると伝えると、相手はより信頼するようになる。

南カリフォルニア大学のマイケル・カミンズ准教授は、ボールペンの特性を書いた2つの広告を作り、その好感度を聞いた。

1つは5つの長所のみを書き、もう1つは2点の短所も書いた。その結果、被験者は短所を書いた広告の方が、長所のみが書かれた広告より5倍も好感度があると答えたのだ。

この長所と短所の両方を提示する手法は「両面提示」と言い、信頼や好感を得るためには欠かせない手法として広く知られている。

確かに「すべてにおいて素晴らしい」と言われるより、「この商品は、～に関しては劣るが、～とができるという特性がある」という伝え方の方が信用されるというものだ。

悪魔の格言

良いも悪いも両方見せて、相手の信頼をゲットしろ！

難しいクライアントには「恐怖」を植えつけろ!

TRICKキーワード ネガティブ・フレーム

どんなに理詰めで攻めてもなかなかオチない人もいる。そんなとき、一番効果的なのは「恐怖」を植えつけることだ。

例えば「タバコを止めると健康になりますよ」と言われた場合と「タバコを吸っているとガンになりますよ」と言われた場合、どちらが効果的に思えるだろう。

明らかに後者の方が、効果的と感じる。この

交渉力アップ

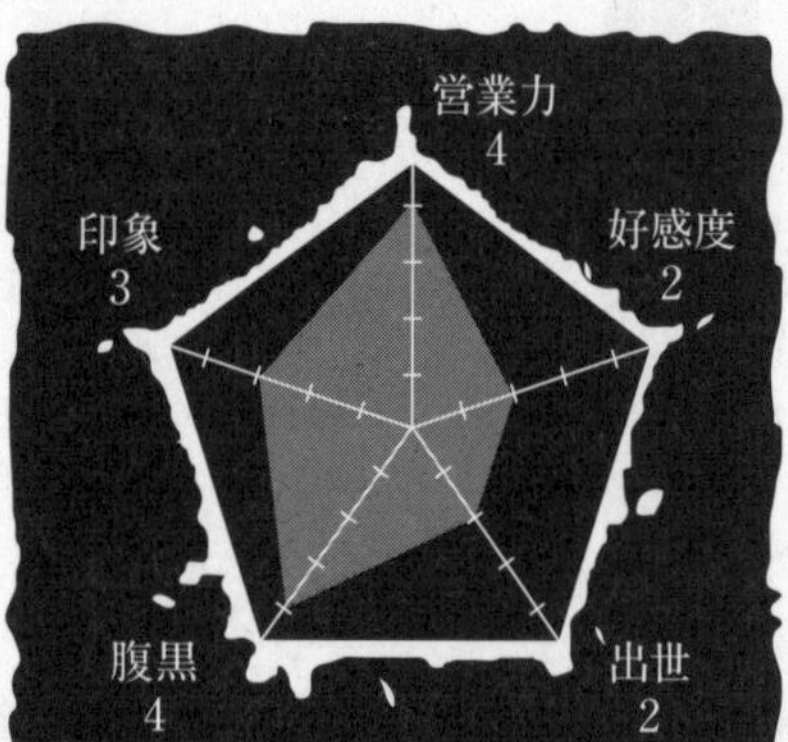

ようにネガティブな要素で相手に訴えることを「ネガティブ・フレーム」と言う。

この「ネガティブ・フレーム」についてペンシルバニア州の心理学者がある調査を行った。全米の人気雑誌24誌に掲載された3000以上の広告の中でもっとも多く使われていたのが恐怖心を煽る広告だったのだ。

つまり、人はポジティブな主張よりもネガティブな主張の方に目を向けやすいということが言える。実際、人はネガティブな情報を脳に受信するとストレス回路が働き、ノルアドレナリンが分泌されて興奮状態になる。ノルアドレナリンは集中力を促す回路でもあるので、そのネガティブ情報をスムーズに集中してとり込みやすいとも言える。だから、ネガティブ情報は効果的なのだ。

これを営業で使う場合「今契約しないと次からは高くなりますよ」とか「～％の人が～できないで悩んでいます。これを使うと絶対できるようになりますよ」などとネガティブ要素を先行させると交渉を成功させることができるかもしれない。

悪魔の格言

恐怖心を煽ると、人は思い通りに動くようになる！

戦略もデータも「見て触る」ことには絶対勝てない

TRICKキーワード　行為の説得力

データやコミュニケーションで対象をオトす手法はいろいろあるが、実はそういった理屈や言い回しとは全然関係ないことが一番効果的な場合がある。

それは資料や言葉ではなく実物を直に「見せる」ということだ。例えばあるひとつの商品を売ろうとするとき、データを駆使した資料を見せるのと、実際に商品を使って利便性を見せる

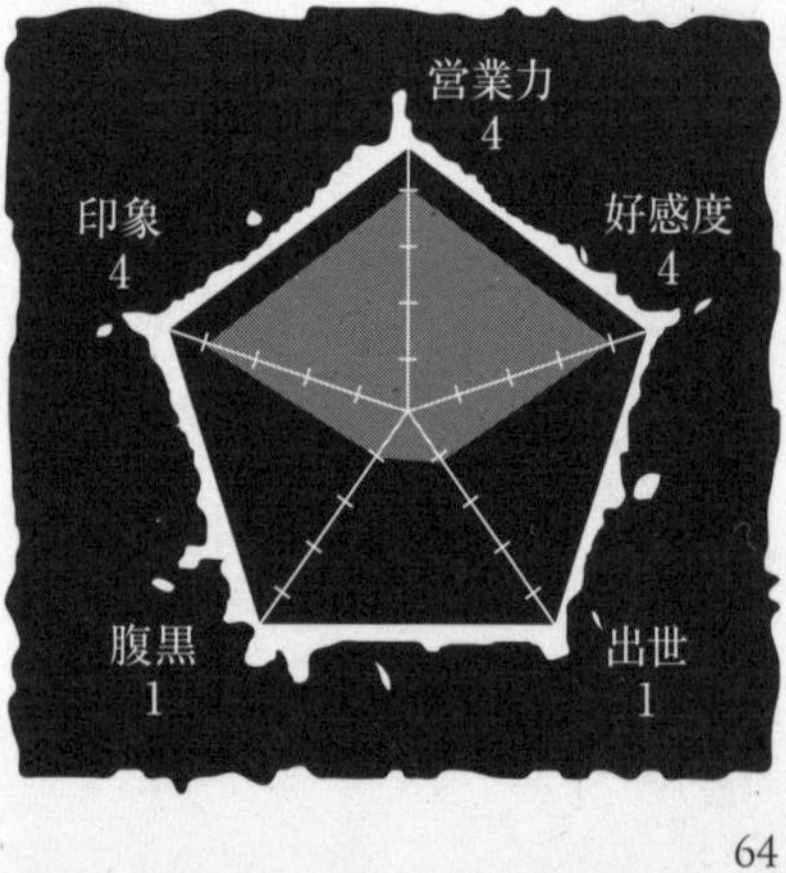

のと、どちらが効果的なのか？　実は、商品の魅力をそのままに見せたほうが効果的なのである。

アムステルダム大学のバン・デン・プッテ博士は、チョコレートのアピール広告を何パターンか作成し、一番好意的に反応する広告はどれかを調べる実験を行った。

その結果、被験者の8％が「このチョコレートはみんなが食べている」という社会性に訴える広告を良しとし、19％の人が「このチョコレートはおいしい」という利益に訴える広告に対して好意的な反応を示した。そして、もっとも多い42％の人が好意的に反応したのは、ただチョコレートをおいしそうに食べているという広告だったのである。

この結果は、人に何かを印象づけたいと考えたときに、ただ「行為を見せる」ということがいかに重要かつ効果的であるかを実証している。

これは、商品販売や営業にもつながることだ。商品や媒体を売り込むときは、資料をただ的確に提示し、話術を駆使するだけでは十分ではない。なるべく実物を見せて、相手の興味を引きつけることが大切なのである。

悪魔の格言

言葉や戦略よりも、実物を見せて相手を落とせ！

奥手なクライアントはプライベートトークで切り崩せ

TRICKキーワード
文脈効果

関係性の浅いクライアントと、より強い関係性を築くための最短距離。それは、プライベートの話題を共有することである。

ニューヨーク大学のグレーニー・フィッツサイモンズは、被験者にある2つの質問をする実験を行った。

まず、半分の人には「あなたの友達について聞かせてください」と聞き、もう半分の人には

出世間違いなし!

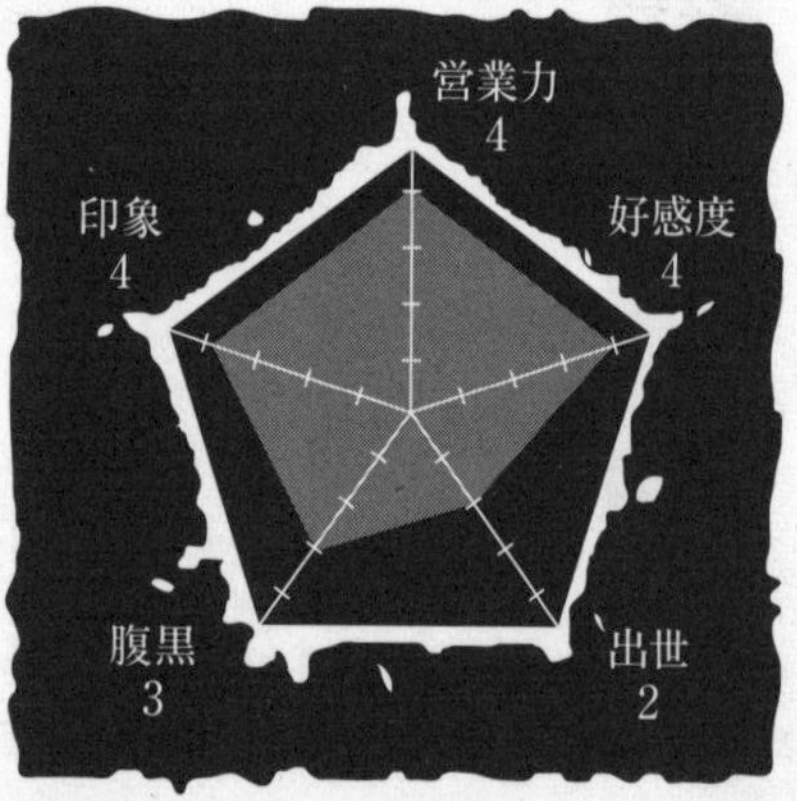

「あなたの同僚について聞かせてください」と聞いた。そして、その後「もう少し時間をかけて聞きたいことがあるのですが、答えてくれますか?」と尋ねたところ、友達について聞いた被験者グループは52%がOKしたのに対し、同僚について聞いた被験者グループはたったの18%しかOKしなかったのだ。

これは自分にとって親しみやすい事柄が前後にあると、積極的に関わりたいという願望が強くなることを証明している。この心理現象は「文脈効果」と言われ、趣味から仕事へと段階的につなげる営業手法としてもよく知られている。

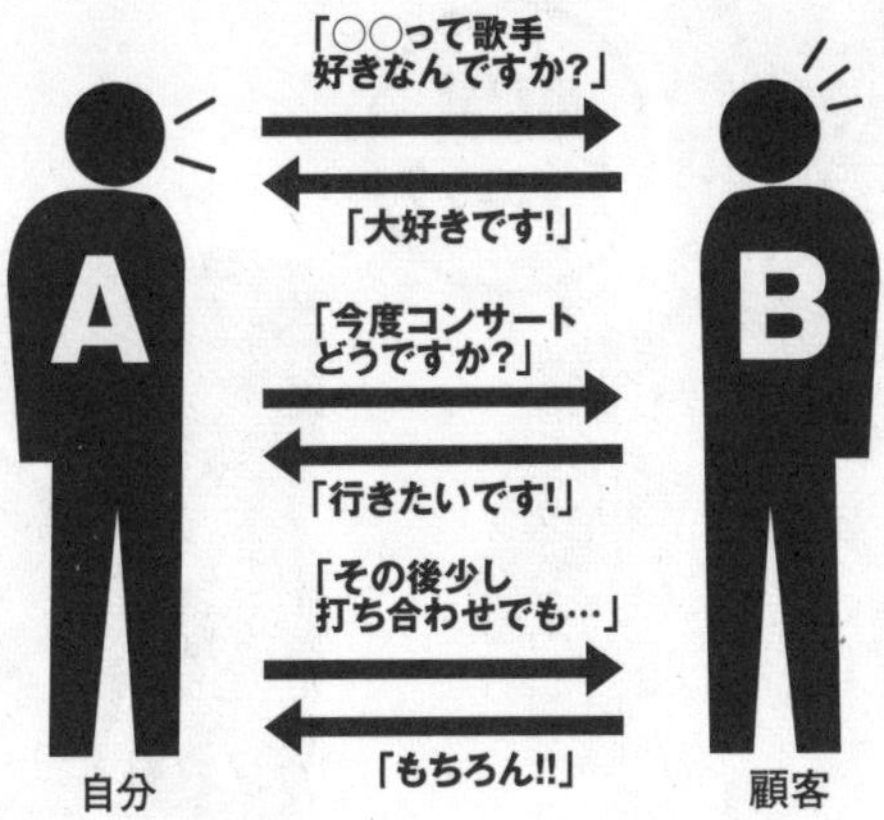
「○○って歌手
好きなんですか?」
「大好きです!」
「今度コンサート
どうですか?」
「行きたいです!」
「その後少し
打ち合わせでも…」
「もちろん!!」
A
B
自分
顧客

文脈効果で段階的に口説くべし

悪魔の格言

仕事が欲しいなら、まず趣味の話から入れ!

相手の性格をテキトーに指摘するだけで信頼される

TRICKキーワード
バーナム効果

クライアントと懇意になる方法はさまざまあるが、強い関係を築くためには相手と心から信頼しあえる深いコミュニケーションを行わなければならない。食事などもそのひとつの方法だが、他にも、どんな人にも簡単にできる信頼関係の作り方がある。

それは、「性格占い」だ。占いと言ってもタロットやら星座占いではない。とても簡単な性格

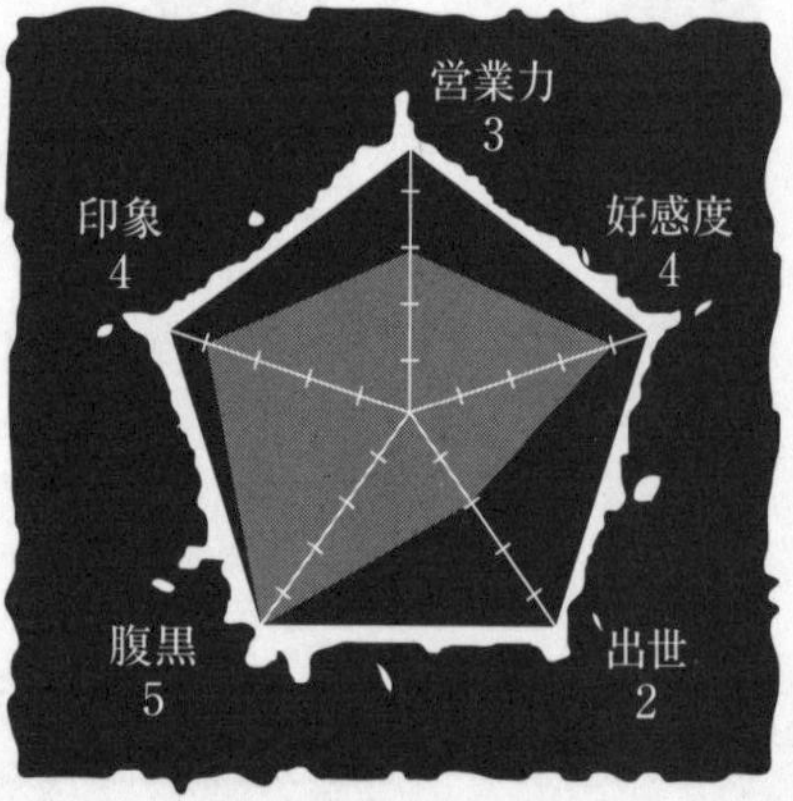

診断のことだ。「いつもはつらつとしていますけど、実は繊細なところがありますよね」など、当たり障りのない誰にでも当てはまりそうなものでいいのだ。この性格占いは、実はほぼどんなものでも相手に「当たってるかも」と思わせるようにできている。

この手法の通称は「バーナム効果」。性格を言い当てられた相手は、「この人は本当の自分を理解してくれている人だ」と錯覚して、絶大な信頼を寄せてしまうこともある。

ノルウェーの企業研究員ポーリン・アンダーセンは、75名の大学生に対してある実験をした。デタラメな性格診断テストを行い、分析結果を渡したところ、ほとんど全員が「当たっている」と答えたのだ。人は、自分の性格を言い当てられたと思うと、その人に興味を持つ傾向があるようだ。特に見かけの性格とは裏腹の内容を指摘されるとドキっとするもの。「のんきそうだけど実は真面目」など、自分の心の中を見透かされたような指摘はかなり効果的だ。その他「仕事のことで悩んでいる」とか「プライベートで問題を抱えている」など、よく考えると誰にでも当てはまりそうなことを、さも言い当てたかのように指摘するだけで、なぜか多くの人が心を開いてしまうのだ。

悪魔の格言

手相や血液型も信頼関係を築くのに使える

手に入れるのが難しいものほど人は欲しくて仕方がなくなる

TRICKキーワード

ハード・トゥ・ゲット・テクニック

イメージ操作

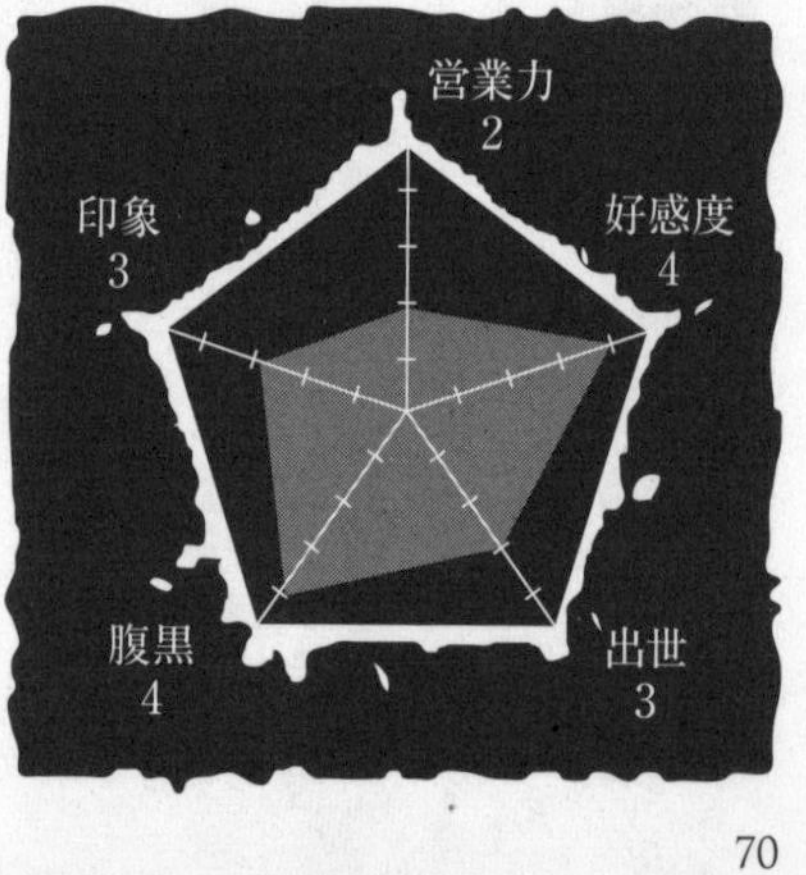

忙しいということは、仕事があるという意味では非常に喜ばしいことだが、家庭や友人関係においては負のイメージを与えることもある。「いつも仕事ばかりでつきあいが悪い」と思われて、印象を悪くすることもあるはずだ。

しかし、ビジネスという場面においては、忙しいことがプラスに働くことがある。限定発売の稀少品のように、多忙でなかなか会うことができないと、「忙しいということは能力が高く、人気があるということだ」と勝手に判断され、相手に好印象を与える。つまり、多くの人は「手に入れるのが難しいほど価値が高い」と感じてしまうのだ。この手法は「ハード・トゥ・ゲット・テクニック」と言われる。

この希少価値の法則は、さまざまな方法で利用することができる。打ち合わせなどの理由をつけ、簡単に会わないようにするのもそのひとつ。「ちょっとその時間は、別件が入っているのであとにできませんか？」とか、「今週はもう埋まっちゃってるので、来週はいかがでしょう」など、スケジュールが空いていても忙しそうに振る舞うことで、相手はそこに希少価値を見いだすのだ。ただし、無闇にじらしすぎると、逆に「頼んでもすぐにやってくれない」とあきらめられてしまうので注意が必要だ。

このハード・トゥ・ゲット・テクニックは、会社や商品の宣伝においても活用できる。「限定10個が月末まで！」や「すぐに売り切れるのでお早めに」などと言われ、手に入れるのが難しいと思うと、人間は一度は試してみたくなるものなのである。

悪魔の格言

「わりと忙しい」で、自分の希少価値を上げろ！

営業で使える心理学

ドラマ性のあるトークに人は引き込まれる

TRICKキーワード　ドラマ効果

ここまでさまざまな心理テクニックについて説明してきた。しかし、ほとんどが話の内容とは別のテクニックばかりで、セールストークの中身などまるで意味をなさないように感じたかもしれないが、まったくそんなことはない。基本的には、話が面白ければ相手は袖を振ってくれるものだ。

トークを面白くするポイントは、そこにドラ

交渉力アップ

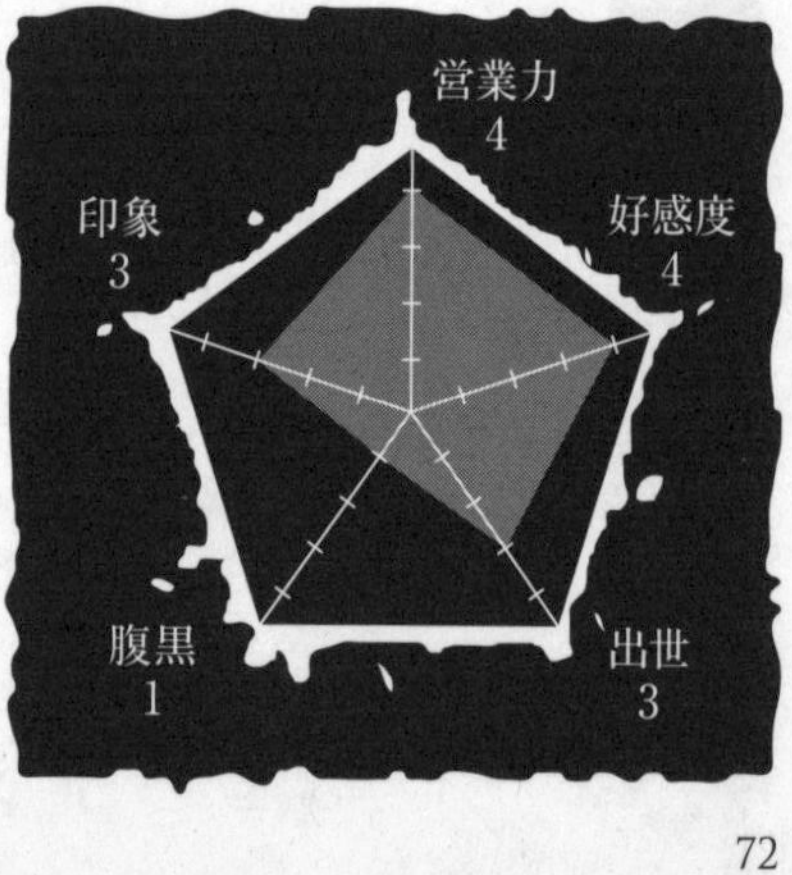

マ性があるかないかである。トークが面白い人は、話の展開がドラマチックで情熱的だったり、ストーリー展開に抑揚があるものだ。このドラマチックな話術の効力を、心理学では「ドラマ効果」と言う。例えばある商品のデータを説明するにしても「この商品は通常よりも2割方お安くなっております」と言われるよりは、「この商品はなんと！　ご奉仕価格で2割安！　今が買いどきです！」と言われた方が強いインパクトが残る。

カナダのモントリオール・マネージメントスクールのシェバット博士は、学生に対してエイズ予防とマラリア予防に関する説得を2パターンで行った。ひとつは通常の講義形式、もうひとつはクマを主人公にしたドラマ仕立てにしたのである。結果、ドラマ仕立ての方が学生の共感を得て説得効果があがったのだ。深夜によくテレビでやっている人気の通販番組でも、さまざまな例をあげたり、実際の使い方を見せたりと創意工夫をしてドラマチックに見せている。ドラマ効果という意味では、通販番組は理想的な手法を使っているのだ。くだらないとバカにしないで、たまには勉強のつもりで、その手法をきちんと勉強しておいたほうがいいだろう。

悪魔の格言

ドラマチックな話法は通販番組で勉強しろ！

営業で使える心理学 02

粘り過ぎは嫌われるだけ!! 潔く出直しが成功のカギ

TRICKキーワード

単純接触法

「仕事は粘りが大事」とよく言うが、交渉の際には、必ずしも食い下がればいいというわけではない。自分を顧客に置き換えた場合、一度やってくると長くつらつらと粘っていつまでもいるタイプの営業は、二度と来て欲しくないと思うはずだ。逆に、サラリと言葉だけ交わして帰ってくれる営業は好感が持てるものだ。

一時期ブーメラン法という手法が流行り、誰

交渉力アップ

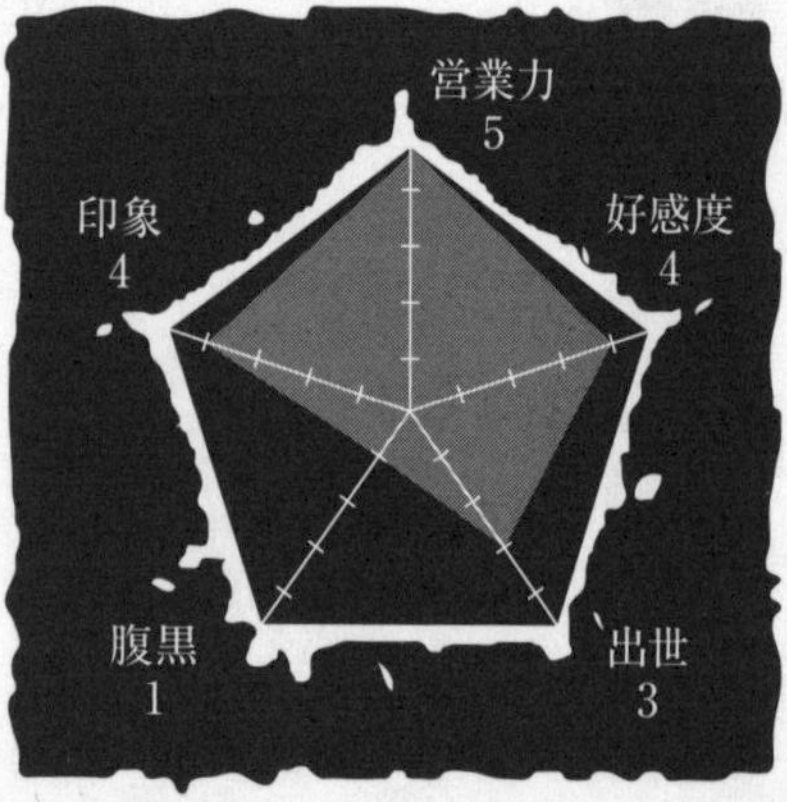

もがこの手法を多用していた時期がある。「ちょっと大きすぎじゃない」「そう！　この大きいのには理由があるんです！」と、ネガティブな意見をひっくり返して食い下がるというテクニックだ。

ところがこのブーメラン法はむしろマイナスに働くというデータが最近になって出て来たのだ。イースト・キャロライナ大学のレイド・クラクストン博士は流通・製造業のバイヤー242名にその交渉テクニックと効果について聞いた。結果、ブーメラン法が売り上げにつながらないことが証明されたのである。

営業の際は、相手が嫌悪感を示したら直ぐに潔く引き下がり「また、改めてお伺いさせてもらってもよろしいですか？」と、次の来訪だけ匂わせて立ち去ったほうがいい。人は一度に長く関わるよりも、何度も繰り返し関わる方が好意的になるという心理が働くからだ。これは、心理学では「単純接触法」と呼ばれ、昨今のもっとも効果的な交渉術のひとつと考えられている。

1回で相手を口説き落とそうと思わず、何度も何度も会うことによって相手に親近感を持たせ、相手の都合が良いタイミングできちんとした交渉に臨むとうまくいくということだ。

悪魔の格言

1回の営業で粘るより、回数を重ねろ！

ゆっくり丁寧に話すより早口の方が信頼されやすい

TRICKキーワード
早口の効果

人とコミュニケーションをとるとき、ゆっくり丁寧に話す方がいいのか、それとも矢継ぎ早に早口で話す方がいいのか、どちらなのだろう。

南ジョージア大学のステファン・スミス博士は1分間に180ワードで話すより220ワードで話した方が相手に信頼されやすいというデータを発表している。

何故早口が信頼されやすいのだろうか。それ

交渉力アップ

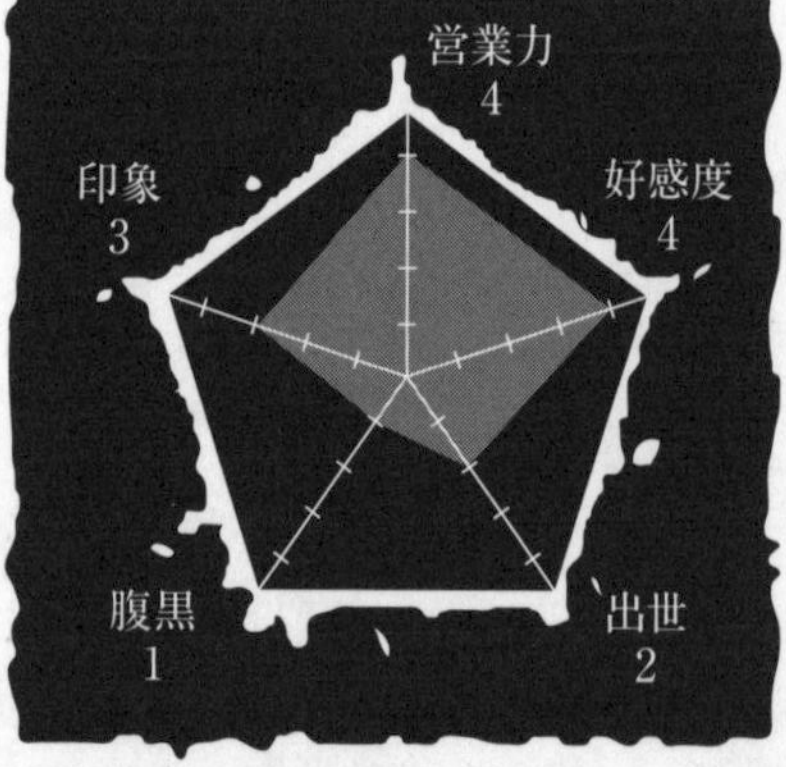

は、早口には「熱意」がこもっているからである。自分が話す内容を本気で信じ、相手を説得しようとすると口先はなめらかに回るものである。熱意をこめて相手に伝えようとすると、人は自然に早口になってしまうものなのだ。

相手は早口だから信頼したのではなく、熱意を感じたからこそ信頼できると思ったのである。

だからと言って、今までと同じ内容をただ早く話せばいいというものではない。それでは聞きとりづらいだけで何も変わらない。まずは、自分が相手に訴えかけたい事柄をきちんと理解し、その魅力を情熱的に伝えようと念じることが大切なのである。

もしかしたら今まで説いてきたさまざまなテクニックよりも、この「情熱」が何より一番大切なのかもしれない。情熱を燃やせば自然と声は大きく早口になっていく。理屈はあとから勝手についてくる。とにかく相手に自分の情熱を伝える、その上でさまざまな技法を駆使するという思考回路を忘れないようにしてほしい。そうしないと根本的なところで勘違いして、道を大きく踏み外してしまう可能性もあるということだ。

悪魔の格言

手強い相手は熱意ある早口で口説き落とせ！

COLUMN

ワンポイント

世界のいろいろな交渉テクニック

日本人には、日本特有の和を重んじる気風がある。常に相手の立場に立ち、思いやりの精神で物事を中道に落とし込むことを良しとする文化があるのだ。

これは、日本古来の生活習慣や倫理観からくる国民性だ。国の風土に根ざした心意気は、自然と個々人の中に染みつくもの。

だから、交渉の際も相手の状況や自分の状況を加味して中間地点の落としどころをみつけようとする。このことを「推定合意」と言うが、実は欧米ではあまり行わないようだ。値引き交渉などは大体お互いが自分側の損得勘定を考慮して行うことが多い。これは、交渉の技術というよりも文化の違いそのものだろう。欧米人の多くはキリスト教徒。イエスかノーの二元論の考え方が認知されているので、間に落とし込むという考え方が理解しにくい。

自分の考えに合わせてもらうか、相手の要求に答えるか、そのどちらかという考え方をするのである。

また、日本人特有の返事の仕方でいうと「検討しておきます」や「上司と相談して改めてお伺いします」という返事だ。これもまた欧米人からすると意味がわからないそうだ。

我々からすると熟考して答えを出すというのは当たり前のことだと思うが、彼らからすると、「そのときに答えが出ないなら何のための交渉なんだ？」という考えなのだ。

深層心理を見破る心理テスト 交渉術編

Question 1

会社のイメージアップのために花を飾ることにしました。あなたならどこに飾る?

C 入り口	A トイレ
D 食堂	B 自分のデスク

「交渉の際の基本対処」診断

花を飾る場所は、人と関わるときに自分が思わずこだわってしまう場所を示している。自分のこだわりのせいで起きてしまう問題点を知ることができる。

A 完璧主義者タイプ

トイレなどのあまり頻繁に出入りしない場所を飾ろうとする人は完璧主義者タイプ。隅々まで完璧を目指そうとしますが、その潔癖すぎる性格に嫌悪感を示されることも。

B 自己中心タイプ

自分のいる場所に飾ろうとする人は、自己中心的なケチタイプ。自分をよく見せようとするのは得意だが、相手を気遣うことはあまりできないようだ。

C 八方美人タイプ

入り口に飾ろうと考える人は、外面がいいタイプ。どんな人にも当たりの良い八方美人だが、一度本音が出ると嫌われてしまうので注意が必要だ。

D リーダータイプ

食堂を優位に考えるタイプは、人を誘導して動かすリーダータイプ。周囲の人にあるべき姿を指示するのを好む傾向があるようだ。

深層心理を見破る心理テスト 交渉術編

Question 2

新しい家に引っ越してきました。隣の家との間に生け垣を作ろうと思います。どんな生け垣にしますか?

C 柵と壁の二重の生け垣	A 塀のように高い生け垣
D 柵のある高い生け垣	B 簡単な柵の生け垣

「人見知り度」診断

あなたの人見知り度がわかります。生け垣は自分と他者との境界線を表しています。

A

人見知り度 80%

高い壁のような生け垣は人との関係性に大きな隔たりを作ることを示している。もう少し他者に自分を開く姿勢を心がけたほうが良いのでは？

B

人見知り度 0%

簡単な柵程度でいいと考えるあなたは、人と関わり合うのが大好きなタイプ。人と関わることを楽しめるタイプなので、営業や交渉に向いているようだ。

C

人見知り度 100%

二重の生け垣を作る人は相当な偏屈者。人と関わり合いを持つのが嫌いなタイプだ。人を好きになるにはどうしたらいいか、少し考えたほうが良いかもしれない。

D

人見知り度 60%

透けて見える柵だが、高い生け垣の場合は、さほど人づきあいが悪いわけではないようだ。しかし、本当の自分より過大に自分を演出するようなところがあるかもしれない。

深層心理を見破る心理テスト 交渉術編

Question 3

あなたは夢の中でアリの集団を発見しました。このアリの集団は何をしているところでしょうか?

C 迷子になった仲間を探しに行くところ	A エサをとりに行くところ
D 巣の引越中	B 天敵にやられたので仕返しに行くところ

「社交性」診断

夢の中のアリは組織における社交性を意味している。アリの行動によって、あなたの社交性を知ることができる。

A

社交性◎

集団の利益を優先して動こうと思うあなたは、大変社交性に富んでいるタイプ。積極的に人と関わり、良い結果を残すことができるはず。

B

社交性○

適度に社交的なあなた。ただ、何かと敵味方で判断することもあるので、ライバルを作りやすいタイプだ。人は敵にするよりも仲間にした方が得することが多いと考えましょう。

C

社交性×

社交性が高い方ではない。どちらかというとマイノリティもケアする奉仕の精神が強いタイプのよう。少しは人との関わりに興味を持とう。

D

社交性△

割と社交的なほうではあるが、浅く広くいろんなタイプとつきあう傾向にあるようだ。大切な人と深くつきあうことも意識してみよう。

第3章
「YES」と言わせる心理学

契約成立一歩手前に相手を褒めれば決着する

TRICKキーワード 自己重要感

誰であっても「褒められる」と悪い気はしないもの。褒められて気分がよくなると、脳には「嬉しかった」という信号が送られるからである。

ただし、褒められ続ければいいというわけでもない。大人はしかるべき場所やしかるべきタイミングで褒められないと「嬉しい」には至らないのだ。逆にタイミングを間違えると「そういって馬鹿にしているのだろう」と脳内に怒りホル

これができればあなたは…

デキる奴！

褒めポイントを見極めて
相手の欲求を満たせ!!

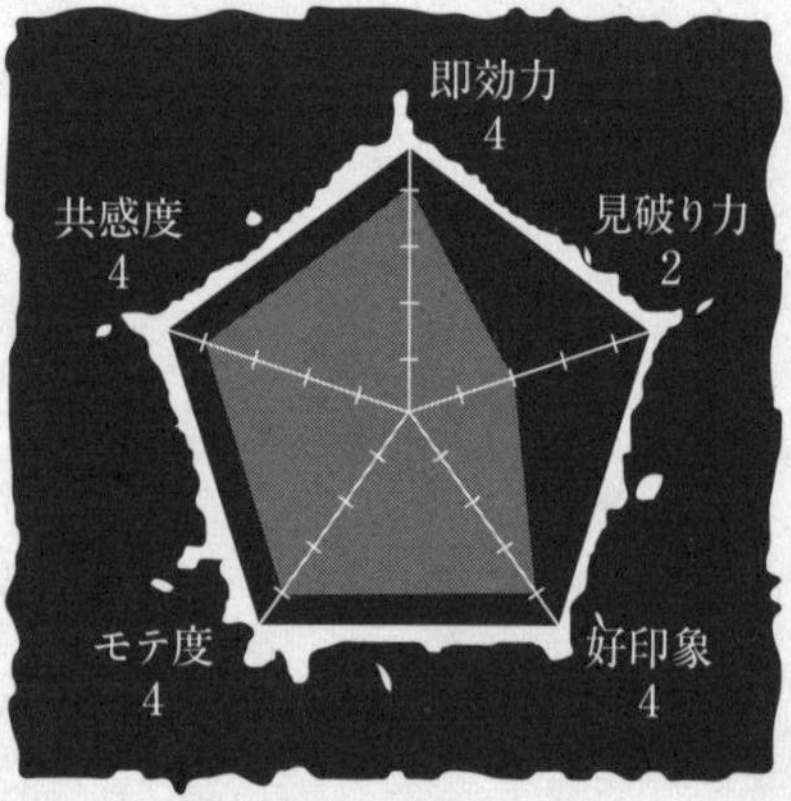

モンと呼ばれるノルアドレナリンが分泌されてしまう。人間は自分たちのことを価値ある存在だと思いたい欲求がある。それを『自己重要感』と呼ぶ。この欲求はただ褒めてあげればいいというものではない。「相手のいいところを見つけてあげる」「相手を認めてあげる」ことが必要になってくるため、相手のことを「見る力」が必要になってくる。この感覚を研ぎ澄ましていると相手の身に着けている物、所持品、相手の属性やセンスなどあらゆる面が見えてくる。ビジネス上の契約など「ここぞ」という場面の前には、褒めることを繰り返して相手の気分を上げておくと良い。

「その時計のデザイン、カッコイイですね」「その時計を選ぶなんてセンスいいですね」

どちらの発言が相手の自己重要感を刺激し、好印象を与えられるだろうか。1つ目が時計を褒めているだけで人物を褒めていないのに対し、2つ目は時計を身に着けている相手のセンスを褒めている。後者には「私はあなたの物を選ぶセンスが素敵なことをわかっていますよ」というメッセージが込められているのだ。ただ「○○がすごいですね」ではなく、なぜ、どうすごいのかを示して相手を褒め殺そう。

悪魔の格言

相手の認められたい願望を満たして商談をまとめろ！

自分の希望を通すには「〜だろ？」と決めつけて話す

TRICKキーワード
同意心理

会話をしていて相手との意見が違うことがわかった。その場合、どうやって相手を説得していくのが良いだろうか。

1「こっちのほうが素敵だと思う」
2「こっちのほうが素敵じゃない？」
3「こっちのほうが素敵だと思うけど、どう？」
4「こっちのほうが素敵だろ？」

以上のように伝えると、相手の反応はおそら

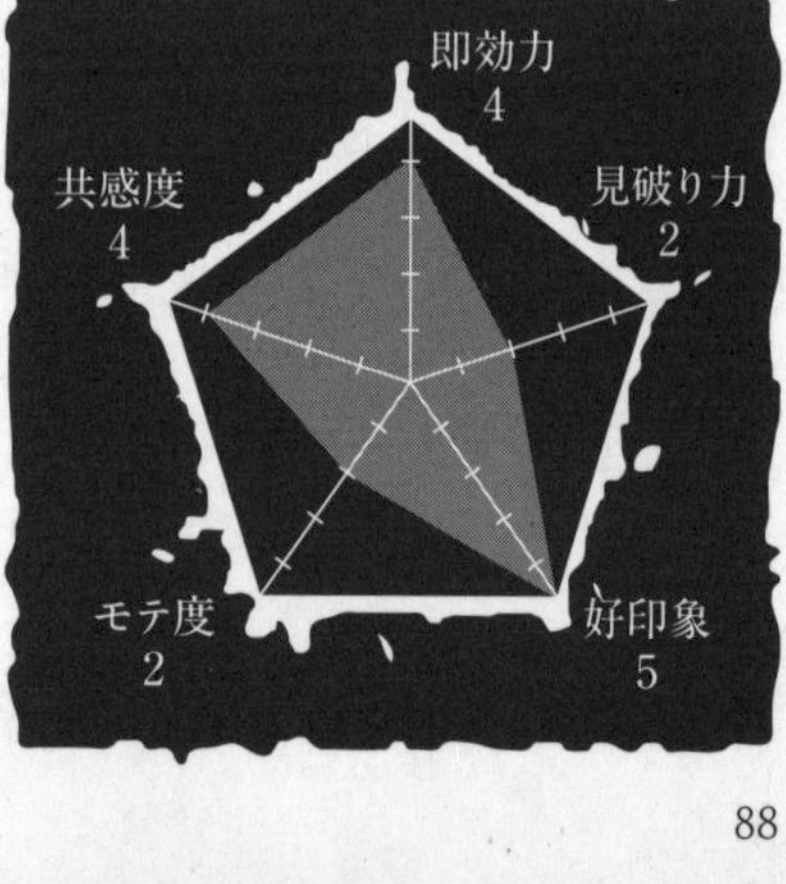

これができればあなたは…

賢い奴

本当の決定権は相手ではなくこちらが握る！

く以下のような答えが多いのではないだろうか。

1「あっそう」
2「そうかなあ」
3「いや、このままでいいよ」
4「そうだね」

1は自分の意見のみ伝えている。2は押しつけがましい印象がある。3は気乗りしなければ簡単な返答に終わる。4は特に否定する必要がなければ、一応肯定されるはずだ。
この場合、4のみが肯定された返答を得られた。実は、肯定させたい発言の終わりに「だろ?」や「ね」をつけることで相手に「どうだろう?」と考えるスキを与えず、よりこちらの意見に誘導することができるのだ。相手も、自然の流れの中で返答しているので違和感なく交渉が進んでいくのである。
また、「だよね?」などは口調も優しくなめらかなので相手に好感をもたれやすく、親近感が生まれる。その結果、同意を得られるのだからまさに言うことなしだ。

悪魔の格言

「よね」をつけて同じ意見だと錯覚させるべし!!

ここぞというとき大声を出せば交渉が決着する

TRICKキーワード　高圧的な態度

人生には人と交渉する場面が幾度も存在するが、どんな姿勢で臨めば良いのだろうか。交渉を成功に導くうえでは、どのような方法が有効なのだろうか。

アメリカのスタンフォード大学で次のような実験が行われた。男子大学生4人に2組のペアになってもらい、ペアのひとりが会社の雇い主、もうひとりが入社希望者という設定で労働条件

これができればあなたは…

重要な場面だけという「限定」が信頼になる！

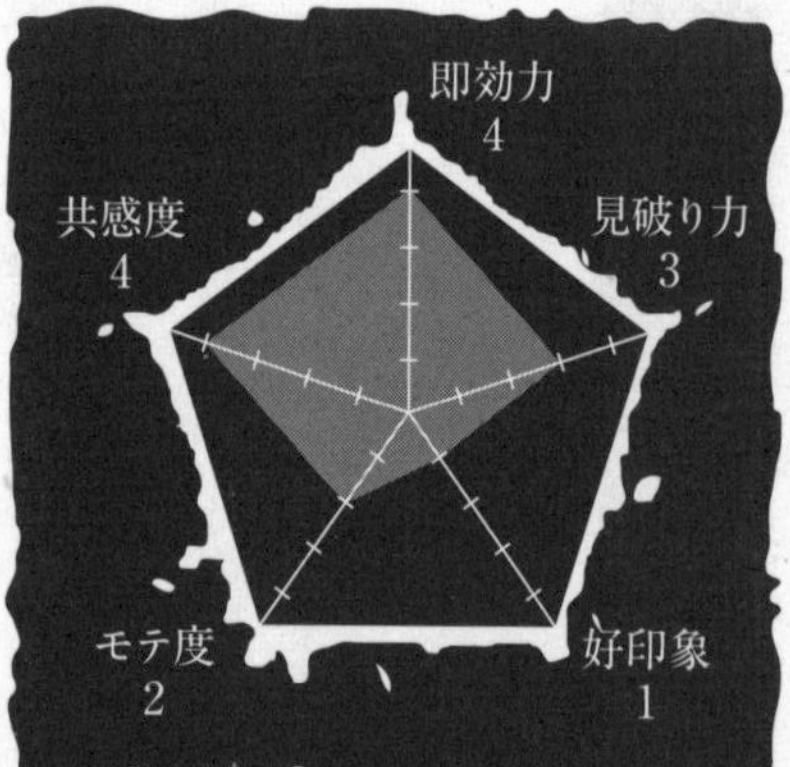

についての話し合いをしてもらった。すると、雇い主側が穏やかな態度をとっているペアは、入社希望者の希望条件がより反映されたが、眉間にしわを寄せたり、胸を反らしたりして高圧的な態度をとっているペアは、ほとんど雇い主のいいなりで進んでいったという。こうした態度をとられた側は「この場から逃れたい」という心理が働き、条件をのんでしまうのだ。

しかし、毎回、大きな態度で交渉に臨むのは困難だ。「ここ一番」というときに、大きな態度を限定することで「頼れる人物」という評価も勝ちとれるのだ。

悪魔の格言

「ここぞ！」の高圧的態度で成功と信頼を勝ちとれ!!

相手の40㎝前後まで近づけば要求が通りやすくなる

TRICKキーワード

パーソナルスペース（仕事編）

電車や喫茶店などで空いている席を選ぶとき、ある程度他人と距離が離れた席に座ることが多いのではないだろうか。人は、自分の身体周辺に自分専用のスペース『パーソナルスペース』を保持したいという心理があり、その領域が侵されると不快で不安な気分に陥る。個人差はあるが、同僚や上司と話す場合には、自分の120㎝以内に入ってこられると緊張状態になり、空

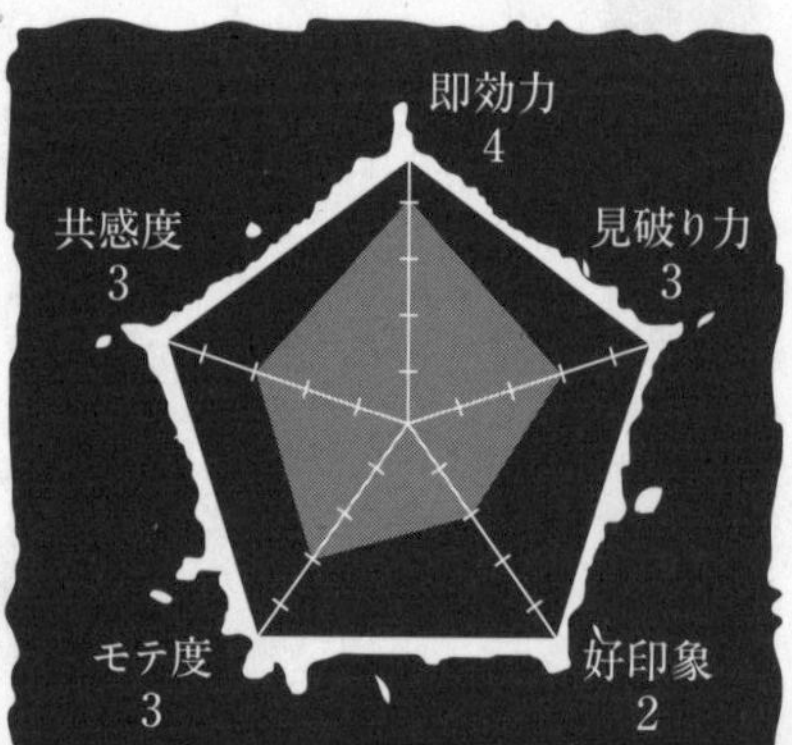

これができればあなたは…

賢い奴

距離感をうまく使いこなして交渉の達人に!!

間を空けようと無意識に1歩2歩後ずさったりするものだ。

パーソナルスペースの心理は、ビジネスの場でも大いに活用できる。部下にどうしても今日中に仕上げてもらいたい仕事があるとする。でも、部下はもう帰り支度。そんなときには、普段部下と接するときよりも1歩近づいて頼んでみるのが良い。具体的には部下から40㎝前後がベスト。パーソナルスペースを故意に侵すことで部下は緊張状態に陥り、早くこの不快さから逃れようと、こちらの要求に同意する確率が高くなるはずだ。

悪魔の格言

交渉相手の隣りに座って顔を近づければ無意識に威嚇できる

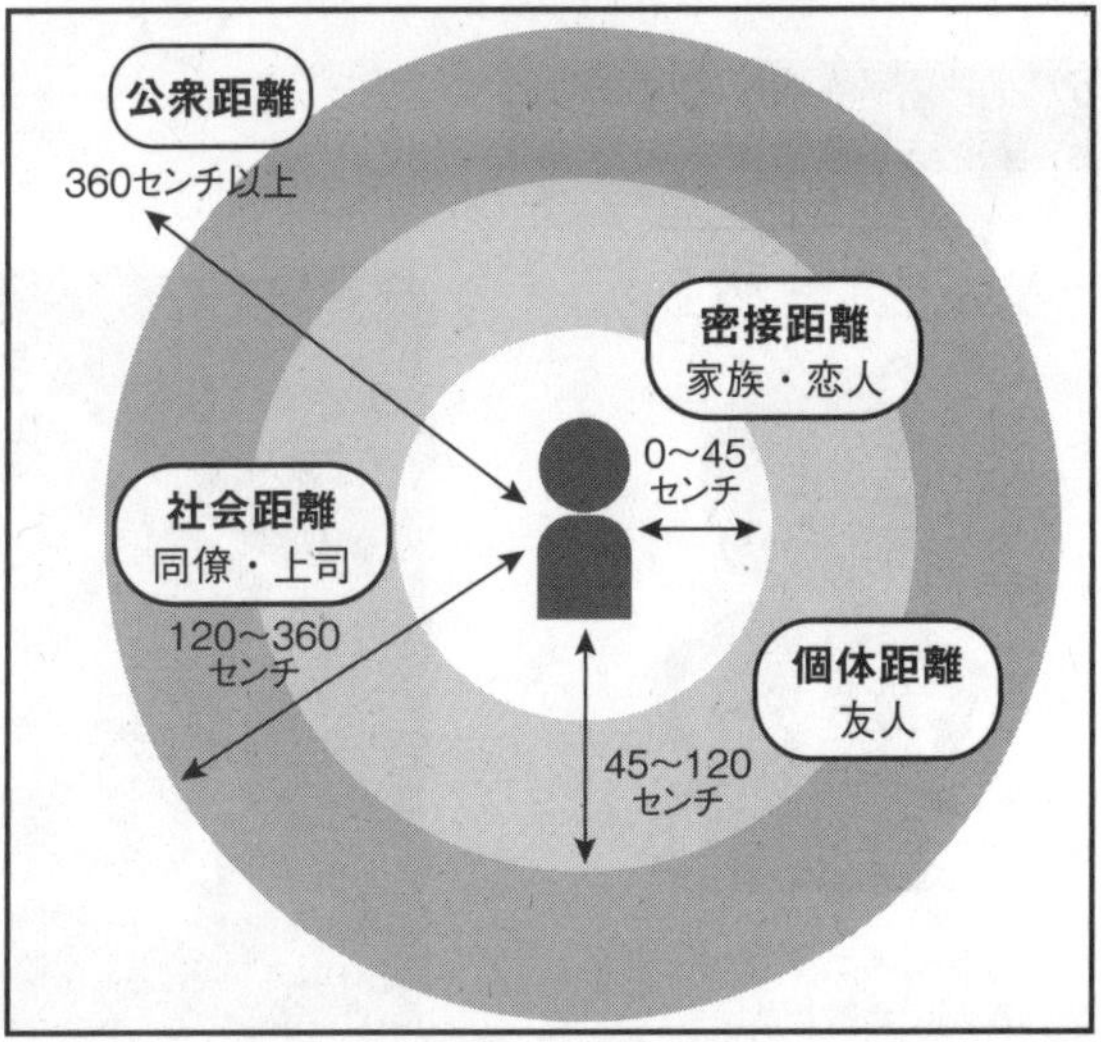

簡単な仕事をさせ続ければ部下はYESマンになる

TRICKキーワード　イエスのメンタル・セット

駅で署名活動が行われている。

「○○の署名活動をしています。ご協力いただけないでしょうか」と、サラリーマン風の男性。「時間もあるし、協力しようかな」と思い署名をすると、今度は、「少しでもいいので募金をいただけないでしょうか？」と続く。瞬時に「あれ？募金までするつもりはないんだけどな」と思ってももう遅い。そのときにはなぜか非常に断り

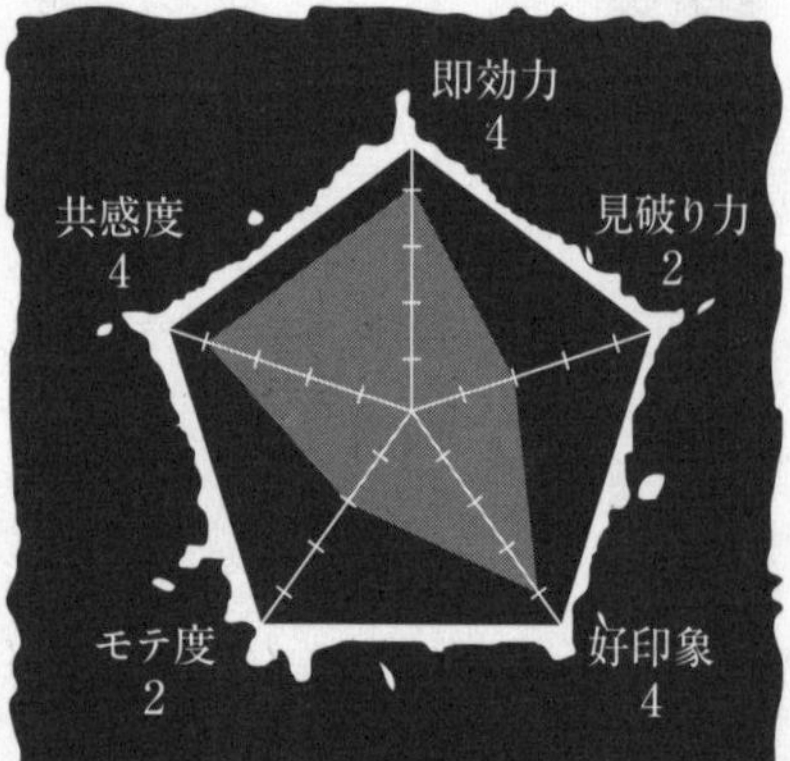

これができればあなたは…

デキる奴！

仕掛けられる側のときは冷静に判断したい！

づらい気分になっている。

相手が引き受けられそうな簡単なお願いを何度か続けると、相手は「イエス」といい続けることになり、自然と「イエスと言う気持ちの流れ」が作られる。このような心の状態は『イエスのメンタル・セット』と呼ばれ、よく勧誘などの場面で使われる。部下を手なづけたいときにも、いきなり大きなことを頼んで緊張させるよりも、小さなことを何度か頼み、緊張関係が弱くなった状態で大きいものを頼むようにしたほうが、部下は疑問も不満ももたずにすんなり受け入れる可能性が高くなるのだ。

step1
コピーして
YES
step2
届けものして
YES
step3
ファイリングして
YES
final
この仕事任せたよ
YES

悪魔の格言

「イエス」と答えさせる質問を繰り返して感覚をマヒさせろ！

笑顔と世間話で営業相手は落とせる！

TRICKキーワード

単純接触効果

毎日の通勤時、いつも同じ車両に乗っている人が気になったり、好意を抱いたりした経験はないだろうか。人は、何回も見かける（会う）だけで相手を身近に感じたり、好感を抱く傾向がある。このような心理的効果は『単純接触効果』と呼ばれる。

人間は不安を恐れ、安定を求めて生きる生き物。目新しい刺激（新しく出会った人や物）に

これができればあなたは…

なんか気になる奴

メリットを植えつけて相手の賛同を得よう！

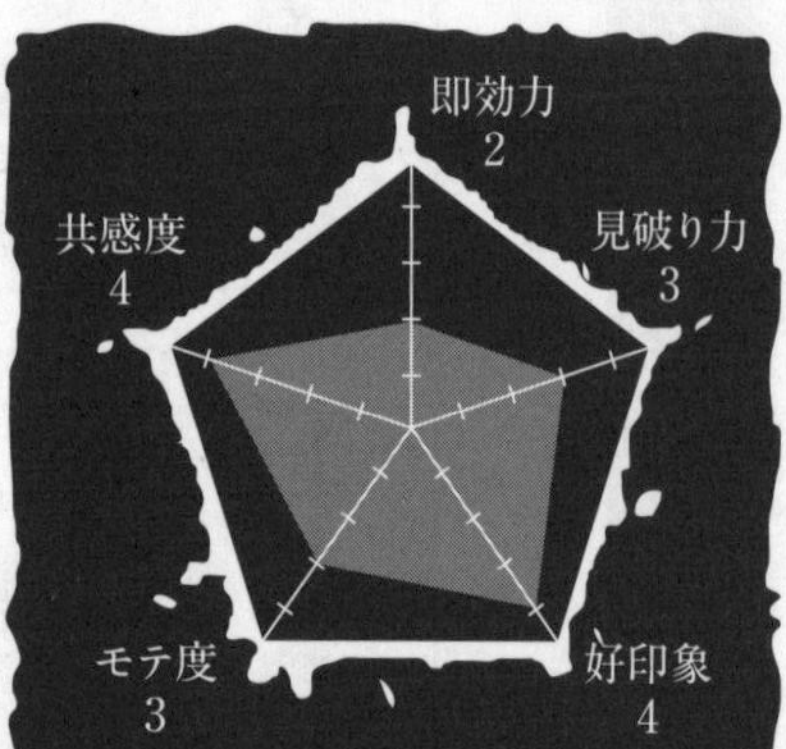

は無意識に緊張する。それが、繰り返し接触することで慣れを生み、次第に好感につながっていく。

街中やテレビでヘビーローテーションされている曲を好きになったり、気になったりするのはこのためだ。テレビのCMも、この「よく見かける商品のほうがより安心する」という消費者の心理をつかみ、より多くの購買を促しているにすぎない。

さて、ビジネスの営業の場では、一度に長時間話し込むよりも、たとえ5分だけでも何度も繰り返し会うほうが、契約成立につながりやすいことはよく知られた話だ。何度も会うことで相手の警戒心を解き、いつの間にか情まで抱かせる効果がある。ただし、これにはひとつ条件がある。それは、第一印象で相手に平均点以上の好印象をもたせておくこと。人の第一印象は、会わない間にそのイメージが数倍に膨れ上がる。初対面で「なんとなく恐い、不気味」などマイナスの印象を与えてしまうと、後に負の印象が増幅してしまう。つまり、会うたびに嫌われていくということになるのだ。「とにかく顔を出す」ではなく、せめて笑顔を絶やさず、その良いイメージを次の機会までに相手に膨らまさせておくことがポイントだ。

悪魔の格言

笑顔をすり込んで無意識に「イエス」と言わせろ！

ツンデレになるだけで相手の好意をゲットできる

TRICKキーワード
ゲイン・ロス効果

人がもっともやる気を出したり、好意を示したりするのは次のうちどれだろうか。

1 最初から最後まで終始褒める。
2 最初は褒めておいて最後にけなす。
3 最初から最後までけなしまくる。
4 最初はけなしておいて後から褒める。

普通に考えると、終始一貫してやさしい1だと思うだろう。しかし、実際は4だ。人は、け

これができればあなたは…

デキる奴！

ツンデレを賢く使って好感度アップをねらえ！

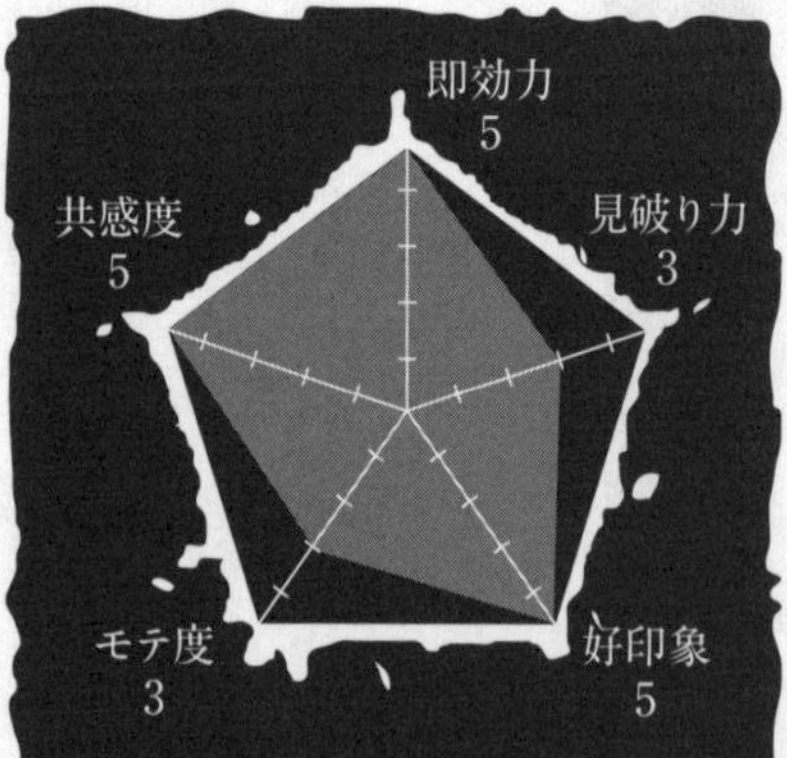

なされたりして一度気分を落とされた後にプラスの言葉を与えられると、より大きな喜びがわきおこる。このように、マイナスイメージの後にプラスのイメージを与えて実際以上に好印象に見せることを、心理学では『ゲイン・ロス効果』と呼ぶ。

実は、ときに冷たく突き放してときに好意的な態度をとる〝ツンデレ〟体質がモテるのも、この心理によるもの。ツンデレな相手に翻弄されて喜んだり悲しんだりしているとき、自分の感情の変化量が大きければ大きいほど、人はその相手に好意を感じてしまうのである。

どんなに叱られても、最後に一言フォローがあれば「この人は私のことを思っていってくれているんだな」などと好印象がわくものなのである。交渉の際も、相手の要求にすぐに応じてしまえば「気弱なヤツ」という印象をもたれがち。そこで、最終的には「YES」を出すつもりでいても、いったん「NO」を突きつけてみよう。相手は「手強いヤツ」と認識し、本腰を入れて交渉に臨むようになる。そして最後にあなたが、「仕方がないですね。今回だけは折れましょう」と締めくくれば、相手は手強い相手に勝利したという満足感とともに、あなたに多大な好意を抱くはずだ。

悪魔の格言

相手の感情を揺さぶるツンデレ交渉で相手を自由自在！

「もし私があなたなら」で不利な依頼を飲み込ませろ

TRICKキーワード
イエス・イフ法

ビジネステクニックのひとつに『イエス・イフ法』と呼ばれる説得法がある。最初から無理（ノー）と言うのではなく、相手の提案を受け入れた上で「もし（イフ）～だったら」という仮定を提示することで条件を飲ませ、さらに相手の満足も得られるというテクニックである。

例えば、表示価格が5万円のテーブルを客が「4万4千円で買いたい」と言い、店員が素直に

これができればあなたは…

ありきたりの言葉に一言添えるだけで信頼を獲得

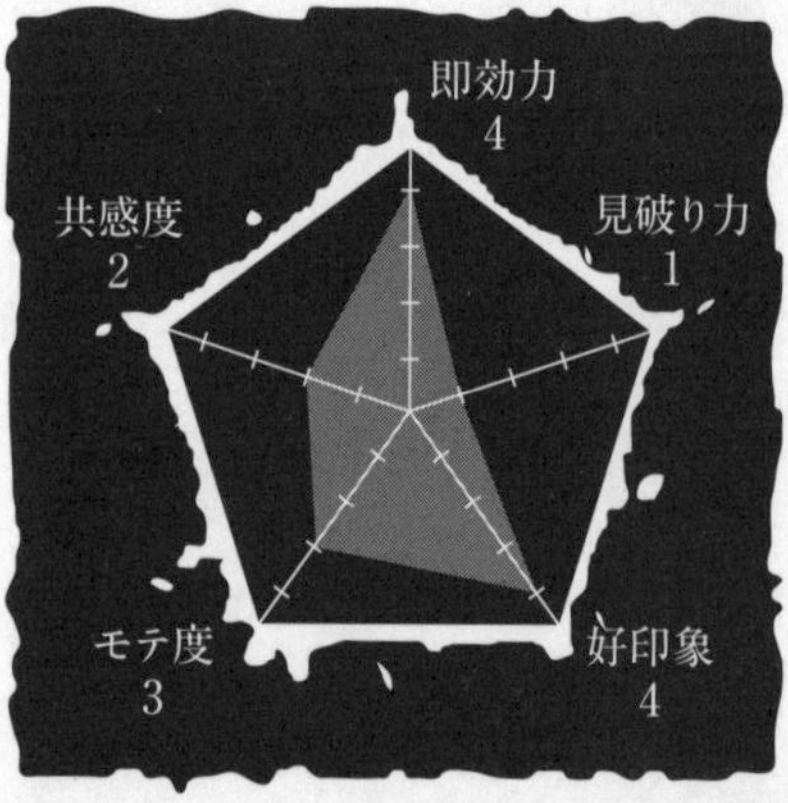

客の付け値で売った場合、客は「もっと安く買えたかも」と思い、店員も「もっと高く売れたかも」とお互いに後悔することになる。しかし、このときに店員が「わかりました、もしこの1万円のイスを6千円で買っていただけるのなら、このテーブルを4万4千円で売りましょう」といった場合、店員は「付け値で売ってもよかったのに、さらにイスまで売れた」と満足でき、客は「テーブルの表示価格の5万円でイスまで購入できた」と、双方が満足できるのである。

この、『イエス・イフ法』は、上司と部下の関係にも当てはめることができる。例えば、手間ばかりかかってさほど成果が期待できない仕事を部下に命じなくてはいけない場合、「すぐに結果が表れないとしても、長期的に見れば君にとってプラスになるはずだ」などとありきたりな説得だけではなく、「もし私が君の立場だったら、今後の成長のためにも挑戦するだろう」など、「もし（イフ）私が君だったら」という一言を添えるだけで、部下は「自分のことを考えてくれている」と感じ、従順に命令に従うようになる傾向がある。結果的に、部下は気持ちよく仕事を引き受け、上司も部下との信頼関係を築くことができるのである。

悪魔の格言

将来性のない部下には『イエス・イフ法』で不利な仕事を押しつけろ

YESといわせ続ければデカい要求も快諾される

TRICKキーワード

今日は天気がいいですね

セールスマンなどがよく用いる会話法のひとつに、『イエス肯定話法』『イエスセット』などといわれるものがある。これは、相手が「イエス」としか応えようがない問いかけを何度かした後で本題を切り出し、相手に「イエス」といわせてしまう話し方である。

初対面のセールスマンや営業マンは、なぜか天気の話から切り出すことが多い。「今日は天気が

これができればあなたは…

デキる奴!

他人の心を開き、意のままに操る交渉上手

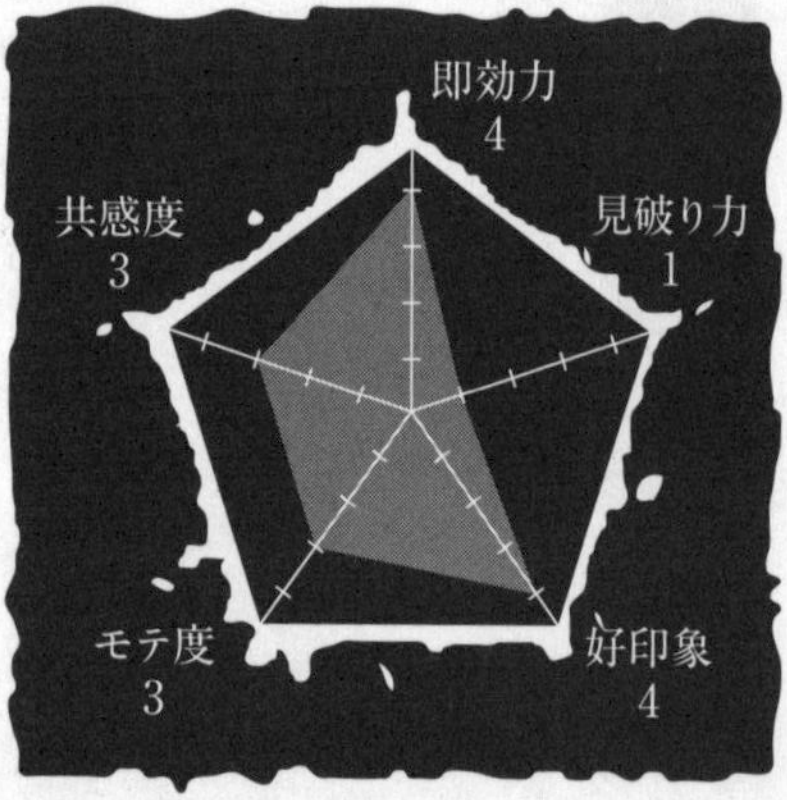

いいですね」と問いかけられたら、客は「はい」、としか応えようがない。さらに「お庭に咲いている花がキレイですね」、「久しぶりにこのあたりにきたのですが、ずいぶんと駅前が変わりましたね」など、相手が「イエス」としか応えられない問いかけを繰り返すことで、いつの間にか客はセールスマンの話に耳を傾け、ペースに乗せられていくのである。そして、そういった対話を何度か繰り返した後に「こんな商品があります。試しに使ってみてください」といわれると、客はなぜか「はい、じゃあ使ってみます」と応えてしまうことが多いのである。

悪魔の格言

「イエス」といい続けると、人は「ノー」といいづらくなる

交渉は相手を呼び出せ！アウェイにすれば勝ちやすい

TRICKキーワード

緊張をやわらげるのは自己暗示

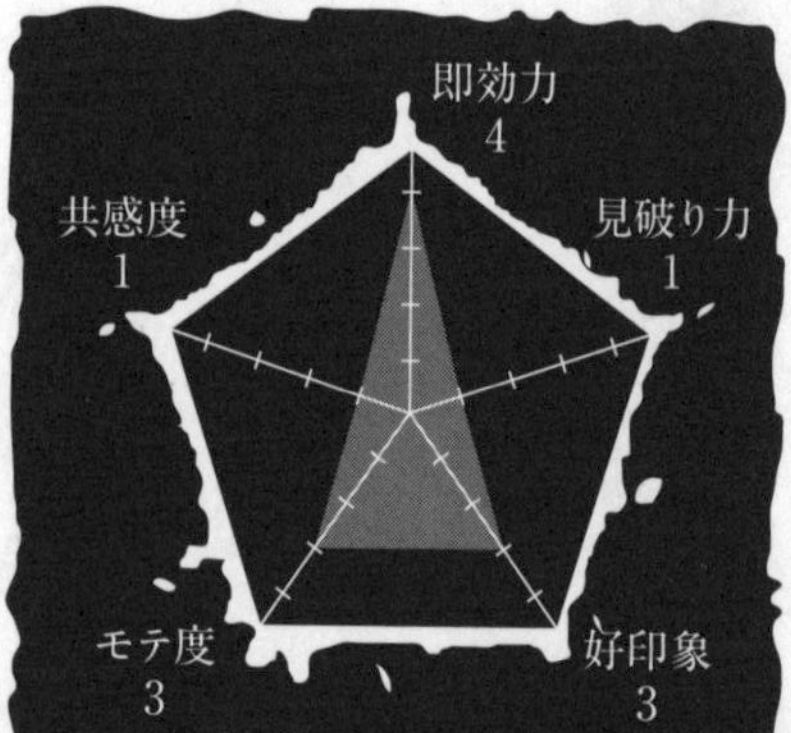

人間は、普段とは異なる環境の中ではどうしても緊張してしまうものである。慣れない環境は人間に違和感やプレッシャーを与え、本来持っている実力を十分に出しきれなくさせてしまうのだ。

つまり、大切な話や商談をするときには、なるべく行き慣れた場所や馴染みの場所を使ったほうがいいということである。普段から接して

これができればあなたは…

デキる奴！

慣れた環境でこそ本領は発揮される

いるものに囲まれると、人間は自然と安心感を得ることができ、ありのままの自分でいられる。すると、自然に自信と説得力が生まれ、思いどおりに会話を進められるようになるものなのだ。

しかし、商談などでは馴染みのない環境に飛び込んでいかなければいけない場合も多い。そんなときには、なるべく下見をしておいたほうがいいだろう。たとえ、実際に商談が行われる建物や部屋に入れなかったとしても、周囲の雰囲気を知り、感じることで本番での緊張はある程度軽減することができる。また、前もって「準備をした」という行為自体が、あなたの心に安心感を与えるという効果もある。これは商談などのビジネスシーンに限ったことではなく、面接や試験、試合など、あらゆるシチュエーションで効果を発揮するはずだ。

また、重要な局面ではそういった「環境暗示」をコントロールするだけでなく、イメージトレーニングであなた自身に暗示をかけ、本番の緊張をやわらげることができる。馴染みのない場所を下見するだけでプレッシャーが軽減されるのと同様、実際にその場の状況をイメージし、演じてみることで、本番での緊張を抑えることができるのである。

悪魔の格言

勝負のときには相手を自陣に招き寄せ、プレッシャーを与えろ

右側から忍び寄れば、上司は機嫌よく「イエス」と言う

TRICKキーワード

相手の心臓の反対側から近づく

人間の心理は、体の構造と関わっている場合がある。例えば、人間は無意識のうちに心臓を守る心理が働いており、警戒心を抱いている相手が左側にいると、圧迫感を感じてしまうのである。つまり、それほど親しくない相手の心を開かせたいと思ったら、右側から近づいたほうがいいのである。また、体の右側は利き腕なので、相手の警戒心を薄れさせる効果もある。

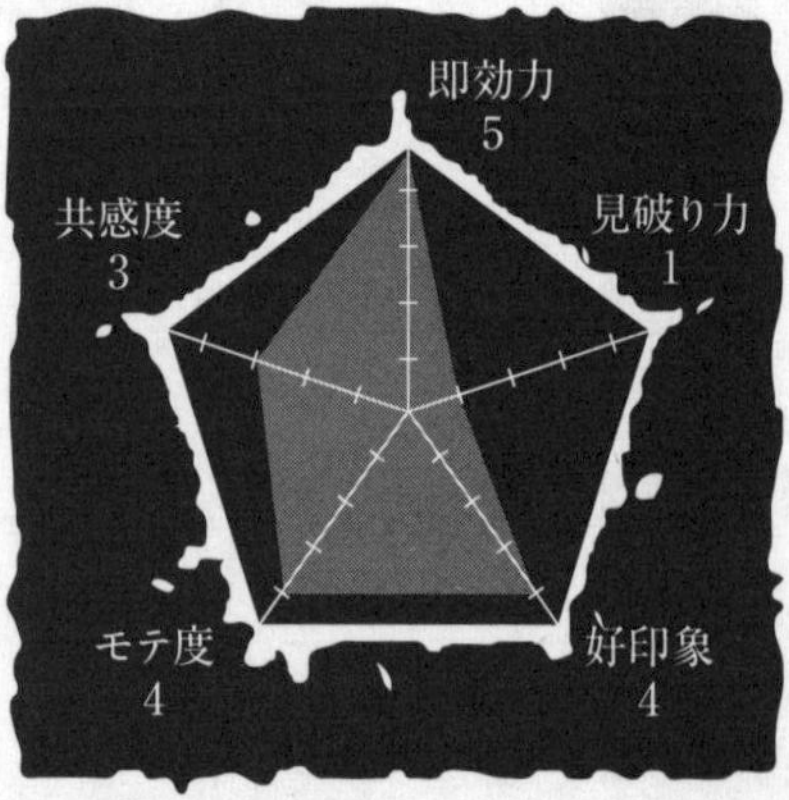

これができればあなたは…

賢い奴

知っていると得する㊙テクで好感度アップ

悪魔の格言

嫌な相手と一緒にいることを余儀なくされたら迷わず左側を選べ

このトリックはセールスの場面でも役立つ。客の右側から話しかけることで、相手は警戒心をゆるめ、話に耳を傾けやすくなる。その他にも、上司と親しくなりたい場合には、飲み会のときなどに右側に座るように心がければ、上司はよりリラックスした気分であなたと対話することができるだろう。また、異性に声をかける場合や一緒に歩くときなども、相手の右側にいることを心がけるとあなたへの警戒心はずっと薄らぐはずだ。

ただし、このテクニックは左利きの人に対してはあまり効果がない。

簡単な頼みを数回すれば大きな要求も快諾される

TRICKキーワード

ローボールテクニック

人は、一度条件を飲んでしまうと、その後では断りにくいという心理が働く。アメリカの心理学者・チャルディーニは、大学生を対象として以下のような実験を行った。

最初のグループには「心理学の実験に協力してください」と告げて承諾を得たのち、「実験は、水曜か金曜の朝7時からはじまるので、間に合うようにきてください」と告げ、次のグループ

これができればあなたは…

賢い奴

高い要求をするときは低い要求からが鉄則

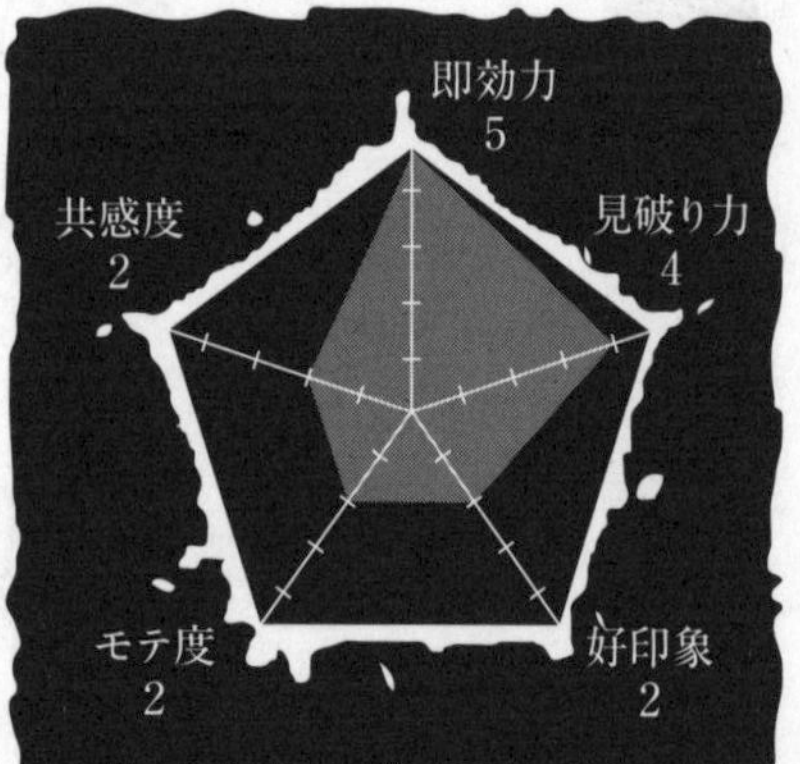

悪魔の格言

安いエサで引き寄せ、高い要求を承諾させろ

には、「水曜か金曜の朝7時からはじまる実験に協力してください」と告げたのである。

その結果、実験を行う日時は同じ条件であるにもかかわらず、最初のグループは56％が承諾したのに対し、次のグループからは31％しか承諾を得られなかったのである。このように、受け入れられやすい要求で承諾を得ておいて、後に要求を釣り上げていくテクニックを『ローボール・テクニック』という。相手がキャッチしにくいハイボール（高い球）を投げる前に、容易にキャッチできるローボール（低い球）を投げ、徐々に相手に要求を飲ませていくという意味である。

人は多くの場合、自分の言葉や行動に一貫性があると見られたいと願っているため、一度承諾した要求は、多少条件が釣り上がっても飲まざるを得ないと考えてしまうのである。

前述のマクドナルドの低価格戦略なども『ローボール・テクニック』の一種である。低価格のハンバーガーに惹かれて入店したものの、気をつかってついついドリンクやポテトなども買ってしまうという人は多いはずだ。相手に高い要求を飲ませたいと思った場合には、まずはローボールから攻めることが重要なのだ。

あなたの本性がわかる心理テスト

まわりは「YES」といってくれるか!?
仕事に対するビジョンがわかる!

Question 1

じっくり考えてお答えください。
富士山が見えます。かかっている雲の位置は、どのあたりでしょう。

C 山の中腹	A 山のはるか上のほう
D 山のふもと	B 山頂あたり

「出世願望」診断

山が象徴するのは、自らの目標。雲の高さは目標への意識の高さを表している。すなわち、出世への意思を表しているとも言える。

A

出世願望 100%

出世したい願望が強すぎて、人を陥れたり、欺いてしまったりすることがよくあるタイプ。出世という本来の目的を離れて、他人の不幸を喜んでしまう傾向も。

B

出世願望 99%

出世願望はかなり高め。出世のためなら、他人の足を引っ張ることもいとわない。ライバルを出し抜いて、嘘の噂を社内にばらまくなど、ひどい仕打ちが日常茶飯事。

C

出世願望 10%

出世欲はさほど大きくないタイプ。他人を蹴落としてまで出世しようという意欲はさらさらない。ライバルに置いていかれないよう、多少は危機感を持とう。

D

出世願望 50%

出世欲はあまりなく、人並みの生活を望む人。しかし、他人に踏み台にされることも多く、ストレスで追い込まれてしまうという危険性アリ。

Question 2

朝顔の成長を見守るあなた。今日のいい天気で、明日の朝までに朝顔はどのくらい伸びているでしょうか？

C 5センチくらい	A 1センチくらい
D 7センチ以上	B 3センチくらい

「社長度」診断

空へと伸びてゆく朝顔。何センチ伸びているかが、会社においてあなたがどれくらい伸びるかを表します。いざ、リーダーとしての資質や、リーダーに適任かを判定。

A

社長度 30%

社長になるよりは独立してフリーで活躍できるタイプ。もともと集団行動が嫌いな一匹狼なので、集団を仕切る立場に立つとどうしていいかわからなくなる。

B

社長度 120%

リーダー気質は十分。あなたが社長になれば、会社は順風満帆かも。自分の意見を通すのではなく、人の意見もしっかり聞くので、周囲からの信頼も勝ち得るだろう。

C

社長度 90%

みんなで和気あいあいと集団をまとめることに適している。ただ、みんなと同じ目線であることがわざわいして、厳しく集団を引っ張っていくことには不向き。

D

社長度 50%

出世欲や人の上に立ちたいという願望が強いタイプ。人の上に立つ機会を与えられると力を発揮するが、ときに思いが強すぎて、良からぬ方向へ行ってしまうことも……。

Question 3

あなたは赤ずきんちゃんです。 おばあさんの家に行く途中で、 森に迷い込んでしまいました。 その森の様子は?

C 想像と全然**違う**	A 意外と**キレイ**
D 想像とだいたい**同じ**	B 意外と**ジメジメ**している

「二重人格度」診断

仕事仲間とのつきあいの中で、大事なのが素の性格。あなたの無意識の状態を象徴する森と、あなたの想像との違いが、あなたの素の性格とあなたの想像する性格との違いだ。

A 想像以上に自分はいいヤツ

自責の念にかられることがよくあるが、同僚からはキレイな心の持ち主だと思われている。あなたが自分では悪いヤツだと感じるなら、周囲の人の心はもう、真っ黒かも。

B 想像以上に自分は暗いヤツ

サバサバした言動を心がけているつもりでも、同僚からはまったくそうは受けとられていない。実際は心の中で、言動とは異なることを思っていないだろうか。

C 自分では気づかずに二重人格

完全なる二重人格者で、自分でそのことに気がついていない。無意識のうちに、人や場面によって本音と建前を完全に使い分け、自分を守るためのウソをつくのが得意。

D 二重人格度は皆無に近い

思ったことをそのまま行動に移すタイプで、同僚からの信頼度も高い。「あの人がそうだと言うなら、そうなんだろう」と、言葉にウソが隠されていないことも同僚は理解している。

第4章 組織で生き抜くための心理学

相づちは「うん」よりも「いいね」「なるほど」に

TRICKキーワード

相づちの手法

聞き上手な人ほど相づちがうまいというのは、数多の会話術の本でも必ずと言っていいほど書いてある最重要事項である。つまり、相づちさえマスターしておけば、それだけで相手を気持ち良くさせ、なおかつ相手に好印象を与えられるのだ。

それを裏づけるような実験を行ったのが、ノース・キャロライナ大学のチェスター・インスコ

イメージ操作

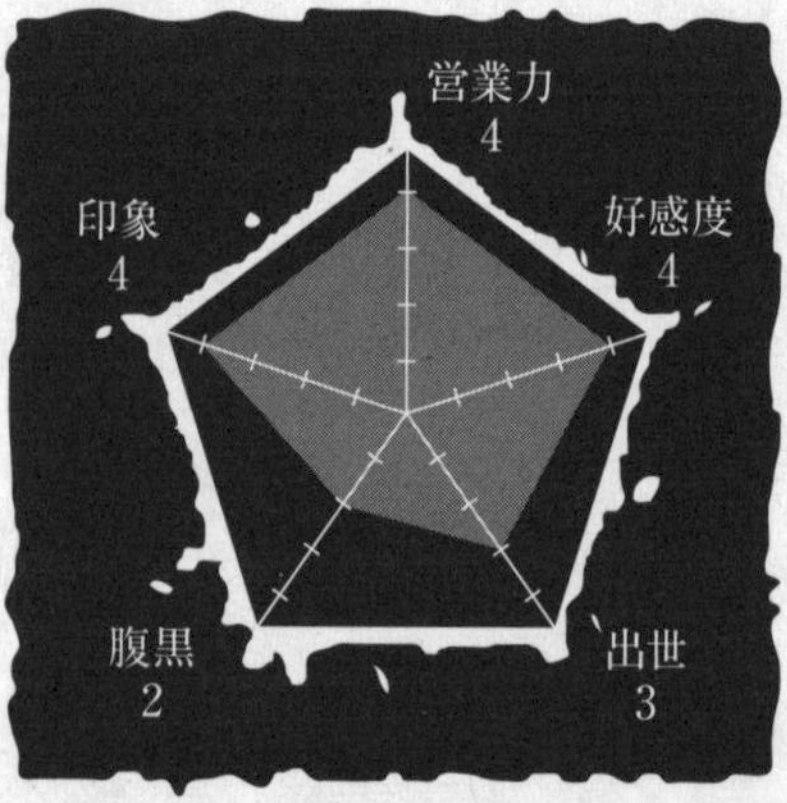

博士だ。彼は学生名簿からランダムに選んだ175名を対象にして、相づちに関する実験を行った。実験ではサクラの人物と2人1組になって、有料テレビについて話し合ってもらった。そしてサクラ側の相づちを変化させ、どんな印象を抱くのか調べたのだ。

その結果、サクラが「ふーん」と気のない相づちを打つよりも、「いいね」と好意的な相づちを打つほうが、サクラに対して好印象を持つことがわかった。

確かに、話し手の心理として、相手が「なるほど」「すごいですね」「おもしろい！」など、変化に富んだ相づちを返してくれると、それだけで話し手冥利に尽きるもの。一方、「う〜ん」「はぁ」など、気のない相づちを返されると「おもしろくないのかな…」と不安になってくるものだ。

自分に苦手意識を持っていそうな上司や部下には、積極的に話しかけていろいろと話を聞き出すといいだろう。もちろん、そのときには肯定的な相づちを意識して会話をすることが肝要である。そうすれば相手の苦手意識も薄れ、なおかつ好印象を持ってくれるのだ。たかが相づちと侮るなかれ。相づちの一言であなたの印象は格段にアップするのだ。

悪魔の格言

相づちを工夫するだけで人は上機嫌になる

ダメな部下もプラスの暗示をかければ能力アップ

TRICKキーワード　プラスの暗示

難問を前にすると「できるのかな……」と、マイナスの自己暗示をかけてしまうことがままある。自信のないまま挑戦し、結果を残せなかったという経験は誰しもがあることだろう。

アリゾナ州立大学のスーザン・ピーターソンが212名の学生に、バラバラのアルファベットを見せて、意味のある単語を作らせる実験を行った。例えば、「C、A、T」というアルファ

出世間違いなし!

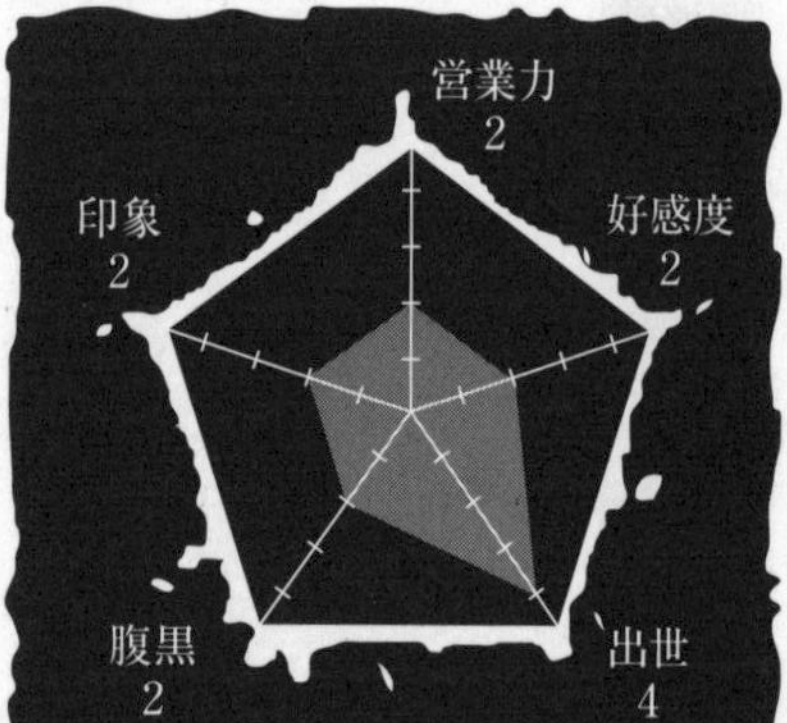

ベットを見せて「CAT」という単語を作るといった内容だ。ただし実際は、14文字のアルファベットで単語を作らねばならず、学生にはかなりの難問だった。そのときピーターソンは学生たちに「同じ問題を別の人にやらせてみたところ、ほとんどの人が正解を見つけることができた。だから君たちもうまく解くことができるよ」と、プラスの暗示をかけたのだ。すると、予想よりも高い頻度で正解者が続出した。

さらにピーターソンは、逆にこんな暗示もかけてみた。「同じ問題を別の人にやらせてみたところ、ほとんどの人ができなかった。君たちもきっとできないと思うが、とりあえずやってみてくれ」。

こうしてマイナスの暗示をかけられた場合、大半の人が解けなかったという。つまり、プラスの暗示によって「自分にもできそうだ」という希望から実際にできてしまう確率が高くなるというのだ。

これはビジネスにも応用できる。失敗が多く、自信を失っている部下は自分自身でマイナスの暗示をかけてしまっている。そこであなたが「みんなできているし、君にもできるよ」とプラスの暗示を与えれば、能力以上の力を発揮してくれるはずである。

悪魔の格言

プラスの暗示で「ダメな部下」の能力を倍増させろ

「最悪いつになる?」で本当のスケジュールが分かる

TRICKキーワード
期限の本質

仕事に慣れていない新人や、仕事が遅い部下のスケジュールを読むのは難しいことだ。こうした問題への対処方法として、カナダのサイモンフレーザー大学の心理学者、ロジャー・ビューラーはこんな実験を行った。大学生たちに「あるテーマの論文を君なら何日で提出できるか」を予測させたのだ。

すると学生の回答は、平均で33・9日だった。

交渉力アップ

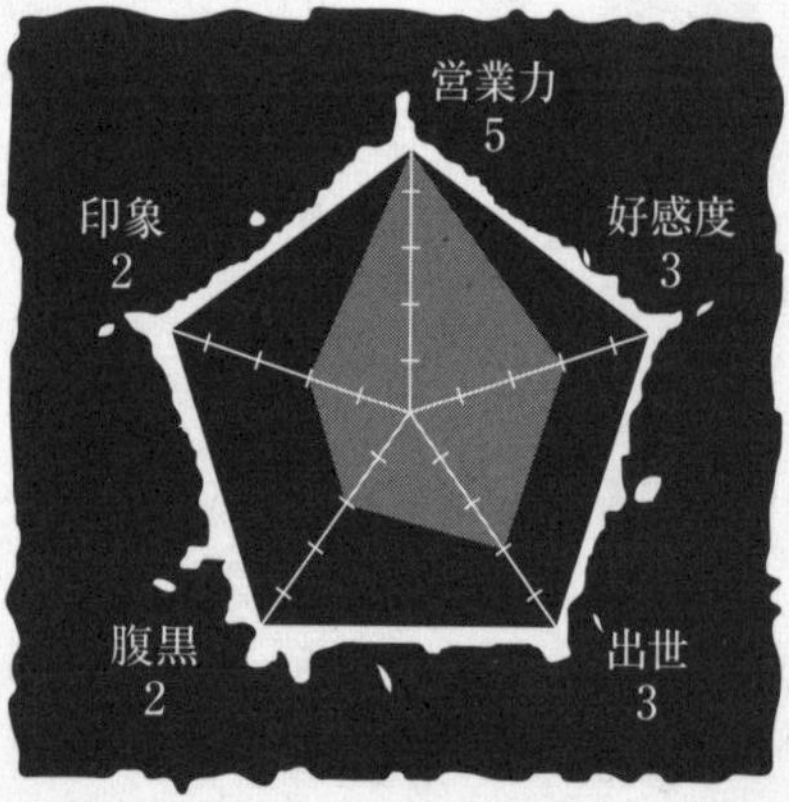

ところが、実際に論文を書かせてみると、提出までに平均で55・5日もかかった。実に20日以上のオーバーである。

しかしこの実験でビューラーは、あらかじめ「最悪の事態が起こったら、どれくらいで仕上がるか」と質問していた。こちらの回答は平均で48・6日。実際の提出期間はこれを約1週間オーバーしているが、誤差はかなり縮まっている。

つまり、新人だろうと部下だろうと、重要な仕事の納期をあらかじめ聞き出すときは、最悪のパターンを聞き出しておけば、予想外の遅延を防ぐことができるのである。

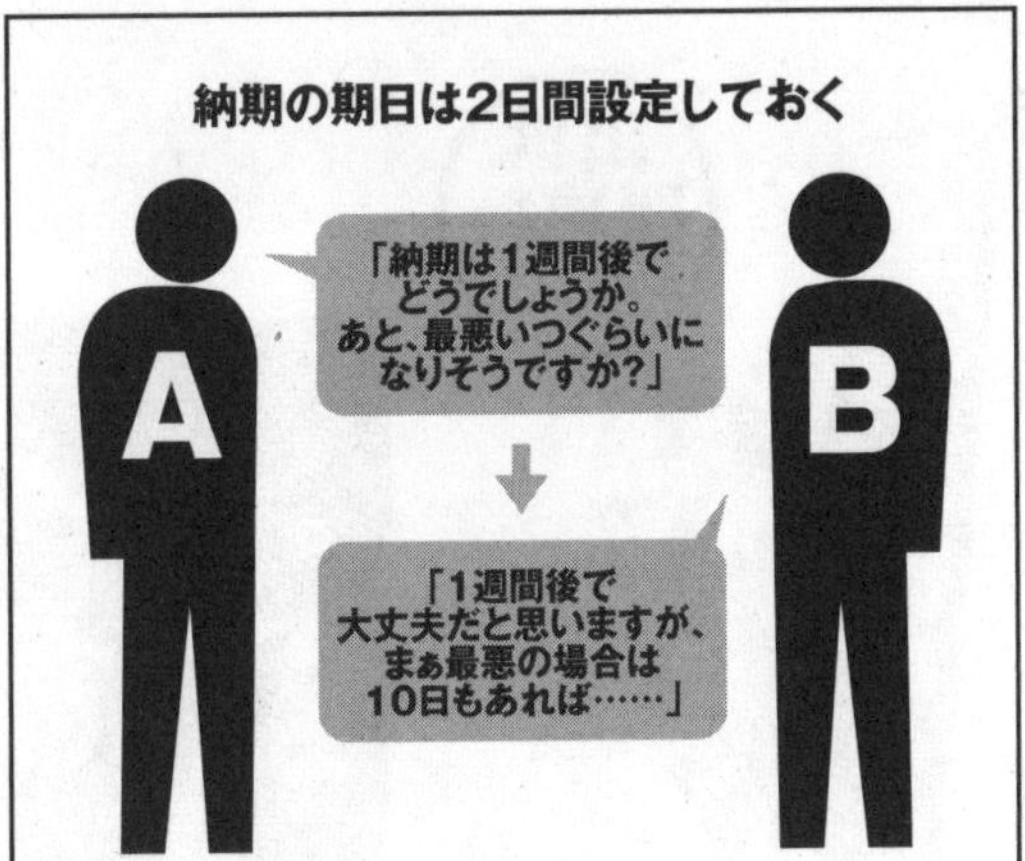
本当の期日は「最悪の場合」

悪魔の格言

スケジュールは「最悪の場合」を聞き出して、本当の期日を知れ！

リズムを同調させて上司の警戒心を解け

TRICKキーワード
リズム同調

年齢も育ちも違う上司とコミュニケーションを図っているとき、雑談とはいえお互いを仕事以外でほとんど知らない場合、なにを話していいかわからずギクシャクしているときがないだろうか。逆に、同じ趣味を持ち、その趣味の話で上司と話しているときはどうだろうか。後者では安心感が得られ、もっと積極的に話をしてみようという気になるはずだ。

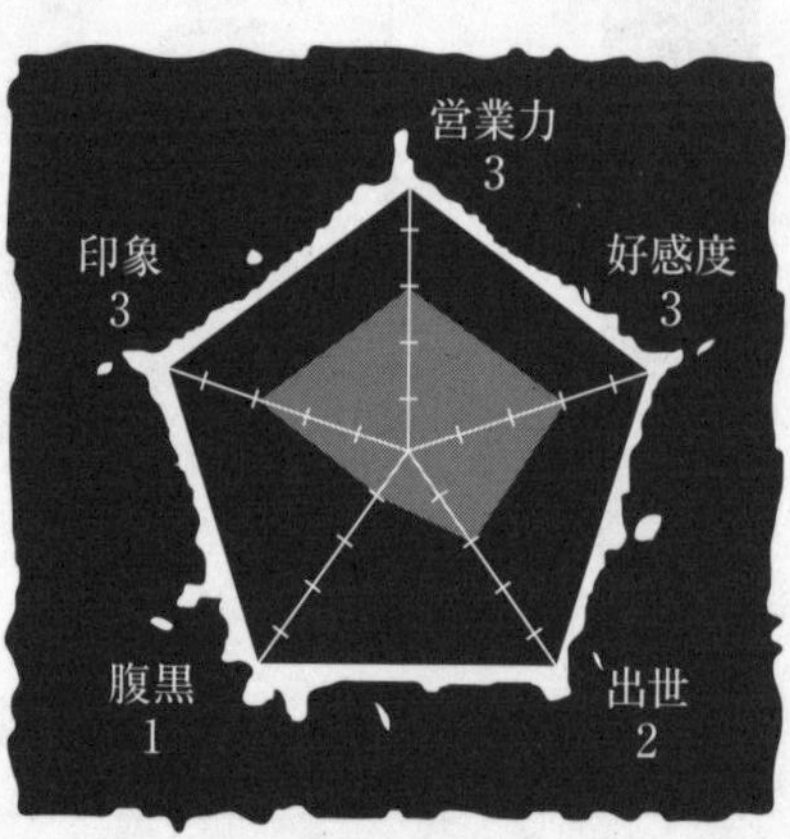

こういった、趣味などのきっかけがあれば円滑なコミュニケーションが図れるものだが、まだお互いに距離がある場合には「ペーシング」と呼ばれるコミュニケーション技法を使うと良い。

ペーシングとは、話し方や身振りなどを相手に合わせることで、ゆっくり喋る人にはこちらの口調もゆっくりにしたり、相手が驚いているときは一緒に驚いてみせたり、その他、表情から身振り手振りなどを合わせていくものである。ただ、相手の一挙手一投足すべてに合わせることができるのはプロのカウンセラーくらいのもので、下手に全部のペースを合わせすぎたりすると、かえって不快感をもたれる恐れがあるので注意が必要だ。

そこで、たったひとつ、相手にも気づかれず簡単に合わせられるのが「呼吸」である。相手の胸元を見て呼吸のペースを探り、相手が息を吸うときに自分も吸い、息を吐くときに自分も吐く……と呼吸のペースを合わせていくだけで簡単に体のリズムを同調させることができるのだ。

こうして、相手は同調されているとは気づかず、ただなんとなく「この人とは肌が合うなぁ」と思わせたらこちらのもの。相手の警戒心も薄れ、本音を引き出しやすい環境が整うのである。

悪魔の格言

呼吸のペースを同調させれば、相手の警戒心が薄れる！

細部をリアルに語ることで相手は勝手に信頼してくれる

TRICKキーワード
具体性の力

どんなに耳触りのいい言葉を並べてプレゼンしたところで、なんの具体例もなく信ぴょう性も感じられなければ、それはいいプレゼンとはいえない。逆に、話を盛ったプレゼンでも、具体例満載でもっともらしく語れば、相手はそのプレゼンに真実味を見出してしまうものだ。

暗示コミュニケーションには、「詳細に語れ」という法則がある。できるだけ具体的に、すぐ

交渉力アップ

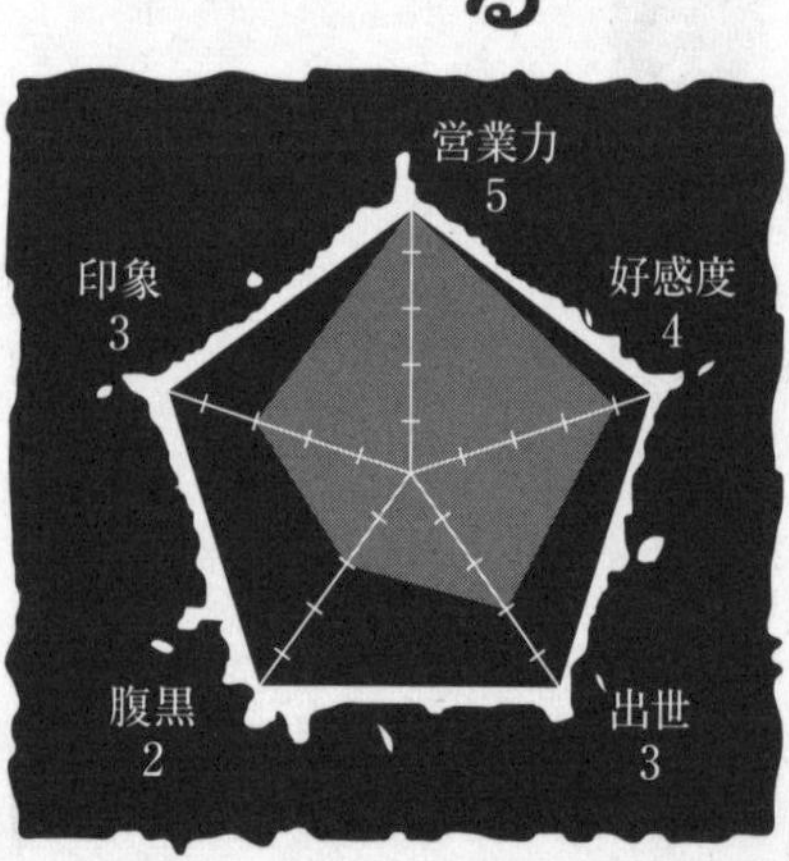

頭にイメージが浮かぶような話をすればするほど聞き手は暗示にかかって、言うことを聞いてくれやすくなるのだ。

ワシントン大学の心理学者、ブラッド・ベルは、詳しく話をすると信ぴょう性が32％も高まることを実験によって確認している。詳しく、具体例を織り交ぜて話をしていると、「この人の言っていることは本当に違いない」と思わせることも簡単なのだという。

例えば、取引先へのプレゼンで「私が担当すれば利益が上げられます」とアピールしたところで、あまりにも漠然としすぎていて説得力がなく、大して高い評価は受けないものだ。しかし、「以前、バイヤーの仕事をしていてその業界と流行には詳しいです。それを今回のプロジェクトに活かせば、利益を30％上げる商品を20点は買いつけてこれます」と述べたらどうか。自分ができることについて詳しく語った結果、はるかに説得力が生まれる。

どんな話でも、それが言い過ぎていても、具体例を出して詳しく語れば語るほど「信頼できる話なのだな」と暗示をかけることができるのだ。

悪魔の格言

相手を落としたいなら具体例を調べ上げろ

「監視」をすると効率ダウン 部下は放置しろ

TRICKキーワード　他者の視線

日本とアメリカの企業文化を比較するとき、真っ先にあげられるのは職場のレイアウトの違いである。日本は直属の上司が部下全員を見渡せる場所に座って、部署全体の監視ができる大部屋制であることに対して、個人主義の根付いたアメリカでは、それぞれの机がパーテーションで区切られた半個室の状態が多い。

大部屋制のメリットとしては、上司・部下・

出世間違いなし!

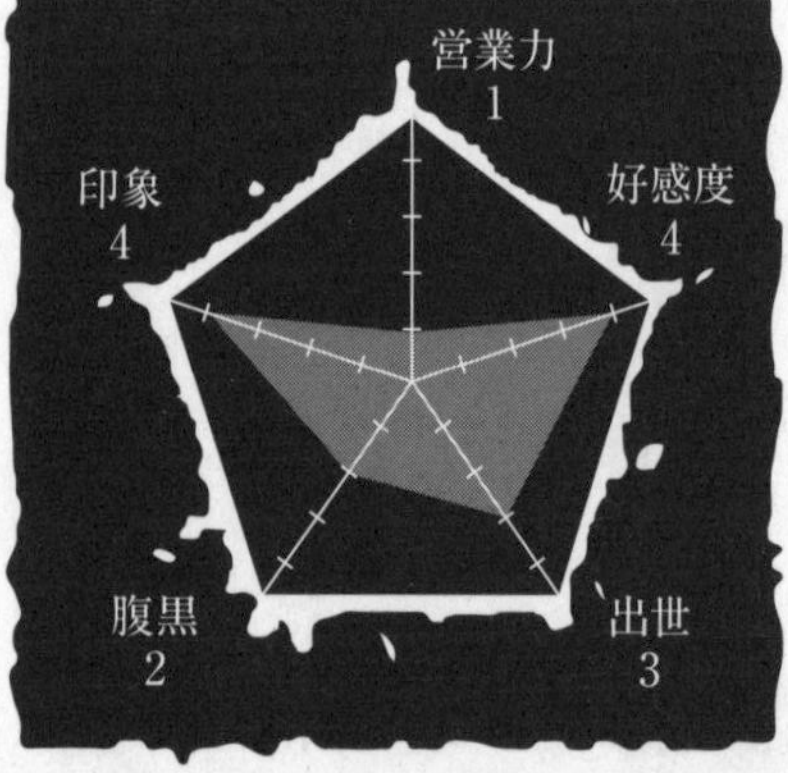

同僚がそれぞれ電話で話している内容まで聞こえるなど、コミュニケーションのとりやすさがあげられる。つまり、他人が今どんな仕事をしているのか、どう仕事が回っているのかがわかりやすいわけだが、集中力や効率性を考えると、大部屋制はビジネスに適さないともいわれている。

ペンシルバニア州立大学のR・バリーが「他者の視線」について行った調査を紹介しよう。彼はショッピングモールの駐車場から出ようとしている車200台のドライバーたちを観察した。すると、自分が出て行ったあと、そのスペースに入れようとしている車がうしろで待っている場合、出発までの時間が長く、誰も待っていないときには出発までの時間が短かった。

つまり、他者からジロジロ見られていると、それに抵抗するかのようにわざとゆっくり動いたり、逆にそのことにストレスを感じ、普段通りに動けなかったりしてしまうという。

あなたが上司の立場で、部署全体の効率や生産性をあげたいと感じているなら、部下たちの仕事ぶりを監視するかのようにジロジロと見るのはやめるべきである。部下たちにも自由を与え、放置することで彼らの効率や生産性は格段にあがるだろう。

悪魔の格言

効率や生産性をあげたければ部下を放置しろ！

部下に「命令」するな！「確認」で動かせ

TRICKキーワード

指導の適性

最近の若者は、命令されることに慣れていないので、上司からなにか命令されると反発するタイプが多いらしい。他にも、ちょっと怒ったらふてくされて仕事をしなくなるとか、ひどいと平気で辞表を叩きつけたりするのだという。そんな命令慣れしていない部下に仕事を頼むときは、「命令」よりも「確認」するほうが、反発もなく素直に動いてくれるのだという。

好感度アップ！

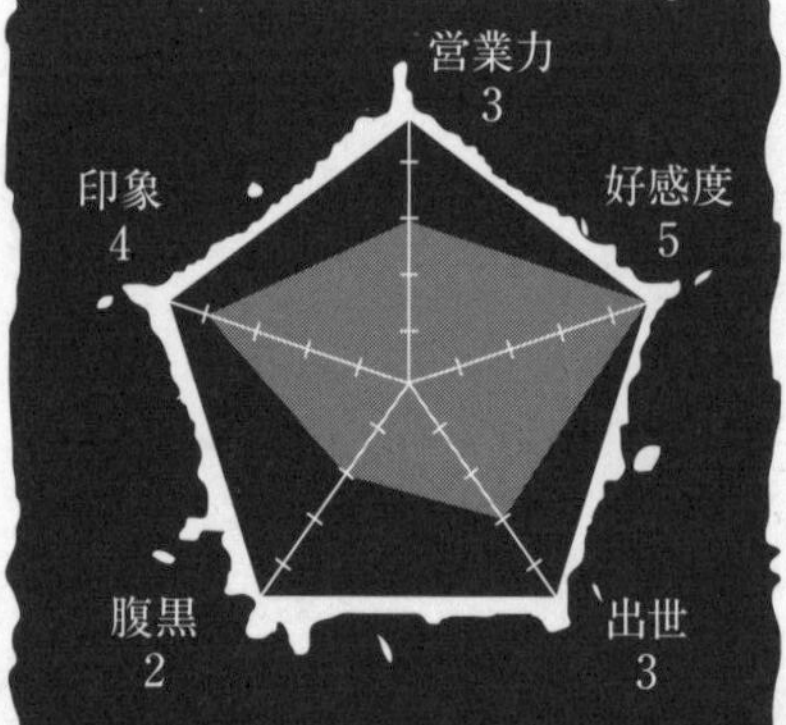

例えば、「明日までに例の企画書を仕上げておけ！」と命令するのではなく、「明日までに例の企画書は仕上がるよな？」と確認してみるのだ。わずかな言葉の違いではあるが、言われた方にはかなり印象が柔らかく伝わるはずだ。

人は誰しも、自分を大切にしてくれる人の意見を快く受け入れるものだ。仕事ひとつとってみても、「こんな仕事さっさと終わらせろ！」と命令するのではなく、「これくらい、君ならすぐにできるだろう？」と言った方が、相手にとっても自身の重要感が満たされ、「ああ言ってくれているのだからがんばろう！」という気になるものだ。

また、命令よりも確認する上司は第三者から尊敬されることも多い。上司が部下に命令している光景はそこかしこで見かけるが、部下と対等の目線に立って確認や提案をしていれば「きちんと部下の意見も尊重するなんて」と周りの人は感心するものだ。

ただ、あまりしつこく確認を繰り返していると、うざったい過干渉な上司という印象を与えてしまうので注意が必要だ。

悪魔の格言

命令して部下を動かすのではなく、確認して誘導せよ

少しは手抜きしろ 完璧な上司ほど嫌われる

TRICKキーワード

手抜きの意味

上司への気配りも部下の面倒見も十分、前向きな性格でチャレンジ精神も旺盛、奇抜な企画を通し成功させる……こういったできすぎた完璧人間は少なからず存在するが、実際に彼らを目の当たりにすると、周囲の人間から負の感情を集め、嫌われる傾向が高いのである。

周囲の人間は彼らを見て、自分もなにかしらの努力はするだろう。しかし「あれだけバリバ

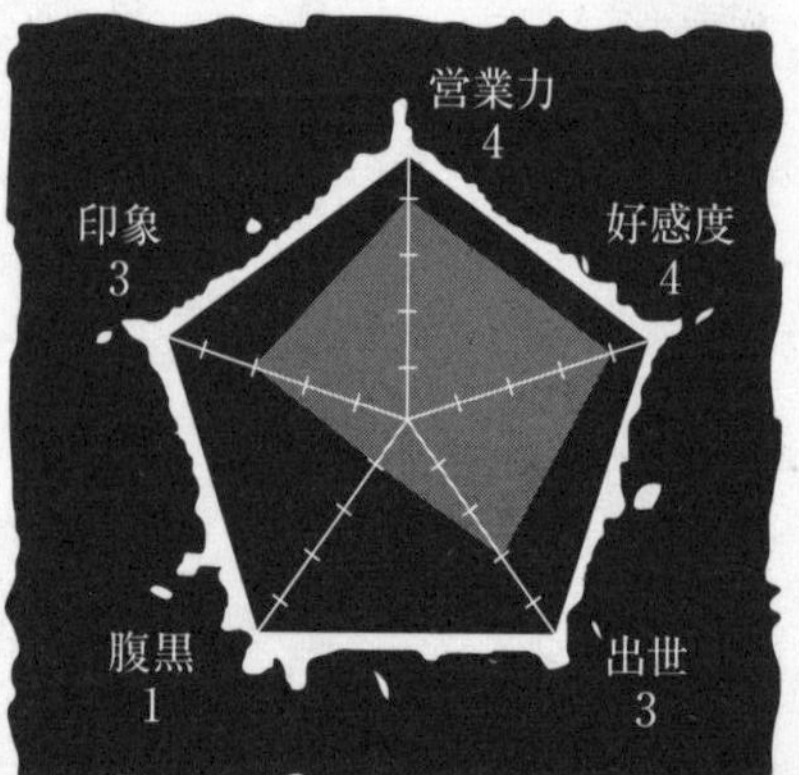

り仕事をやられたら自分もやらなきゃならない」、「自分の仕事は終わったけど、彼がまだがんばってるから先に帰るわけにはいかない」と、ストレスを感じてしまう場合もあるのだ。その結果、「できれば手を抜きたいけど完璧な彼は見逃してくれない」などと、心中で嫌ってしまうのだ。

誰からも嫌われず、とにかく平穏無事にそこそこの仕事を好むのが凡人である。しかし、その凡人こそ真の上司とも言えるのだ。確かにドラマやマンガの世界では、理想の上司像といえば完璧人間タイプだ。しかし、現実とドラマは違う。特に人から嫌われるわけでもなく、部署内にもピリピリした緊張感もさほどない。「時にはサボりや手抜きも必要！」と豪快に笑える上司が、現実の「愛される上司」というわけだ。

人にストレスを与えようが、陰口を叩かれようが、パーフェクトに仕事を遂行できるのが完璧人間だ。しかし他人の目が気になるのなら、完璧は目指さずに平凡なままの方が良い場合もある。

大勢の他人が集まり、結果を出さなければならない会社という組織では、完璧人間よりも平凡人間である方が、上司も部下もストレスを感じずに働けるのである。

悪魔の格言

完璧な上司は周囲にとってストレス！本当にできる上司は部下に対して平凡を装う

1回の結果を褒めるより努力している姿勢を褒めろ

TRICKキーワード　プロセスの価値

面と向かって人を褒めるということに気恥ずかしさを感じる人は多いだろう。その結果、なかなか人を褒めることができずに、褒め下手になってはいないだろうか。ここではワシントン大学の心理学者、フランク・スモールが行った実験をもとに、効果的な褒め方を紹介しよう。

リトルリーグの子どもたちを8人のコーチが指導し、シーズン終了後の試合の勝率を測定し

出世間違いなし!

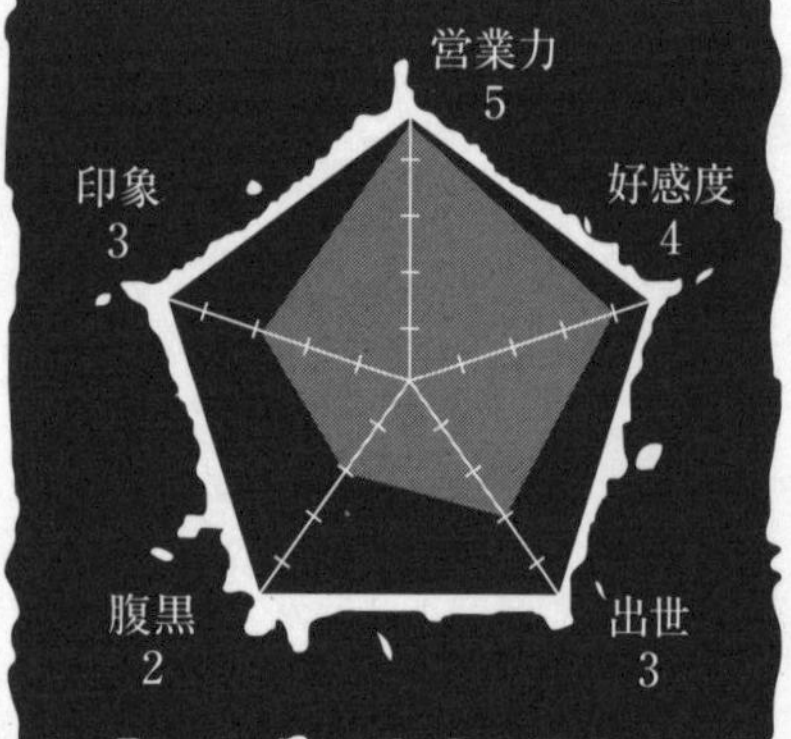

た。子どもたちの努力を褒めつつ指導したコーチのチームは勝率が52・2％だった。これに対し、褒めずに指導するコーチのチームでは勝率が46・2％にとどまった。しかも努力を褒められた子どもたちは「野球が楽しく、コーチが好きで、自分に自信がある」と答えたのだ。

ポイントは結果を褒めるのではなく、「努力」を褒めることだ。結果が出てから褒めるのでは褒められる回数が限られてしまうが、努力している姿を褒めるのであれば、何回でも褒められる。

職場でも仕事の結果を褒めず、その人の結果に至るまでのプロセスや努力を褒めよう。これならどんなに成績の悪い部下でも、なにかしらは褒めるところが出てくるし、何度でも褒めることができる。また、特に努力をしていない部下でも「がんばってるな」と褒めることで、本人に「ああ言われてるのだからがんばらなくては！」と、やる気を起こさせる効果もあるのだ。

とはいえ、相手も褒められ慣れてないと「そんなことないですよ」と謙遜されることもあるだろう。そんなときは「でもやっぱりこれはすごいことだよ」とゴリ押しでももう一度褒めておけばいい。褒められてイヤな気になる人はいないのだから、どんどん努力を褒めればいいのだ。

悪魔の格言

努力を褒めれば「誰にでも」「いつでも」褒めることができる！

話に例えをとり入れると相手の理解が早くなる

TRICKキーワード

サンプルの効果

プレゼンや営業などで、相手にしっかりと伝えているはずなのにいまいち耳に届いてないような気がする、どうも相手が理解してない気がする、と不安になったことはないだろうか。

正しい情報、伝えたいことを言っているからといって、それが聞き手に受け入れられないのでは、不十分と言わざるを得ない。そんなとき、とにかく相手に「わかった気」になってもらう

交渉力アップ

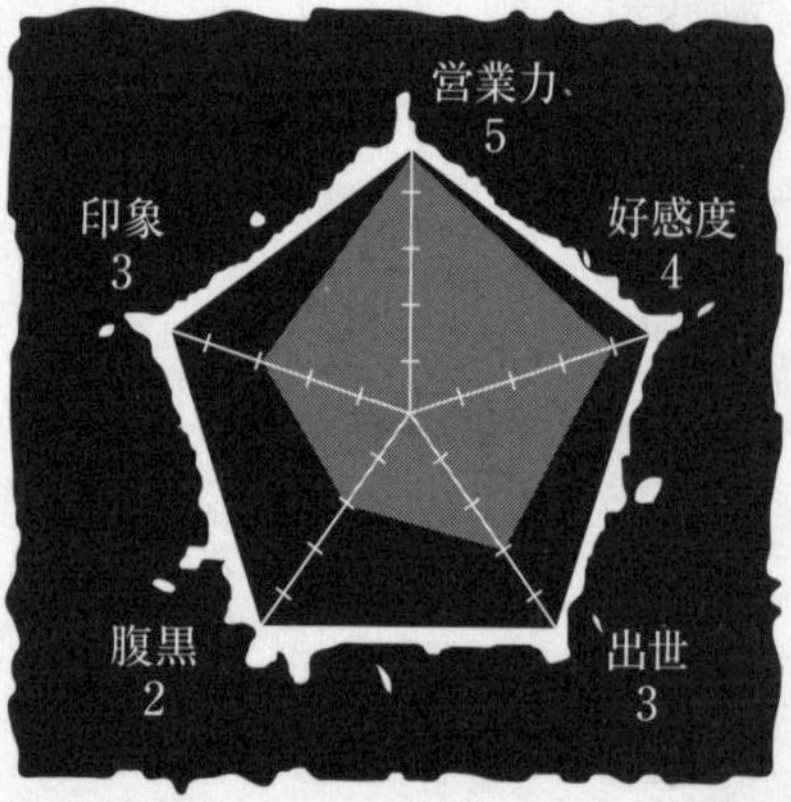

ためには、例えを用いると良い。

例えば、昨年の10月にノーベル医学生理学賞を受賞した山中伸弥教授が研究している「ｉＰＳ細胞」も、ニュースでは一般的に「万能細胞」と呼んでいる。「ｉＰＳ細胞」では伝わりにくかったことも、「万能細胞」と例えることで相手をわかった気にさせ、理解を早めるのだ。

イリノイ州立大学の心理学者、ジェームズ・マクロスキーは、ある講演を録音したテープを528名の被験者に聞かせた。用意されたテープは2種類でどちらも同じテーマのものだが、一方は例えを多く使い、もう一方は例えを使わずに語られた講演だった。すると、前者の方がその内容を受け入れやすいことがわかったのである。

この結果からもわかるように、例えを使いこなすことができれば、相手の理解はよりいっそう深くなる。そのためには、話の途中で「例えばさ」と具体例を挙げるようにすればいい。また、比喩も有効な手段だ。「要するに〇〇のことで」「まるで〇〇のように」など、物事を言い換える習慣をつけるのもいいだろう。言い換えることで、普通の説明よりずっとわかりやすくなるはずだ。

悪魔の格言

物わかりの悪い奴には「例え話」を使え

失敗をアピールして評価を逆転させる方法

TRICKキーワード　失態の魅力

多かれ少なかれ、人間というものは誰しも失敗する。ここで肝心なのは、失敗したときにどう「アピール」するか、ということである。失敗したとき、全身で悲壮感を演出し、実に申し訳なさそうに「すみません……」と謝るだけでは不十分と言わざるを得ない。そんなことより、「見事な負けっぷり」を見せつけることが大切なのだ。では、この「見事な負けっぷり」とは、

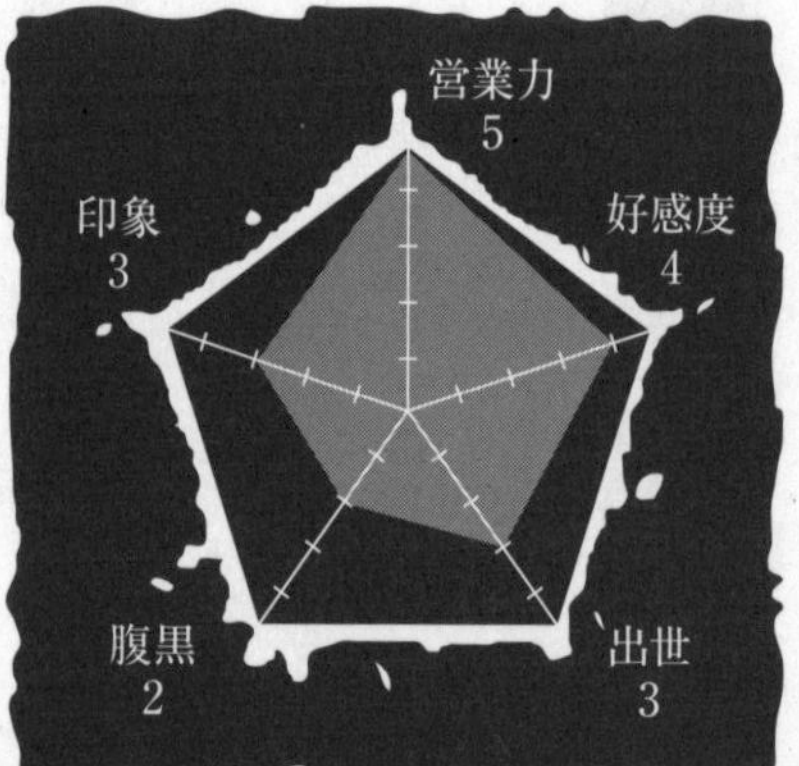

どのようなものなのか?

ミスタープロ野球、長嶋茂雄は堅実なミート打法でヒットを飛ばす一方、豪快な空振りでヘルメットをふっ飛ばして客を沸かせた。普段から客を魅了することを前提にマウンドに立ち、空振りだろうが負けようが、球場に足を運んだファンを楽しませようと、わざわざアメリカからとり寄せた楕円形のヘルメットをかぶり、豪快に飛ばす練習をしていたという。

この考え方は、ビジネスにも当てはめられる。失敗したときこそチャンスととらえ、自分の負けっぷりをアピールして、評価を逆転させることも効果的な心理的作戦となる。

例えば、契約できなかった、契約が切れた、そんなときこそ、取引先の社長に直談判してみるのだ。当然断られるが、ここでは当たって砕けることで、社長をはじめ周囲の人に自分の存在を知らしめることができれば目的達成である。

特に若いうちは、自分の存在感や将来性を垣間見せるような、伝説の失敗をひとつくらい作っておいたほうが、のちのちの仕事に役立つはずだ。

悪魔の格言

失敗こそエンターテインメント。伝説の失敗で自分の魅力を引き上げろ!

直接叱りづらい相手は第三者経由で叱れ

TRICKキーワード
間接暗示話法

重大なミスをしたA君にガツンと言いたいが、A君は気が弱く、面と向かって叱り飛ばしたら、落ち込んで仕事が手につかなくなるかもしれない。だが、同じミスを繰り返さないためにも、ここでガツンと言っておきたい、としゅんじゅんしたことのある人も多いだろう。

そんなときは、無関係のB君を叱ってみるのである。なんとも理不尽だと感じるかもしれな

交渉力アップ

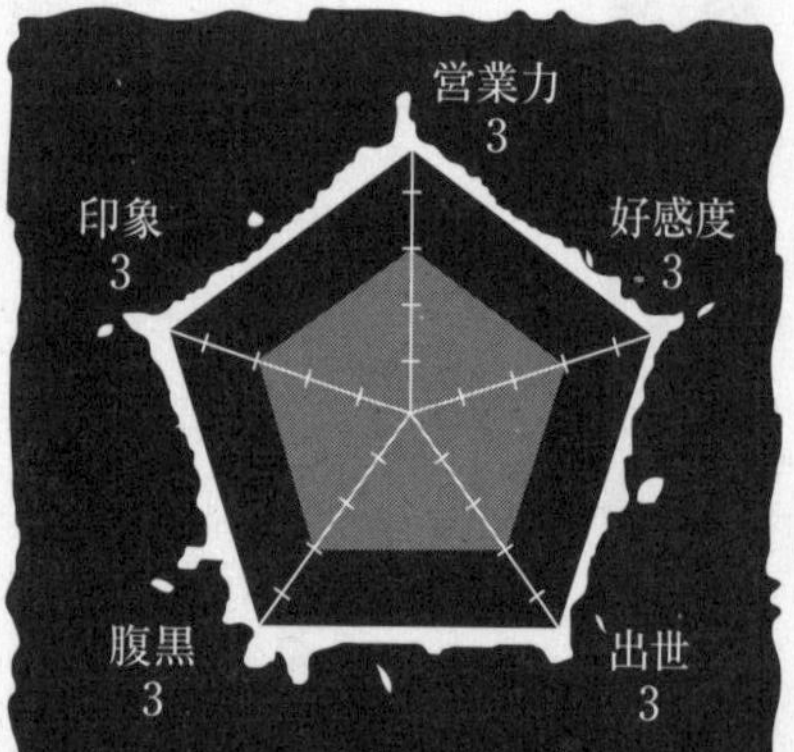

いが、「間接暗示話法」と呼ばれるれっきとした心理学的手法なのである。つまり、第三者であるB君を経由して、ターゲットであるA君の心を動かすというものだ。

もしあなたが嫌いな人から叱られたら、それが正論だとしても、少なからず反発するだろう。しかし、第三者経由で怒りを伝えられると、直接自分に来ない分、それほど反発せず素直に受け入れられるというメリットもあるのだ。

しかし、とばっちりを受けたB君へのフォローを忘れると、理由もなく言いがかりをつける単なるイヤな奴になるので注意しよう。

第三者を経由して本当に叱りたい人を狙う
上司
「最近、気が緩んでるぞ！しっかりしろ！」
Aさん
「俺もしっかりしないと！」
Bさん
すみません…
第三者を通した間接暗示話法で伝わる言葉は、反発心なく素直に聞けるというメリットも
本当はAさんに伝えたい言葉

悪魔の格言

相手の心を動かしたければ第三者経由で叱れ！

相手のメンツをつぶさずに先送りにすると角が立たない

TRICKキーワード

反論の先送り

人は誰しも、特に上司という生き物は「口答え」されるのが好きではない。そして、あなたも他人から意見を聞かれたりしたときは、頭から否定したり反論してはいけない。

他人に反論することは、自分ではそんなつもりがなくても、相手をバカにしているというメッセージを暗示してしまう。反対しているのは相手の意見に対してなのだが、相手は「自分自身」

交渉力アップ

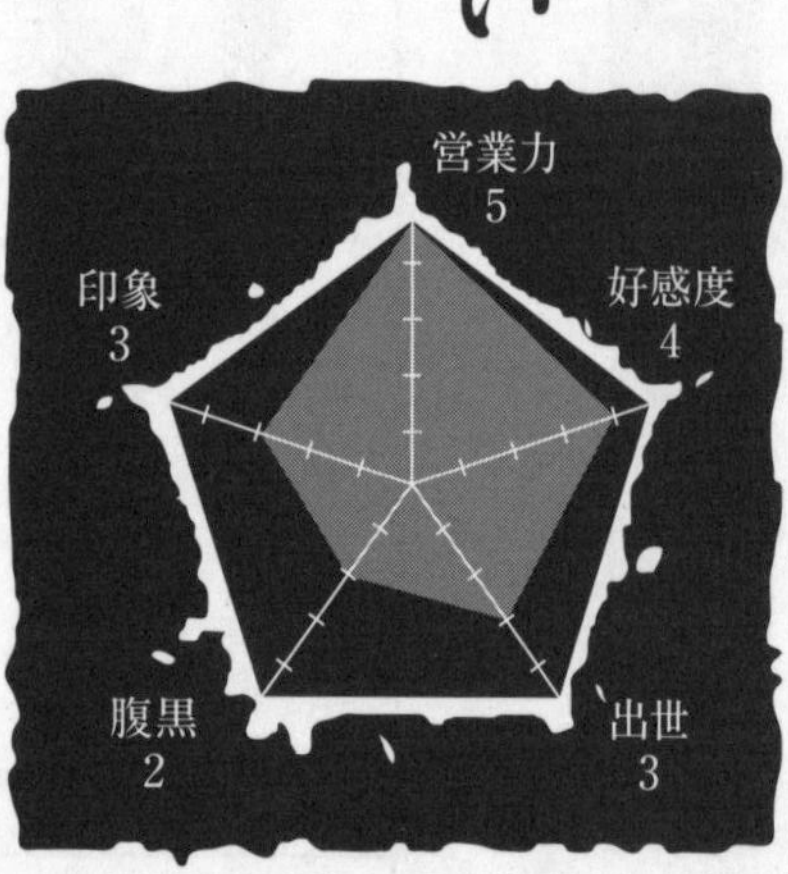

を否定されているように感じてしまうのだ。相手の意見に反論したいときは、やんわりと伝えることが鉄則。つまり、反論だと感じさせないようにうまく偽装するのだ。

例えば、あなたの上司が成功の見込みのない企画を立てたとする。当然、あなたは反論したい。そんなときに便利な言葉が「少し様子を見ませんか？」だ。相手の意見を肯定しつつも、今は時期が悪い、もう少し待ちましょうというスタンスでいると角が立たず、相手もすべてを否定されたわけではないから、まぁ少しくらい待ってもいいか、と余裕が生まれるのである。あなたが正面から反論すればするほど、相手は意固地になるのは明白。相手の意見を受け入れつつ、先送りを提案するほうがスマートだ。

無謀な上司の計画を見事先送りできて安心したのも束の間、1ヶ月後に「そろそろあの企画を始めてもいい時期じゃないか？」と言われたらどうするのか。そのときもまた、「あれからどんどん状況も動いてますからねぇ〜。もう少し待つのが妥当かと……」とかわせばいい。相手の気が変わって、企画がお蔵入りになるまで、タイミングや時期を理由に先送りし続ければいいのだ。

悪魔の格言

上司に口答えはNG。先送りにして口説け

「忘れてくれ」と言うと逆に記憶に残る

TRICKキーワード　リラックスの効力

部下がミスをしたときに「今回は仕方ないが、次はミスしないようにがんばれ」と上司が励ます光景をよく見かけるが、そうやってハッパをかけられても、たいていの部下は同じミスを繰り返してしまうものだ。そんなときには「失敗してもいい。どんどん失敗して成長してくれ」と励ましたほうがいい。この方が、部下は肩の力を抜いて仕事ができるからである。

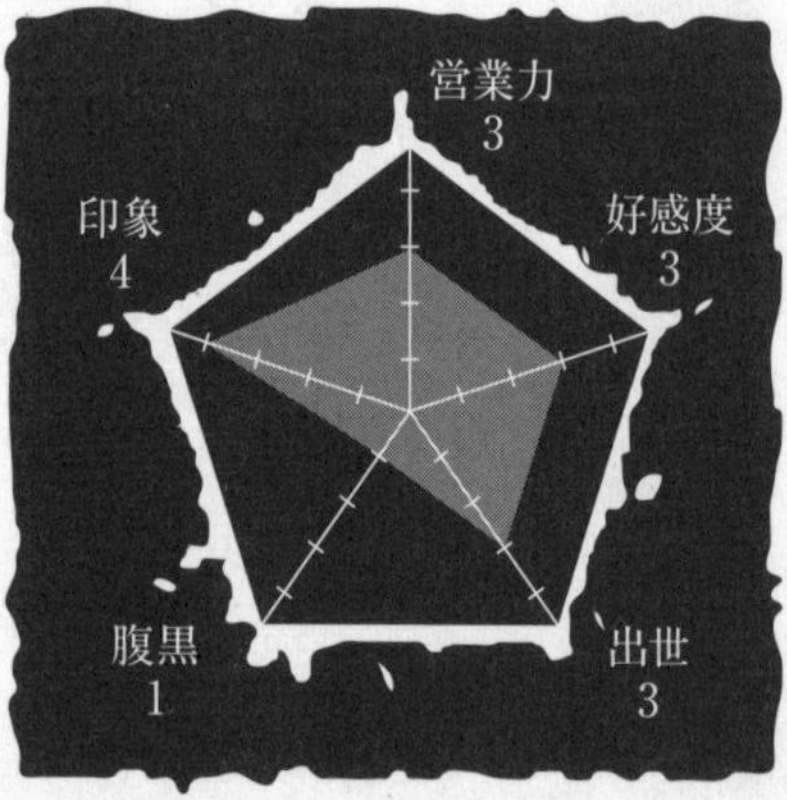

ディーメン・カレッジの心理学者、R・シンバロは、大学生に60の単語を記憶させるという実験を行った。そのとき、半分の学生には「忘れていいから」と声をかけておいた。記憶の実験だからといって、ムキにならなくていいと念を押したのだ。残りの半分の学生には「きちんと覚えるように」とプレッシャーをかけた。すると、「きちんと覚えるように」と言われたグループの記憶した割合が60・6％に対して、「忘れていい」と言われたグループが64・8％と、逆説的だが「忘れていい」と言われた方が高確率で単語を記憶できることが判明したのだ。

このように、部下を励ますときには「次はがんばれ」などとプレッシャーを与えるよりも、「何度でも失敗していいぞ」とリラックスさせるといいのだ。

部下になにか伝えたい、理解させたい、というときには「絶対に忘れるなよ」というのではなく、「まぁ、忘れてくれてもいいんだけど」くらいのラフさをもって伝える方が効果的だろう。

人間のやることに完璧なことはなく、成功することよりも失敗することの方が圧倒的に多いのだから、部下の肩の力を抜くためにも、プレッシャーを与えるだけではダメなのである。

悪魔の格言

ミスした部下には「失敗して成長してくれ」が効果大

COLUMN

ワンポイント

礼儀作法の現代

昨今は礼儀があまり重んじられない時代になった。自由な思想を良しとし始めた団塊の世代が親となり、今や孫を持つ世代になったのだ。

その子どもたちもすでに親となり、上司となる頃合い。故にあまり礼儀作法にうるさい上司も少なくなってきたようである。

しかし、一方で「ゆとり世代」と言われる、自由な選択を良しとする考えをさらに根強く信奉する世代も生まれた。彼らは、与えられたものに従事するというのではなく、自己選択の自由という考え方によって生きている傾向にある。この考え方には良し悪しがあり、問題がある点もある。

それまでの、ある意味の押しつけ教育によって育ってきた世代は「役立つかわからないものでも言われたらやらなければならない」という考えが染みついている。だから、割と厳しく理不尽な環境に直面しても忍耐力を発揮するが、ゆとり世代は自分で選択することを良しとしているので、意味のないことをやらなければならないとは考えられない。

「ゆとり世代」がゆるいと考えられるのはそのためだ。しかし、逆に彼らは理由さえ認知すれば積極的に動くことができる。若い世代にはきちんとした理由を説明しなければいけないのだ。逆に前者は、与えられないと何もできない傾向にあったりもするので一概にどちらが良いとは言えないのだ。

深層心理を見破る心理テスト 会社編

Question 1

畑を荒らしていた凶暴なサルを捕まえました。助けが来るまでサルを縛っておかなければなりません。どのように縛りますか?

C 効果的な縛り方	A 簡単な方法
D 手足をしっかり縛る	B とにかく強く縛る

「緊急対応能力」診断

あなたの緊急時の対応能力がわかるテスト。サルの縛り方で、急な事態へどのように対処するかがわかります。

A

対応力　なし

簡単な方法で縛るあなたは、緊急時に落ち着いてしっかり対応することが困難になるタイプ。常に冷静な対応をするよう心がけましょう。

B

対応力　全然なし

とにかく強く縛るというあなたは、何かと力んでしまって失敗するタイプ。物事は勢いだけでは解決しない。落ち着いて１つずつ対応するようにしよう。

C

対応力　まぁまぁ

効果的な縛り方をするあなたは、適度な緊急対応力があるタイプ。周囲もあなたのことを「そこそこ頼りになる人」として見ているはず。

D

対応力　かなりある

手足をしっかり縛るあなたは、どんな状況においても冷静沈着な人。何かがあったときには率先して動くと喜ばれる。

深層心理を見破る心理テスト 会社編

Question 2

あなたは、社内イベントのためのお金を管理することになりました。そのお金をどこに隠しますか?

C 頑丈な金庫	A デスクの上
D あまり使用しない棚の奥	B 鍵のない引き出しの中

「守秘能力」診断

あなたが預かったお金を隠す場所というのは、あなたと他者との信頼関係の度合いを示します。あなたがどれだけ秘密を守れるかわかります。

A

守秘能力　0%

デスクの上を選んだあなたは、守秘能力がまったくないタイプ。すぐに秘密をバラしてしまう困り者だ。少しは自制するよう気をつけよう。

B

守秘能力　40%

鍵のない引き出しはそれなりに隠そうという意思があることを示しているが、人から問いつめられると秘密をバラしてしまうタイプ。口は堅く結ぶ癖をつけよう。

C

守秘能力　100%

頑丈な金庫はそう簡単に開けられるものではない。守秘能力がかなりある、口の固い人のようだ。上司や部下にとっても印象の良いタイプである。

D

守秘能力　80%

ノーマルな守秘能力はある。誰かに言うなと言われたことは、簡単には漏らさない。でも、何かのはずみで強制されたらバラしてしまうことも。

深層心理を見破る心理テスト 会社編

Question 3

夢の中に机が現れました。その机の上がどんな状態か次の中から選んでください。

C 必要なものがいくつかある	A 使ったものが出しっぱなし
D よく見たら机ではない	B 机の上には何もない

「不満度」診断

机の上の片付けられないものは、あなたの不満を表している。不満が多い人は、社内でも良くない態度をとってしまいがちなので気をつけて。

A

不満全開

机のものが出しっ放しに感じたなたは、非常に多くの不満を抱えている。しかし、その不満は自分が原因のこともある。よく自問して、反芻しよう。

B

不満なし

机の上に何もない人はほとんど不満がないタイプ。円滑な社会生活を送ることができているようだ。今まで通りに人生を邁進しよう。

C

やや不満あり

必要なものがいくつかあるというタイプは、やはり不満も少しはあるようだ。嫌なことにはあまり拘泥せず、前向きに生ていくように心がけよう。

D

不満を吐き出せない

よく見たら机ではなかったという人は、不満があってもどこにも吐き出すところがないタイプ。我慢しすぎるとよくないことも多いので、たまには吐き出そう。

第5章

自分に有利にことを運ぶ心理学

さりげなく体に触れれば相手の警戒心が消え失せる

TRICKキーワード

スキンシップ

嫌悪感を抱いている相手でない限り、誰かに好意をもたれて嫌な気持ちになる人はいないはず。ビジネスの場においても、できるだけ多くの人に好かれるということは、仕事のチャンスを広げるのにも重要なことだろう。

相手の好意を引く効果があると知られる「ボディタッチ」は恋愛においてよく使われるテクニックのひとつだが、どんな場面でも、異性であ

これができればあなたは…

なんか気になる奴

あくまでもさりげなくでドキッとさせよう

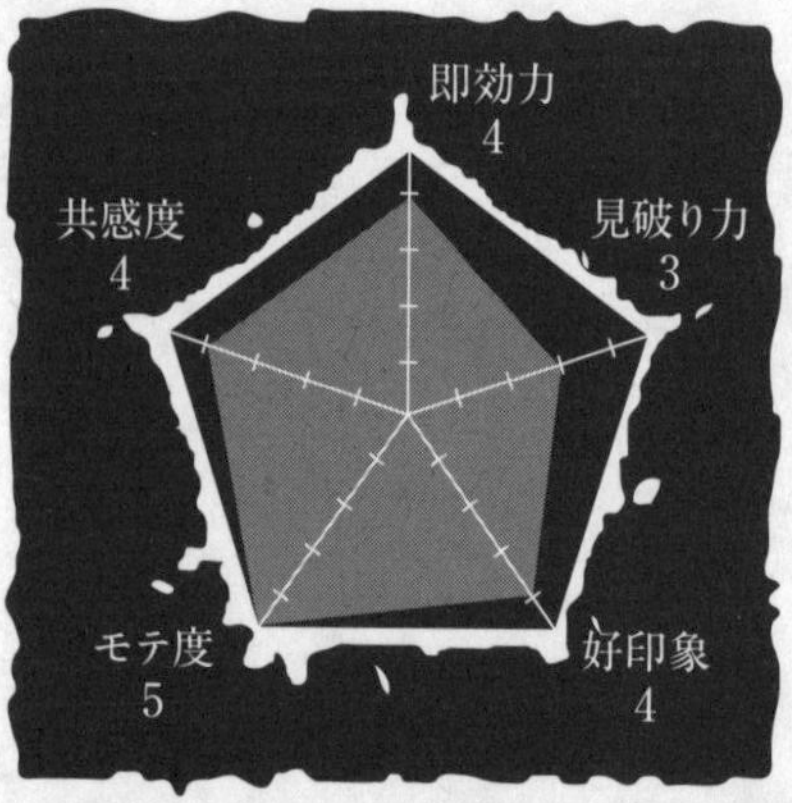

悪魔の格言

とり入りたい上司には、さりげなく肩をタッチしろ！

ろうと同性であろうと、さりげなく相手の体に触れることが相手の警戒心をとり除き、好意をもたせるきっかけになることがわかっている。アメリカで行われた実験では、レストランでウェイトレスが何気なく客の腕を触ると、触らなかった場合に比べてチップの額が多くなった。

さらに、こんな実験も行われている。街頭でとあるアンケートを行い、回答者の腕に軽く触りながら答えてもらった人と、ボディタッチなしで回答してもらった人のグループに分け、回答後にその人の目の前でわざと用紙の束を落として、どちらのグループのほうが用紙を拾ってくれる割合が高いかを調べた。すると、触りながら答えてもらったグループのほうが、触らなかったグループよりも用紙を拾ってくれる人の割合が高かったのだ。人間は体に触れられると、赤ちゃんのときに母親に抱かれていたときの感覚を思い出すのだとか。触られることにより安心感を覚え、警戒心がほどかれていくのだ。このような心理から、適度な『スキンシップ』は恋人間でなくても有益だと考えられている。握手をしたり、話をするときに相手の体に軽く触れる、肩を叩くなどの行為を、打ち解けた関係を作るための潤滑油として有効に活用したい。

いけすかない上司は孤立させれば丸くなる

TRICKキーワード

孤立

ろくに仕事ができるわけでもないのに部下をあごで使って目標を達成しようとして、できなければすべてお前らが悪いと頭ごなしに怒鳴りつけてくる。そもそも、部下を人間とも思っていない――。こんな上司がいたら何とかしたいと思うのは、部下である人たちの共通の願いだろう。実はこの上司はひとつだけ重大なミスを犯している。それは、職場にひとりも「心から

これができればあなたは…

賢い奴

上司の嫌味を撃退して後輩ウケも抜群に！

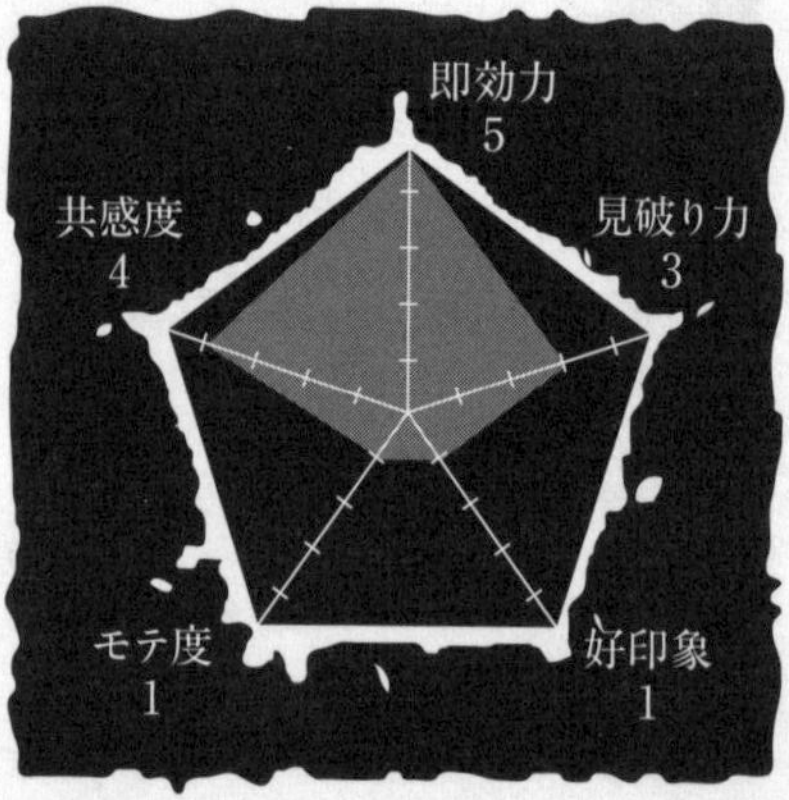

悪魔の格言

困った上司に使用すれば一瞬で退職に追い込める

の味方」をつくらなかったことである。

この上司を懲らしめるもっとも効果的な手段は、ずばり孤立させること。例えば、上司が部下を呼びつけても1回では返事をしない。3回目でようやく応じて席を立つ。これを部下の全員で徹底したら、上司は部下全員が示し合わせていることに気づき、強烈な孤立感にさいなまれる。

相手の孤立感をあおって精神的に追い詰めるのは、いわゆるイジメの手法だ。だが、かつてリストラというものがなかったころの日本企業は、辞めさせたい社員を社史編纂室という実体のない部署に追いやって、自主退社するよう仕向けるという陰湿な手法をよく使っていた。部下が上司を社史編纂室に送ることはできないが、精神的に孤立感をあおることはできる。不安を感じた上司はすぐに恐怖感をおぼえ、反省して態度をあらためてくるはずである。ただし、ここで矛を収めておかないと、いずれは大惨事につながる可能性もある。人間はいつまでも孤立を感じていると、精神的にまいってしまい自殺を考えるようになるのだ。もし本当にそうなってしまったら、部下としても寝覚めが悪い。あくまで、相手に反省する機会を与える程度にしておこう。

ホットコーヒーを出せば交渉相手が妥協する

TRICKキーワード

ホットコーヒー

ビジネスでの交渉事。大事な話をしたいときには、ホテルのラウンジなどで話をする人も少なくないのではないだろうか。フロアには季節の花がかざられ、ゆったりとしたBGMが流れる。手元には、香りの良い『ホットコーヒー』が1杯。真剣に意見交換をしたいときにそんな人の出入りの激しいラウンジで？ と思われるかもしれないが、実際、会議室などの個室で長時間議論

これができればあなたは…

賢い奴

相手も自分も気持ちよく
話をすすめる即効術

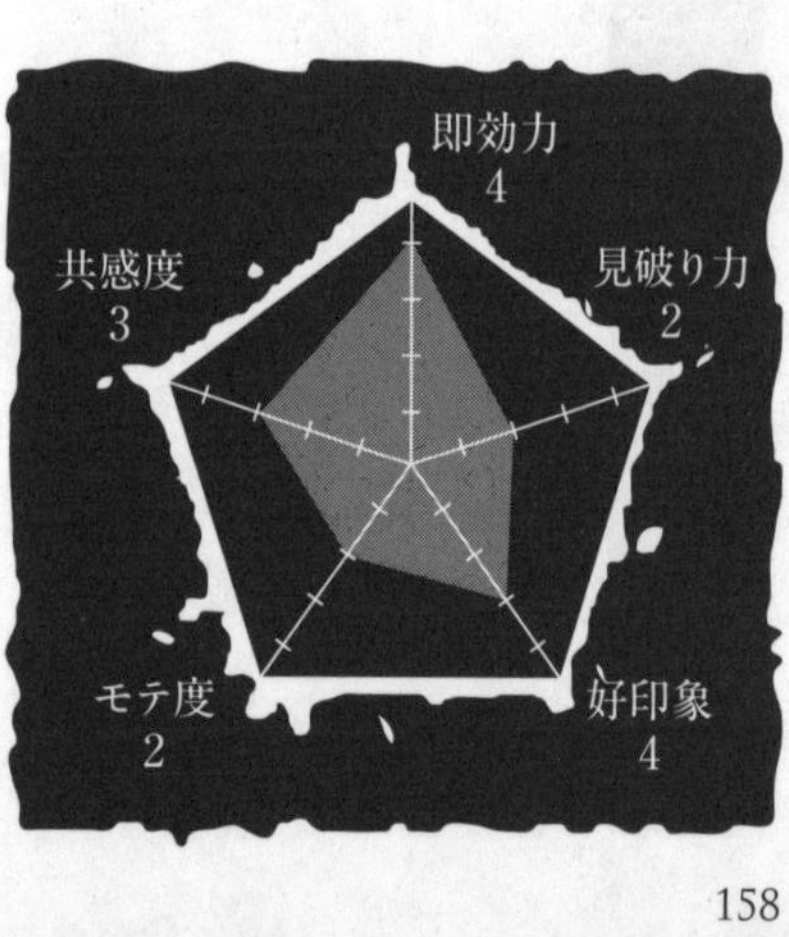

を重ねるよりも、心が落ちついてよりスムーズに話が進むことが多いのだ。

ここでカギとなるのは、目の前に置かれた1杯のコーヒー。人は、心地良い香りをかぐと、心がリラックスし、人に反発したりする気が起きにくくなるのだ。たとえコーヒーが嫌いでも、空腹の夕食前に、レストランから漏れる料理のいいにおいにお腹をぐーっと鳴らした経験は誰でもあるはず。人の感情は、自分が思っているよりも、ずっと香りに左右されているのだ。

アメリカの大学教授が行ったこんな実験がある。被験者を10人ずつのグループに分け、それぞれ、良い香りが漂う部屋と無臭の部屋に入れる。その後、10人をさらに半分に分け、ひとつの議題について賛成派と反対派に分けて討論をさせた。すると、良い香りの部屋で議論を行ったグループはお互いに歩み寄りを見せたりしながら結論を出したが、無臭の部屋のグループは、お互いが主張をいい張り、決裂のまま議論が終了したという。

なかなか首を縦に振らずに交渉がまとまらない商談相手がいたら、一度、良い香りがする場所で話し合いをすすめてはいかがだろうか。

悪魔の格言

交渉相手に妥協させたければ、コーヒーの香りで籠絡しろ！

体をそらせれば口だけ番長を黙らせられる

TRICKキーワード
ノンバーバル・コミュニケーション②

多国籍のエラいさんらが集まる国際舞台。中国人がいつでも敏腕の交渉人であることは有名だ。彼らはほとんど無表情、もしくは不気味な笑みを浮かべて、めったに相づちを打たない。さらに黙ったまま相手の話に聞き入っている。こうすると、話し手は徐々に不安になる。さらに沈黙は恐怖をあおり、相手に自分の発言が「気に障ったか」「話が退屈なのか」と不安感を抱か

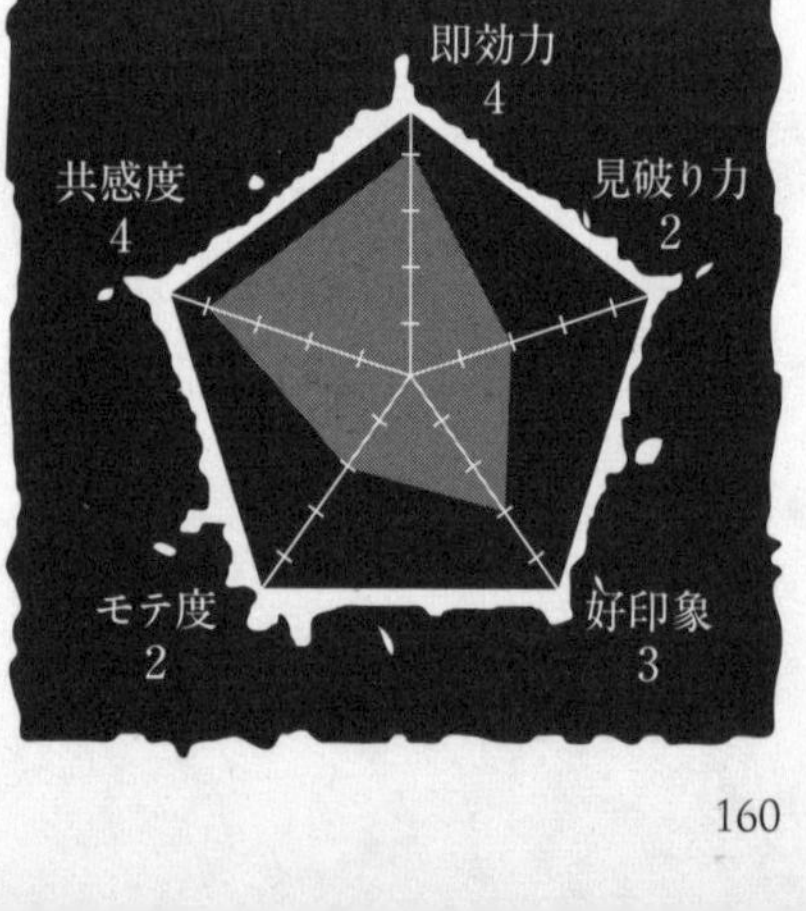

これができればあなたは…

賢い奴

声に出さなければ相手は
不満を感じても怒りにくい

せることになる。結果、知らず知らずのうちに中国人が主導権を握っているということが少なくない。

無言のしぐさで自分の感情を相手に伝えることは、『ノンバーバル・コミュニケーション』と呼ばれる。あなたの前に饒舌な口だけ番長がいたら、体をそらせ目を閉じたり、腕を組んだり、ペンをカチカチ鳴らして不快な音をたて、不同意のサインを送ればいい。相手は不安と混乱で口数を減らしたり、交渉の主導権を引き渡す傾向がある。毎回使うとイヤなヤツだと思われるが、ここぞというときの奥の手として有効だ。

相手を不安にさせる無言のしぐさ

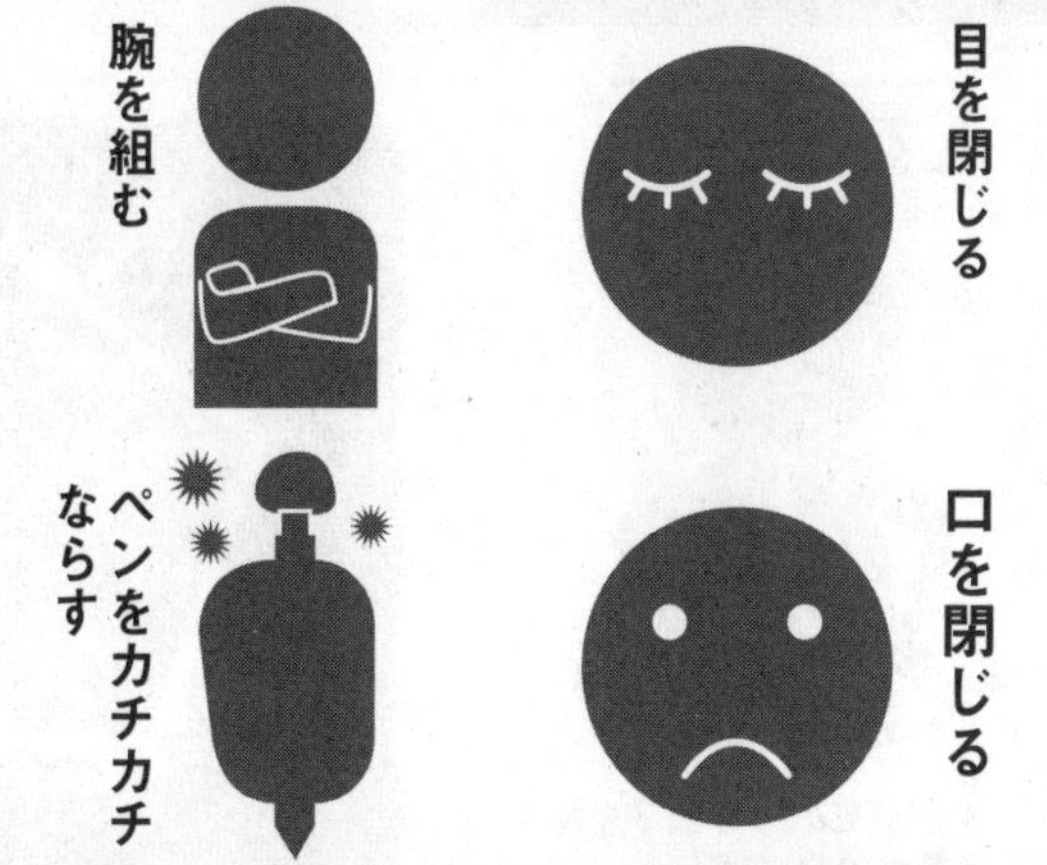

悪魔の格言

無用な会議では、発言ゼロ、体をそらせて不同意のサインを送れ

3回繰り返して伝えれば部下を納得させられる

TRICKキーワード
繰り返す

学校の教師や学習塾の講師など、教える立場の人間にとって「大事なことは3回繰り返す」というのは共通のテクニックのひとつだ。

どれだけポイントを強調したところで、教師たちはこうしないと生徒の習熟度が驚くほど低いことを体感的に知っている。だからまず教科書を読みながらポイントを説明し、同じことを黒板に書いて説明し、もう一度生徒に朗読、復

これができればあなたは…

デキる奴！

3回繰り返して部下を操る言葉の魔術師！

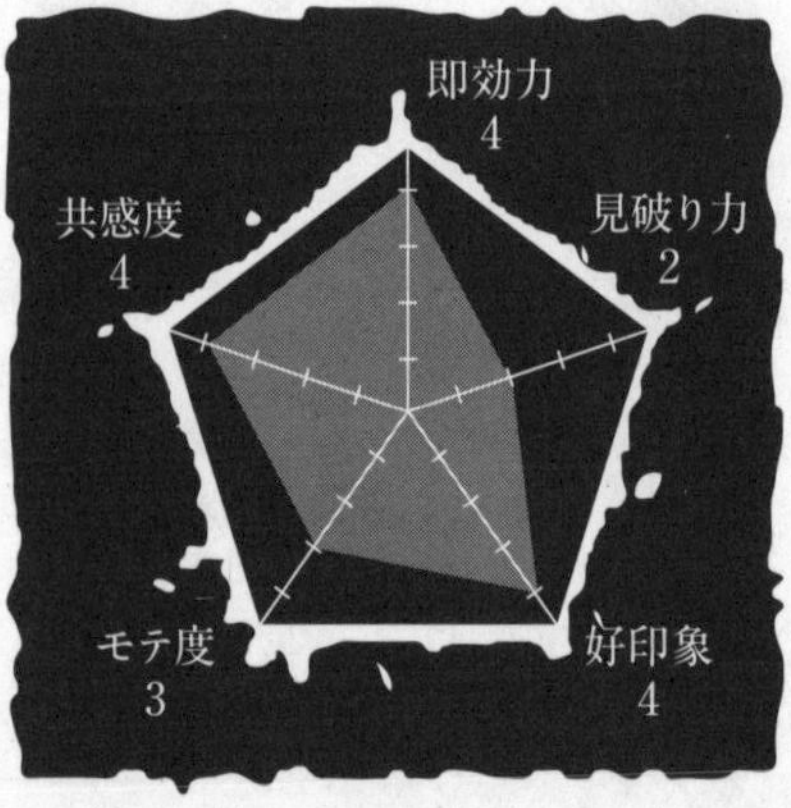

唱させながら説明する。こうしてはじめて生徒の学習にも目に見えた効果が表れてくる。

アメリカのケント州立大学で行われた実験では、ある映像を見せて、登場する人物が素手であったにもかかわらず「あの手袋をはめた人物が」、「指紋を隠すために手袋をしていて」と事実と違う情報を印象づけようとしたところ、1回だけ歪んだ情報を教えられた集団よりも、3回繰り返された集団のほうが6倍以上も登場人物が手袋をはめているという誤った記憶に支配されたという。

例えば上司が「君は近い将来の部長候補なんだよ」といったとする。だが、これだけでは部下もただのお世辞のようなものだと感じて本気にはしない。ところが、続けて同じように褒めてみたらどうか。

「さすがだな。部長になっても頑張ってくれよ」部下は半信半疑ながらも「本当にそんなに評価されてるのかな？」と思いはじめる。そこでさらに繰り返す。「部長になったら何をしたい？」ここまでくれば部下は完全にその気になる。そして「この会社でもっと頑張っていこう」とググッとモチベーションを上げることだろう。

悪魔の格言

愛の告白も、3回繰り返せば相手はその気になる

「姓」ではなく「名前」で呼び相手を自分になつかせる

TRICKキーワード
名前の連呼

カップルがある程度長くつきあい、お互いの親密度が増してくると、それまでの習慣に違和感が生じてくることがある。つまり、今までお互いを姓で呼んでいたのがよそよそしい感じに思えてくるようになるのだ。そうなってくるともう一日でも早く、名前かあるいはニックネームで呼び合わないと気がすまなくなる。

相手の名を姓で呼ぶか名前で呼ぶかは、その

これができればあなたは…

話術で相手を翻弄する、空気作りのうまい交渉人

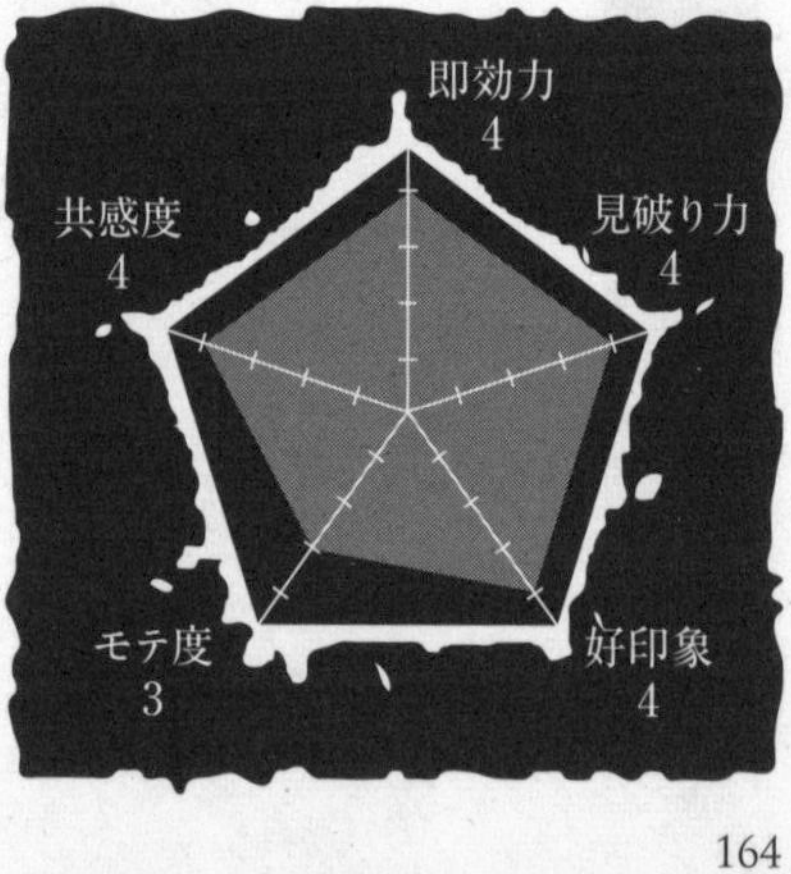

ままま親密度のバロメーターとなる。恋人に限らず、友人や職場の同僚が急に名前で呼んだりしてくるのも親密度が上がった証拠だ。いきなり名前で呼ばれると気恥ずかしく感じるものだが、嫌悪の対象でない限りはそれほど嫌な感じは受けないだろう。心理学ではこれを「自我関与が強まる」という。名前のほうが姓より自分を特定する要素が強いため、その分だけ親しい人だと嬉しく感じ、逆に苦手な相手には嫌な感じを受けてしまうのだ。

例えばはじめて会う商談相手でも、会社のつきあいが深ければまんざら知らぬ相手とも思えないものだ。どちらもお互いの会社の人とは会ったことがあるなら、それはもうちょっとした親戚みたいな感覚だろう。そこで会話がはずめば、一歩踏み込んで相手を名前で呼んでしまってもいい。もちろん、呼び捨てはご法度だが、「弊社には同じ姓の者が多くて、お名前で呼んでしまいましたがよろしかったですか?」と丁寧にことわれば、相手も事情を理解して許可するだろう。

そうして名前を連呼すれば、いつの間にか相手との親密度がぐんぐん上がり、帰る頃には初対面とは思えない旧知のような間柄になっていることだろう。

悪魔の格言

恋人と別れたければ決して名前を呼んではいけない

浅く前かがみに座ると相手の長話はとまる

TRICKキーワード

拒否の気持ちを動作で示す

困ったことになかなか話が終わらない。こちらとしても次の予定があるし、できれば早々に失礼したいところだが、ここで相手に水を差してしまったら今後のお互いの関係に影響するかもしれない。そんなときに意外に有効なのが、それとなく動作を使って意思を示す方法である。例えば相手の話に積極的に相づちを打ちながらも時計に視線を移したり、プレゼンの資料

これができればあなたは…

賢い奴

体を使って意志を伝える説得上手！

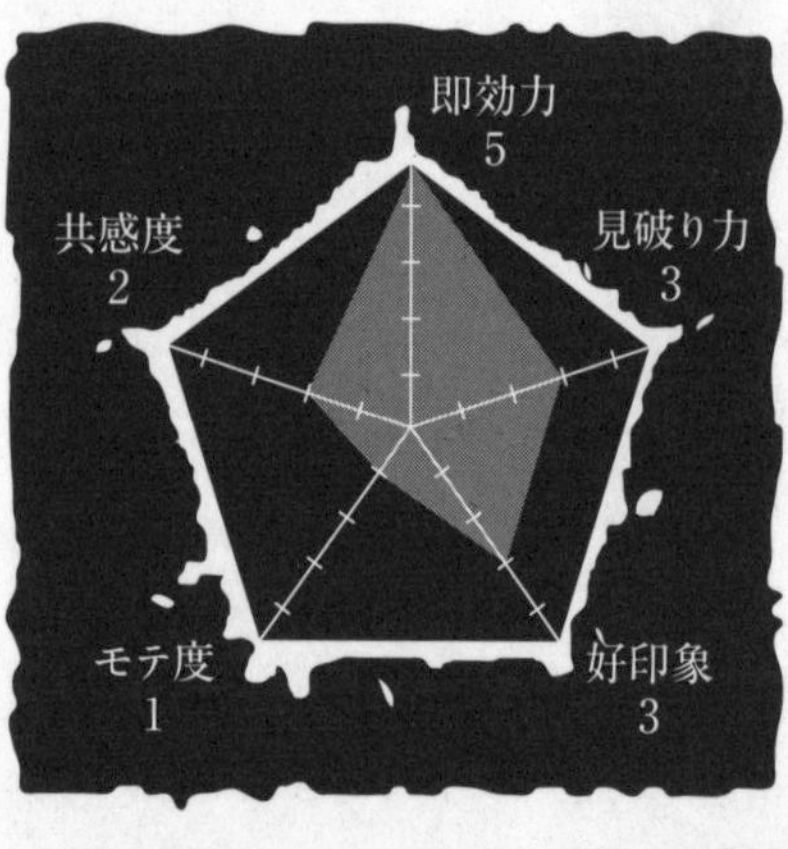

をそそくさと片づけたりしていれば、たいていはおのずとこちらの時間が差し迫っている雰囲気を読みとってくれるだろう。

それすら通じない場合は、椅子に浅く座りなおして体を少し前かがみに傾けると「このあたりで話を終わりにしましょう」という意思表示のポーズになる。もちろん、あまり大仰な動きをすれば、わざとらしく見えて相手を不快な気分にさせてしまうことも考えられる。あくまで相手の話に耳を傾けながら、さりげなくやるのがコツだ。こうすれば、ほとんどの人がこちらの意思を察して話を切り上げてくれるはずだ。

悪魔の格言

話しがくどい取引相手は露骨な態度で威圧しろ

相手より高い位置からの発言は通りやすい

TRICKキーワード

視線の上下関係

自分と同期で仕事の成果も同程度。決して仲が悪いわけではないのだが、相手がどうもライバル視して、何かにつけて反対意見をいってくる。できればこんな相手を丸め込んで、自分の意見を通したい。さて、どうしたものか。

例えば、学校の朝礼で校長先生が訓辞を垂れるとき、必ず少し高い朝礼台から生徒を見下ろす。あるいは犬を飼ってしつけた経験がある人

これができればあなたは…

デキる奴！

自分に有利な条件を熟知したデキる奴！

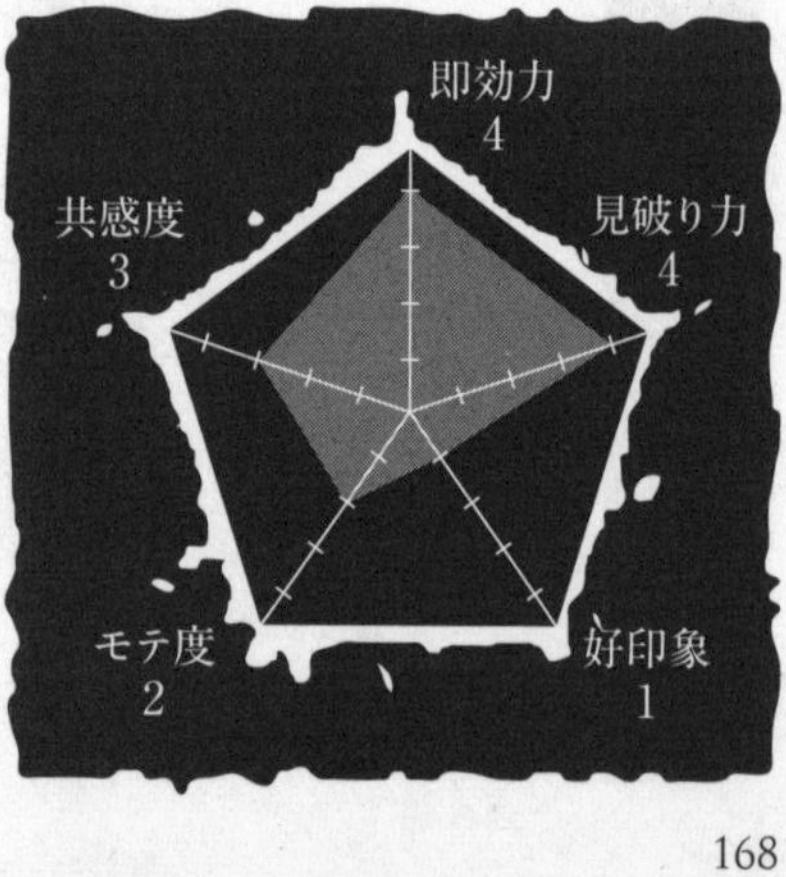

はわかりやすいと思うが、人間は間違っても犬より下の位置からしかったり命令をしてはいけない。もしそんなことをしていたら、犬は人間のいうことをきかなくなるばかりか、いつしか自分のほうが主人であると思い込み、飼い主を振り回すようになるだろう。

目上の人が上からの視線で相手を見下ろすのは、相手を威圧するという単純な効果ばかりでなく、相手を見下ろす位置に自分の身を置き、支配権を手にしていることを心理的に誇示する効果を無意識に期待しているのである。

となれば、ライバルに自分の意見を通したいときは、相手がデスクに座っているタイミングをねらって近づき、立ったまま話をすると良い。相手は座ったままだから、自然にこちらが相手を見下ろし、ライバルは見上げる形になる。視線の上下関係が生じることで、ライバルは自分が支配されているという心理トリックに陥り、こちらの意見が通りやすくなるのだ。

ただし、これはあくまで対等な関係の相手を支配関係の錯覚に陥らせるトリックであり、上司のように実際に支配的立場にある人にはまったく意味をなさないので、あしからず。

悪魔の格言

逆の場合は自分も立つか場所を変えて仕切りなおせ

「ということは？」でYESかNOを決めさせられる

TRICKキーワード

ゼイガルニク効果

ドラマや漫画などで物語が非常に盛り上がって、さあどうなる、となった次の瞬間に「つづく」のテロップが入る。こんなパターンをよく経験されるのではあるまいか。話がいいところで中断されると、続きが気になって仕方ないものだ。そして次の回を見逃すまいと、いつも頭の片隅に気にかけることになる。

実はこの心理には正式な名称があり、定義づ

これができればあなたは…

賢い奴

時間と効率重視。優柔不断はお断り

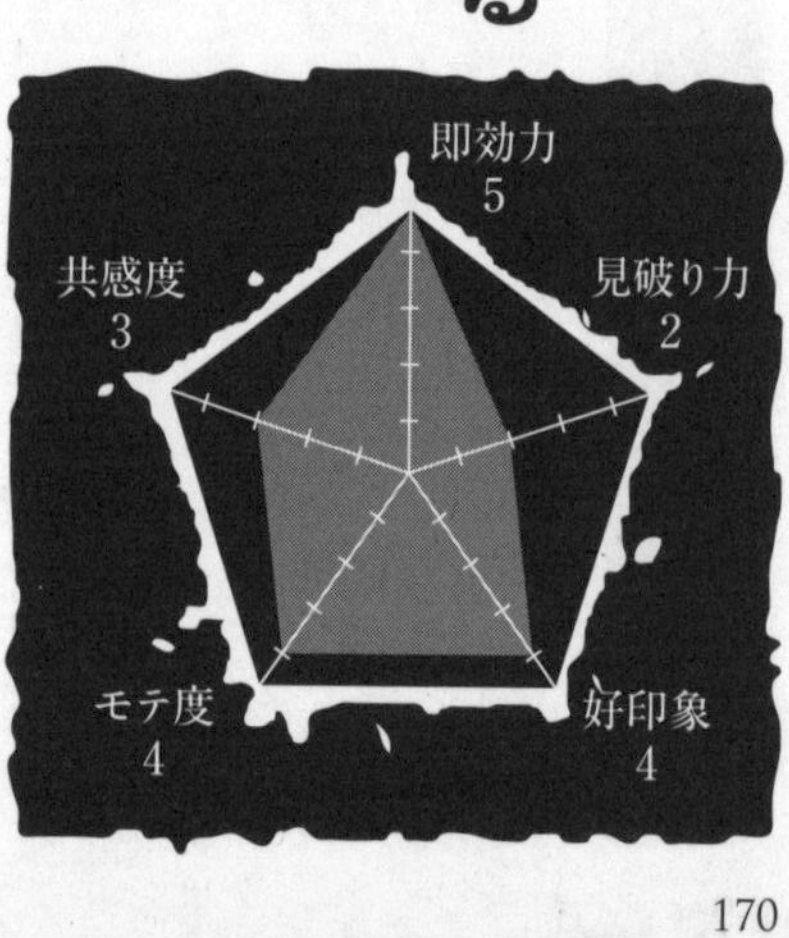

けたロシアの心理学者の名をとって『ゼイガルニク効果』と呼ばれている。

ゼイガルニクによれば、人間は満足すると提供されたものを嫌いになり、不足するとより好きになる心理的法則を持つ。それを利用して、あえていちばん大事なところで話を中断することで、相手を物語に依存させるのが『ゼイガルニク効果』だ。これは非常に効果的な心理作用を持つため、ドラマや漫画の常じょう套とう手段であったが、最近ではクイズ番組で答えが出る寸前にＣＭを挟んだり、あるいはＣＭ自体が「続きはＷＥＢで」と視聴者を誘導するなど、使用方法は多岐にわたっている。

物語ばかりでなく、通常の会話の中でもゼイガルニク効果は使える。例えばある人と話していて、相手がはっきりと質問に答えてくれない場合。賛成か反対か、どちらともとれるようないい方をするので、できればちゃんと意見をいってほしい。そんなときは、こちらが「ということは？」と呼び水を与えれば、相手は自分がはっきりと回答しなければ話が中断してしまうという不安に陥り、「つまり、賛成（反対）ということです」とはっきり口にせざるを得なくなるのである。

悪魔の格言
誘導尋問が伝わらなかったら、話が理解できないヤツだと思え

右上を見るだけで熟考中に見せられる

TRICKキーワード

目線は右上

目の前の人がぼーっと何か考え事をしているとき、どんなことに思いをはせているのか知りたくなることがあるだろう。さすがに超能力者でもなければ相手の心の中をのぞくことはできないが、ある程度の傾向なら目の動きでうかがい知ることができる。

眼球の動きによって相手が何を考えているかわかるというのが、『アイ・アクセシング・キュー』

これができればあなたは…

なんか気になる奴

目は口ほどにものを言う、寡黙で誠実な社会人

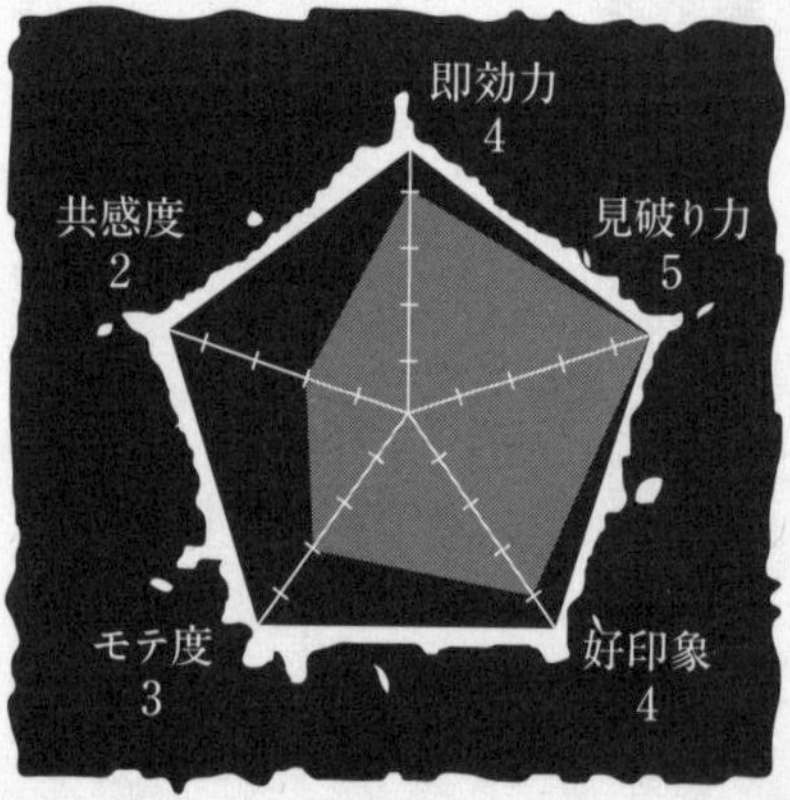

と呼ばれる理論である。この理論によると、上方は視覚的イメージ、水平は聴覚的イメージ、下方では内的対話や体感イメージを想起しているとされる。左右にも違いがあり、右は未来のことをイメージし、左は過去を思い返していることになる。個人差はあるので確実とはいえないものの、その人の傾向さえつかめれば、かなりの確度で相手がどんなことを考えているのか想像がつく。

また、目の動きはそのまま脳の動きとも連動している。人間の脳が左右の半球でその機能が異なることはよく知られるが、左のほうを見ていれば直感や空間的な感覚を司る右脳を働かせている証拠で、逆に右に目が動くと論理的思考をフル回転させているとされる。ちなみに目と脳の左右が逆なのは、視神経が交叉しているためである。もし相手がこの法則を知っていたら、感覚的に目の前の人物がこちらの提案に対して前向きに考えているか煩わしいと思っているかは目の動きで判断できる。これを逆手にとって、すぐにも却下したい提案を、とりあえず真剣に考えているように見せるには、下を向いて考え込まず右上を見て悩んでいるふりをすればいい。そうすれば、未来志向で論理的に吟味しているイメージを印象づけることができるはずだ。

悪魔の格言

ばかばかしい提案には左方向に目を伏せて不快感を示せ

人の意見にケチをつければ自分の意見の株が上がる

TRICKキーワード　コントラストの原理

会議の場で周囲に埋没してしまっている自分を、何とか目立つようにしたい。みんなから一目置かれる存在になりたい。そんな願望を持っているあなた。もちろん、誰もがうなるような意見がいえれば話は早いが、残念ながらそんな立派な意見も提案ももち合わせていない。そういう場合に便利なトリックがひとつある。それは、誰かが発言した意見に対し、どんなものでも否

これができればあなたは…

他人とは常に違う道を行く、独立独歩の冒険家

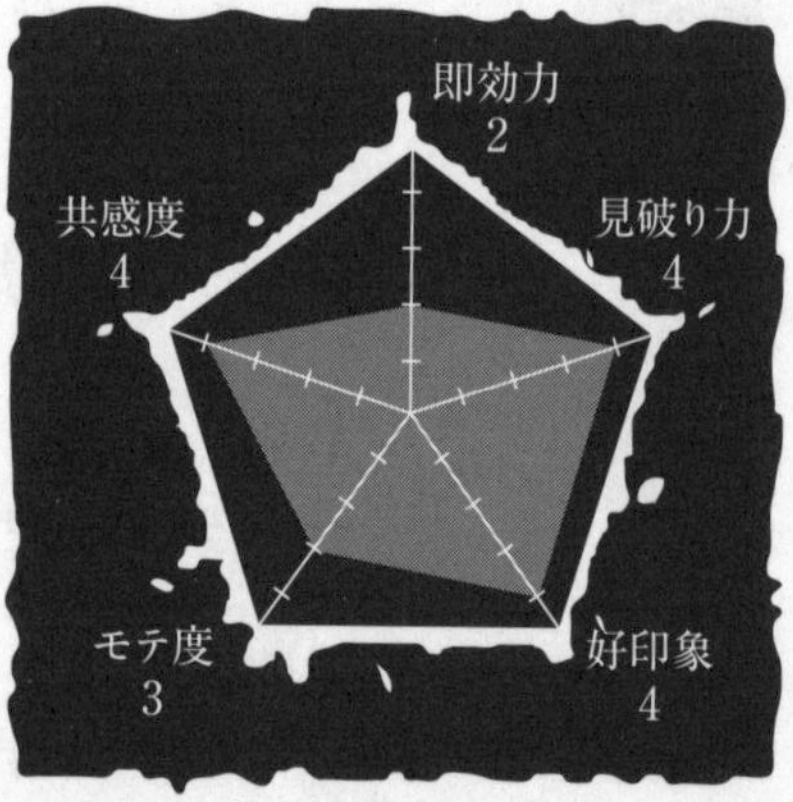

定してしまうというテクニックである。とはいっても何も真っ向から否定する必要はない。誰もがうなずくような正論を発言した者がいれば「おおむね賛成できるのですが、ただ一点……」とアラを探して部分否定してしまえばいい。それだけで、あえて誰も指摘しなかったような欠点をその場で提示した人間として、おのずと注目されるだろう。

心理学ではこれを『コントラストの原理』と呼んでいる。これは、はじめに目にしたものと次に目にしたものが違っていたとき、人間は実際以上に差異があるように感じてしまう傾向を指す。

例えば1000円のものと1200円の品物を見て、後者をちょっと高く感じてしまうのは「コントラストの原理」のためだ。セールスマンはこれを応用して、車のような高い買い物をした顧客に、カーナビなどのオプションをススメてくる。数百万の買い物をしたあとでは、数十万の品物がずっと安く感じられてしまうのだ。

会議の場で誰かの意見を否定することは、つまりは後出しジャンケンである。そんなに難しいことではないので、一度試してみてはどうだろう?

悪魔の格言

合コンには必ず自分よりブスな友人を連れて行け

一度会ったら疎遠にすると営業がうまく運ぶ

TRICKキーワード　極力会わない

　自分に興味のない相手を振り向かせるには、何度も会って情熱や真剣さを伝えることが効果的なテクニックのひとつである。と、それはそのとおりだが、こんな経験はないだろうか。

　それまであまり話したことはないが、ちょっといいなと思っていた相手がいて、その人に会う機会ができた。胸を高鳴らせながら話してみたが、どうもイメージとは少し違う。相手は自分

これができればあなたは…

賢い奴

自分の感情をコントロールできる策略上手

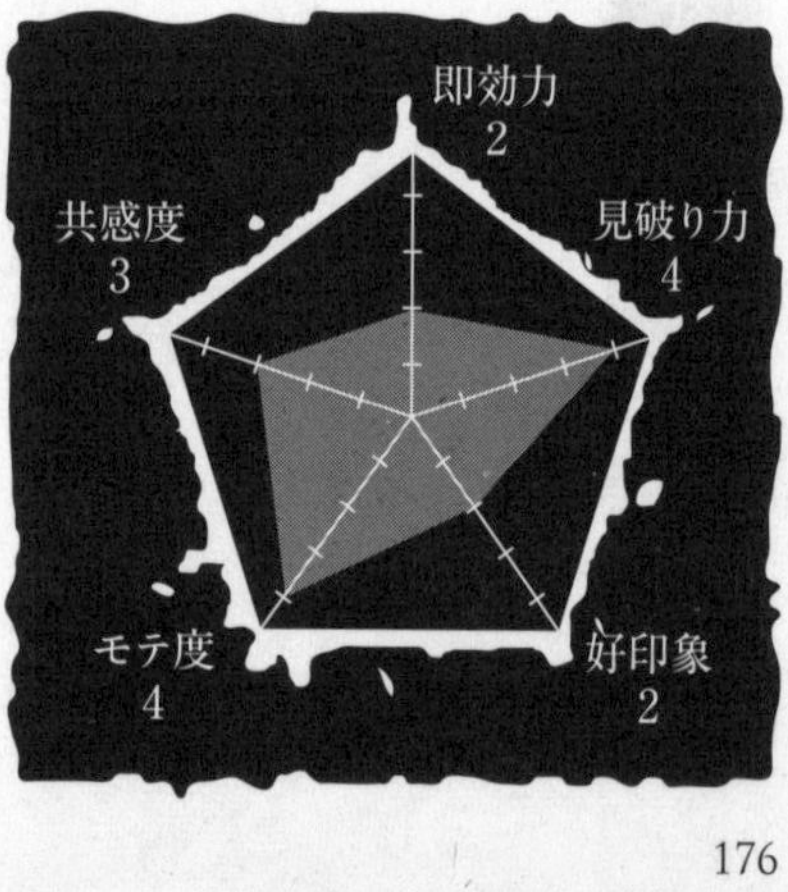

に興味を示し、その後も何度かデートすることになったのだが、会うたびに当初の印象が裏切られていき、最後はこちらからお誘いを断ることに。原因はいくつか考えられるが、これは相手が自分に寄せられる好意に甘えて、自ら好かれようとする努力を怠ったのが大きいだろう。理想と現実のギャップというものは往々にしてあるもので、それを埋める努力は常に行わなければならないものだ。だが、そんな努力をしなくとも相手の好意を当初のまま、いやそれ以上に膨らませるトリックがあれば、使ってみたくなるのではないか。

その方法はいたって簡単。第一印象だけは張り切ってよく見せ、その後は極力会わないようにするのだ。根拠となるのは、オハイオ州立大学で行われた調査実験。遠距離恋愛中のカップルは相手のことを理想化する度合いが20%高く、遠距離恋愛が終わって頻繁にデートするようになると別れる確率が30%高くなるということがわかったのだ。これはビジネスの営業にも応用できる。一度会ってお互いスムーズに話が進んだ相手には、そこからしばらく会いに行くのをやめるのだ。そうすることで、相手は知らない間にあなたの印象をさらに上げてくれ、次の交渉がうまくいく。

悪魔の格言

別れたい相手とは毎日会って幻滅させろ

商品は「おすすめ」しないほうが購入に結びつく

TRICKキーワード

暗示的説得法

人は、他人から勝手に物事を決めつけられると反発するものである。例えば、新人の営業マンなどが陥りやすい間違いに、結論を急かすという行動がある。「こんなに機能的で、しかも他社の製品より安いのですから、買わないと損ですよ」などと商談相手にいきなり切り出したら、一方的な結論を押しつけられているようで、相手はいい気持ちはしないものである。

これができればあなたは…

賢い奴

明示と暗示を使い分けて
あらゆる人を説得

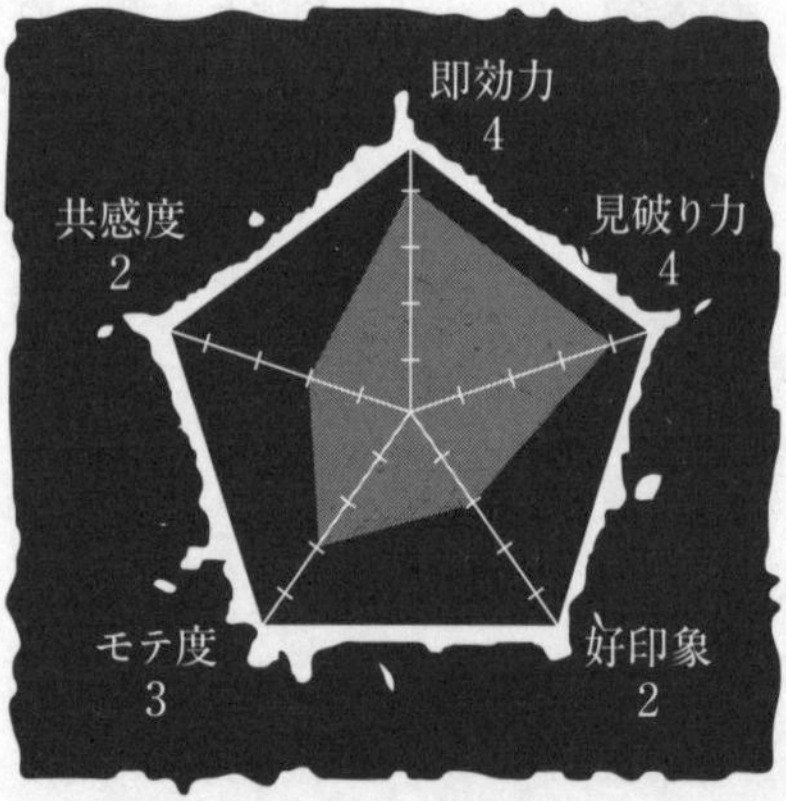

一般的には、他人の意見に説得されて自分の意見を変えるよりも、他人から情報を得て自分の判断で意見を変えた場合のほうが説得効果は高いといわれている。つまり、先ほど例に挙げた新人営業マンは、「相手に判断を委ねる」テクニックが足りなかったのである。

ビジネスに応用されている説得法に『暗示的説得』というものがある。この『暗示的説得』とは、理由は説明するが、あえて結論はいわずに相手に判断させる説得方法のことで、他人に相談せずに物事を自分で決める人、自分の判断に自信を持っている人、論理的に思考する人、懐疑的な人などを説得する際に効果的といわれる。

『暗示的説得法』は相手に押しつけがましさを感じさせることはないが、「結局、何がいいたいの？」と、結論があいまいになる。しかし、結論はあえていわず、結論を導き出すのに必要な情報だけを相手に伝え、最後の結論を相手自身に出させることが重要なのである。

そうすると、相手は「自分の判断で決めたんだ」と思い込み、自分で出した結論によって、自分で自分を自己説得するようになり、考えや態度を変化させるのである。

悪魔の格言

ものを疑わないバカは明示的に説得、疑り深いバカは暗示的に説得しろ

あなたの本性がわかる心理テスト

自分に有利に事は
運べているか!?
隠れた実力を発見する!

Question 1

段ボールに入った何かがガサガサと音をたてていて、生き物が中にいるようです。さて、その生き物とは!?

C ヤギ	A 犬
D サル	B ウサギ

「後輩への寛容度」診断

段ボールに入った悲しい動物は、ミスをしたときの後輩や部下を表している。この問題では、あなたの後輩や部下への寛容度が一発解明！

A

寛容度 80%

後輩や部下への怒りについても、熱しやすく冷めやすい。カーッとなっても、それを引きずったりはしない。寛容度は高いが、陰口をたたかれることを何より嫌うタイプ。

B

寛容度 70%

公平かつ冷静な判断で、どちらが悪いのかをハッキリさせたら、それでスッキリ。部下にミスがあっても、それを本人が謝罪・反省すれば、機嫌はコロリと元通りに。

C

寛容度 20%

一度気に障ることをされると、いつまでも根に持つタイプ。何度も思い出してはネチネチと後輩や部下に説教するほど執念深い。

D

寛容度 120%

たとえ部下のミスで自分が損をしても、ニコニコしている寛容度の高い上司。落ち込んでいる相手を励ましはするものの、怒るなどということは滅多にしないタイプ。

Question 2

ホテルのビュッフェで、あなたがお目当てにしていた料理がいち早くなくなり、食べ損ねてしまいました。どうする?

C その料理をゲットした人に**分けてもらう**	A 他の料理を食べて、**我慢**
D お店の人に料理を**リクエスト**	B その料理が追加されるのを**待つ**

「裏切り者度」診断

料理は隠されたあなたの欲望を表している。その欲望を満たすためにどんな手段をとるかであなたのいざというときの裏切り者度がわかる。

A

裏切り者度 20%

料理をあっさりとあきらめるあなたは、欲望に目がくらんで人を裏切るなんてことは、よほどのことがなければしない。信頼できる反面、物事への執着が弱いことも考えもの。

B

裏切り者度 60%

次のチャンスを待つあなたの腹黒度はやや高め。プライドは守りつつ、周りに行動を起こさせようとする知能犯。ことに恋愛関係でこの性質を発揮すると、大変なことに。

C

裏切り者度 100%

他人のものとなっても欲望をあきらめないあなたは、手段を選ばずに欲しいものを手に入れる。そのために仲間を裏切ったり、黒い心を働かせたりすることもへっちゃら。

D

裏切り者度ゼロの正直者

欲しいものを得るために、何の駆け引きもせず正攻法で攻めるタイプ。しかし、目的達成のためにいちばんの近道を選んでいる点では欲深く、人の性をもっとも よく理解している。

Question 3

オフィスの一角にいるあなた。隣からはあなたについての話題が聞こえてきます。いわれて一番嬉しいと思うのは？

C 「**頼りがい**がある人だよね」	A 「**優しい**人だよね」
D 「**大好き！**」	B 「**ノリ**がいい人だよね」

「自分の周りから排除したい人」診断

いわれて嬉しい言葉は、あなたが重視している価値観を表している。それは、あなたが他人に求めていることでもあるのだ。

A 自分に優しくしてくれない人

誰に対しても優しくふるまうが、その根底にはあなた自身が優しく接してもらいたいという気持ちがメラメラ。見返りを求めるものではないことに、そろそろ気づくべき。

B 場のノリに合わせられない人

ムードメーカーだが、場のノリに合わせられない人を排除することも。ときにはノリの悪い人に苦言することもあるだろう。相手の状況を思いやる心も身につけよう。

C 頼りがいがなく役に立たない人

人の役に立つことが重要と考えているため、その価値観に合わない人をバッサリと排除しがち。役に立つか立たないかは、あなたの勝手な判断だとまずは知るべき。

D 自分のことを愛してくれない人

「あなたが大好きだから」とか、「あなたのためを思って」などと、すべての行動の理由に愛情を押しつけたがる。周囲の人がうんざりしているかも。

第6章

相手の印象と欲望をあやつる心理学

食・性・金・体「欲」を絡めて人を惹きつける

TRICKキーワード

鉄板の基本欲求

人を惹きつける魅力的なコンテンツとは何か？ 急速に移り変わる流行を常に追いかけ、人より早くキャッチして発信することは容易ではない。ならば、流行とは関係ないところで探してみてはどうだろうか。それが、「基本欲求」を満たすコンテンツである。

食欲・性欲・金銭欲・睡眠欲などの基本欲求は、どんな人、どんな時代でも求められるものであ

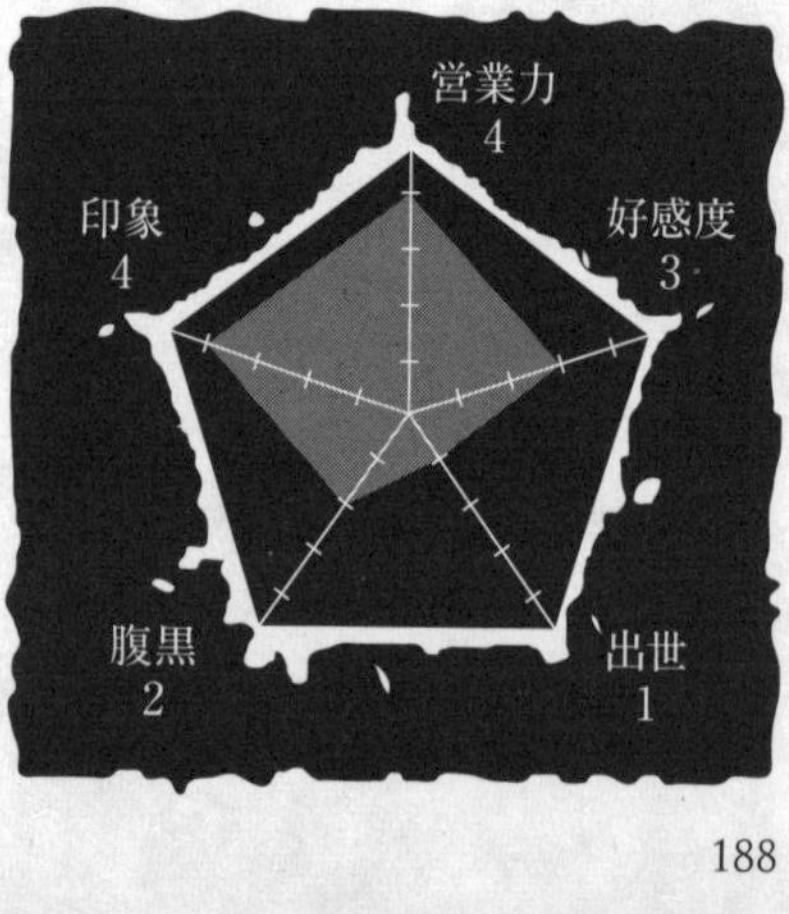

る。つまり、「グルメ」「美女（イケメン）」「金運」「快眠」「健康」などの言葉を何らかの形で絡めると、多くの人が関心を持つ内容になるというわけだ。

これら日々の生活に欠かせない事柄は、成果が芳しくないときにプラスアルファの要素として効果的だ。金券、健康グッズをサービス、綺麗な女性スタッフを投入など、困ったときは基本欲求に基づく何かをつけ加えてみるとうまくいく。逆にこれらの基本欲求をいつの間にかないがしろにしたものは、徐々に消えていってしまう。

昨今は高齢化やストレスの問題も大きいせいか、健康に関するコンテンツは特に多いように見受けられる。スピーチの際なども、お金の簡単な儲け方や健康になるためのテクニック、色恋の話などを絡めると、飽きずに聞いてくれる場合が多いという。

人々の日々の生活に、これらの欲求は欠かせないもの。毎日ごはんを食べ、お金を稼ぎ、セックスをして、健康のために運動をし、よく寝る。とてもシンプルなことなのだが、忘れがちだ。行き詰まったときにはこの原点に立ち返って考えれば、ビジネスにおいても失敗の可能性は低くなる。

悪魔の格言

人間が毎日欲するものをコンテンツに絡めろ！

アゴを20度上げるだけで見た目の好感度アップ

TRICKキーワード

美人効果

かつてカナダのマギル大学で、CGを使ってアゴを10度きざみで傾かせ、その変化による印象の違いを検証する実験が行われた。この検証によると、20度で非常に快活で好印象、30度で尊大な表情に見えるというデータが得られた。たった10度の違いで、全然違った見え方をしてしまうという興味深い結果となったのである。この結果を踏まえて、自分を元気よく見せたいと

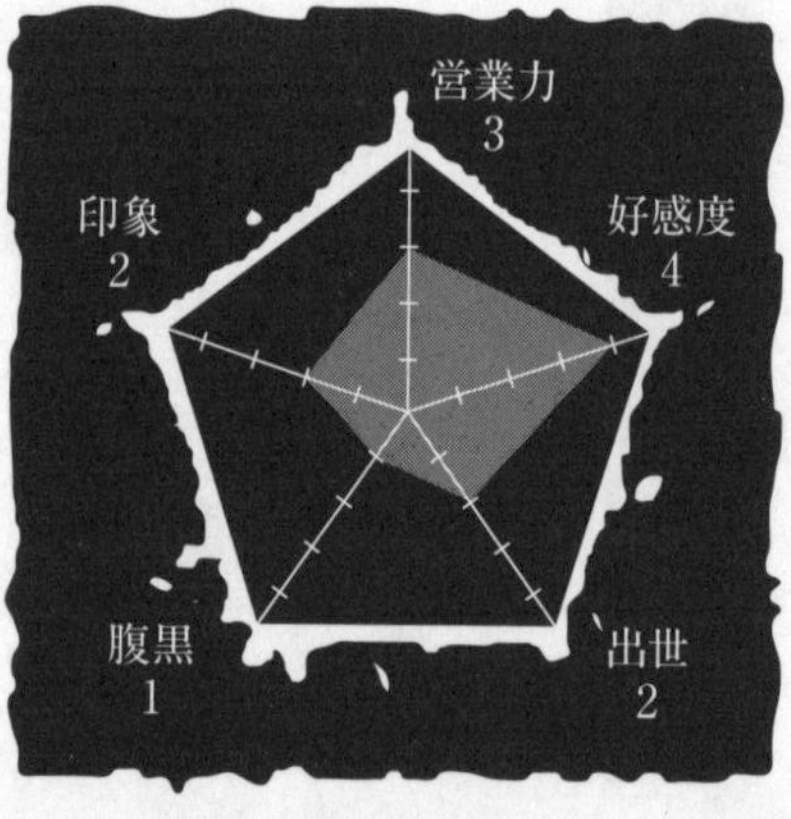

きは少しだけアゴを上げるようにしてみよう。相手には、それだけで快活に見えるはずだ。くれぐれも突き出しすぎて尊大に感じさせないように。もちろん顔の形によって見え方も違うので、自分の元気に見える表情を、鏡を見て研究してみることをおすすめする。

一般的には45度うつむくとかっこ良く見えるというデータもある。モデルのプロフィール資料では、この45度のうつむきと、少し斜に構えた角度の写真が採用される場合が多い。

女性ならば対異性の交渉のときは、少し上目づかい気味の方が男性から好印象。正確に角度を維持するのは、少し不自然かもしれないが、ちょっと顔の角度をつけて自分の良い角度をつくっておくといいだろう。

また、なるべく笑顔を絶やさずにいることも大切。アメリカのある大学の別の実験では、「微笑んでいる人ほど経済的に豊かである」というデータもあるのだ。確かに笑顔が素敵な人は人に好かれるし、笑顔でいると自分自身の気分もポジティブに変換されるので、良いこともいっぱいありそうだ。まずは、人と目があったら口角を上げる癖をつけることから始めてみよう。

悪魔の格言

いつでも口角を上げて笑顔を作る癖をつけろ！

赤はテンションを上げる色 勝負のときは赤パンをはけ！

TRICKキーワード
色の効力

色には心を刺激するさまざまな要素がある。特に「赤」はやる気を起こさせる色として知られる。ノルアドレナリンという物質は、元気を司る脳内物質で、血圧や心拍数を上げて、覚醒状態を促す。赤という色は、その交感神経を刺激し、アドレナリンを分泌させる働きがあると言われているのだ。だから、疲れて元気が出ないときは赤い色のものを着ることをおススメす

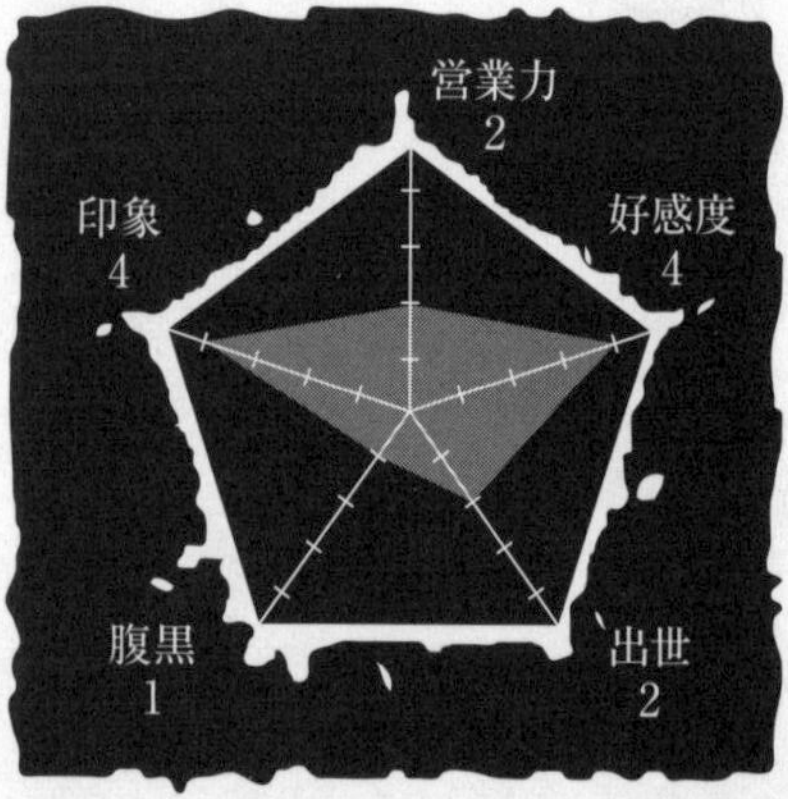

る。しかし、全身赤一色というのは、さすがにセンスを疑われてしまうかもしれない。ましてやスーツ着用の仕事で〝全身赤〟はないだろう。

そんなときは、パンツを赤くしてみるといいだろう。赤を身体にまとっているとイメージするだけで、大分心のモチベーションも変わってくる。財布や携帯電話を赤くするというのも、やる気のモチベーションを維持するという意味では効果的とされている。

実際に、大事なプレゼンやスピーチのときには、下着を赤にして気合いを入れるという人も少なくない。また、赤は食欲を増進させる色とも言われ、飲食店でも頻繁に使用されているほか、一番目を引く色とも言われているので、広告でもメインカラーとしてよく使われている。

逆にインテリアや内装などに赤は使わない方がいいとされている。興奮を助長する色なので、落ち着きたい空間がせわしなく感じられてしまうのだ。

自分や会社の存在を際立たせたいときは赤を使い、オフにするときは白やグレー、茶色などの主張しない色を基調にするといい。

悪魔の格言

勝負のときは赤パンを穿いて攻めろ！

色の使いわけでイメージは操作できる

TRICKキーワード
色の効果

赤以外にも、色が心に与える影響はさまざまである。一般的に、青は沈静と抑制、緑は安定と調和、黄色は希望と光、紫は高貴と欲求不満など、それぞれのイメージが付与されている。

対人の場合でも、これらをうまく使いわけられれば、状況に適した良いイメージを相手に与えることができる。

例えば、第一印象は緑のシャツを来て安心感

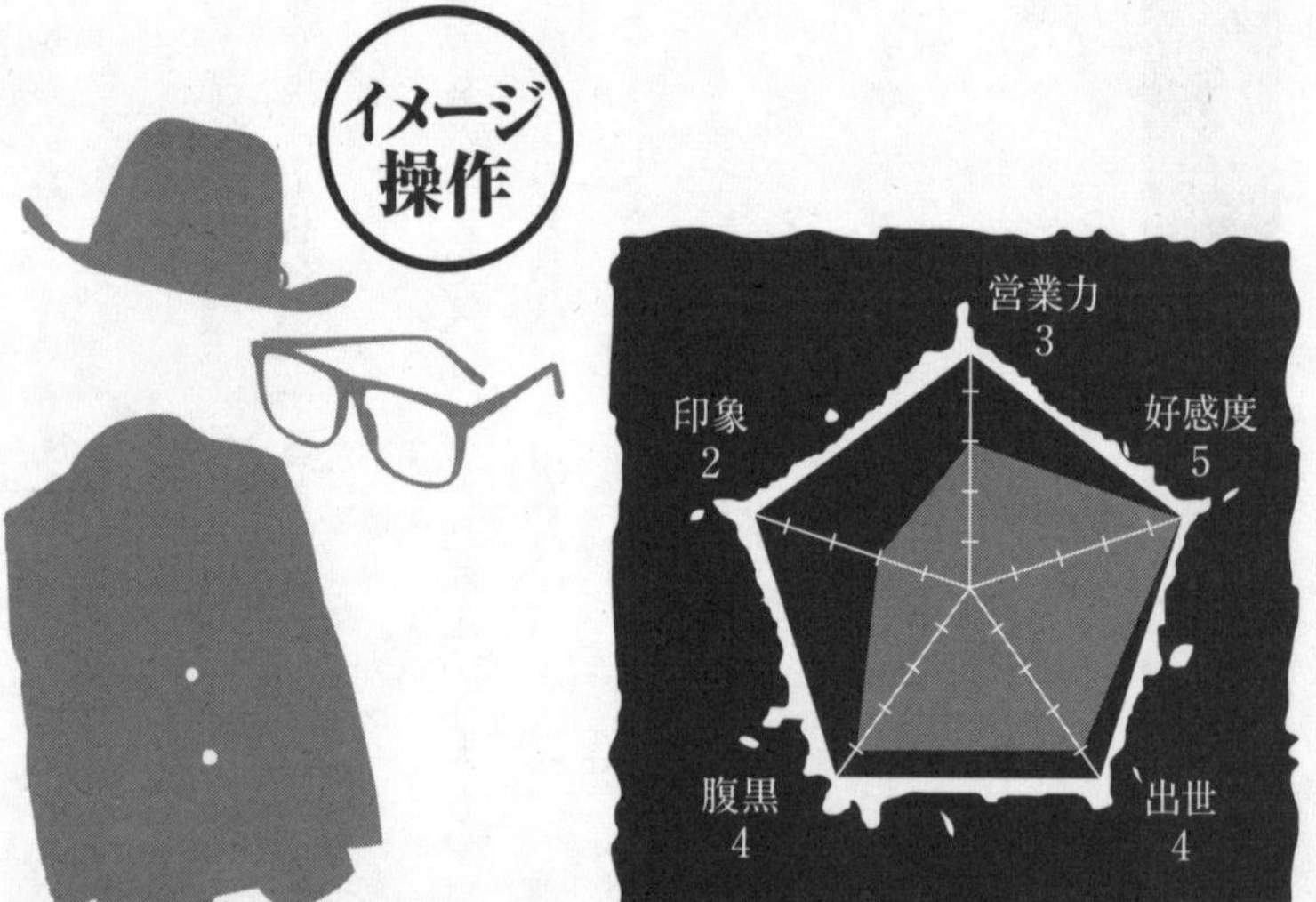

悪魔の格言

第一印象は緑、勝負所は赤、謝罪のときは青

や安定感を与え、いざ仕事のときは赤のネクタイをしてやる気を主張、何かの問題を起こして謝罪に行くときは青のネクタイを着けて相手に抑えた印象を与え、特別な席では高貴さを演出する紫でイメージを変換する。

このように色には特性があるため、相手に良い印象を与えるための4つの特性を覚えておくと便利だ。ちなみに、ある会社では青と赤の2種類の会議室を作り、怠慢になりがちな社内会議は赤い部屋で活気づくように誘導し、落ち着いてじっくり話したい社外の人との会議では青い部屋を使うようにしているという。

また、そのときどきで自分が求める色からは、その色が与えるイメージを欲しているということなので、自分の心の状態を推測することもできる。

赤を求めていれば、やる気を出したい、モチベーションを高めたい、青を求めていれば疲弊していて休みたい、静かな時間を過ごしたいということであり、緑を求めるならストレスが多く、癒されたいと願っているなど、欲する色から自分の心の状況を判断することもできるのだ。

「4割失敗」も「6割成功」と言えば良い印象に変えられる

TRICKキーワード　フレームの変換

数値のみならず、文章の見せ方でいかに心理操作できるかを説明しよう。

例えば「この意見には4割の人が反対しています」と言うのと「この意見には6割もの人が賛成しています」と言うのとでは、データとしては同じことなのだが、言い方ひとつで印象が随分違ってくる。

このように文章の枠組みを変えて伝えると全

イメージ操作

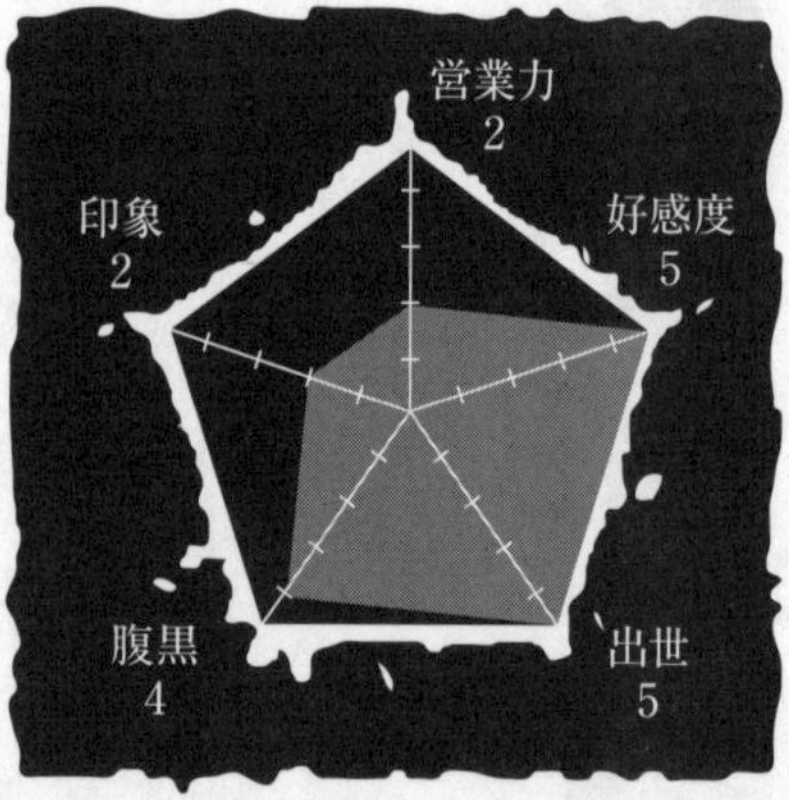

悪魔の格言

言い回しで見え方を逆転させれば、人は狙った通りに解釈する

く見え方が変わるものだ。この枠組みのことを「フレーム」と言う。このフレーム操作を巧みに行えば、ネガティブな情報もポジティブな情報に簡単に変換できてしまう。

ミラノ大学のＰ・ケルニー博士はイタリア人220人に対して次の2つのパンフレットを配り、実験を行った。1つ目は「40歳を超えたらガン検診を受けましょう。検診を受けないとガンだけではなく、重大な病気の発生を見逃すことになり、大変な事態を招きます」という文言のパンフ、2つ目は「40歳を超えたらガン検診を受けましょう。検診を受ければガンだけではなく、重大な病気の発生を見つけることができ、安心できます」と書かれたものだ。その後、それぞれの被験者に「ガン検診を受けたいですか？」と聞いたところ前者の方が検診を受けたいという人が多かったという結果になった。前者の方が危機感を煽る内容になっているので、被験者達は「受けなければあぶない」という気持ちにさせられたということだ。

このようにフレームを使いわけることで、いかようにも表現を変えることができる。いつでも2種類以上の言い回しを考えて有効に使うようにしよう。

人は実際の能力よりも数の多さに負けてしまう

TRICKキーワード
数は力

イスラエルのヘブライ大学の心理学者ヤコブ・スクルは、52名の学生に模擬面接の実験を行った。学生には面接官になってもらい、評価してもらう。このとき推薦状が1通の応募者と、2通の応募者について評価した。結果は、2通の推薦状を持った応募者の方が「適性」「正直さ」「チームワーク」すべてにおいて、1通の推薦状の人より高く評価されたのである。

イメージ操作

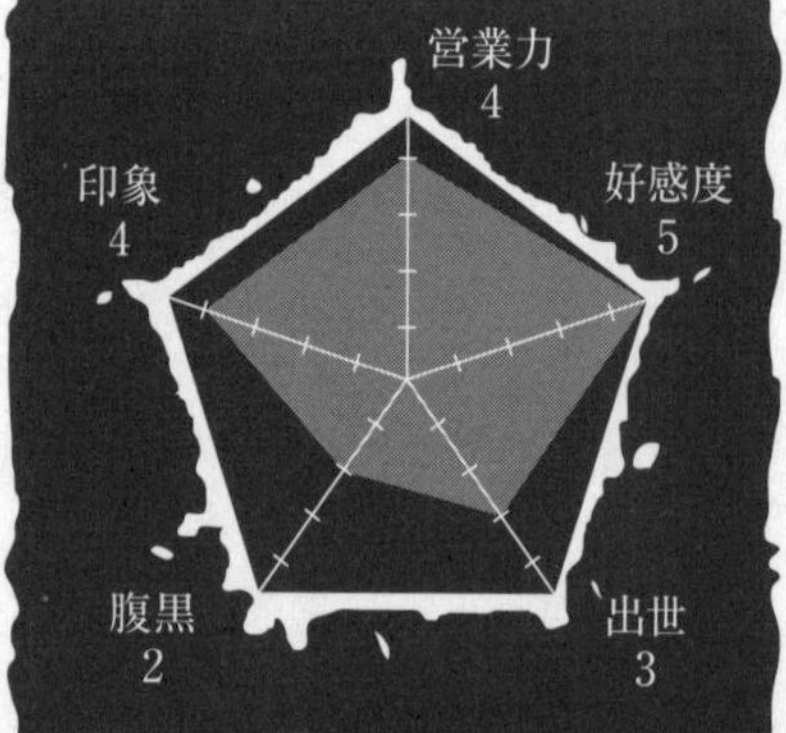

これは、「数は力」であることを証明する実験である。学生たちは、推薦状の中身よりも、「2通」もの推薦状をもらっている人を評価したのである。

だから、大きな商談などに臨む際はなるべくたくさんのものを用意したほうがいいだろう。部下はなるべく多く引き連れ、サンプル商品はなるべくたくさん持参したほうがいい。そうすることで「多くの部下がいる優秀な上司」と思わせたり、「他社よりサービスが良く、余裕があってモチベーションも高い会社」と思わせることができるからだ。

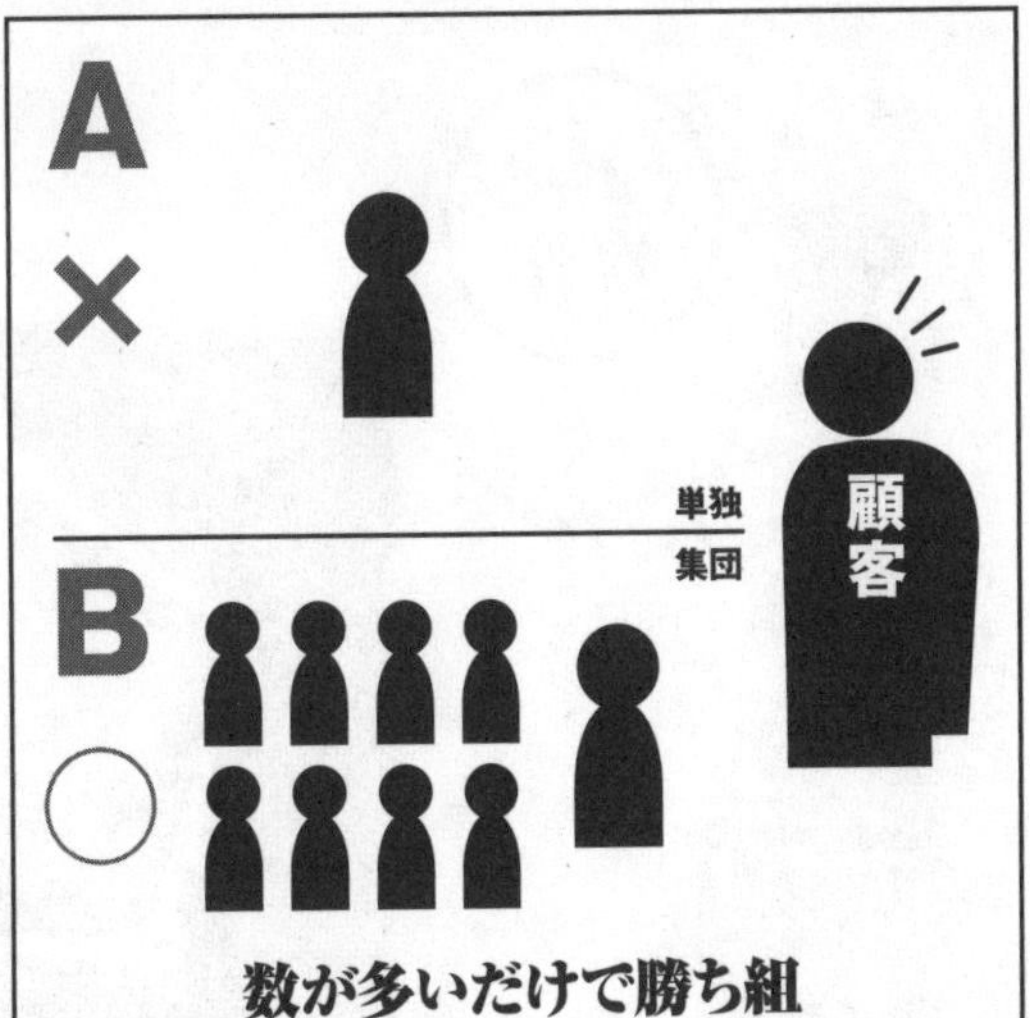

悪魔の格言

内容よりも数を増やして見た目で勝て

黒を着るだけで強く見えて威厳があがる

TRICKキーワード　威厳の黒

これまで、さまざまな色が心理に与える影響について説いてきたが、果たしてどんな場合でも効果的な色はあるのだろうか？　グレーや茶色は中間色なので当たりさわりがなく、どんな場合にも適応できる。だから中間色がベスト、と思うかもしれない。

しかし、よく考えてみて欲しい。顧客やクライアントに見て欲しいのは「よくも悪くもない」

イメージ操作

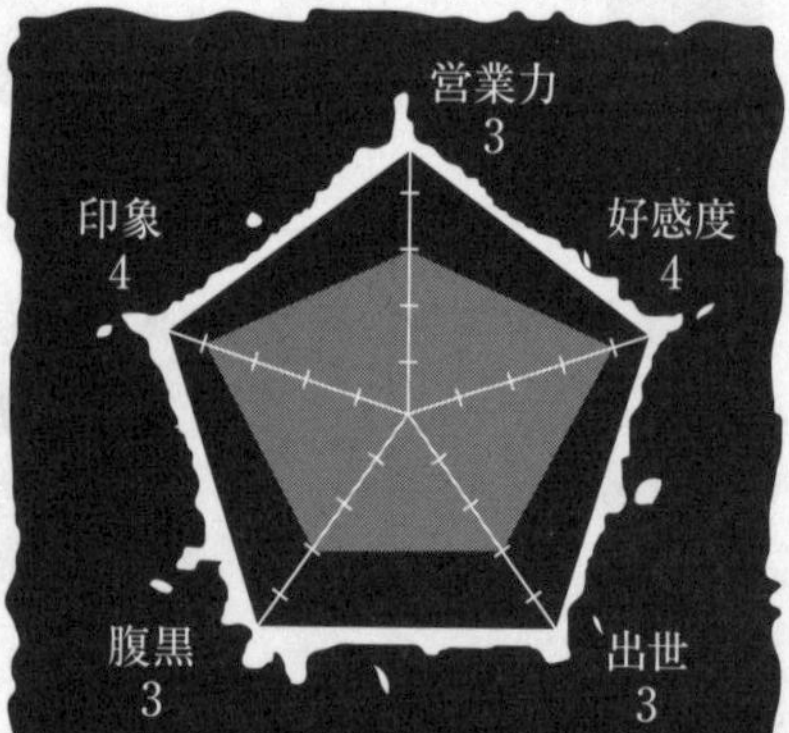

自分や自社の存在感ではない。それは別の見方をすると、どうでもいい存在になってしまう危険をはらんでいる。本当に望むのは「この人になら是非頼みたい」という確かな存在感なのである。

その視点で考えるなら「黒」が間違いない。黒は威厳や風格、重厚感を表現し、情感を伝えるものではないが、確かな存在感を体現してくれるものである。

パリッとキメた黒のスーツは誰が見ても威厳と風格を備えたやり手人間に見える。実際に、威厳を必要とする立ち位置の人の多くは、やはり黒を着用している場合が多い。

首相、教授、裁判官、社長など、社会的地位が高く、洗練された人をイメージすると、黒い服を着用しているケースがほとんどなのである。

黒は風格を表現する色であると同時に、ベーシックな色でもある。どんな場合においても、黒のスーツが合わない場面は少ない。また、昔は葬式の色とされ、悲しみを象徴する色だったが、今では洗練された都会的イメージの方が強い。だから、いろんな趣向を凝らして色とりどりの服に挑戦するより、ピタリとキマった黒のスーツを1着持っておいたほうが無難なのである。

悪魔の格言

妙な小細工をするよりも、威厳の黒でビシッと決めろ

どんなに時代が変わってもメガネは謹厳実直に見える

TRICKキーワード

生真面目メガネ

昔はメガネと言えば、ガリ勉でオタクのイメージが強く、マイノリティに捉えられがちなところがあったが、最近はオタクがメインストリーム化してきた影響もあるのか、メガネがカッコいいものとして認知されるようになってきた。視力が悪くなくとも伊達メガネで知的なイメージを演出し、自分をワンランク上に見せるテクニックにさえなっている。

イメージ操作

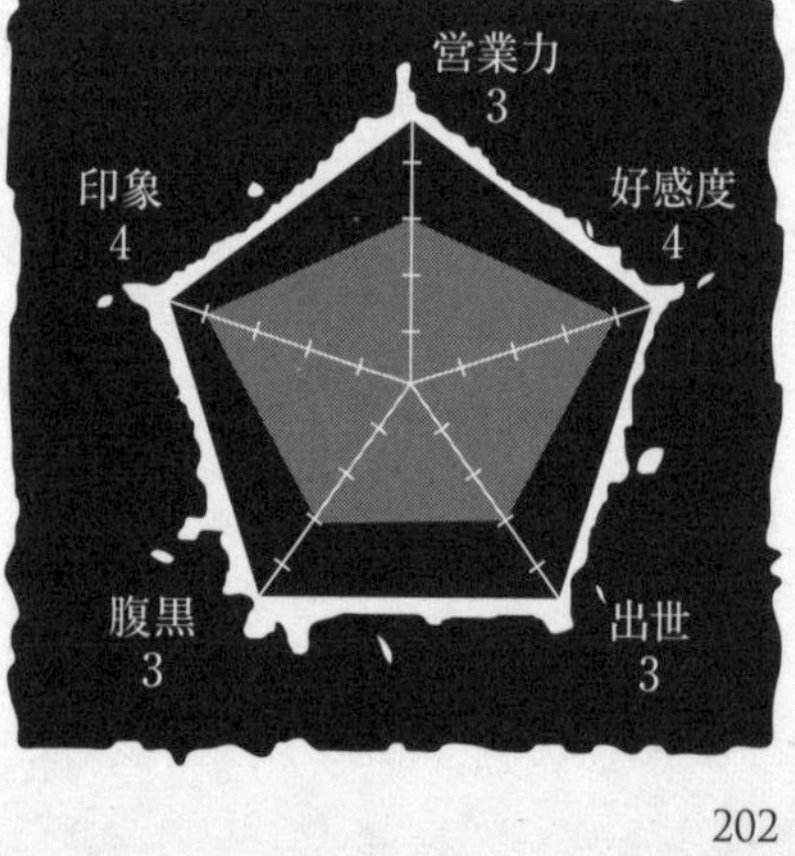

上司や部下からもマイノリティとして見られることはなくなったので、少なくとも視力が悪くかけるべき人は、わざわざコンタクトに変える必要もなくなった。逆に今は、視力に問題がなくとも、どちらかと言うと怠慢に思われがちな容姿をしている人は、伊達メガネで印象を変えてみると良いかもしれない。また、場面に応じてつけるメガネを変えてみるという上級テクニックもある。メガネは顔の一部なので、表情や雰囲気を演出してくれる要素もある。

例えば、会議やプレゼンなど説得力を要する状況においては四角いメガネをかける。人は細い顔をしている人に信頼を寄せる性質があるので、角張ったメガネをかけると信頼感が増すのである。そして、営業や打ち合わせなどのまず親近感を相手に持たせたい時には、丸いメガネ。細い顔が説得力を演出するのとは逆に、丸い顔は親近感を演出してくれる。丸メガネに変えるだけで、相手と打ち解けやすくなるわけだ。

ただし、あまりに派手だったり、個性の強いメガネをしているとセンスや社会性を疑われるので、選ぶときはデザインにも注意しよう。

悪魔の格言

場面に応じてメガネを使い分けて印象を操作しろ！

顔の右側は強さ 左側は優しさを見せる

TRICKキーワード 左右のイメージ

人の顔は、表情や角度によってよくも悪くも変わって見えるもの。しかし、顔の向きに特別な違いがあることは意外と知られていない。人は自分の顔を通常、中心から左右対称なものだと思っているが、実は全然違うのだ。自分の顔を鏡でよく見てみれば、筋肉のつき方や張りが左右でだいぶ違うことに気づくはずだ。しかもこの左右のイメージには傾向がある。右側がシ

好感度アップ!

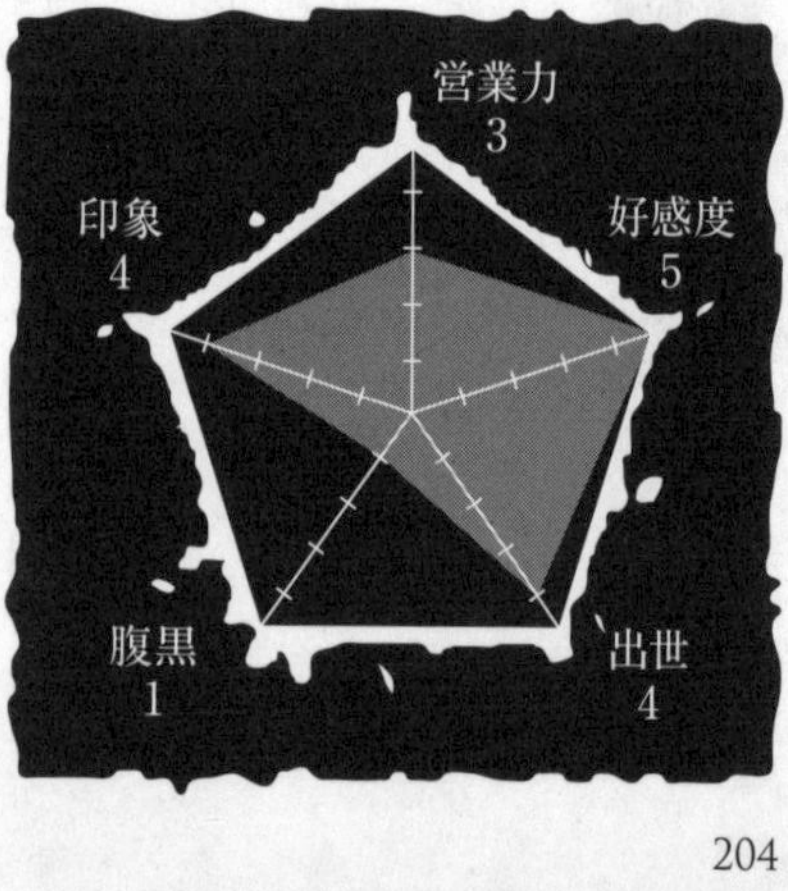

ャープで切れ長、左側が柔和で優しいイメージに見える。試しに自分の正面写真を撮り、右の顔と左の顔をそれぞれ中心で反転させてみると、どちらも本来の顔とは違う顔になるはずだ。やはり、右側の方が少しキリッとして、左側の方がゆるい顔になる傾向がある。

この顔の左右の傾向を知っていれば、ビジネスにおいても使い分けができる。

説得したり言いくるめたりしなければならないときはキリリとした右側を見せ、初対面の相手などには左側を見せて優しい印象を持ってもらうようにするのである。ずっと顔の角度を気にして傾けているのも変なので、右側を見せていたいときは相手の若干左側に席をとり、左側を見せるときは相手の若干右側に座るようにするといい。

この左右の顔立ちは、多くの場合右側の方が見栄えが良いとされ、写真を撮るときは右頬を見せて撮ると綺麗に撮れると言う人も多い。この右側優位の理由は、視覚情報をとり入れる右脳との関係があるとする説や、利き手側の筋肉の発達との関連など諸説あるが、実際のところはよくわかっていない。いずれにせよ、ビジネスにおいてはこの左右の顔の特性を覚えておくことが重要だ。

悪魔の格言

引き締まった右顔か、柔和な左顔か、それが重要だ。

ファーストコンタクトはウソでも良い格好をすべし

TRICKキーワード

初頭効果

第一印象というのは何かと大事だと言われている。アメリカの心理学者アッシュは、このことを実験によって検証した。ある同じ人物の性格について、順番を変えてふたりの被験者に説明したのである。1人目の被験者には、その人物の性格を「知的→勤勉→衝動的→批判的→嫉妬深い」の順に伝え、2人目には逆の順番で説明した。結果、1人目の被験者はその人物を知的

交渉力アップ

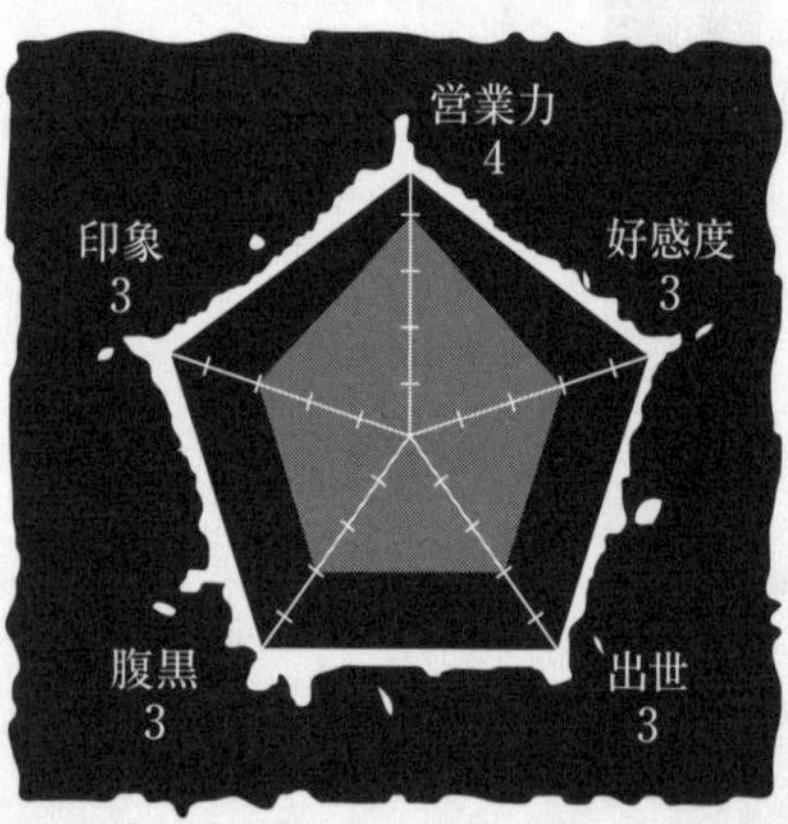

で勤勉な人と捉え、2人目は、欠点はあるけれど、能力はある人と捉えたのである。同じ人であるにも関わらず、情報を得る順番だけでその印象はこれだけ変わってしまうのだ。それだけ、人は「最初が肝心」なのである。

最初の印象が悪いと、いつまでも「あの人は～なところがあるから」と言われ、この第一印象はなかなか変換されにくい。この、初めの印象が後まで残る心理現象を「初頭効果」と言う。

だから、本来の自分はどうあれ、初対面の人に与える印象だけはウソをついてでも良いものにしておいたほうがいいのだ。

伝える順番だけの印象操作

悪魔の格言

はじめて会う人に悪い印象を与えたらアウトと思え

人間関係はポジティブな表現の方がうまくいく

TRICKキーワード

ポジティブフレーム／ネガティブフレーム

ここでは、心理学で言う「ポジティブフレーム」と「ネガティブフレーム」をいかに使いわけるべきかを説明しよう。

「タバコを吸うとガンで死ぬ」とネガティブに言われると、あまりに衝撃的で今すぐにでも喫煙をやめたいと思う。このように、危機感を煽って相手を説得する場合にはネガティブフレームのほうが効果的である。

イメージ操作

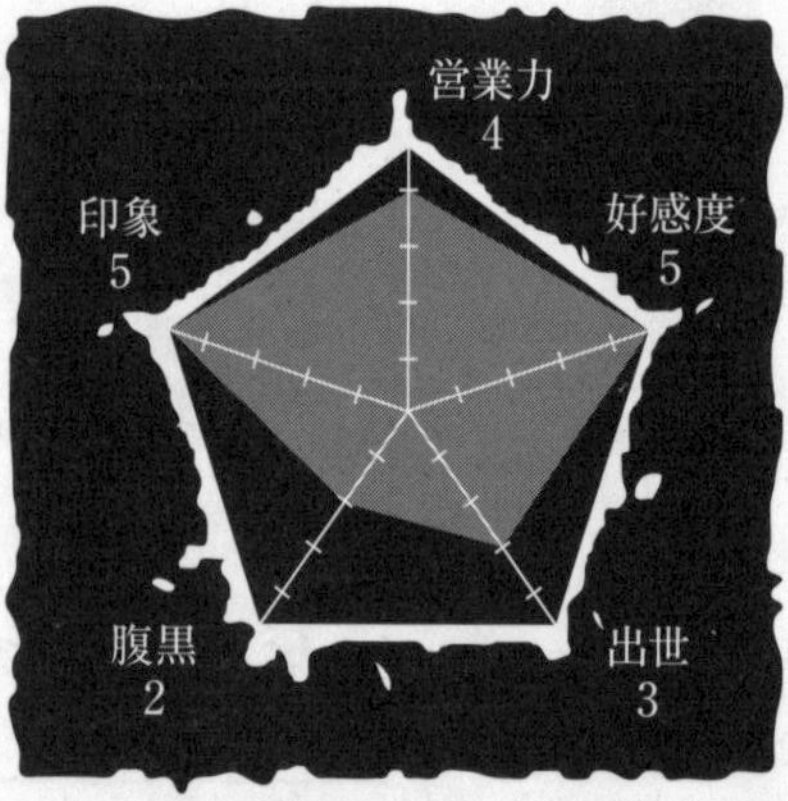

しかし、それが逆効果を生んでしまう場合もある。わかりやすいのが公衆トイレの注意書きだ。「トイレを汚すな」と書かれるとしゃくに障るのか、あまり気に留めない人が多いが、「トイレをいつも綺麗に使って頂きありがとうございます」とお礼の言葉が書かれていると、多くの人は「なんとなく綺麗に使わないといけない」と思ってしまうものなのだ。

タバコの場合も、宣伝広告で「ガンになる」と書かれていると危機感を煽られるが、知人に面と向かって言われるとちょっと腹が立つ、なんてこともある。

近しい間柄であれば、「タバコをやめるとごはんもおいしくなるし、身体も健康になって最高だよ」と言われた方が、「ちょっと禁煙してみようか」なんて気分になるものだ。

このように、1回で強烈なインパクトを与えたい場合にはネガティブフレームのほうが有効だが、日常の指摘としてはポジティブフレームの方が有効とされている。つまり、インパクトが重要な宣伝広告などではネガティブフレームで恐怖心をあおり、徐々に浸透を目指す啓蒙活動や身近な人への忠告などの場合は、ポジティブフレームでゆっくりと説いたほうが効果的なのである。

悪魔の格言

一気に浸透させるなら、ネガティブフレームで恐怖感を煽れ

9割の人が外見で見る「見た目いのち」はホント

TRICKキーワード　メラビアンの法則

心理学者のアルバート・メラビアンは、コミュニケーション理論においてさまざまな実験を行い、あることを発見した。それは、人は9割方を見た目で判断するということだ。

具体的なコミュニケーションの内容よりも、見た目の視覚情報が5割以上を占め、次に口調などの聴覚情報が約4割を占める。つまり、9割が視覚と聴覚の情報であり、コミュニケーション

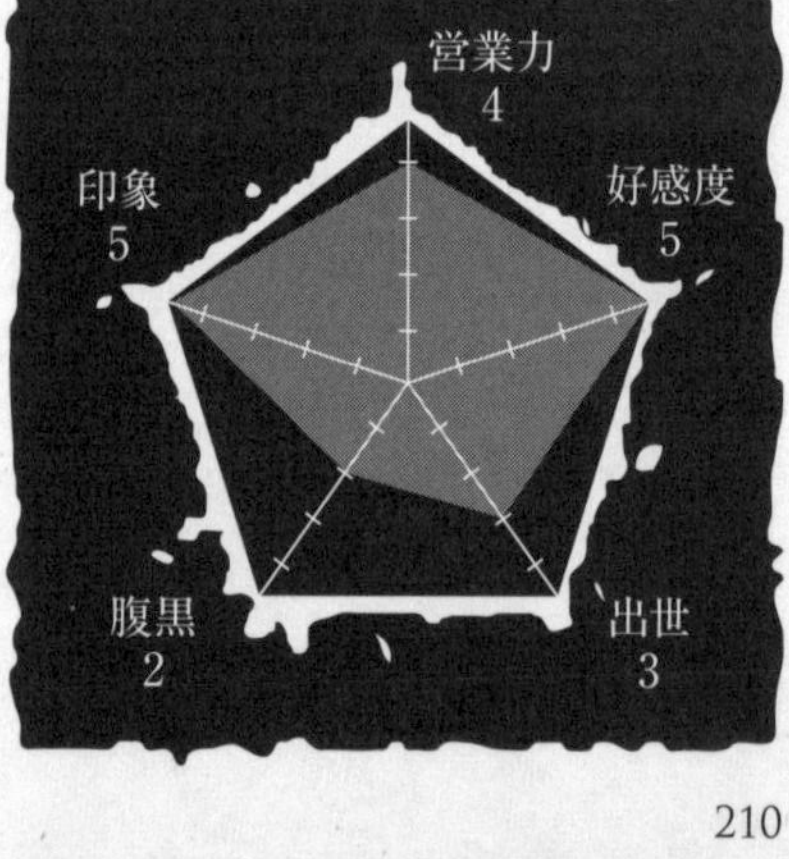

の内容はたったの7%、1割以下しか意識してないということがわかったのである。

この「9割見た目」というコミュニケーションの法則を「メラビアンの法則」と言う。つまり、どんなに説得力のある言葉を持っていても、服装や表情、スタイルがよくなければ5割減、話し方や発声がよくなければ4割もイメージダウンするのだ。つまり、「見かけなんか関係ない。中身だけで勝負しよう」という人は、たった1割の説得力で勝負しなければならないので大変損をしていることになる。

だから、服装はなるべく小綺麗にして、いつも明るい表情で振舞うことを忘れてはならない。口調はつらつとして、大きな声で話すように心がけるようにするだけで、話の内容に説得力をつけるよりもずっと効果が上がるのだ。

これは、新人採用の際にも重要視すべきである。人としての才能や実力だけではなく、美男美女であることもひとつの才能であると認識して考えるべきだし、元気がよく闊達で声が大きい、印象が柔らかいといったことも、接客が業務の一部である仕事の場合は重視したほうがいいだろう。

悪魔の格言

身なりや表情が5割、口調や発声が4割。とにかく見栄えが大事

世間は騒音だらけ!! せめて自然音でストレス軽減

TRICKキーワード
音のストレス

人にとって心地良い音とは何だろうか。楽しい音楽や、朝の鳥のさえずりは誰もが心地良く感じるものだ。しかし、楽しいと思っている音楽も、ずっと鳴り続けていたら、人間は騒音と感じる。どんな性質の音であろうと、間断なく長時間持続すれば、好ましくない音になるのだ。

心理学者の西川好夫の著書『生活の心理学』によれば、人間が不快を感じるのは40ホン以上

出世間違いなし!

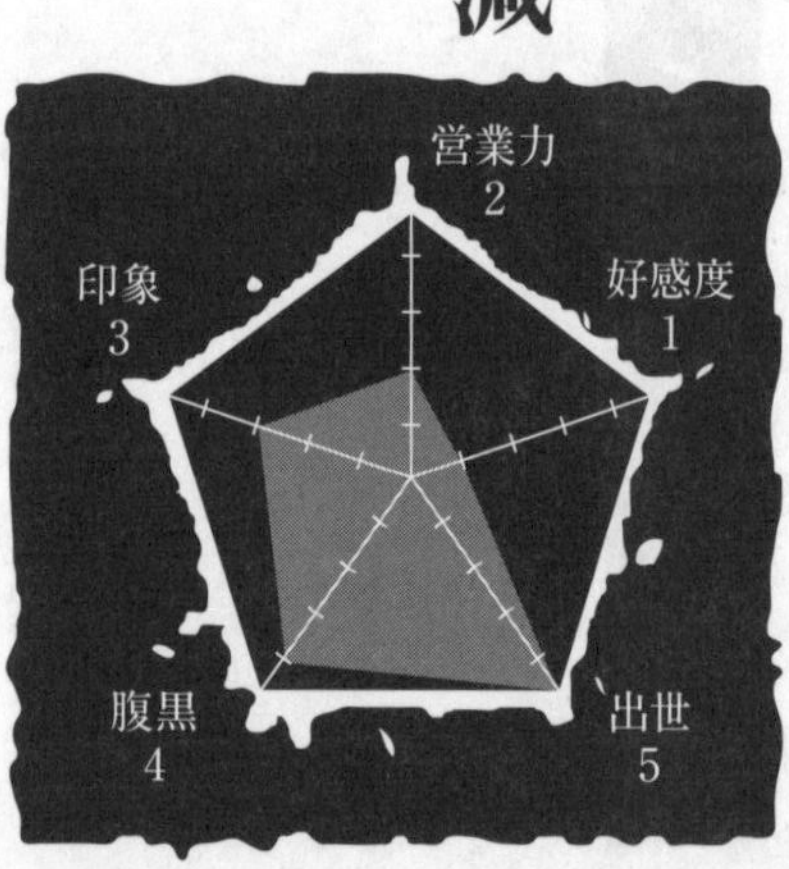

の音で、夜の住宅街くらいの音らしい。夜の住宅街の音で、不快に感じるということは大抵の街の音はうるさいということになる。作業効率が落ちるとされるのは60ホン以上で人の話し声や掃除機の音、タイピングの音など。人はちょっとした大きさの音に影響されるのである。そして、難聴を起こす可能性がある音は85ホンからで、地下鉄の音やヘリの離着陸の音などである。

この結果から、ちょっとした音でも人間にとっては騒音になりうることが確認できる。

都会に住むということは騒音の中で暮らすということなので、それだけでストレスも多いということになる。

それでは、人が心地よく感じる音とは何か？　前述の通りすべての音が騒音になりうるのだが、脳の受信回路で説明すると、「右脳がとり入れる音」ということになる。実は、言語やメロディなど、いわゆるノイジーで規則的な機械音というのは左脳がとり入れている。私たちは普段、この左脳を使う音を聞いていることが多いが、鳥のさえずりや海の波音などの自然音は右脳に入り込む。右脳に作用する音は、左脳に入る音よりはるかにストレスになりづらいのである。

悪魔の格言

どんな音でも騒音になる。せめて右脳に効く音を聞け

人の怒りは鏡を見せるだけで鎮火する

TRICKキーワード
客観視の鏡

人は一度怒り出すといつまでも怒りが暴走し、どんなに謝罪してもすぐには許さず、いつまでも怒り続ける傾向がある。

　怒りの感情というのは、実はノルアドレナリンが作用している。ノルアドレナリンが心を興奮させ、場合によっては頭の回転をよくさせるので言葉は次から次へと出て来て相手を攻撃する。ノルアドレナリンの困った所は、ある一定以

腹黒テクニック

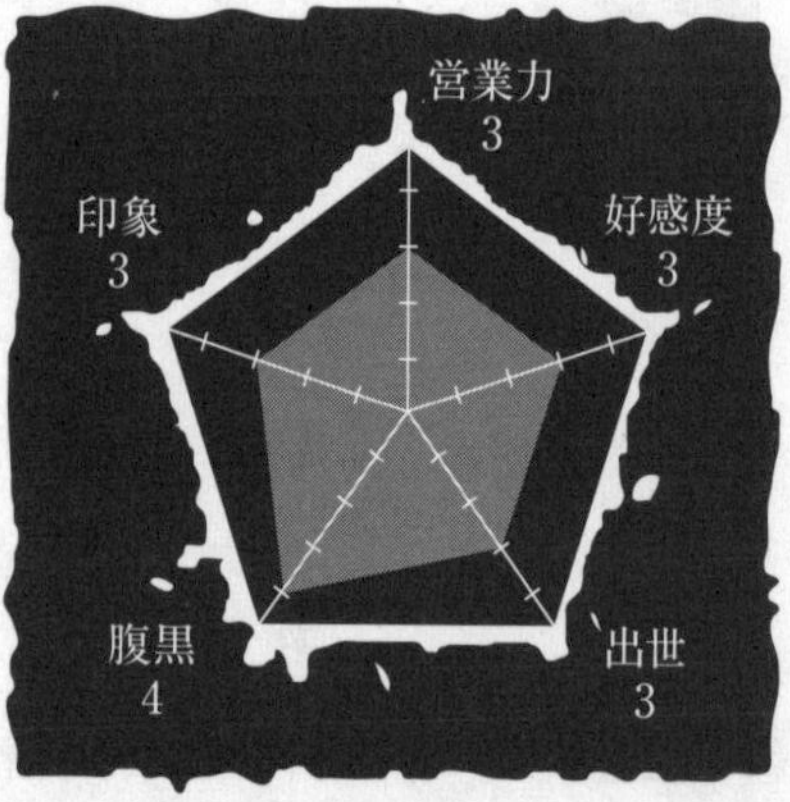

上分泌すると暴走を始めることだ。

怒りがある臨界点を超えると、周囲はもとより本人にも歯止めが効かなくなり、見境がなくなってぶちキレてしまうのだ。

そんな暴走列車のような相手を止めるのは簡単じゃない。とにかく放っておくのが一番なのだが、他にも方法がないではない。

それが、鏡を見せるということだ。鏡というのは自分を客観視させる一番のツールである。自分がどれだけ醜く怒っているかを見れば、ハッと目が覚めることもあるだろう。

会議室や応接室に鏡を置き、怒っている人にそれとなく見せると、相手は我に返って落ち着いてくれたりもする。

もし会社で顧客などが怒り出したら、「口元に何かついてますよ」などと何かしらの口実をつけて相手に鏡を見せ、怒り心頭に発している自分の顔を見てもらうといい。自分のとり乱した姿に恥じらいを感じて、そそくさと帰ってくれるはずだ。

悪魔の格言

鏡で自分を客観視させて落ち着くのを待て

COLUMN

ワンポイント

メディアの印象操作テクニック

心理学や裁判の世界では「ワーディング」という手法が、データをとる際に有用でないということになっている。一番とりたいアンケート内容をとる前に、同じ主題のネガティブまたはポジティブなアンケートをとって結果を誘導するというものだ。

例えば、「首相のいいところを教えてください」というアンケートをとったあとに、「今の首相を支持しますか？」と聞けば、支持率が高くとれ、「今の内閣の問題点は何でしょう？」と聞いたあとだと低い支持率へと誘導できる。

この方法を使うと、よくある「当社調べ」も説得力がないものとなる。公でも民でも、いわゆる新聞やテレビにはワーディングを使ってはいけないというルールはない。それ故に自社の都合や社内の風潮でいくらでも優位なデータをとることができてしまう。

いくら大手のメディアだろうと同じことである。「当社調べ」のデータであるなら、どういう内容のデータのとり方なのかを本当は知らせるべきである。アンケートのとり方によっては、明らかに答えを誘導している場合もあるかもしれない。特にメディアというのは、そもそも広告収入、スポンサーによって成立しているところがある。メディアの論理からすれば、スポンサーの意向にある程度従わなければならないのは当然のこととされる。それは民間企業でも公的企業でも同じだ。だから、メディアが完全に公正な報道をしているなどと、はなから信じてはならないのである。

深層心理を見破る心理テスト 印象テク編

Question 1

最近出会った新しい友人へのプレゼント用にバッグを買ってあげようと思います。何色のバッグを買いますか?

C ピンク／黄緑 パステルカラー	A 青 ブルー系
D 白／黒 モノトーン	B 深紅／深緑 あざやかな色

「人嫌い度」診断

新しくできた友人にあげるプレゼントの色は、あなたの人との関わり方を表します。バッグの色はあなたの人づきあいのレベルを表します。

A

人づきあいが苦手

ブルーは冷たさを表す。あなたは、あまり人づきあいが上手なタイプではないようだ。できればあまり人と関わらず、ひとりでいたいタイプかも。

B

好き嫌いがはっきり

コントラストのはっきりした色合いを好むあなたは、相性の良いタイプとはとても仲良くするが、嫌いだと思うと全く受けつけられなくなる。

C

つきあい上手

明るく淡い色を選んだあなたは、どんなタイプも受け入れる包容力のあるタイプ。どんな人からも愛される母性的なところがあるようだ。

D

一匹オオカミ系

完全な一匹オオカミタイプ。人づきあいどころか、どちらかといえば人が嫌いかもしれない。少しでもいいので、人と関わる努力をしよう。

Question 2

大きな屋敷の塀の前を歩いていると、1カ所だけ穴が開いていました。穴から見えるものは何ですか?

C 子どもの遊具	A お風呂
D 大きな池	B リビング

「図々しさ」診断

他人の家をのぞき見した時に見える風景は、その人の図々しさと油断を表します。

A

恥じらいなしのズカズカタイプ

お風呂をのぞこうとするあなたには、体裁など関係なしに人の中に入り込む図々しいところがある。悪のりには十分に気をつけよう。

B

生活レベルが知りたいタイプ

リビングをのぞこうとするあなたは、人の収入や仕事など生活レベルに興味がある。人の本質は収入や貯金だけではない。もう少し人情的になったほうがいいだろう。

C

普通

子どもの遊具をのぞくあなたは、面倒見のよい人情味溢れる人。ただし、なんでも気にしてあげちゃうので、時にやりすぎになることがるので注意しよう。

D

他人に興味なし

池に興味が向くあなたは、他人の私的なことにあまり興味がないようだ。むしろ自分の世界や、世の中の状況や指向に興味があるのかも。少しは周囲の人にも興味を持とう。

深層心理を見破る心理テスト 印象テク編

Question 3

学校を転校して、クラスの派閥がわかってきたあなた。どこの派閥に属するかで学校生活が変わります。どの派閥に属しますか?

C 勉強が得意なグループ	A おとなしいグループ
D 元気のいいグループ	B みんなと上手につきあう

「自己中心度」診断

新しい環境で自分をどう演出するかというのは、自分の他者に対する主張の度合いを表します。つまり、どれだけ自己中心的かがわかります。

A

気遣い上手

おとなしいグループとつきあうあなたは、まったく自己主張するタイプではない。逆に人に気遣うのが上手な温厚な性格だが、もう少し自己主張してもいいかも。

B

やや自己中心的

いろんな人とつきあうあなたは、自覚はないようだが、割と自己中心的。いろんな人と関わり合いを持ち、自分の能力を発揮しようと試みている。

C

きっちりタイプ

勉強が得意なグループに属そうとする人は、特に自己主張が強いわけではないが、理不尽だと思うときっちり理屈づけて反論するタイプ。

D

とても自己中心的

快活なグループとつきあうあなたは、かなりの自己中心型。自分がやりたいと思ったことは頑として通す「わがまま代表」だ。

第7章

1のものを100に見せる錯覚心理学

仕事の達成率を低く伝えて上司からの評価を上げる

TRICKキーワード

アンカリング効果

人は意思決定をする際、内容よりも数字を優先させやすい。そして、最初に見た数字を、無意識的にその後の意思決定の基準にする傾向があるのだ。これは、心理学では『アンカリング効果』と呼ばれている。『アンカリング効果』を示すこんな研究結果がある。ある教授が、別々のクラスの学生に対して、それぞれ以下の2つの質問を投げかけた。

これができればあなたは…

賢い奴

最初の数字に騙されず物事の本質を見極めよ！

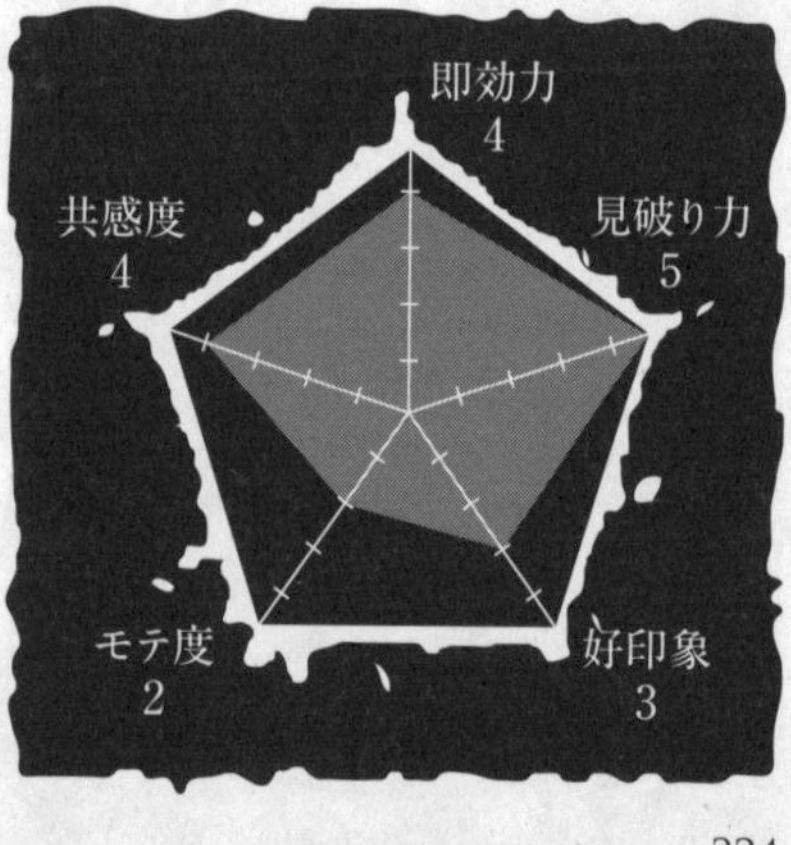

【Aクラスへの質問】学食の値上げに反対する生徒は全校生徒の80％よりも多いか少ないか？　実際には何％だと思うか。
【Bクラスへの質問】学食の値上げに反対する生徒は全校生徒の30％よりも多いか少ないか？　実際には何％だと思うか。

その結果、Aクラスの学生が答えた数字の平均値は90％、Bクラスの平均は25％だったという。
Aクラスの人は、質問の「80％」という数字に、なんとなく多くの人が反対しているのだなと考え、それに近い数字を出している。一方、Bクラスの人は質問の「30％」に誘導され、同じように低い数字を出している。つまり、それぞれのクラスの生徒は、知らず知らずのうちに設問中の数字を基準にし、思考がそれに誘導されたのだ。例えば、上司に大きな仕事を任され途中経過を報告する際、「大丈夫です、任せてください」というのも手だが、成功の見込みが見えているときには、「まだ自信は30％ぐらいですが、精一杯がんばります」などと返そう。その後に予定通りきちんと成功させれば、上司は30％を100％にしたデキるヤツとしてあなたを高く評価するだろう。

悪魔の格言
人間を思考停止に追い込む数字の魔力を使いこなそう

値段の端数を8にすればお得品だと思わせられる

TRICKキーワード
端数価格効果

「なんと2万円を切って1万9800円！」

テレビの深夜番組で、司会者が大声でこんなセリフを張り上げると、観客からは決まってワーッという歓声が上がる。通販番組だけでなく、コンビニやスーパーなど、世の中には価格の端数が「8」の商品があふれている。「8は末広がりで縁起がいい」という理由もあるが、実は、この末尾「8」には消費者に値頃感やお買い得感

これができればあなたは…

賢い奴

消費者も気づいているのにやっぱり引っかかる!?

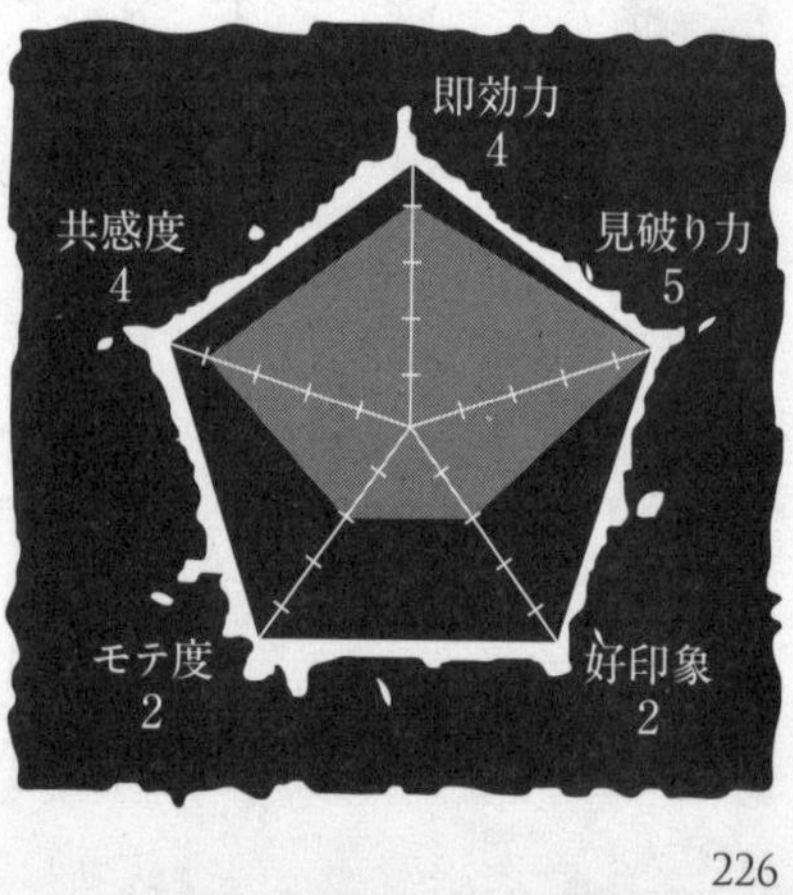

を与え、購買意欲を刺激する心理的効果があるのだ。

アメリカの研究者が行ったおもしろい実験がある。通信販売でドレスの価格調査をしたところ、通常34ドルのドレスを39ドルに値上げして販売したほうが、注文数が3倍以上に増えたというのだ。日本でいう端数「8」は、アメリカでは「9」。この実験でわかったことは、人は、価格の安さよりも「お得感」のほうにつられる傾向があるということだ。言い換えれば、端数「8」や「9」の商品はぼったくられている可能性が否めないということ。

また、この端数トリックは、端数にするだけで無意識のうちに消費者に売る企業・商店のいいイメージを植えつけているのだ。例えば、本来１５００円の商品を１９８０円で売るとする。消費者はまさか値上げされているとは思わず、２０００円の商品が値引きされていると思い込む。つまり、企業側ができるだけ安く商品を提供する努力をしていると消費者は勘違いし、「安くてハッピー、しかもいい企業ね！」となるわけだ。たとえ戦略とうすうす気づいていても、消費者はなぜか「8」に引かれてしまう。それだけ人は「お得」に弱いということだ。

悪魔の格言

端数「8」の商品は割り引きではなく値上げされていると思え

……ン1gより1000mg！ ……デカいと量が多く見える

……RICKキーワード　単位変換

栄養ドリンクや健康食品などでよく見かける「○○1000mg配合！」の記述。学生時代に習った単位を思いだしてみると「1000mg＝1gでは？」と感じることがあるが、実際「ビタミンC1g配合」と「タウリン、ビタミンC1000mg配合」と記載されているパッケージを見たとき、どちらの商品を手にとるだろうか。

1桁と4桁の2つの数字を見たとき、人は、桁

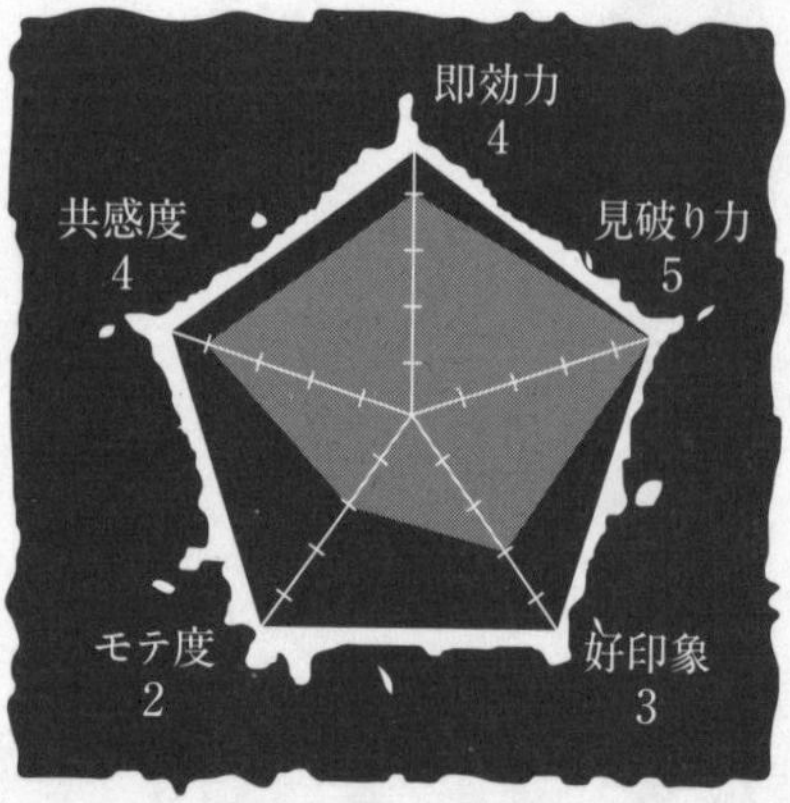

これができればあなたは…

賢い奴

1万円と10000円、どっちが多く見えますか？

数が多いものほど「大きい数字」と認識する。「g」か「mg」を意識する前に数字のほうに目がいくために、ほとんどの人が「1000mg」配合のほうに手を伸ばすはずだ。

また、桁数の多い細かい数字が使われる裏には、メーカー側のこんな心理作戦もある。「我が社は非常に細かい分量の成分を正確に調合。配合できる。だから我が社の製品は安全で安心して服用いただけるはず。買ってね」というわけだ。桁の大きな数字を見たら、1を1000だとごまかされていると疑ってかかって間違いはないだろう。

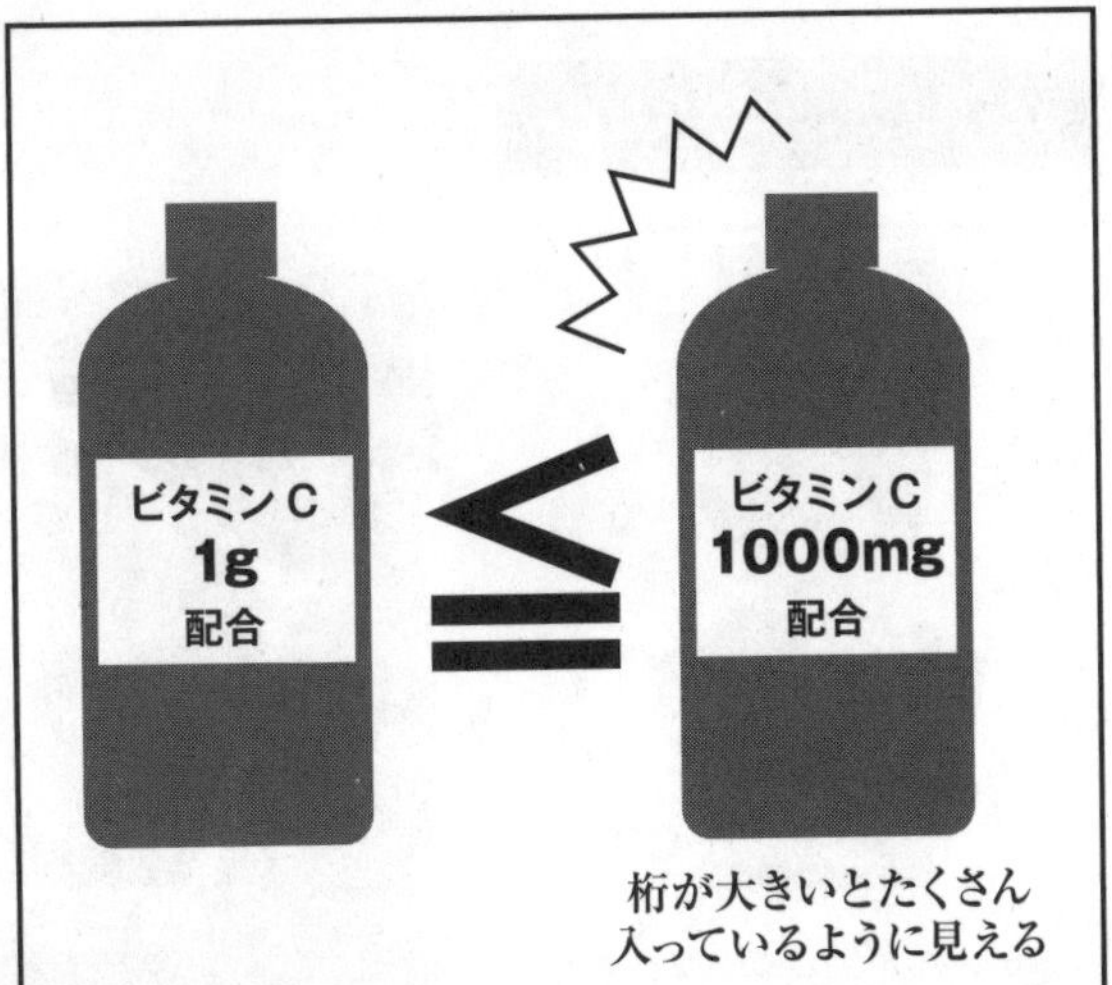

悪魔の格言

デカい数字が書かれた商品は、実際は「大したことない」可能性大

商品は何かで例えると実物以上の良い物に見える

TRICKキーワード 比喩表現

モノがあり余るこの世の中。自分の会社の商品と同じような商品を作っている会社はゴロゴロある。そんな中から「ウチの商品」を消費者や営業先に選ばせるには、それなりの営業スキルが必要だ。でも実は、商品を説明する際に、ちょっとした比喩を使うだけで、自社製品に付加価値をつけ、「この世にたったひとつの物」にすることができる。

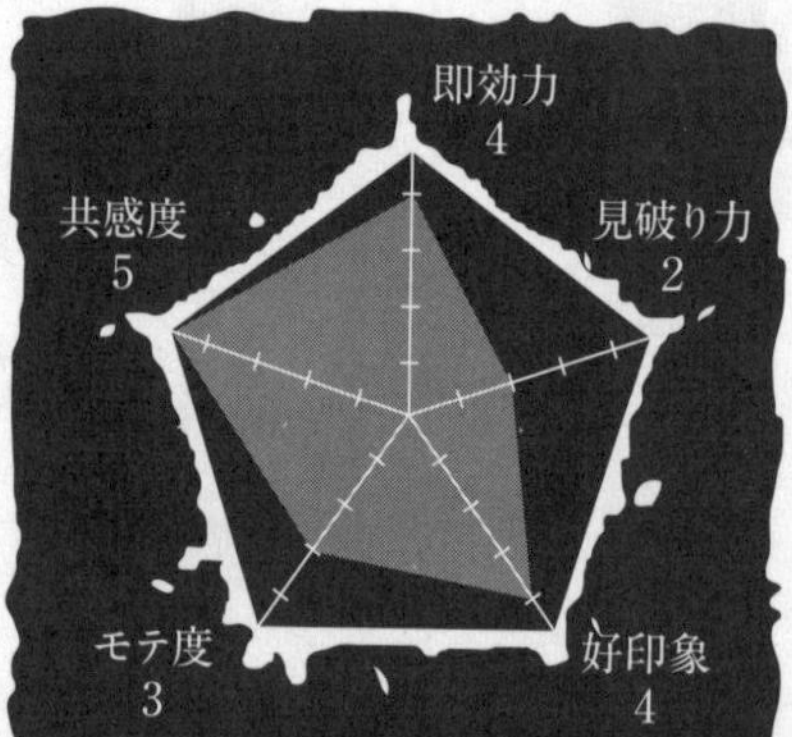

これができればあなたは…

デキる奴！

例え話ができるかが売れる商品への分かれ道営

ある製紙メーカーの営業マンが営業先の相手からよく聞かれることがあったそうだ。

「量販店で売ってるのと同じでしょ？　どうしてあなたのところから買わなければならんの？」　相手のいうことも一理ある。確かに、今どきどんな紙でもお店で買える。しかし、営業マンとしてそのまま引き下がるわけにはいかない。そんなとき、彼はこう答えたそうだ。

「だって、薬局で買える薬と、医師が処方する薬は違いますよね？　確かに紙もどこでも買えるでしょう。しかし弊社の紙は、きちんとオススメさせていただきたい相手さんにしかお売りしていないものなのです」

こう答えると、営業先の相手は、ああそうか、市販の物よりも特別なのか、と思うと同時に、「プロ意識」をくすぐられる。そうなると、「じゃぁ、もっと話を聞かせてくれよ」と俄然商品に興味を示すのだ。別の例でいえば、「この商品はいわば、店頭には並ばない宝飾品と一緒で……」でも良い。

このように、わかりやすく、かつ特別感をあおるような『比喩表現』を使うと、相手は無意識のうちに、提示された商品以上の価値をその商品に抱きはじめるものなのである。

悪魔の格言

営業マンには、つまり何？　例えばどういうこと？　をぶつけて話を短縮させろ

偉い人の言葉を使えば簡単に上司を出し抜ける

TRICKキーワード 権威づけ

自信のある新商品のプレゼンテーションのとき、取り引き先の部長が首を縦に振らない。そんなときは「東大の○○教授の研究結果からこのような商品のニーズがあると思われます」といってみよう。部長も急に耳を傾けはじめる。

人は「権威」や「専門家」の意見を素直に信じてしまう傾向がある。東大教授などの専門家や芸能人・タレントなどの有名人、社会的地位

これができればあなたは…

賢い奴

普段から説得力のある偉い人の言葉を集めよう

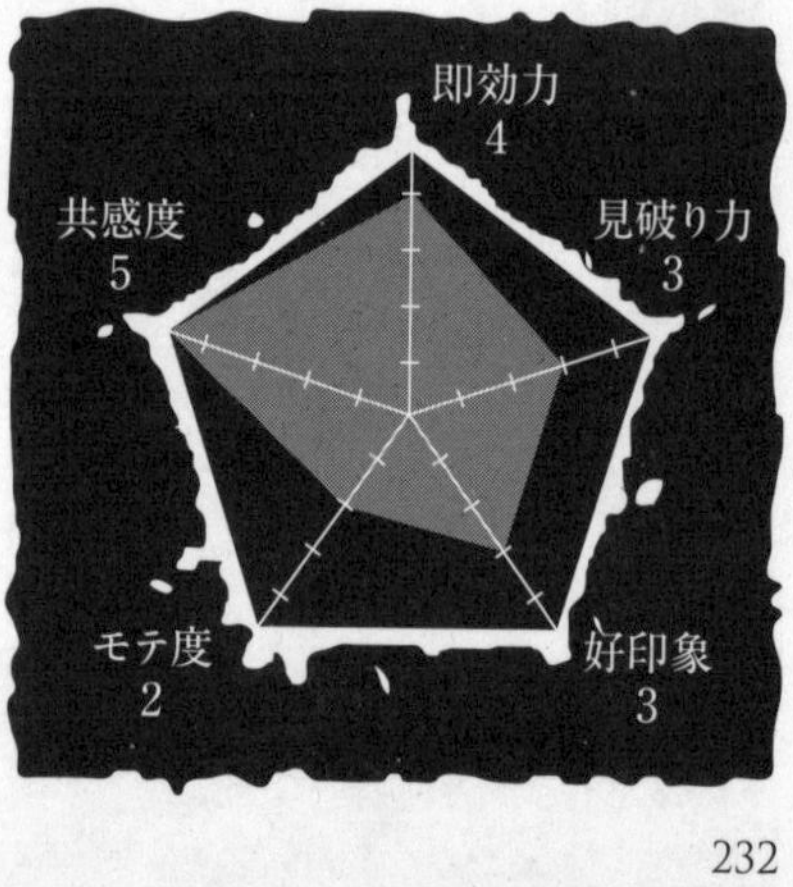

がある人たちの言葉を信用してしまうのだ。情報の発信者がその手の専門家であれば情報の信用度もアップ。「専門家の○○さんが」とつけ加えるだけで、相手はあなたの発言を専門家の発言であるかのように受けとってしまうのだ。

例えば、テレビの防犯特集の特番で解説者として登場するのが元警視庁の○○さんや元空き巣犯の○○さんなど専門家たちだ。元刑事さんの言葉の説得力はあるかもしれないが、元犯罪者の言葉でも妙に視聴者は納得してしまう。持ち出す人物は、相手が尊敬している人物ほど聞き手の関心は高まるだろう。

○○教授も
勧めてました
そうそう、
話題だよな
ドリンク

悪魔の格言

お偉いさんを丸め込むには、さらに上をいくお偉いさんの言葉をメモっておくべし！

美女を同行させればバカでもエリートに見える

TRICKキーワード
後光効果

少々悔しいが、ことビジネスにおいても美女やイケメンはやはり得をするものだ。容姿端麗というだけでなぜか優秀な人材に見えてしまう。これを心理学では『後光効果』と呼ぶ。ある特定項目が際立っているとほかの項目も高評価してしまうもので、後光が仏像を引き立てているのに見立ててこう呼ばれている。

ビジネスにおいても、この『後光効果』の恩

これができればあなたは…

デキる奴！

異性の美男美女を連れ歩くのが最大のポイント

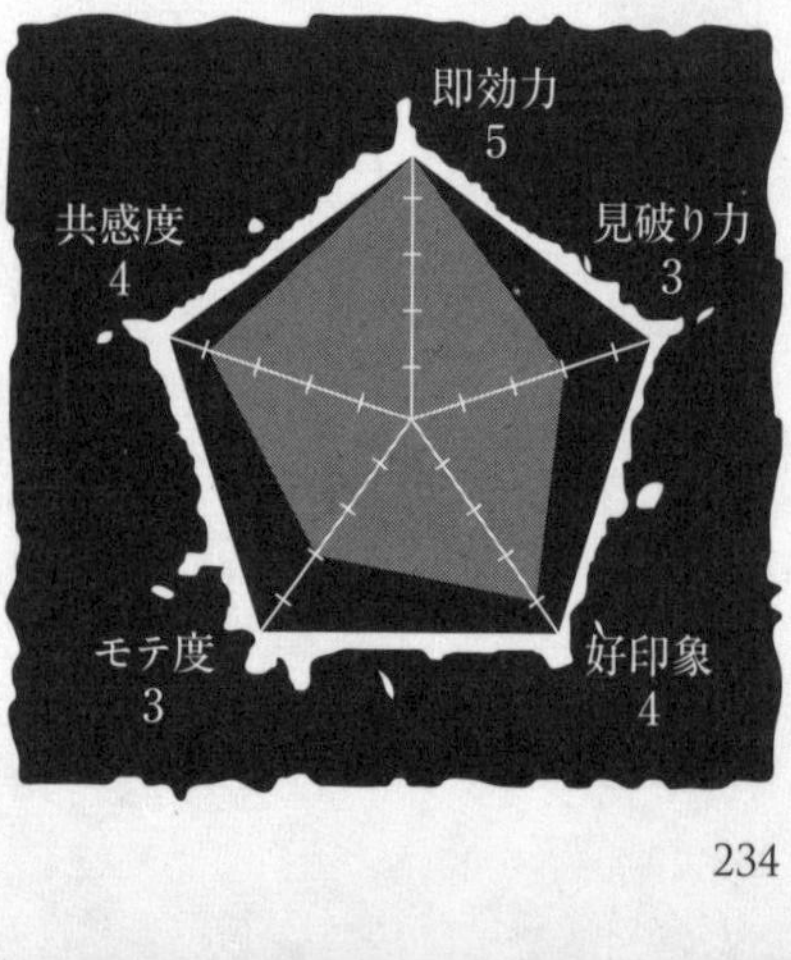

恵に浴びることができる。美男美女が周りにいると、共に行動していると、その人たちも優秀だと見られることが多くなるのだ。例えば美人の部下を連れて歩いている男性を見たら、人は「こんなに美人の（デキる）部下を持っているのだから、さぞデキる人なのだろう」と思いがちなのだ。このときのポイントは異性の美男美女を連れていること。同性の場合、あなた自身が部下の引き立て役になってしまい後光効果が薄れてしまう。まとめたい商談があるときはあなたが男性なら美女の部下を、女性ならイケメンの部下を連れて行くようにしよう。

悪魔の格言

美男美女とうまくつきあって、その効果をうまく利用すべし！

強気、仕事ができるやつ
でも
本当は弱気、
顔もそこそこ
仕事もそこそこ

身体を大きく見せれば「デキるヤツ」に見える

TRICKキーワード
高身長

女性は体重を気にし、男性は身長を気にすることが多い。「あと5センチ高かったら女性にもモテて、人生がハッピーになっていたのに」なんて嘆く男性諸君も少なくないだろう。

これは意外に的を得ている。人間は身体の大きな人や背の高い人を「高い能力がある」とみなす傾向がある。

アメリカのある大学で同じ人を職業だけ変え

これができればあなたは…

なんか気になる奴

体重は関係ない！　あくまでも高身長が重要だ!!

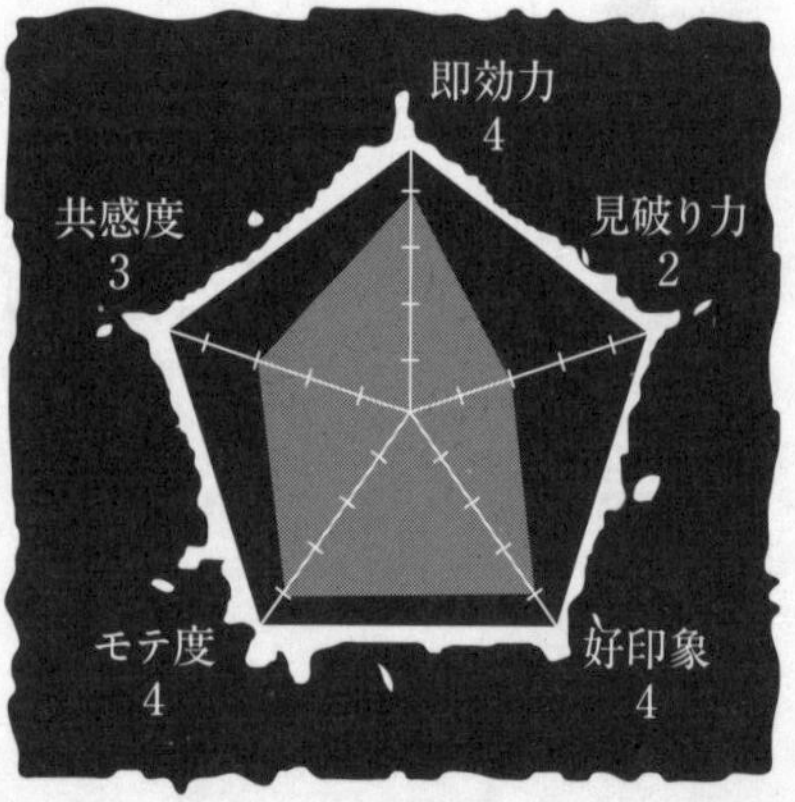

て身長を推測してもらうという実験を行った。1つ目のグループには学生、2つ目には医者、3つ目には大学教授だと紹介した。すると、医者や大学教授と聞かされたグループのほうが実際よりも高い身長だと予想したのだ。社会的地位が高いほど身長も高いと感じてしまい、背の高さがその人物のイメージを左右していることを証明した一例だ。社会的地位が高い人をデキる人だとすると、私たちは潜在意識の中で能力の高い人ほど高身長というイメージを持っていることになる。

オーストラリア国立大学とシドニー大学の共同研究では、身長と収入の相互関係を明らかにした。それによると、平均身長より5センチ高いと年収が約9万円アップするというのだ。「身長が5センチ高くなることで得られる賃金の上昇は仕事のキャリア約1年分と同じ」とも伝えている。

社会人として高身長が能力が上とみなされるのならばシークレットブーツや厚底のブーツで身長を高く見せるのも効果的といえそうだ。背の高い人は学生のとき分から目立ち、注目を浴びることが多いうえ、社会に出ても出世しやすいという側面がある。背筋を伸ばし、正しい姿勢で少しでも背を大きく見せたいものだ。

悪魔の格言

シークレットブーツや厚底で高身長化して、出世街道まっしぐら!?

黄色いネクタイを着用すれば相手が秘密を話す

TRICKキーワード

黄色の効用

仕事相手とスムーズな会話を交わせない人も多いはず。そんなときは黄色を身につけてみると良い。黄色は、相手に割安感をあたえ、身近で親近感を感じさせるコミュニケーションカラーと呼ばれている。スーパーの折り込みチラシやPOPに黄色が多いのもうなずける。さらに自分の感情を素直に伝えようとするのを手助けしてくれる効果もある。黄色い物を身につけている

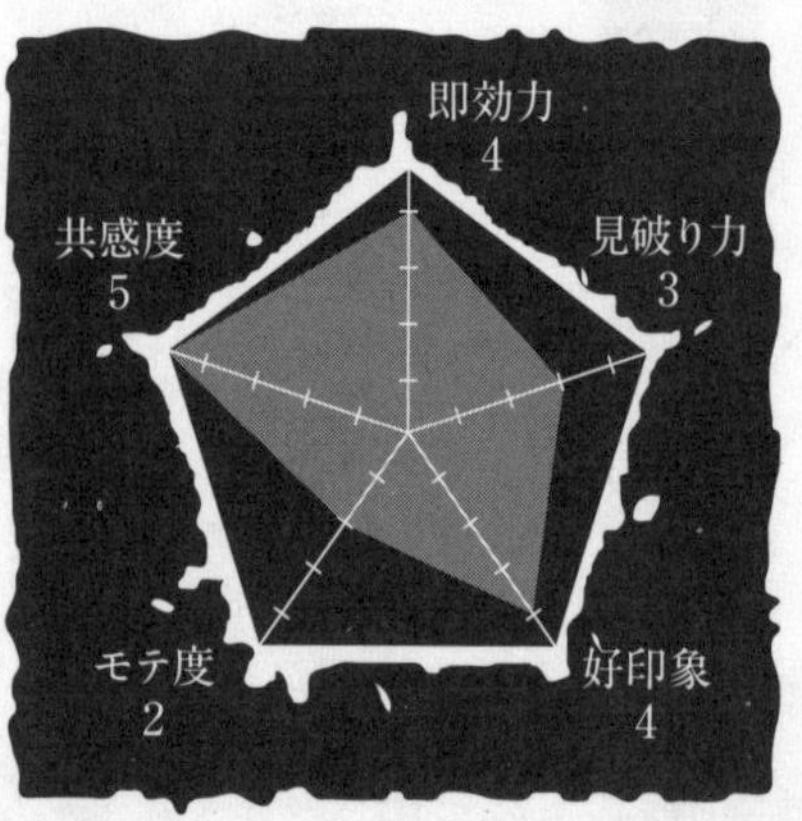

これができればあなたは…

なんか気になる奴

黄色を身につけて開放的で明るい気分にさせよう

と気分が開放的になり、自然にコミュニケーションをとることができるのだ。

周囲に与える影響も大きく、相手もポジティブかつ明るく陽気に話しかけてくれるだろう。自分も相手も積極的にさせ、口を軽くさせる効果もある。

男性の場合は黄色いネクタイ、女性の場合はブラウスやニットなどに黄色をとり入れるのがオススメ。服装だけでなく小物でも有効なので、ハンカチや筆記用具、手帳などを黄色にして見えるところにそっと置いておけば、その場が明るくなり会話が弾むことだろう。

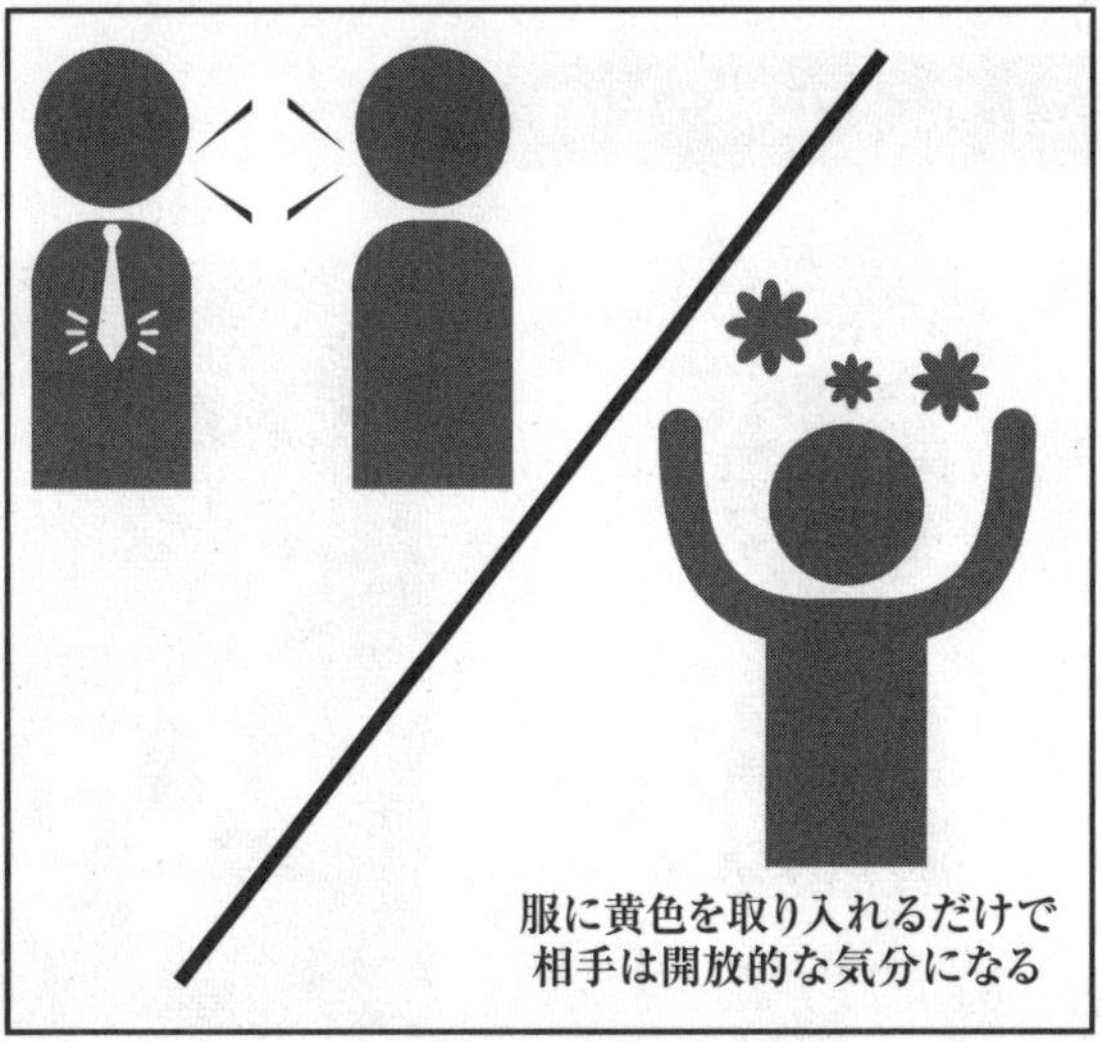

服に黄色を取り入れるだけで
相手は開放的な気分になる

悪魔の格言

コミュニケーションカラーを活かして淀みない交流を!!

グレーの服を着れば相手の苛立ちを静められる

TRICKキーワード

グレーの効用

テレビでの謝罪会見でフラッシュがたかれる中、深々とお辞儀している人物。注目してみると、グレーのスーツもしくはグレーのネクタイをして謝罪していることが圧倒的に多いことに気づく。色彩心理学では、グレーは人に警戒心を抱かせず、穏やかな印象を与え、周囲を引き立てる効果があるといわれている。これを応用すれば、ビジネスや恋愛の場での人間関係をスム

これができればあなたは…

グレーは害のない人だと思わせられる

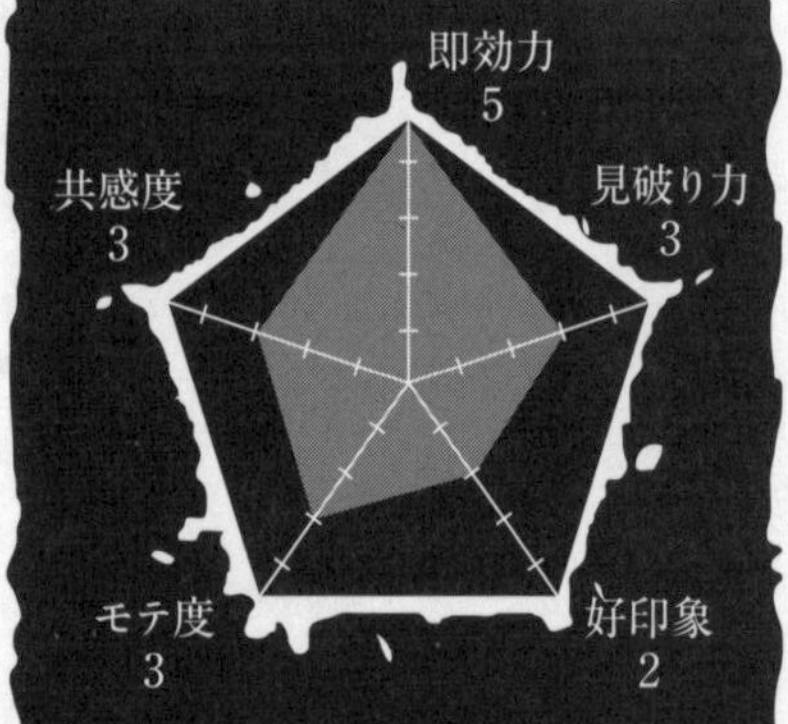

ーズに維持することができるのである。

例えば、久々のデートで彼女との待ち合わせに遅刻してしまったとする。そんなとき、偶然赤系の洋服を着ていようものなら火に油を注いでいるようなもの。赤は人目を引いて見るものを刺激する効果があるからだ。一方グレーのシャツを着ていたとすると「あなたの話を真剣に聞いています」という印象を与える効果があり、恋人の苛立ちを抑え、喧嘩腰の態度を柔和させる効果が期待できる。

ビジネスシーンでもグレーの効果を使用することができる。例えばスーツとネクタイの色。周囲を引き立てるグレーのスーツは着こなすとオシャレに見え、合わせる色で印象がかなり異なる。ピンクのネクタイと合わせると優しい印象を与え、年長者に可愛がられる組み合わせになる。さらにグレーのネクタイで柄ものを組み合わせることでオシャレ度がアップするうえ、主張する色が消えるので発言を避けたい会議などでは有効だ。

つまり、無難にいきたい、目立ちたくないと思ったときには、グレーほど適した色はないのだ。

悪魔の格言

周囲を引き立て自分は埋もれるグレーは、謝罪の必須ツール!!

相手から見て右側に陣取ればすごいヤツだと思われる

TRICKキーワード
視的文法

ビジネス会議や食事会、合コンなどの席順を選択する際、上下左右を意識している人かどれくらいいるだろうか。人間がものを見る場合、ある法則が存在する。人は、自分から見て左側より右側に見えるもののほうが、また下より上に見えるもののほうが「優位」に感じるというものだ。左の図だと、頭上に星マークがある人物のほうがない人物よりエラく見られているの

これができればあなたは…

デキる奴！

右側を気にする奴には要注意！　その上を行け!!

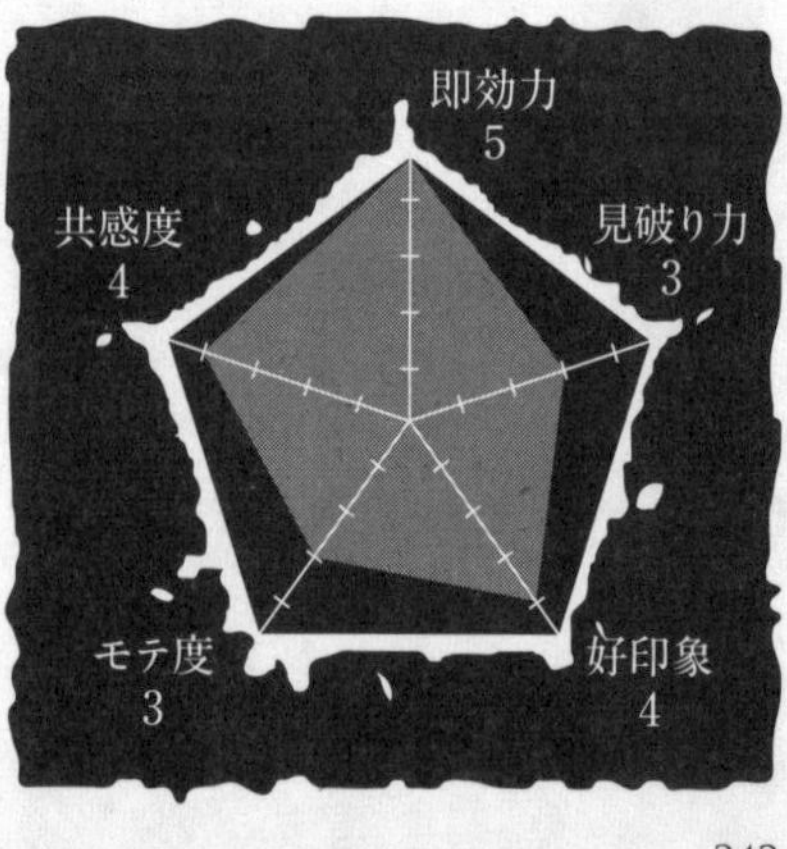

である。これは『視的文法』と呼ばれ、利用した配置はさまざまなシーンで見られる。

代表的な例として舞台の花道が挙げられる。歌舞伎座や国立劇場などの花道は、すべてが左から右へと引いてある。物語の山場に合わせて左から右へ移っていくことで人々に注目させ、緊張感、興奮感をあおっている。テレビの中でも顕著で、お笑いコンビではボケが左でツッコミが右の場合が多いのも同様だ。

このように、視線で心理的アドバンテージを握ることで、社会でライバルより良い人生を送ることが可能なのだ。

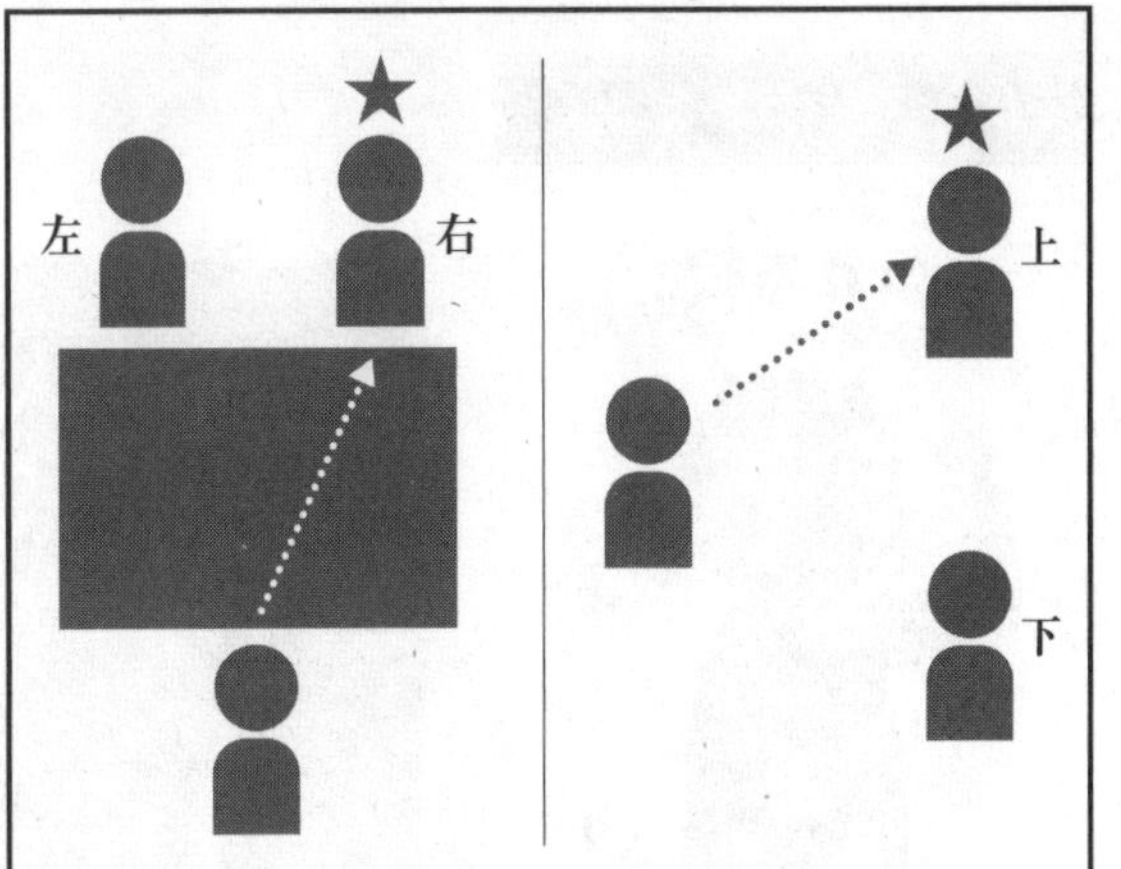

人は向かい合って右側、
目線が自分より上の人に好感を持つ

悪魔の格言

常に相手の右側をとれ！　心理的優位はアナタのもの!!

会話に詰まったら間をとれば話がうまい人と思われる

TRICKキーワード
間の心理効果

重要なプレゼンや会議になればなるほど、緊張して言葉がつまったり変な間ができてしまったりするものだ。ビジネスシーンのみならず、人前で話す機会は人生で少なくない。結婚式のスピーチしかり、ミーティングの発言もしかり……。人前であがってしまうのをコンプレックスに思う人は多い。

学生時代を思い出してみてほしい。授業中、

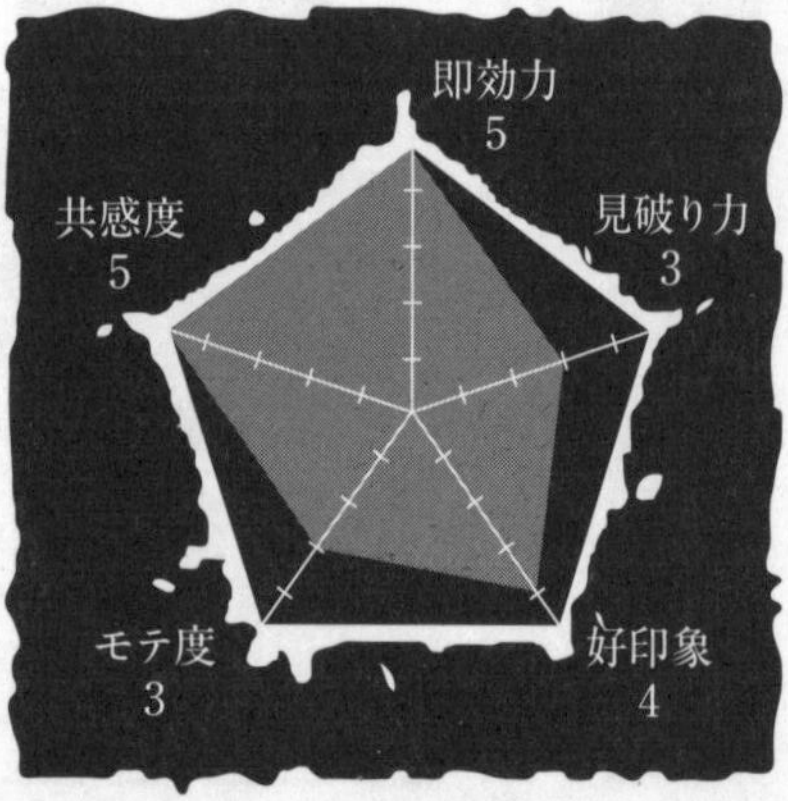

これができればあなたは…

心の中で「ですよね」とつぶやくと簡単だ

黙々と授業を進めていた先生が急に沈黙して、それに注目するように生徒たちも静かになっていた覚えはないだろうか。この沈黙こそがキーポイント。話すはずの人が突然、沈黙すると聞き手は無意識に発言者に注目するという心理効果がある。今まで嫌っていた「間」が発言者の大きな武器になるのだ。話の途中で沈黙してしまうと「しまった、気まずい」と思ってしまうものだが、このときこそマイナスをプラスに変えるチャンス。「しまった」という表情を出さずに、心を落ち着かせて話を再開しよう。すると聞き手側は、「間」を新しい話題を展開するための重要な合図と受けとり、しっかり聞こうという心の準備をしはじめるのだ。1秒の間には意味を区切る、息継ぎなどの意味があり、2秒は話の転換・展開や強調したい語句をはさむときに、3秒の長い間は反応の確認や期待をもたせる間として認識される。また、話に緩急をつけると聞き手は話し手を知的で魅力的なんだと思い、話している内容もいい印象に感じる。話上手な人の話を聞いていると適した箇所で間をとり、要点を強調してテンポよく話を進めている。聞き手の心理を巧みに操れる「間のとり方」はぜひとも習得したいテクニックだ。心の中で「ですよね」とつぶやくと簡単だ。

悪魔の格言

3秒くらいは大丈夫！聞き手の注目を一身に集めろ!!

大きなウソは小さなウソを重ねればバレない

TRICKキーワード　ウソ

仕事や恋愛で、細かいことを気にしすぎるあまり大きなことを見逃してしまうことはないだろうか。小さなことは目につきやすく、よく見える場所にあるので発見しやすいが、大きな物事は視野を広げなくてはならず発見しにくい。それで物事の本質を見失ってしまっては「木を見て森を見ず」状態だ。

例えば、ライブなどはほとんどの場合、撮影

これができればあなたは…

賢い奴

人にウソをつくときは知恵を使うのも大切

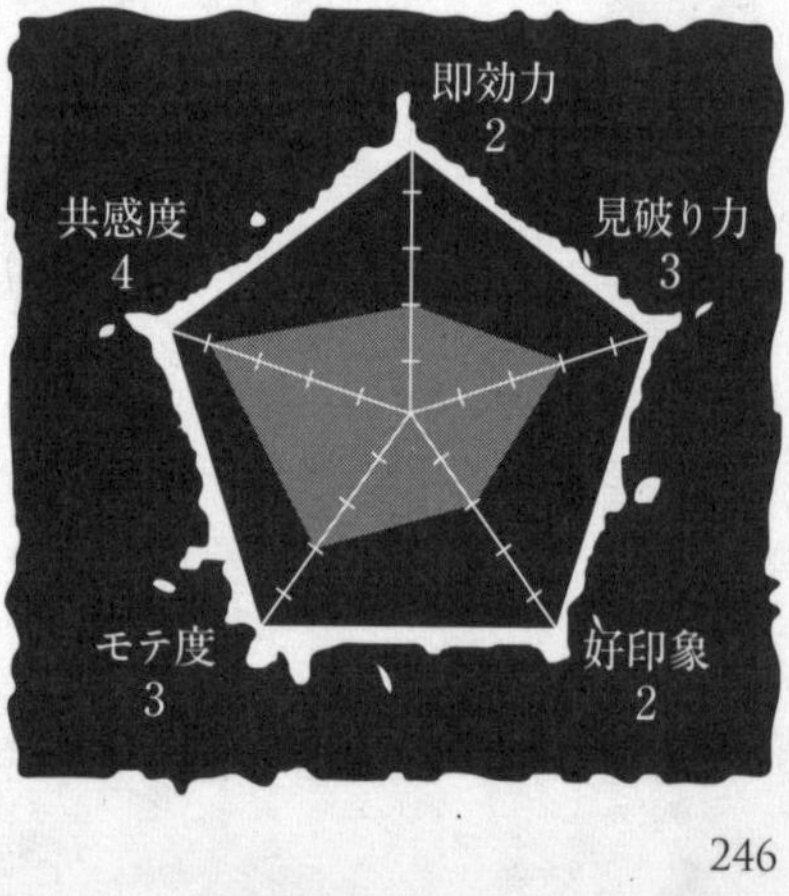

機材の持ち込みは禁止されているが、見える場所にデジタルカメラを持っていれば、それをとられることはあっても別の携帯カメラが見つかる可能性は低くなる。この場合、「撮影機材の持ち込み」という大きなウソを通すために、意図的に「デジタルカメラを目のつくところに持っていく」という小さなウソを見せている。この小さなウソで、相手の目をくらませることに成功したのだ。

人は見えるものしか意識することができない。その見えるものの印象を強くすることによって、本来なら見える大きなものも隠すことができるというわけだ。

解散総選挙を例に挙げるとわかりやすい。「郵政民営化」や「政権交代」という一面に注目しすぎるあまり、「政治」という大きなものから目をそらせている。「事業仕分け」というひとつの政策を報道していたが、実際は事業仕分けで予算が決まるわけではないという事実の報道は極めて少なかったりもする。目先のテーマに目を奪われて、すべてが正しい方向に流れていくだろうという思い込みが産んだ結果といえるだろう。小さなウソはすぐにバレるが、目先のことに注目させるか、させないかで、大きなウソが通る可能性大。

悪魔の格言

注目と思い込みで大きなウソは素通りする!!

褒めるときは倒置法を使うと社交辞令だとバレない

TRICKキーワード

倒置法、反復法

キラキラとした眼差しで発言者の話を一生懸命聞き、終わったら興奮気味に「いいお話でした、本当に!!」といわれたら、誰しも悪い気はしないだろう。むしろ、その聞いてくれた相手に好印象を抱く。こういったリアクションの言葉で気を配りたいのが文法である。

「本当にいいお話でした！」

「いいお話でした、本当に！」

これができればあなたは…

やりすぎて白々しくならないように注意が必要!!

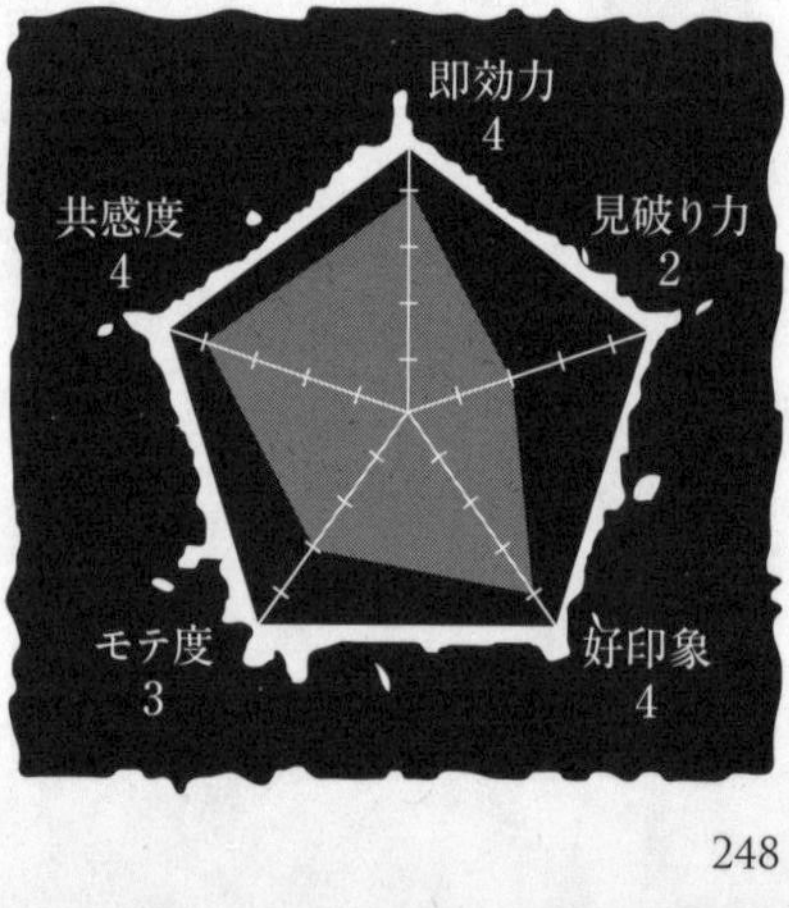

悪魔の格言

オーバーな表現を駆使して相手を褒め殺せ!!

どちらがより感動を伝えられるかというと、おそらく後者だろう。はじめの文は、文法に忠実で、相手側からすると冷静さが感じとれる。2つ目は「本当に」が強調されて、「本当に感動してくれたのだ」と感じるはずだ。あえて文法を崩すことで感情表現が豊かになり、言葉の意味にインパクトが増す。

「素敵な時間でした。とても素敵な時間でした。とてもとても」

「尊敬です。大変尊敬します。勉強熱心なんですね」

これらは、国語の文法でいうところの「倒置法」や「反復法」と呼ばれるものを利用している。文字に表すとおかしいが、聞いている側の感覚に直接訴え、発言者の感情にリアリティが増し、気持ちがうまく相手に伝わるのだ。さらに行動や表情をそれらしくすれば、こちらの感情がより相手に伝わりやすくなる。目を輝かせたり、両まゆをあげたり、身ぶり手ぶりで訴えるのだ。これらが意識的にできれば、相手はいい気分になりその後の会話もうまく運ぶだろう。しかし、当然ながら、やりすぎるのはNG。感情表現ばかりで何をいっているかわからない場合は控えたほうが得策だ。

会話力に自信がないなら交渉は食事中に行え

TRICKキーワード

ランチョン・テクニック

書店のビジネス書の棚を見ると、いつでも会話術、交渉術に関する書籍の新刊が並んでいる。社会人に向けた「話し方教室」なるものも盛況らしい。ただし、コミュニケーション能力はその人の性格に基づくことが普通で、話をするのが苦手な人は一生苦手なままであることが多いのも事実。自分を変えるのは、やはり難しいのだ。

それならば、話をする「自分」ではなく、話を

これができればあなたは…

デキる奴！

食事の間は誰でも判断力が鈍り饒舌になるものだ

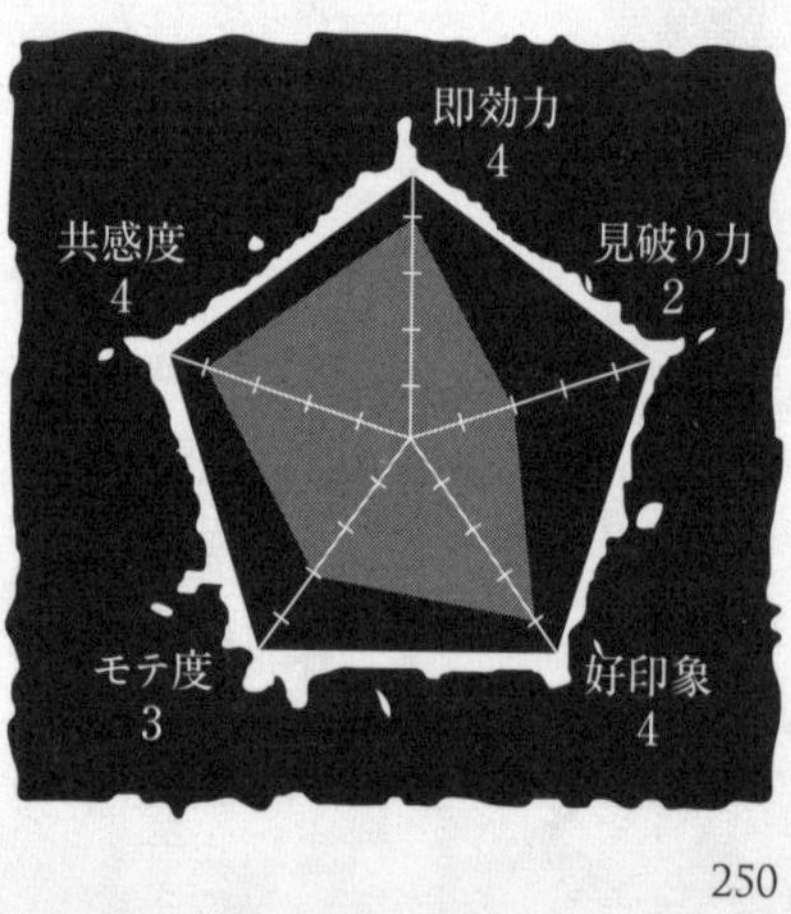

する「場所」を変えればいい。それが、食事の場である。

実は、アメリカの心理学者グレゴリー・ラズランの研究により、「食事の場で提示された意見は、好意的に受けとられる」ことがわかっているのだ。ラズランは、食事の前と後に、政治に関する意見を求めるという実験を行った。すると、食事以前と食事以後では、後者のほうで被験者が好意的意見を表明したのである。また、食事中に不快な臭いを流して同じ実験を行ったところ、被験者の政治的見解に関する好感度は低下したという。「食」は人間の三大快楽のひとつ。食事中は人間がもっとも「快さ」を感じている瞬間でもあるのだ。つまり「食の快楽」が話に結びつき、こちらの提案する話や条件にも好意的な印象を残すことができるのである。また、口を動かしている間は意識が散漫になることから、相手の判断力を鈍らせ、説得しやすい状態にしているとも考えられる。

もしもあなたが自分の会話力に自信がなく、説得しなければならない相手がいるのならば、思い切って相手を食事に誘ってみるといい。つたないプレゼン、荒唐無稽な提案でも、もしかしたら相手に受け入れてもらえるかもしれない。

悪魔の格言

食の快感を、話の快感へと変換しろ！

あなたの本性がわかる心理テスト

自分のスキルや実力を
見誤ってないか!?
錯覚なし! 本当の自分を知る!

Question 1

初対面の人と本の話題で盛り上がりました。本を1冊だけ貸してほしいといわれたら、あなたはどれを貸しますか？

C 週刊誌	A お気に入りの本
D 辞書	B 未読の新刊本

「嘘つき人間」診断

本は秘密、真実の象徴。どんな本を選ぶかで、あなたが秘密や真実をどれだけ重んじるかがまるわかり！

A とっても一途な嘘つき

気に入った本を何度も読むタイプのあなたは、基本的には正直で、嘘をつくことも少ないタイプ。そして、周囲にバレバレな嘘でも、一途につき通そうとする。

B 嘘を操る嘘マスター⁉

知的好奇心が旺盛で、場の空気を読む能力に長けている。嘘をうまくついて、世の中を渡っていける人。相手と場所を選んで嘘を繰り出す姿は、嘘マスターのよう⁉

C その場限りの嘘つき

本に衝撃的な内容やスキャンダルを求めるあなたは、その場限りの嘘をつくタイプ。ところが、嘘を考えるのが苦手なので、生温かい目で見守ってもらえるラッキーなタイプ。

D 嘘を許せない正直者

人から受けたり与えたりする情報に嘘があってはいけないと考えるタイプ。嘘をついたほうがうまくいくときも決してポリシーを曲げないため、周囲に煙たがられることも。

Question 2

直感でお答えください。
パソコンの壁紙を変えることにしました。
あなたが選ぶのは次のうち、どれ？

C **ぽっちゃり**とした モデル	A 海外の **大自然**の風景
D **スリム**で スタイリッシュな モデル	B 毛むくじゃらの **動物**の集合体

「孤独度」診断

自分がよく目にする場所に置いておきたい光景には、あなたの心の孤独度が投影される。ひとりでいるときに無性に誰かに電話をかけたくなること、多くはないだろうか?

A 孤独感を感じない人

本当の友達、あるいは心をしっかり許せる相手が、いつでもどこかでスタンバイしていると感じている。その後ろ盾が、孤独とは無縁の存在。

B 常に人恋しいタイプ

あなたは自己愛が強く、愛されたい欲も強いので、常に人恋しいと感じてしまいがち。眠るよりもインターネットでもいいから交流していたい。そんな孤独な心の持ち主。

C 新しい環境に入りたての人

新しい環境に身を置きはじめたばかりの人が選ぶのがC。人間の丸みを見て、寂しい心をどうにかしようとしているのだ。孤独感を放っておくのはNG。

D 孤独感を崇拝するタイプ

孤独感を逆にクールでカッコイイと思っているタイプ。泥くさいつきあいはノーセンキュー。人づきあいから得られる感動などを欲すことなく、結果だけを追い求めがち。

Question 3

直感でお答えください。
携帯電話のケース、あなたはどんなものをつけていますか？

C 携帯電話と一緒についてきたもの	A キャラクターやブランドもの
D ケースには入れていない	B 自分でデコレーションしたもの

「洗脳されやすさ」診断

携帯電話は敬愛する対象を表し、その装飾品はハマり方や洗脳のされ方を表している。あなたの洗脳されやすさはいかほどか。

A 最強の洗脳人間

愛してやまない携帯に、さらに好きなキャラクターやブランドを重ねるあなたは、好きになったら一直線の洗脳されやすいタイプ。愛するもののためならお金も惜しまない。

B そこそこの洗脳人間

好みに携帯のケースも合わせて美的に表現するあなたは、自分の波長に合うものをよく知っているタイプ。自分と合うと確信すると、とことんまで洗脳されてしまう単細胞。

C ほとんど洗脳されない人間

つきあいで交流をしたり、趣味の物を買ってみたりはするものの、それに本気になることはまずない。会社などへの帰属意識も薄く、会社側は教育に苦労する。

D 洗脳される可能性ゼロ

必要最小限しか身に着けないという潔いあなた。洗脳しようとする側が困ってしまうほどのツワモノで、言葉をかけられても「だから何？」という姿勢をつらぬく。

第8章

自己暗示で勝ち組になる心理学

自信を持つことで運気は上げられる

TRICKキーワード 自信の効果

かのスティーブ・ジョブズ曰く、「他人の意見で自分の本当の心の声を消してはならない。自分の直感を信じる勇気を持ちなさい」。

自分のことを信じること、自信を持つことで能力は最大限に発揮され、物事を成功させていく力となる。自信がない状態ではうまくいくものもうまくいかなくなってしまうのだ。自信なんて水のごとく、生まれてもそのままでいれば

交渉力アップ

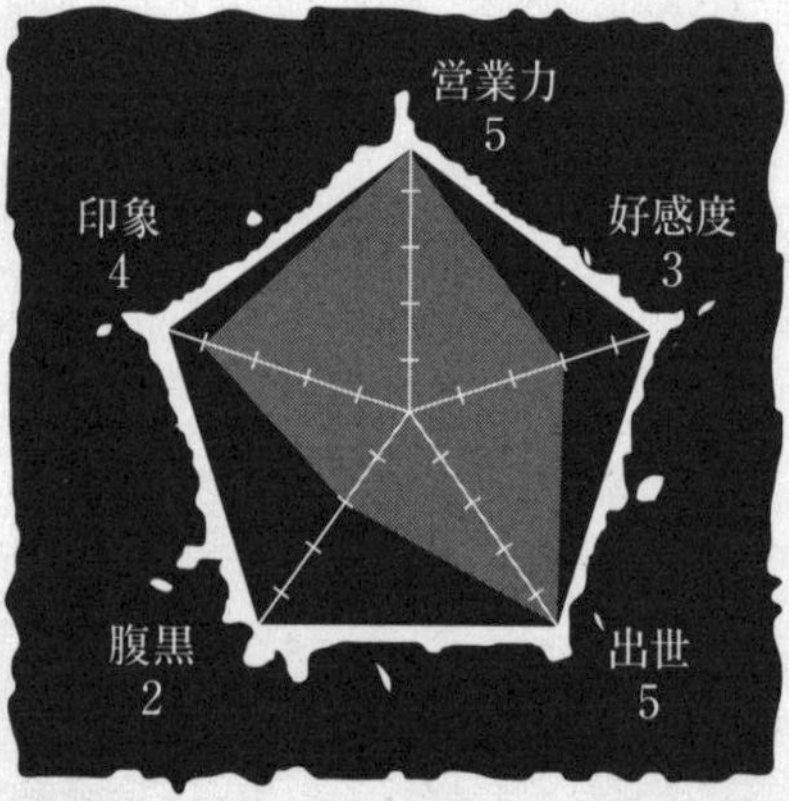

消えてしまうものだから、根拠なんてなくてもかまわないのだ。

では、どうすれば根拠のない自信をもてるのだろうか。そう、いっそのこと、「俺って、本当にサイコー！」という具合に、ただただ自惚れてしまえばいいのだ。

もしかしたらあなたは、過去に失敗したことで自信が持てなかったり、自分の容姿や性格が気に入らなくてうんざりしているかもしれない。あるいは、自分の能力のなさに嫌気がさしているかもしれない。

同じ物事や状況も、どういった観点から見るかでがらっと変わってしまう。過去にあった失敗は、これからの未来の成功のために必要な経験だったかもしれないし、自分が足りないと思っている部分が他人には意外とチャーミングに映っていることもあるかもしれない。

ご存知のようにネガティブな想いはさらなるネガティブな状況を引き寄せるし、あなた自身からも生命力を奪っていってしまう。ビジネスも同じだ。変に自分を矮小化せず、「単なる金儲け」ぐらいに割り切って、自信を持てばきっとうまくいくはずだ。

悪魔の格言

根拠なんかいらない！ とにかく自信を持て

心を強くするにはカラダを鍛えろ

TRICKキーワード　心身連動

続けようと思った英会話教室に通わなくなったり、マラソンは3日坊主、疲れてくるとすぐ人のせいにしたくなる。強い精神力を手に入れたいと思う場面は多いが、なかなかハードルは高いように見える。

そこで忘れてはいけないのが、心と身体は密接な関係にあるということ。「健全な精神は健全な肉体に宿る」というように、精神は精神、カ

出世間違いなし!

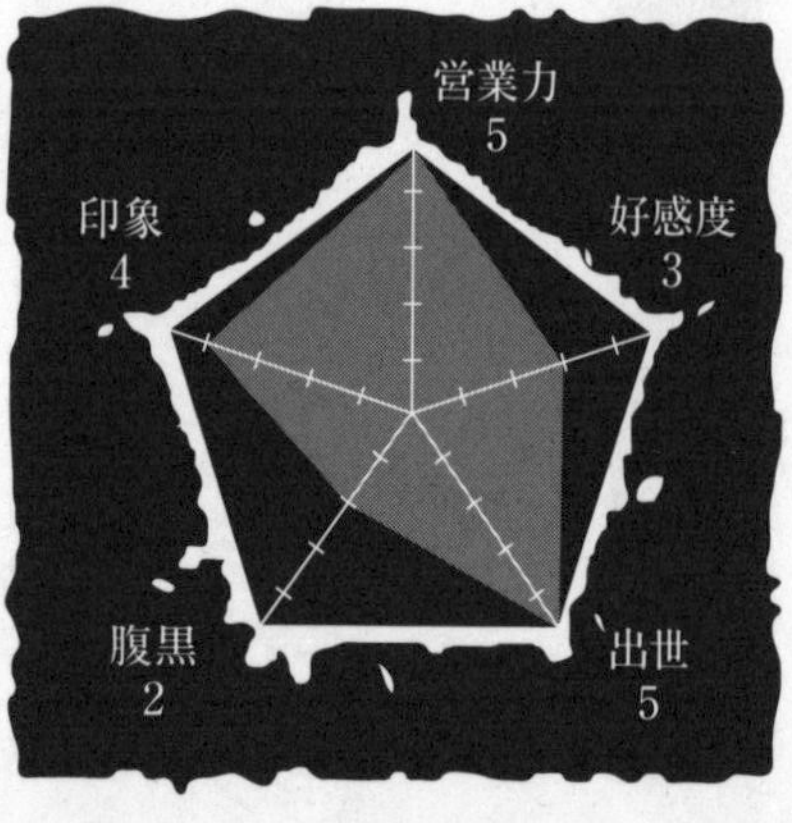

ラダはカラダと分けて考えることはできない。食事や睡眠が足りなければ、当然心身共に衰弱するし、ストレッチや運動を欠かせば、血液の循環も悪くなり、結果さまざまな支障もきたすだろう。

心を鍛えるのに良いとされている脳内物質にセロトニンというものがある。セロトニンが不足すると精神のバランスが崩れて、暴力的になったり、うつ病を発症すると言われている。

つまり、それを避けるためにはセロトニンを増やす作用を引き起こさせればいいのだ。実はそれが運動を行うということなのだ。特にリズム性の運動が良いとされている。ウォーキングやジョギングのほか、呼吸法もリズム運動なのでヨガや座禅も良いのだ。もちろん、ジムやダンスなどの習い事も最高のリズム運動になる。

セロトニン活性がされると、心が元気になり、働くための意欲や集中力をつかさどる前頭前野という場所が活性化され、複合的にエネルギーを充填してくれる。

『徹子の部屋』の司会者でお馴染みの黒柳徹子さんも寝る前、スクワットを毎日していることで知られている。心の健康を願うなら、まずは運動だ。

悪魔の格言

身体を鍛えて、心も鍛えろ！

やらなきゃいけないことは口に出すべし

TRICKキーワード

公表効果

「面白くない」「疲れた」などというネガティブな言葉を口にしていると、自分で言ったその言葉がきっかけで、ますます悪循環に陥るような行動をしてしまう。逆に嫌いなものでも口に出して「好き」と言っているうちに本当に好きになってしまう。心理学ではこれを「公表効果」と呼び、応用することで、目標や夢の達成に役立てることができる。

出世間違いなし!

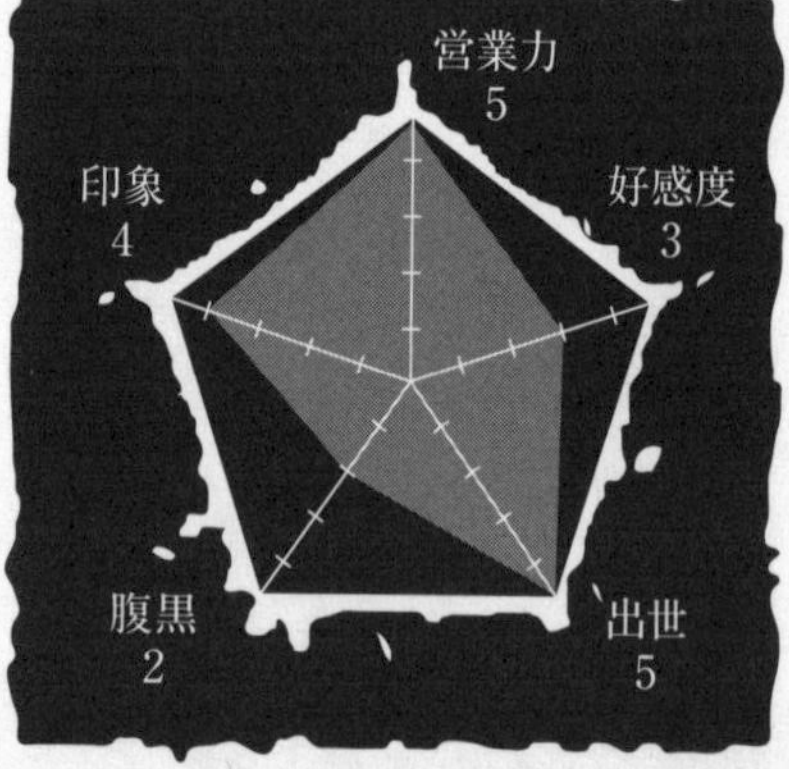

ある人が「1年後までに英会話をマスターしたい」とする。それを言葉に出して言うことは、周りの人へ公表して「やらないと！」と自分を奮い立たせる以外に、自らの心にその言葉を強く刻み込ませる効果がある。その結果、自分の意識の変化が起こることで実際に行動の変化へとつながり、目標が実現可能になるのだ。我々が口にする言葉はそのまま内在化され、自分の意識を変えていく。また、公表効果は何度も同じ発言を繰り返した方がより効果が高まるとされている。

日々発している言葉は、あなたの人間性にも大きく影響している。「私は穏やかな人間だ」「愛に溢れていて幸せだ」「努力が好きな勤勉家だ」「私はなんでもできる」「人生は可能性に溢れていて、自由で豊かだ」といったようにポジティブで能動的な言葉を使うように心がけると、自然にあなた自身の心もそのようになっていき、潜在意識も大きく働くようになる。

反対に「私はツイていない」「不幸せだ」「愚かで価値がない」といったようなネガティブで消極的な言葉を常用するならば、あなたの意識もそのようなネガティブなものとなり、結果、自らの可能性にフタをしてしまうだろう。

悪魔の格言

毎朝毎晩、鏡で自分の顔を見ながらやりたいことを口に出せ

楽観的になると成功が舞い込んでくる

TRICKキーワード

思考停止法

通勤電車の中で、または街中を歩く人を見渡してほしい。暗い顔をしている人はいないか。疲れてしまって「この世の終わり」といった表情をしている人はいないか。そして自分もそんな顔をしてはいないか？ そんな顔をした人のところへ幸せはなかなかやってこないものだ。

所変わって地球上の彼方、地中海周辺や中南米などのラテンの国々の人々はとても明るく陽

出世間違いなし！

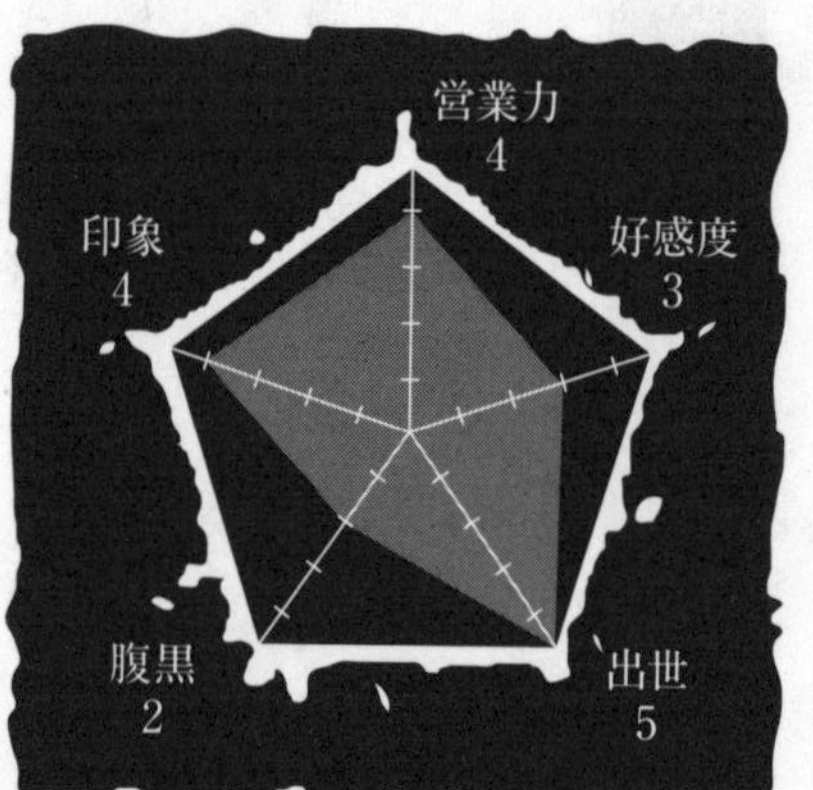

気で楽観的な空気が満ちあふれている。「どうにかなるさ、楽しく行こう」というオプティミスト（楽観主義者）が人生をより楽しく、幸せに生きることについては異論の余地はなさそうだ。

楽観的になるコツは、ネガティブな考えが浮かんできたら、思考をスイッチする習慣をつけること。これを、思考停止法といって、不安や妄想のとりこになってしまったときに、そこから逃れてリラックスした心をとり戻すためのテクニックだ。

例えば「会社をクビになるんじゃないか」「自分はガンじゃないのか」といった全く根拠のない不安がわき上がったり、「自分にこんな仕事ができるわけない」「収入が上がるわけがない」と非常に悲観的になったときに使ってみてほしい。

まず、わき上がる不安やネガティブな思考に意識を集中させる。それから、指パッチンやかけ声などの合図とともにその考えをストップし、頭の中をからっぽにする。

失敗にいつまでもとらわれず、笑い飛ばして次へと力強く進んで行く力。ラテンの国の人が持っているような楽観的な気質は、心の平安と成功を実現していく上で、欠かせぬことだ。

悪魔の格言

危なくなったらスイッチして心を変換せよ

手の届く夢を終わりなく作り続けろ

TRICKキーワード　夢の連続性

夢を叶えるには、その目標の設定の仕方がとても重要となってくる。高すぎて手の届かなそうな目標だと、頑張っても到底達成できそうにないとめげることも多い。反対に簡単すぎる目標も、やる気がしぼんだり、達成したときの喜びも半減したりしてしまうものだ。

だから、目標は「なるべく手が届きそうで届かない」というレベルに設定しておくこと。小

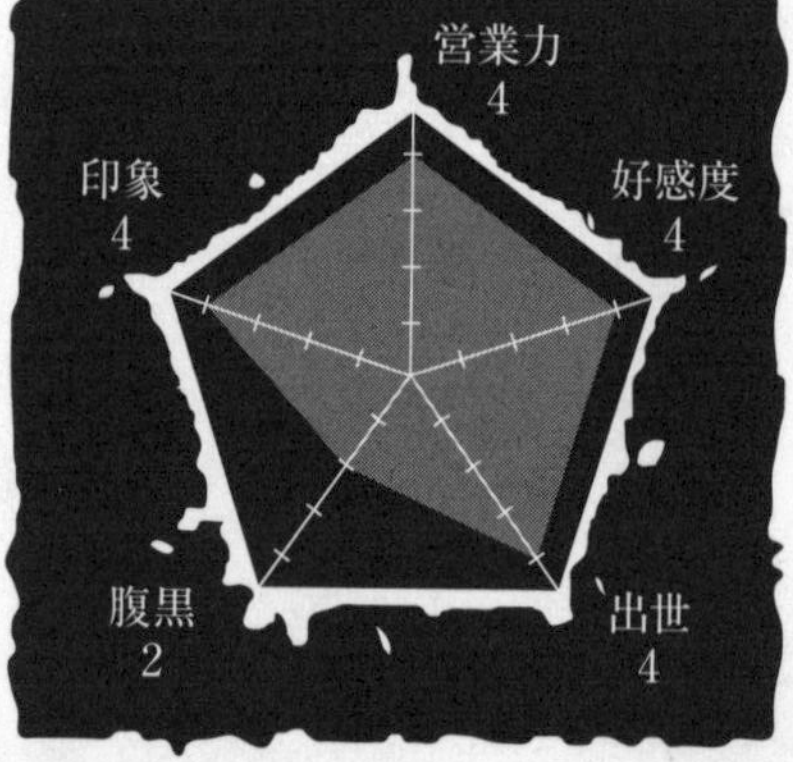

さな目標からスタートすることは、小さな達成感を積み重ねられ、自信にもつながる。ただいつまでも簡単な目標だけ繰り返していても、自分のレベルは上がっていかない。小さな目標の場合、手が届きそうになったらすかさず次の目標を設定しておくことだ。

長期的に見たら、なるべく「ありえない」くらいの大きな夢を描いてみるべし。今の自分から考えるとどうてい無理なほど高い目標が良い。

とにかく心の底から本当に自分がやりたいと思うことは何かをイメージして、小さなことからコツコツとチャレンジしてみよう。

悪魔の格言

自分を小さく見積もらず、大きな夢と自信を持て

成功するには人も自分も褒めまくれ

TRICKキーワード　セフルイメージ

人は性格や行動、さらには年収まで「自分はこういう人間だ」というセルフイメージを持っている。あなたが思い描く自分自身のイメージは、高ければ高いほど眠っている能力を開花させることができ、逆に低ければ目標を達成すること自体が困難になる。私たちは無意識のうちにセルフイメージと一致したものの見方や考え方、行動をしてしまう存在なのだ。

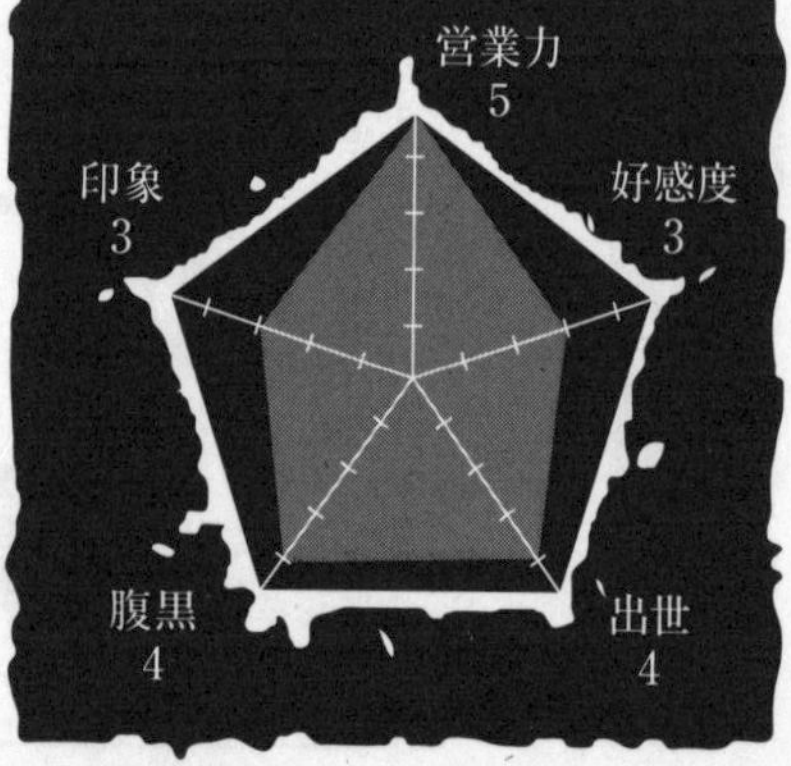

悪魔の格言

毎日自分を褒めるべし！ セルフイメージを上げろ

今日、多くの人が「人からどう思われるか」によって、自分の価値や自分がどういう人間なのかを決めている。それが原因でネガティブなセルフイメージを身につけてしまい、せっかく褒められても「いや、自分なんてたいしたことないです」と言ってしまう始末。しまいにはそんなネガティブなセルフイメージが作り出した自分自身や現在の状況を快適な場所とし、無意識に逃げ込もうとするように働く。そのようでは、自己実現は望めない。だからこそ、些細なことでも自分を優しく褒めてあげる習慣を身につけるべきだ。成功者と呼ばれる人たちは、自分の能力を過大評価するものだ。70点くらいの実力に堂々と100点満点をつける。自分をなかなか褒められないときは、人のことを褒めてみるのもいい。人間の脳には「主語を認識せずに処理する」という能力があるので、「○○さんは立派だ」を「私は立派だ」と置き換えて認識することになる。

また、自分自身のセルフイメージを上げられない場合、自分よりもセルフイメージが高い人たちと時間を共にするようにすると、徐々に自分のセルフイメージも上げていくことができるのだ。人づき合いはよく考えてするべし。

夢をリアルにイメージすると現実化する

TRICKキーワード

完了形の効果

もし、あなたが今とても叶えたい夢や手に入れたいものがあるならば、それを紙に書いてみてほしい。すると「お金持ちになりたい」「あの車がほしい」「営業成績でトップになりたい」……などと思いの丈を書くだろう。

自分の欲しいものを思い描き、それを言葉にする。書いたり人に話すのは、実現に向けての近道となることも多い。だが、漠然とイメージ

出世間違いなし!

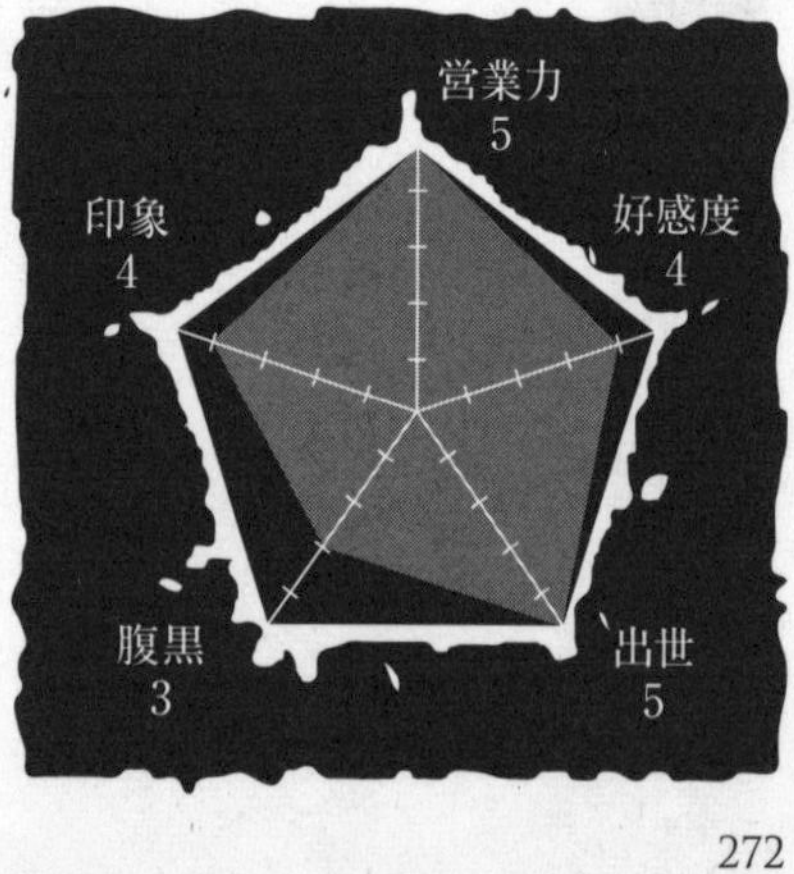

するだけではあまり具体性がなく現実的でもない。

ではどうするのが良いのか。それは、それが「簡単に」手に入ると信じ込み、そして今欲しいものをあたかもすでに手に入ったかのように完了形でイメージすることだ。

障害物をとり除き、成功や欲しいものを手に入れるために一番効果的な方法は、すでに成功や欲しいものを手に入れた体験を想像の中で完了させてしまうことである。それも、しっかりとした実感をありありと感じられるほど、リアルにだ。なぜ、こうしたことが必要かというと、「成功したい」だとか「○○が欲しい！」という意識の裏には、まだそれらが達成されていないという不満足感や「成功できないかもしれない」といった不安感があり、そうすると私たちは、目標の達成感よりも、欠如している感覚の方に意識を向けてしまうのだ。

リアルなイメージを描くのに、写真や絵を使うのも効果的だ。匂いや感覚、そのときに一緒にいる人や着ているものなど具体的に想像してみるのもいい。それはもうすでに完了していて自分にとって慣れ親しんだこと、と思えるようになれば、その夢は向こうからこちらへやってくる。

悪魔の格言

絶対に実現させたい夢は完了形で見るべし

よく笑う人ほどお金儲けが上手である

TRICKキーワード　ミラーリング効果

赤ちゃんの愛らしい笑顔を見てつられて笑みをこぼしてしまう。そんな経験はないだろうか。それは「ミラーリング効果」と呼ばれる心理現象で、相手の表情が伝染して自分の表情にも表れるという。

私たちは例外なく、怒っている人より笑っている人の方が好きだ。とにかく、人に好かれたかったらただただ笑っていればいい。そうすれば、

出世間違いなし!

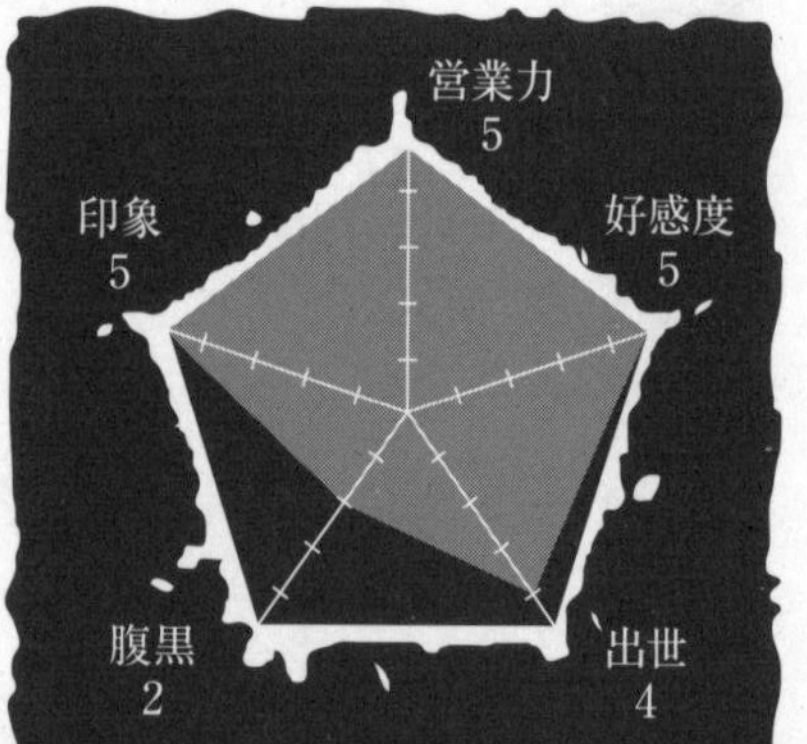

頼み事をしても聞いてくれるし、人脈もどんどん広がっていくだろう。

アメリカのある村では、お金持ちほどよく笑う、という統計も出ている。そして、少し微笑むよりは大きな声を出して笑うのがいいという。

「笑う門には福来《きた》る」とはよくいったもので、大声で笑うことは体にもいいと医学的にもいわれている。大声で笑うと、脳だけでなく腹筋も刺激され、悪いものを吐き出す効果もあるという。

いかなる場所でも笑顔のパワーは絶大だ。実際、末期ガンの患者に落語や漫才を聞かせて定期的に笑わせると、症状の改善が見られるというケースも出ている。だから積極的に笑おう。お笑い番組やコメディーを見るのもいいし、落語やマンガでもいい。

でも、なかなか笑えないときもあるだろう。自分の想い通りにいかなかったり、体力的にきつかったり、悲しいことがあったり、はらわたが煮えくり返る状態だったり…。そんなときにはカラ元気でもとりあえず声を出して笑ってみよう。

どんなにつらい場面でも、笑顔を絶やさずにいると幸運が舞い込んでくるものだ。

悪魔の格言

カラ元気でもいいからとにかく笑って幸運を味方につけろ

自分を動かすには ご褒美をたっぷり用意すべし

TRICKキーワード

報酬の自己暗示

人は誘惑に弱い生き物だ。今日はまっすぐ家に帰って早く寝て明日に備えよう、と思っていても、帰りがけにいつもの飲み屋へ立ち寄っていたり、ダイエットをしようと思ったそばから、おやつに手が伸びてしまう。

誘惑だらけの日々で、なにか目標に向かっていくには強い意思の力が必要。…ということでもないようだ。頭の中にあるたくさんの煩悩は、

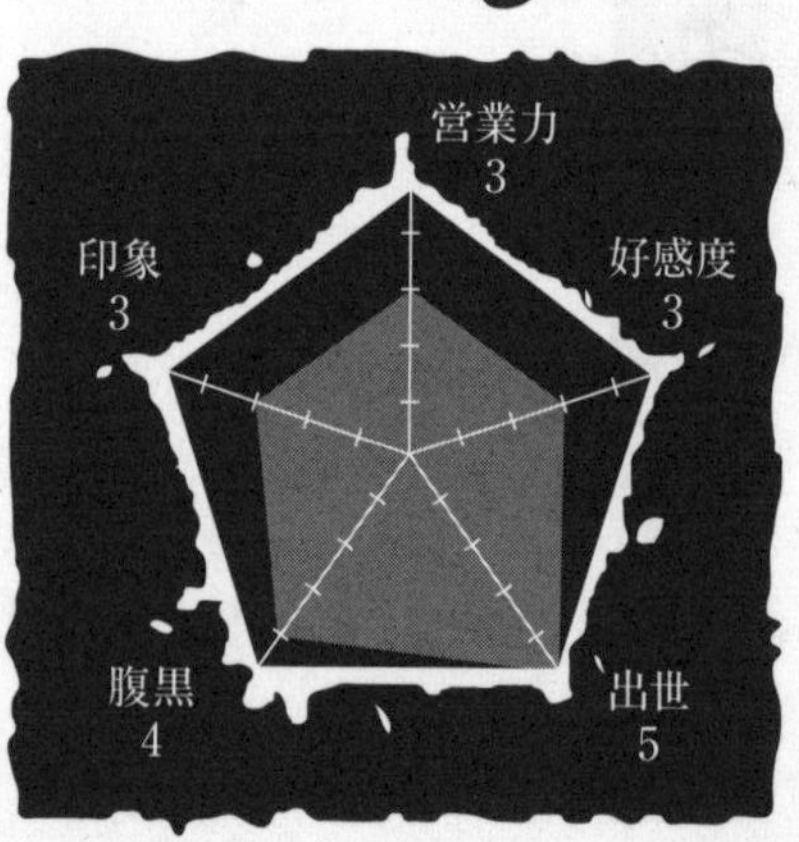

うまく使えば武器にもなる。

飼い犬がお手をするのは、お手をすると頭をなでられる、という嬉しいことがあるからだ。人間だって同じで、なにかご褒美があるからやる気がでるのだ。

ご褒美もなければ何かをやろうと思ってもなかなか腰が重いもの。だから、自分を動かすのに「どんなご褒美をどれだけ用意しておくか」がとても重要となってくる。ご褒美は何でもかまわない。自分の気持ちがワクワクしてそそられるものなら、高級店でうまい寿司を食べることでも、カロリーの高いお菓子を存分に食べることでも、キャバクラで豪遊することでもかまわない。目標が達成できたら、このご褒美が待っている、という仕組みを作ることが大切。

イメージを膨らませて、タブーだと思っていたことでもどんどん妄想していこう。映画を見たい、買い物に行きたい、南の島へ旅行に行きたい…。目標に向かっている途中で、やりたくないことや、やらなくてはいけないことで一杯一杯になっても、常に自分の目の前にニンジンをぶら下げておくことが大切。少し先にある「エサ」を追いかけている状態を作るようにしておくこと。

悪魔の格言

どんな「ニンジン」でも、あれば人は半端じゃない力を発揮する

マイナスの言葉を吐くとそのとおりの結果がうまれる

TRICKキーワード 気持ちの切り替えスイッチ

携帯を忘れた。遅刻をした。打ち合わせがうまくいかない。体調がすぐれない…。良くないことがいくつか続いたら要注意だ。それは、負のループにはまっている証拠だから、意図的にそこから抜け出さなければいけない。

　そんなとき、よくあなたはマイナスの言葉を発していないだろうか。人のことをうらやんだり自分だけが損をしているように思ったり、イ

好感度アップ!

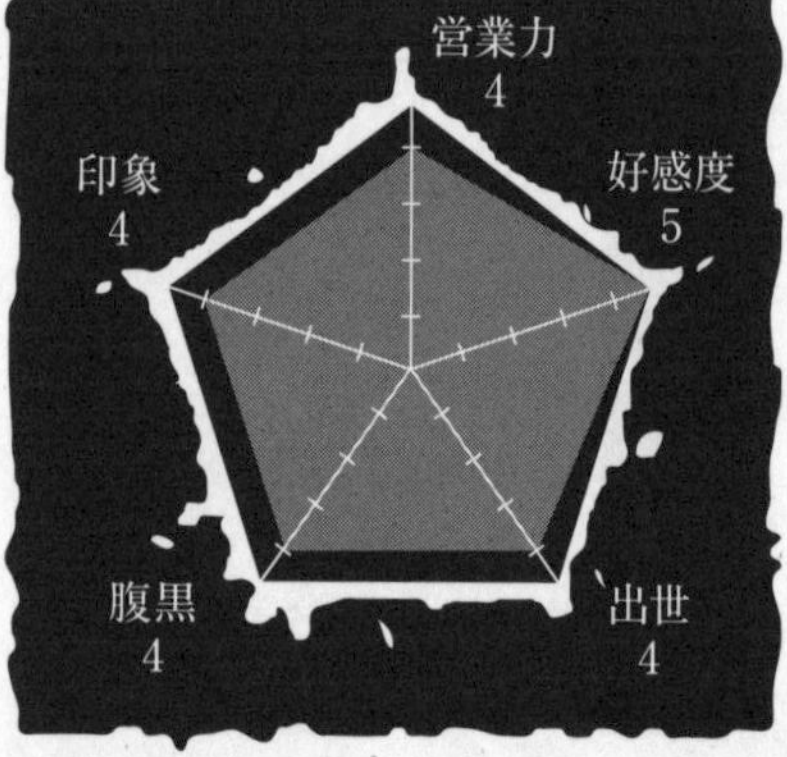

ライラしたり暴言を吐いたり…。

マイナスの言葉は、口から発せられると耳から入ってきて脳まで届き、マイナスの考えを再度強くさせてしまうのだ。気をつけてはいてもついつい言ってしまうグチや不平、不満などのマイナスの言葉を、とにかく使わないよう今すぐ習慣づけるべし。

心の中に否定的な感情や考えが湧き起こり、マイナス思考に陥ったときは、まず、そのネガティブな言葉を発しないようにする。そしてそんなときに反射的にする動作を決めておくこと。

例えば、パンっと両手を目の前で叩いたり、まじないのような言葉を用意しておく。「よくあること、よくあること」と言って気分に落ち着きをとり戻すもよし、思わずマイナスの言葉を口走ってしまったときは「…というのはウソ！」と言い直すもよし。

とにかく、必要以上にマイナスにとらわれないよう「スイッチ」を用意しておく。そのスイッチ（動作や言葉）を押せば、マイナスの考えをリセットして、チャンネルを切り替えるかのように、気持ちを切り替えるクセをつけよう。

悪魔の格言

プラス思考で、能力もパフォーマンスも上げまくれ

レスポンスの早い人はデキる人だと思われる

TRICKキーワード

反射行動の効果

実際の実力以上に、デキる人間に見せる術がある。そのひとつに「0・2秒以内にYESという」というものがある。スポーツやビジネスの世界ではよく使われる手法だが、一体どんなものなのか説明しよう。

0・2秒とは、ほんの一瞬である。何かを頼まれたり指示をされたときに、考える間もなく返事をしないと間に合わないことを意味する。

イメージ操作

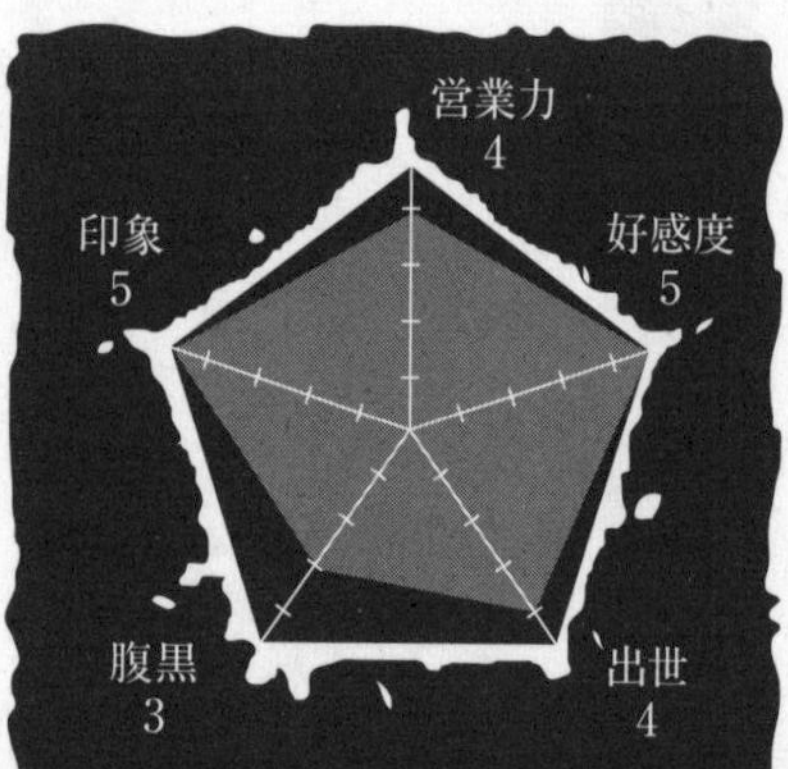

人は五感から情報をインプットされるとまず、感情を司る大脳辺縁系にその情報が送られるが、そこに達するまでの時間が約0・1秒。そこからさらに大脳新皮質に送られるが、そこで初めて合理的に分析をして「考える」という作業をする。それにはさらに0・4秒かかるので、0・2秒以内では考えて返事をすることができない。つまり、反射的に「YES」と返事をするということになる。

例えば、サッカー部の練習中、「校庭を10周しろ！」とコーチから言われたとしよう。そのとき0・2秒以内で答えるとなると、「嫌だな」などとネガティブなことを考えている間がない。脳が肯定的な状態のまま、身体が自然と動くことになる。疑問に思ったとしても、すでに身体は動いている状態。思うツボだ。

ビジネスの場でも同じで、0・2秒以内のYESでデキる人間になる。即答の姿勢は相手に「こいつはすごいな」と思わせ、ビジネスを優位に進める武器ともなる。レスポンスが遅いのは、信用問題に関わる。数日経ってからの返事というのは、相手を不安にさせ、不安は容易に不満に変わる。

まずはあれこれ考えずに「YES」と答えてみる。それから具体的な話を詰めていけばいい。

悪魔の格言

考えるな、即答しろ。具体的な話はその後でいい。

会話のキャッチボールで相手に信頼感を与えろ

TRICKキーワード　自己完結型の会話

人と話しているとき、「感じ悪いなぁ」と思う瞬間がある。

例えば、会話の途中で「要するにこういうことだね」と話を要約したり、「それはね」とウンチクを語り始めたり、自分の結論を押しつける人。それに「私の話、ちゃんと聞いてるの？」と疑惑を投げかけたり「本当はどう思ってるの？どうせ…」などと卑屈な見方をする人。

好感度アップ！

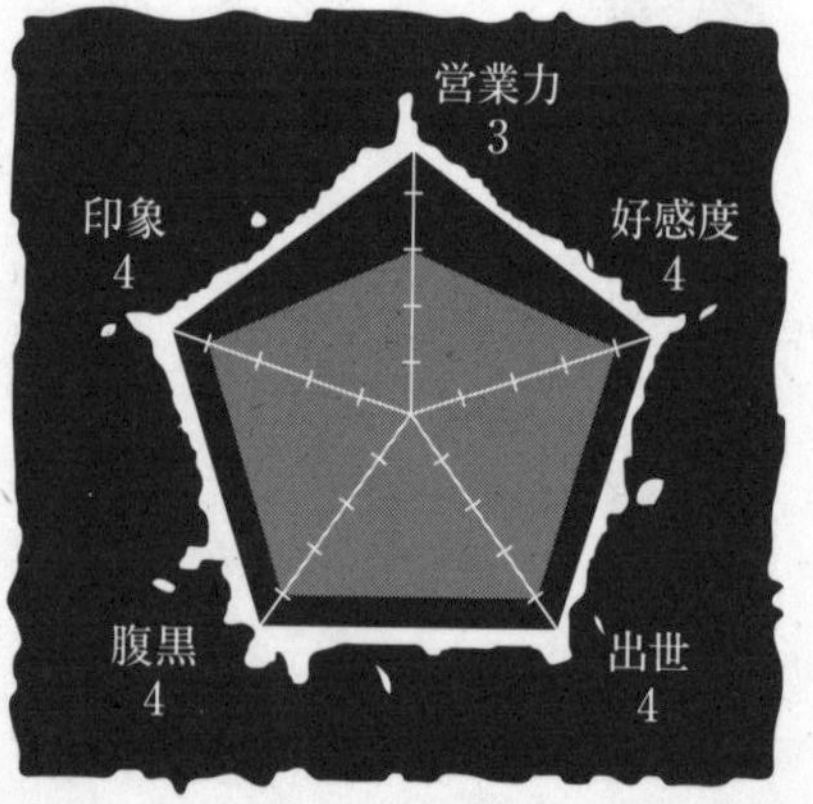

これらの人たちは、自分の言った話を自分自身でまとめてしまう「セルフ・サマライジング・シンドローム」と呼ばれる自己完結型のコミュニケーションをとってしまっている。会社、家庭、地域、友人…。正常な人間関係を営む上で、陥ってはいけないシンドロームだ。

本来、コミュニケーションとはお互いがお互いの発する言葉に耳を傾け、それに対してレスポンスを返し合うもので、キャッチボールとなっていなくてはならない。それを自分で勝手に結論づけてしまっては、コミュニケーションが成り立たなくなってしまうどころか台無しにしてしまう。さらに、お互いが自己完結型の場合は最悪なことになる。ネガティブな言葉の応酬となり、泥沼の感情論になり果てることは明らかだ。「相手に自分の話を聞き入れてもらえない」ということは、想像以上に不快感を感じることなので、それが繰り返されれば憎しみにまでなってしまうことも少なくない。

自己完結型のコミュニケーションをとる人は、自己愛を満たしたいという欲求でいっぱいなのだ。コミュニケーションをうまく生かせたければ、まずは相手の立場や気持ちになってみることが不可欠。いつもできなかったとしても、心がけを続けることが大事だ。

悪魔の格言

卑屈になったら負け。ひとりでしゃべり続けるな

お金のためだけでなく「人のため」がより大きな力を生む

TRICKキーワード

絆の底力

自分の利益ばかり考える利己的な人間が増えてきたといわれる昨今だが、「人は自分のためより友のための方がより頑張れる」という研究結果がある。

被験者に、背中を壁につけたままひざを90度に曲げる、いわゆる「空気イス」をしてもらい、その姿勢を維持してもらって1秒耐えるごとに1ペンス（約1・4円）払う旨を伝える。これ

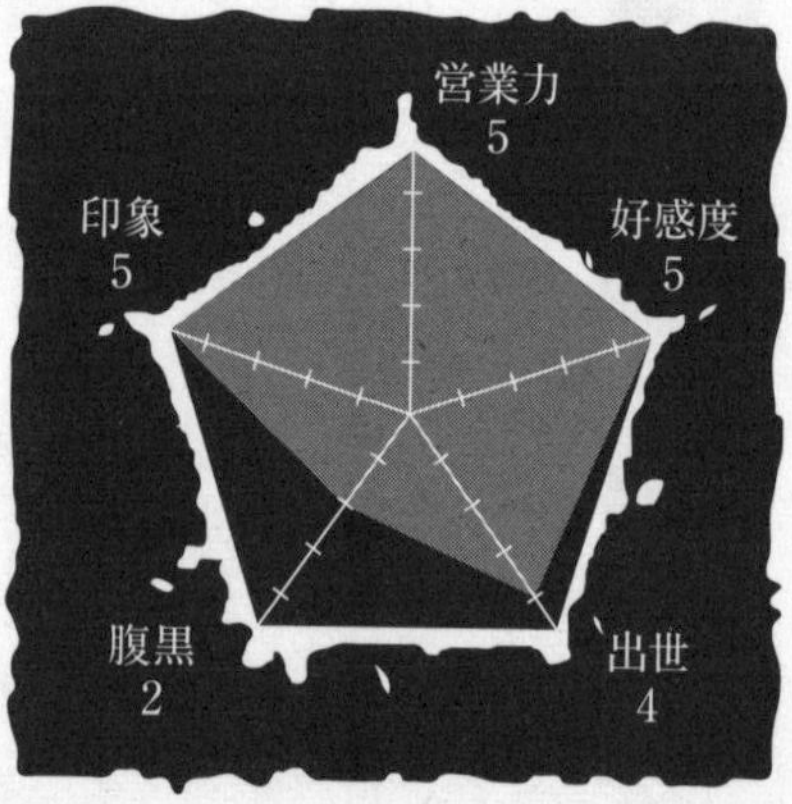

を5回行い、そのうち1回は自分にお金が払われ、残りの4回は友人たちのために空気イスを行い、お金も友人たちに支払われる。すると17人中10人は、友人のために少なくとも1回は、自分がお金をもらえる回より長く空気イスに耐えた。また中には、友人のために自分がもらえる回より2倍長く耐えた被験者たちもおり、その友への熱い想いを見せつけた。これを受けて、社会的なつながりを維持し、共に協力し合うことが、成功をもたらす大きな要因となる、と結論づけた。

もちろん、自分への報酬もモチベーションになるが、「このお金を持ち帰って女房子どもを食わせなけりゃならない」となると必死度は格段に増してくる。それが自分の家族から社員、お客様、地域に住む人、日本人、地球に住む人のため…とより規模が大きくなればなるほど、頑張れる力が大きくなり、より大きな潜在能力が引き出されることが多い。

昨今は「絆」の再認識がされるようになってきたが、日本人は元来和を重んじる民族なのだ。人のためにがんばることは、自分の結果につながる。「他人に喜んでもらえる」ということは、とても大きな原動力となるのだ。

悪魔の格言

自分のためではなく、人のための方が能力は上がる

モヤモヤを消すには全部文字で書き出せ

TRICKキーワード

気持ちの言語化

霧のかかったように気分がモヤモヤして、なんとなく不安で憂鬱で、やる気が出ない。そんな経験はないだろうか。

そういったモヤモヤを放置していると、どんどんそれは大きくなり、さらに精神を蝕むしばんでいくので、手遅れになる前に自覚し対処しておかないといけない。

それにはまず、モヤモヤの元となっていそうな

イメージ操作

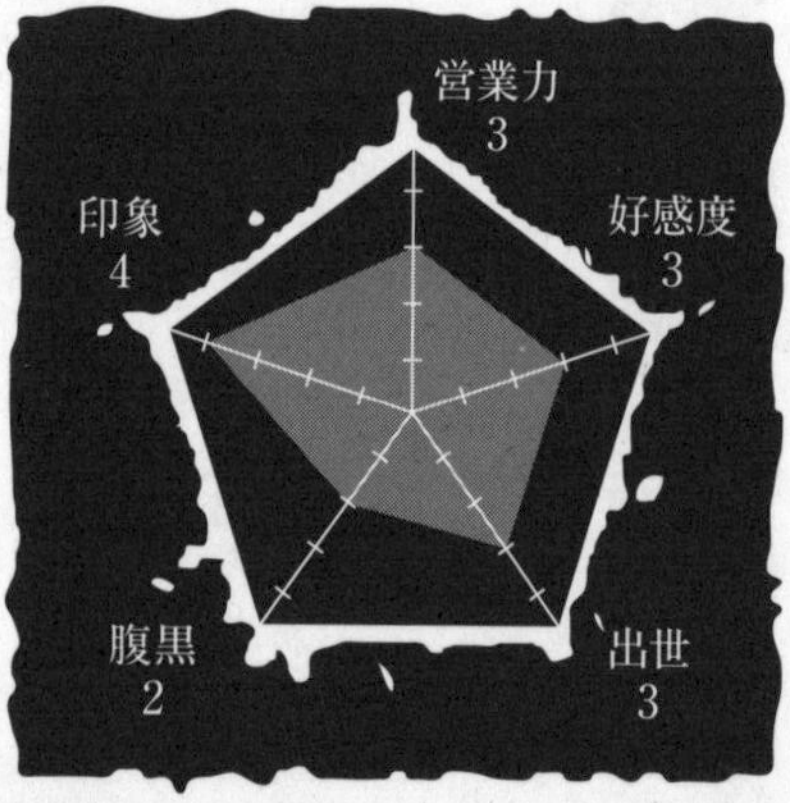

悪魔の格言

とにかく書き出してすべてを昇華させるべし

事柄をすべて、紙に書き出していくこと。自分の中に溜まったものをひたすら書き出していくことで、原因に近づいていく。たとえ原因がはっきりしなかったとしても、紙に書くだけで気分はだいぶ楽になっているはずだ。

問題は、問題そのものにあるのではなく、問題によって心が落ち込んでしまっていることにある。だから、問題が解決したら、どんな気分になるのか想像してみること。すっきりとした晴れやかな気分を想像してみてほしい。心の状態を常にクリーンに保っておくことが、何事もうまくいかせる秘訣だ。

モヤモヤの
原因らしきことを
すべて書き出すことで
原因に近づく
モヤ
モヤ
モヤ
モヤ
モヤ
モヤ

COLUMN

ワンポイント

心を復元する脳科学

自己の心を修復する処方にはいろいろな種類のものがあるが、脳内物質の作用によって修復することも可能である。それはセロトニンという脳内物質だ。最近のうつ病の増加と同時に話題になっているが、うつ病をはじめとする心の病に陥ると欠乏するのが、このセロトニンなのだ。

セロトニンを増やすのに必要な代表的なものは以下の３つだ。太陽の光を浴びること、リズム運動をすること、そしてスキンシップを行うこと。どれもこれも人間にとって当たり前のことだが、明らかに現代人に欠けていることでもある。

殊に、インターネットの普及がこの傾向に大きな影響を及ぼしている。外に出て太陽を浴びない生活、運動をしないでコミュニケーションもスキンシップも含まないメールやSNS。現代社会は、まさにうつ病になってください、と言わんばかりの状況なのだ。

まずは、意識して太陽の下に出よう。そして、運動をして人と語り合うことで、心の病と決別しよう。

深層心理を見破る心理テスト 自己暗示編

Question 1

あなたは、大掃除をするための準備をしています。すると今は使ってなくて必要なさそうなものが大量に出てきました。この荷物をどうする？

C 売る	A 全部捨てる
D 高価なものは持っておく	B 一応全部持っておく

「過去への執着心」診断

大掃除の際に出てくる不要なものは過去への執着心を表しています。
あなたがどれだけ引きずるタイプかがわかります。

A

執着 0%

必要のないものはあっさりと捨てるというあなたは、過去への執着心がまったくない。かなりサバサバした性格だ。

B

執着 100%

一応とはいえ、全部持っていくというあなたは、未練たらたらでずるずる過去を引きずるタイプ。少しずつでいいので、未来へと目を向けよう。

C

執着 60%

不必要なものは売ってしまうというあなたは、過去に多少の未練はあるものの、どちらかというと有効利用することを優先して考えている。

D

ちゃっかりタイプ

高価なものだけ持っていくというタイプは、悪いことはすっかり忘れていいことだけ覚えておく、ちゃっかりもの。一番利益を得られるタイプかもしれない。

深層心理を見破る心理テスト 自己暗示編

Question 2

あてのない旅の途中で 4 つの分かれ道にぶち当たりました。あなたはどうやって道を決めますか？

C 迷ったときは左と決めている	A 木の枝が倒れた方向
D サイコロで決める	B 目をつむって進む

「緊急時の選択能力」診断

急に選択を迫られたときの、その手段を知ることで、いざというときのあなたの選択がわかります。

A

運まかせタイプ

木の枝を投げるあなたは、人生の選択を迫られたときも運にまかせて決めてしまうタイプ。少し理屈や意味を考える余裕を持ったほうがいいかも。

B

思い切りタイプ

目をつむって決めるタイプは、あまり深く考えないで思い切ってこうと決めたら突き進むタイプ。猪突猛進で生きて行くタイプといえる。

C

リーダータイプ

迷ったときは左というタイプは、人生の選択も自分で行うことができるリーダータイプ。いざとなると率先してリーダーシップを発揮する。

D

機転が利くタイプ

サイコロで決めるという人は機転が利く頭脳派タイプ。物事を理知的に進めていくことができるようだ。

Question 3

あなたは農作物の研究家です。このたび、新種の開発に成功、いよいよ種まきです。100粒の種をまきました。いくつ芽を出すでしょう。

C 半分の50粒	A 全部
D 全滅	B 70粒くらい

「うぬぼれ度」診断

自分が開発した種の発芽の数は、あなたがどれだけ自分に自信があるかを証明しています。芽がたくさん出ただけうぬぼれ屋です。

A

完全なうぬぼれ屋

全部というあなたは完全なるうぬぼれ屋。ちょっと尊大で他人からは敬遠されるようなところもあるようだ。相手を敬う気持ちも忘れずに。

B

ちょっと自信家

70 粒くらいと答えたあなたは、割と前向きな自信家。全然ないよりはいいが、ときにはマイナスの要因を考慮することも忘れないようにしよう。

C

普通

50 粒と答えたあなたは、普通の思考回路を持っている。バランスよく考えることができるが、ときには勢いも大切。たまにはノリで突っ走ってみてもいいかも。

D

謙遜しすぎ

全滅と答えたあなたは、ちょっとひねくれている悲観主義者。なにごとも前向きに考えた方がいいことは多い。もう少しポジティブに考えよう。

第9章
気になる相手を惹きつける恋愛心理学

他人と違う行動で好印象を与える

TRICKキーワード
心の柔軟性

オフィスや学校で、気になる異性が最近風邪ぎみ。くしゃみが止まらず、なんだかつらそう。くしゃみをするたびに、周りからは「大丈夫?」の声が。しかし、相手に自分を印象づけたいのであれば、周りと一緒になって「大丈夫?」を繰り返してもあまり意味がない。相手はそれどころではないし、それ以前に風邪をひいていては大丈夫ではないのだから。

これができればあなたは…

心の柔軟性を鍛えることがモテへの近道

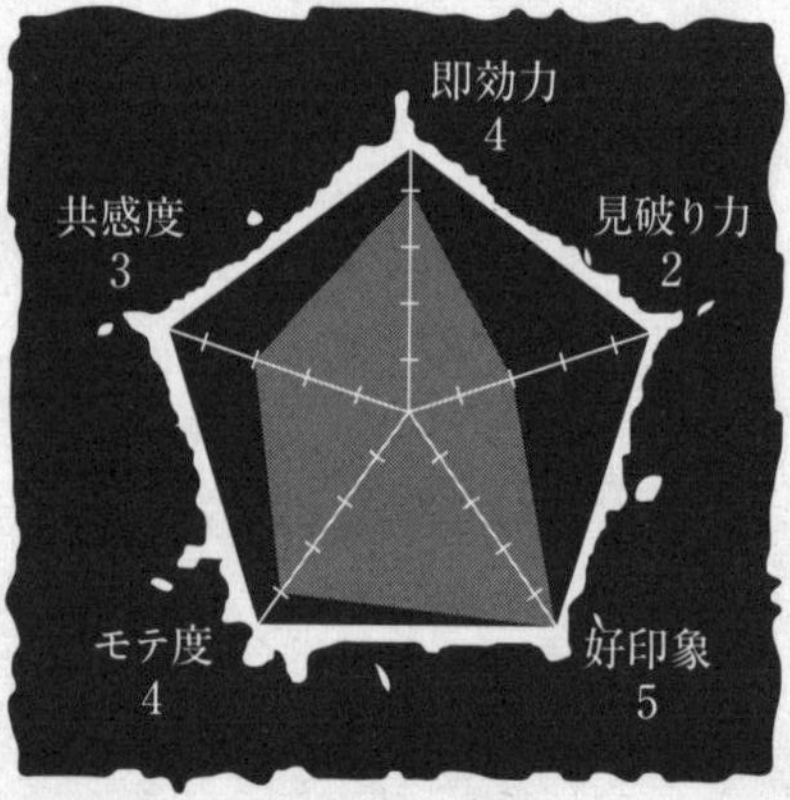

こんなとき、「はい、これ使って」とさりげなくティッシュを渡してみてはどうだろう。手元にティッシュがない場合には、「つらそうだね、少し休んできたら?」の一言でもいい。

心配することにプラスアルファをつけることで、相手に返事をする以外の行動を起こさせるのだ。ティッシュを渡されたら鼻をかまざるを得ないし、休んできたら?　といわれれば、「大丈夫?」と聞かれたとき以上の言葉を返すことになるだろう。相手にこのワンアクションをさせることが、相手に自分を印象づけることにつながるのだ。

ただ、これをするには、常に「相手は今なにをしたら喜ぶかな?」と考え、瞬時に行動に移せるように心を柔軟にしておくことが大切。上司や先輩を練習台にしても良い。上司がコピーをとろうとしていたら「私がやりましょうか?」と声をかけ、先輩が○○へ行くといえば、さっと携帯を出して経路を検索してみせてもいいだろう。こうやって心の柔軟性を高めていれば、おのずと周囲からの評価も上がり、やがてその評判が意中の相手にも届くというものだ。

ただし、何事もやりすぎは禁物。口を出しすぎてただのおせっかいにならないように注意したい。

悪魔の格言

同性なんて気にするな。愛されキャラはわかりやすいぐらいが異性受け◎

「今電話しようとしてた！」で運命の人になる

TRICKキーワード　偶然

心を寄せている同僚とおつきあいまであと一歩。でも、相手の本心がいまひとつわからない……。どうせ思いを告げるなら、少しでも成功確率を上げてからにしたいと思うのは当然のこと。この忙しい世の中、フラれてメソメソしている時間ほどもったいないものはないのだから。そんなときは、携帯電話ひとつで、異性の心をぐっと自分に引き寄せてしまえばいい。方法はい

これができればあなたは…

なんか気になる奴

告白はできるだけ成功確率を上げてからが鉄則

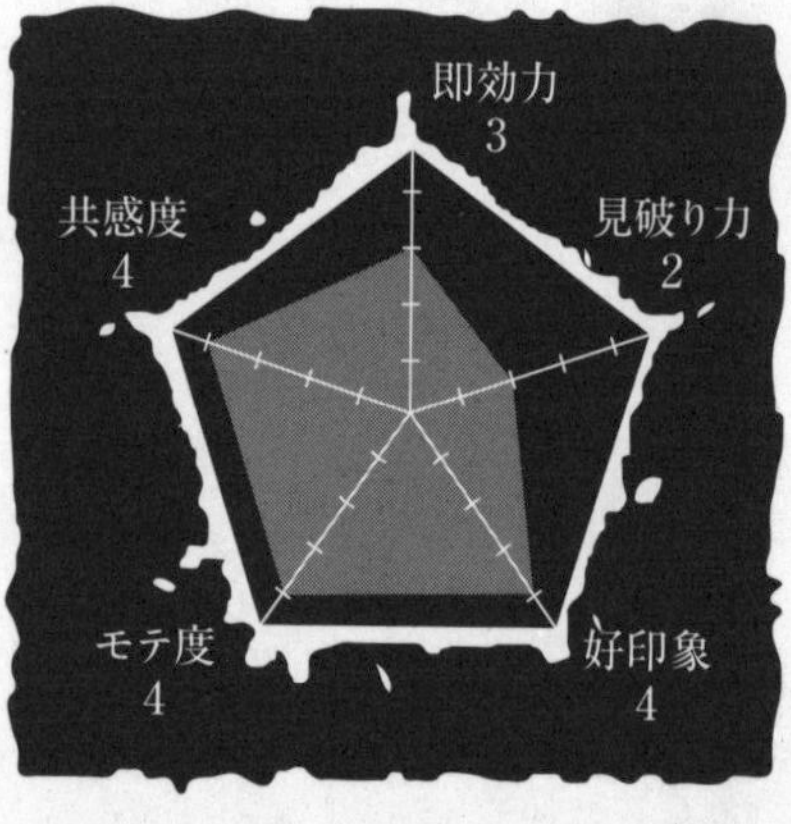

たって簡単。相手が自分の携帯電話に連絡をするようにしむけるだけだ。

「仕事でわからないところがあるので、時間があるときにお電話いただけますか?」でも「○○を相談させてもらいたくて」でも可。おつきあいまでもうひとふんばり!という関係なら、「ランチに行ける日、連絡ください」でもとにかくなんでもいい。相手に電話を「かけさせる」環境を作るのだ。

そして、あなたは、意中の人からかかってくる電話をただ待っているだけ。

そしてかかってきたら、「ちょうど今、私もかけようとしてた!」といってみよう。相手は「え!本当に?　びっくり!」といってもいわなくても、その偶然に多少なりとも心が動くだろう。

人は、思いもよらない偶然にであったり、偶然の一致を見つけると、その相手に好感を抱きやすい傾向がある。また、偶然が重なれば重なるほど、相手を「運命の人」だと思い込みやすい。街で偶然昔の同級生に会ったり、意中の相手と携帯電話が同じ機種だというだけでウキウキしてしまうのもこのためだ。意中の相手がいる場合には、同じ文具を使う、行動時間を合わせてみるなど小さな偶然を意図的に重ねれば、自分に好意が向く確率がぐっと高くなる。

悪魔の格言

装った偶然でもモノにすればそれは必然

へこんでいるときに近づけば恋人になれる

TRICKキーワード　自分の評価

気になっているあの人、今日はなんだか元気がない。声をかけようか、そっとしてあげたほうがいいのか……。

落ち込んでいる相手には悪いが、実はそんなときこそ、あなたにとって恋を発展させる最大のチャンス！　というのも、人間は心が沈んでいるときのほうが、異性を好きになりやすい生き物だからだ。

これができればあなたは…

さわやかホレ対象

相手が落ち込んでいるときが最大の狙い目！

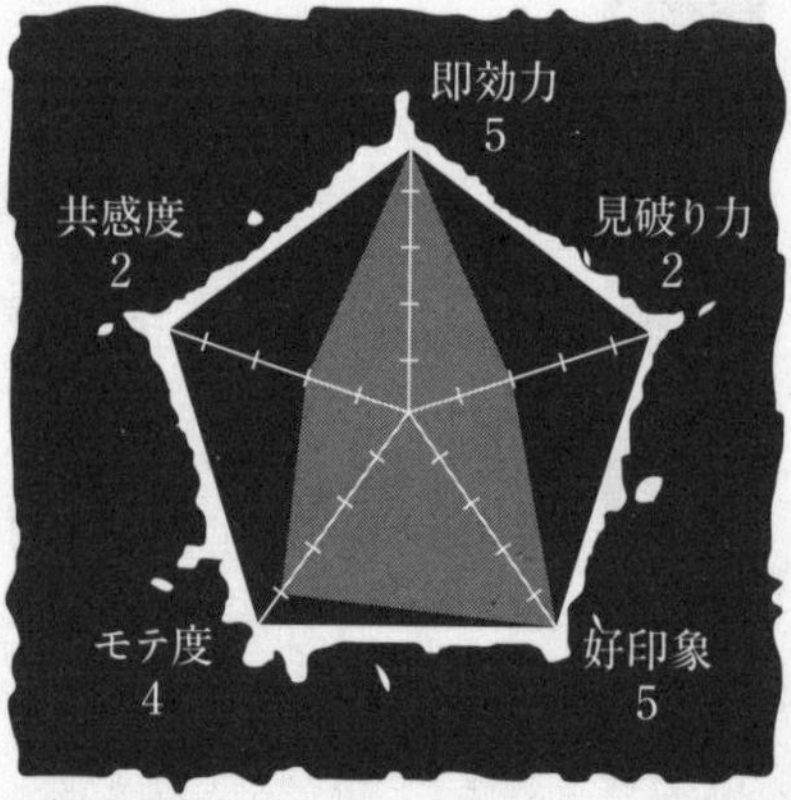

それを実証したのが、心理学者のウォルターである。彼は次のような実験を行った。

被験者は、事前に性格検査を受けていた女子学生。その結果を聞きにくることになっていた。実験室に行くと実験者の姿はなく、代わりにハンサムな男性が。彼女たちは当日、彼女たちは、彼から「これが終わったら、食事に行かない？」とナンパされるのだ。

その後、女子学生たちは性格検査の結果を聞くのだが、一部の学生には「あなたの性格では人に好かれない」などと、さんざんな結果を告げたのだ。やがて、再び同じ男性にナンパさせると、自分の性格が悪いといわれた女子学生の多くが、男性の誘いに応じたのだ。

誰だって、自分の性格に問題があるなどといわれたら、落ち込んでしまう。そんなとき、優しくされたり、声をかけてもらえたりすると、「なんて優しい人なんだろう」と心を開いてしまうのだ。つまり、自分の評価が下がるため、相対的に相手の評価が上がるのである。

もし、すでに誰かとつきあっている人に恋してるならば、その人が失恋するときを待つのもいいだろう。失恋して落ち込んだときこそ、あなたにとって最大の狙いどきになるのだから。

悪魔の格言

相手が落ち込んでいるとき、優しく声をかければ恋に発展する可能性あり！

字を見れば相手の性格がわかる

TRICKキーワード　見方

あなたが好意を抱く彼は、とても優しく紳士的。困っていれば声をかけてくれるし、食事に行けばスッと先にドアを通してくれる。ただひとつ気がかりなことは、外から聞こえてくる彼の評判があまりよくないこと。「怒りっぽい」「あんな短気はいない」など、いつもの彼からは想像できないいわれっぷり。つきあう前に、彼の本性を知っておきたい！

これができればあなたは…

賢い奴

好きな相手の欠点は告白前に克服させる

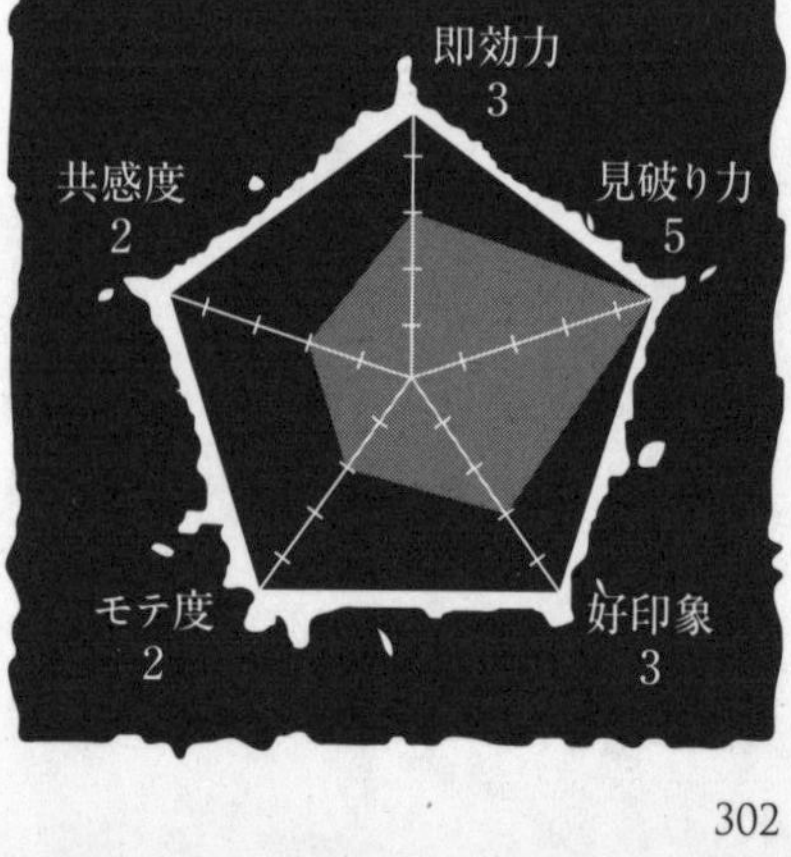

そんなときは、彼の書く字をチェックすればいい。一般的に、大きい文字を書く人は自信家で積極的、小さい字を書く人は慎重で几帳面なタイプ。また、右肩上がりは感情的でおこりっぽく、右肩下がりはカッコつけ屋だといわれている。つまり、この彼が右肩上がりの字を書けば、残念ながら、あなたの前での彼は偽の姿。怒りっぽいという評判のほうが本性となる。

それでも好きな場合は、さりげなく欠点を指摘すれば、「オレのことをわかってくれている」と思わせることができ、ダメなところも直してくれるはずだ。

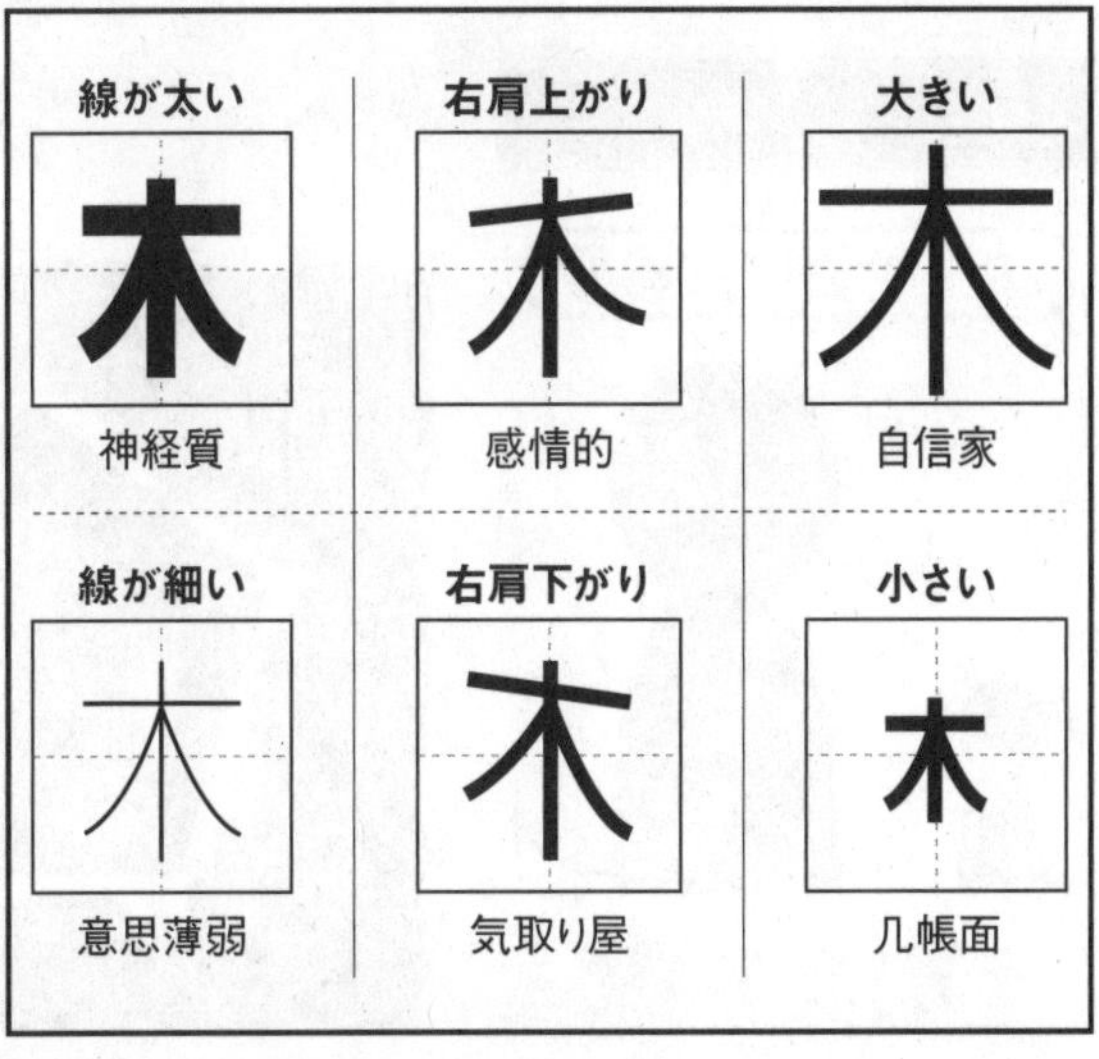

悪魔の格言

丸文字は柔軟性不足の証。リードしてほしいなら指摘するべき

自分のダメさを訴えれば溺愛される

TRICKキーワード
ダメ男

あなたの周りに、「どうしてあんないい子があんなダメ男とつきあってるの?」というカップルはいないだろうか。だれもがつきあいたいと思うような美女が、貯金もあまりない男性のために、せっせと働き、彼との話を幸せそうに語ったりする。男性の性格がバツグンに良いのかもしれないが、多くの場合、女性が男性の面倒を見て、お金まで出してあげていたりする。

これができればあなたは…

なんか気になる奴

救えるぐらいのダメさ加減がポイント

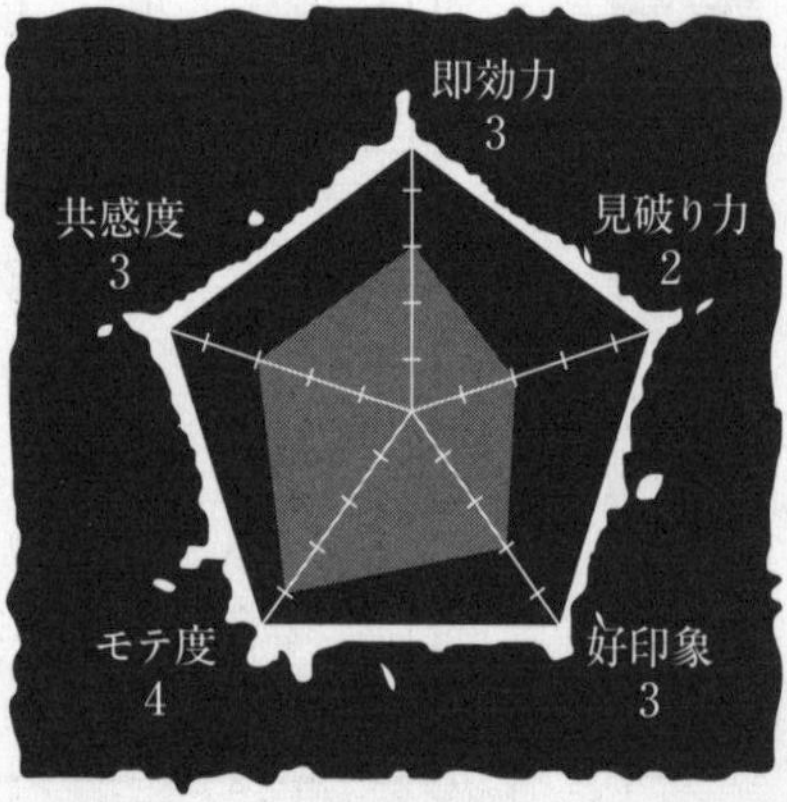

実はこの場合、男性側が、自分のダメさ加減を恥じることなく女性に話している場合が多い。多くの男性は、自分をカッコよく見せたい、頼れる男でいたいという願望を持っているものだし、女性も、そんな男性に憧れを持つ。しかし、目の前の男性にこんなことをいわれたらどうだろう。

「俺は何をやってもうまくいかない。お金も貯まらないし、失敗ばかり。だけど、お前といられればそれで幸せなんだ」

なにこのダメ男！とプイっとそっぽを向く女性も多いだろうが、少しでも気がある相手であれば、「私だけに話してくれたんだ」と少し嬉しい気にもならないだろうか。そして、少しずつ力になることで、いつの間にか、「私がいなきゃダメだ！」という気持ちになってくる。〝彼を助ける優しい私〟と〝それを喜ぶ彼〟の構図ができ上がると、その心地よさはやがて「これは愛情だ」という確信に変わる。実際は互いに依存しているだけなのだが、人に何かを与えるという快感から抜け出せなくなるのだ。つまり、あなたにもしつきあいたい異性がいて、なおかつ愛されるだけでなく養ってもらいたいと思っているならば、方法は簡単。ダメな自分をとことん訴えればいいのだ。

悪魔の格言

ダメな自分を出すだけで、愛情も生活費も簡単に手に入れられる

椅子にゆったり腰掛けるとベッドに誘い込める

TRICKキーワード　姿勢

意中の相手に、さりげなくベッドイン希望を伝えるにはどうすればいいだろうか。おおっぴらに誘うのも気が引けるし、とはいえ、今夜を逃したくない！

相手に密着し、目をじっと見て好意を猛アピール、なんていう小悪魔的アピールも悪くはないが、もっと簡単な方法がある。息をゆっくり吐き出し、リラックスして椅子にだらりと座る

これができればあなたは…

さわやかホレ対象

ベッドインはしぐさでさりげなく伝えて

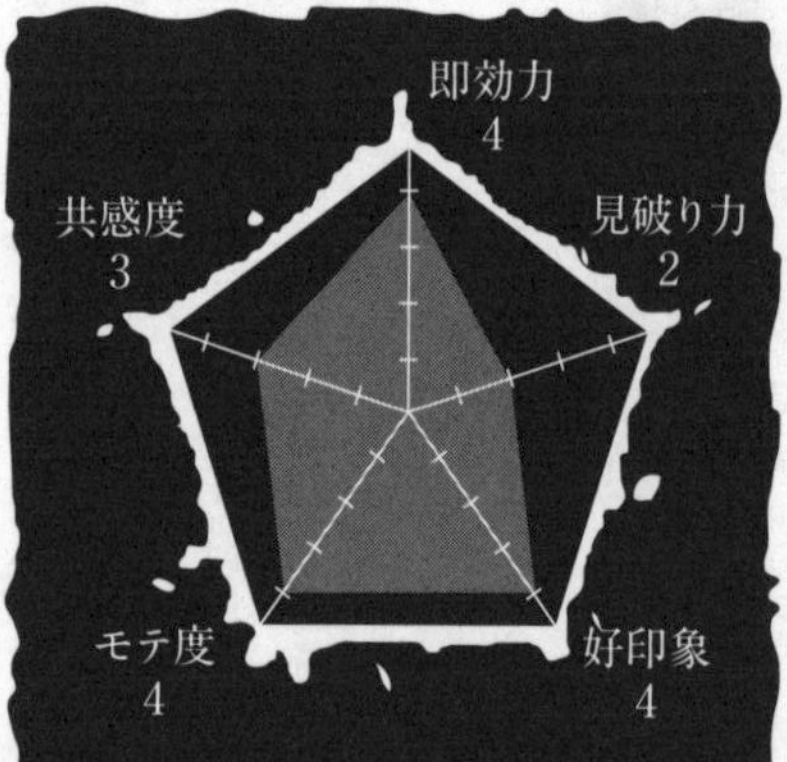

のだ。思いきり椅子にもたれかかってしまうくらいがいいだろう。人は、日常生活の中で、さまざまな心理模様を無意識的なしぐさで表している。椅子にだらりと座っているのは、心を開いている証拠。その姿勢を相手に見せることで、相手の警戒心を解き、好感度を上げる効果があるのだ。

一方これは、相手が自分に体を許してもいいと思っているかどうかチェックするときにも有効だ。相手が足組みをしていたら、性的接触は絶対禁止のサイン、体を抱えるように腕を組んでいたら「あなたには興味ありません」のサインだと思えば良い。そんな場合は、急なベッドインを誘うのではなく、むしろ何度か食事などを重ね、もう少し自分への警戒心を解いてからトライするのがいいだろう。

また、だらりとした姿勢を見せるのは、相手に対して90度の角度がベター。テーブル席だと、角を挟んで座る位置だ。向かい合って座ると、話し合いのスイッチが入ってしまうために、話が盛り上がるにつれ、だらりとした姿勢が逆に傲慢な態度に映ってしまう可能性もなくはない。しかし、90度や横に座ると、お互いによりリラックスでき、姿勢のメッセージも伝わりやすくなるのだ。

悪魔の格言

こいつとはベッドイン不可！の場合は、足を組んで無言の拒否を!!

初体験を繰り返してあなたのトリコにし続ける

TRICKキーワード
誘惑への免疫力

つきあっているパートナーの態度が最近おかしい。デートの約束をしようとメールをしても「忙しい、ごめん」の一言だけ。平日の夜はいつも帰りが遅いみたい。これって、もしかして浮気⁉

長くつきあっていれば、多かれ少なかれ誰にでも訪れるのが「マンネリ」。よく、長年連れ添っている夫婦から「一緒にいて当たり前」、「空気

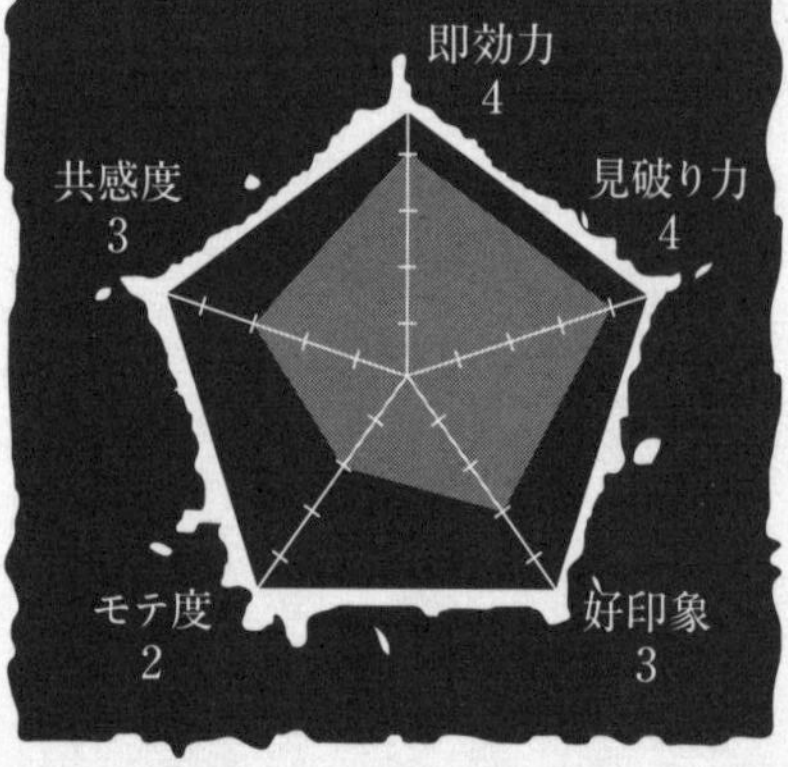

これができればあなたは…

初体験は自分の魅力を引き出すことにもなる

のような存在」という言葉を聞くが、それに安心感がともなっているのならいうことなしだが、お互いの異性としての魅力を感じられなくなっているとしたら要注意。「一緒にいると楽」だと思う関係性になったときが、いちばん浮気の可能性が高まるからだ。

誰しも、好きな相手には浮気をしてほしくない。そして、一度浮気を疑い出そうものなら、今度はその真相を突き止めようと相手の携帯電話を盗み見て、あわや大ゲンカ！　なんてことにもなりかねない。

当然のことだが、浮気の心配をしたくなければ、相手に浮気をさせなければいい。その方法は、ふたりで一緒にいるときに、できるだけ多くの初体験を繰り返すことだ。例えば、普段料理をしない彼女が料理をしてみてもいいし、行ったことのない場所にふたりで足を運んでみるのもいい。こうすることで、相手は初体験をしてワクワクすることへの免疫がつき、外で他の女性に誘われたとしても、誘惑になびきにくくなるのだ。いつもよりおしゃれをして、「お？　今日は何かいつもと違うな」と相手に思わせるのも手。初体験と一緒に、自分の魅力も上げることができるはずだ。

悪魔の格言

恋人がいる異性をモノにしたければ、情に訴えるよりもサプライズありの初体験を！

性格の違う相手を選べば一生夫婦円満！

TRICKキーワード

性的相補性

異性に興味を持つきっかけとして、無意識のうちに趣味や性格、考え方などが似ている相手を自然と選んでいる人は多いのではないだろうか？　しかし、その考え方はどうやら間違っているようなのである。

アメリカの心理学者ウィンチの研究によると、亭主関白な傾向にある男性とそれに従う女性、逆に勝気で男勝りな女性とナヨッとした男性は、

これができればあなたは…

賢い奴

性格が異なる相手を選んで、一生の伴侶をゲット

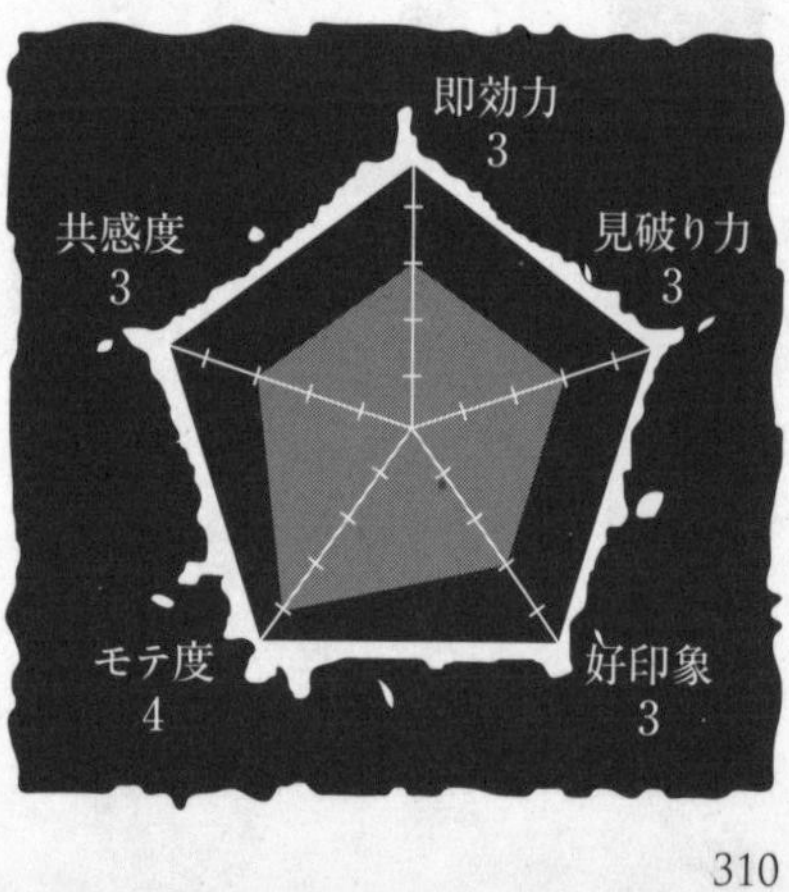

夫婦関係がうまくいく確率が高いという統計結果が出たのである。

しかし、考えてみればお互いに勝気同士の男女が一緒に暮らせばケンカが絶えないだろうし、弱気な男女が一緒に暮らした場合はお互いにあまり楽しそうじゃない。当然といえば当然の結果だ。

このような男女のバランスを心理学では『性的相補性』という。人は、自分にないものを異性に求める生き物なのである。

相手が病的に内向的だったり、極端に暴力的だったりした場合は考えものだが、ある程度「自分にないもの」を持った相手の方が、意見が別れたときなどに立ち止まって考えることで慎重になれるし、いろんな刺激も受けられるので、結果的に長続きするものなのである。

「趣味が一緒のほうが……」とか、「考え方が似てる人がいい」なんてことは考えずに、まずは自分とは性格が違う相手を選んでみよう。単なる恋人であればどんな相手でもいいかもしれないが、一生の伴侶を選ぶのであれば心理学を活用しない手はないのである。その代わり、「この人はこういう考え方をするのね」と一度きちんと認め合うことが、何よりも大切なのである。

悪魔の格言

何人もの異性とつきあいたいなら、性格が似た相手を選べ

恋愛心理学

浮気を見破れば相手はあなたに一途になる

TRICKキーワード

言葉遣い

「バレる浮気をするから、悪いんだ」。そんな会話を聞いたことはないだろうか。確かに、浮気の仕方に「上手」と「下手」はあるだろう。とはいえ、どんなに上手に浮気をしても、必ず見破るポイントがある。話し方や言葉遣いだ。

人間は、誰でも「良心」を持っている。悪いことをすると、この「良心」が首をもたげてきて胸がうずく。それが、もっとも形になって表

これができればあなたは…

賢い奴

浮気を見つけたらさっさと忘れて次の恋もアリ

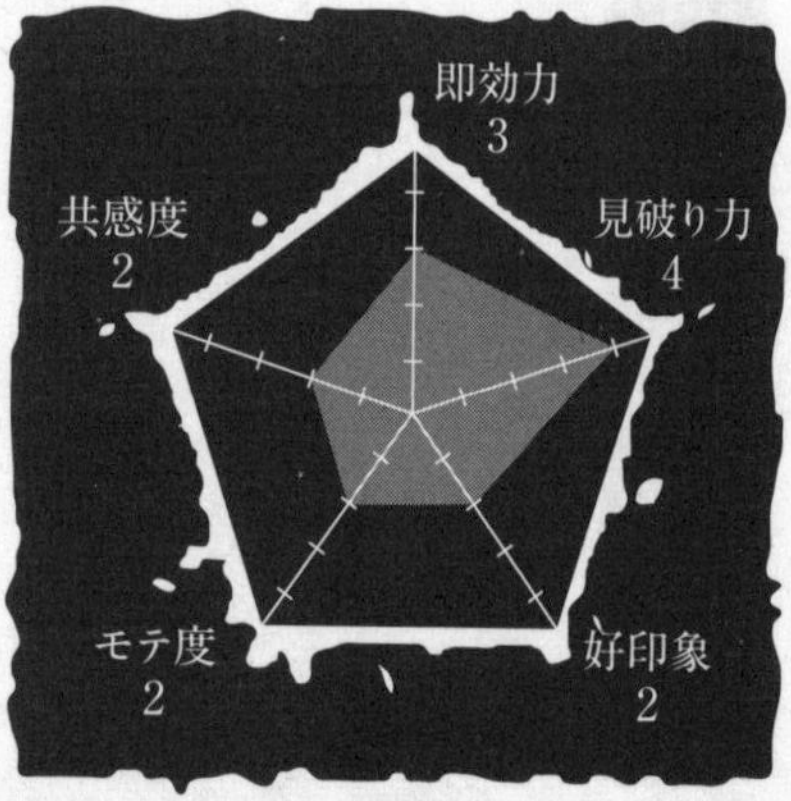

れるのが話し方、言葉遣いなのだ。だから、普段の話し方をしっかり把握していれば、浮気を簡単に見破ることができる。「あのー」「えー」が多くなると、要注意。話をとりつくろうとすると、時間稼ぎが必要になる。その表れが、この言葉。早口やどもり、ていねいな言葉遣いも、浮気の証拠。気が焦ると、早口になる。ぼろが出ないように異常に丁寧になることもある。浮気を指摘するときには女っぷりを上げておくこともポイント。話しぶりだけで早々に見破れば「自分たちは何でもお見通しの仲なんだ」と認め、あなたに一途になるかも。

悪魔の格言

浮気した！　バレたくなければ、発言は大きな声ではっきりと！

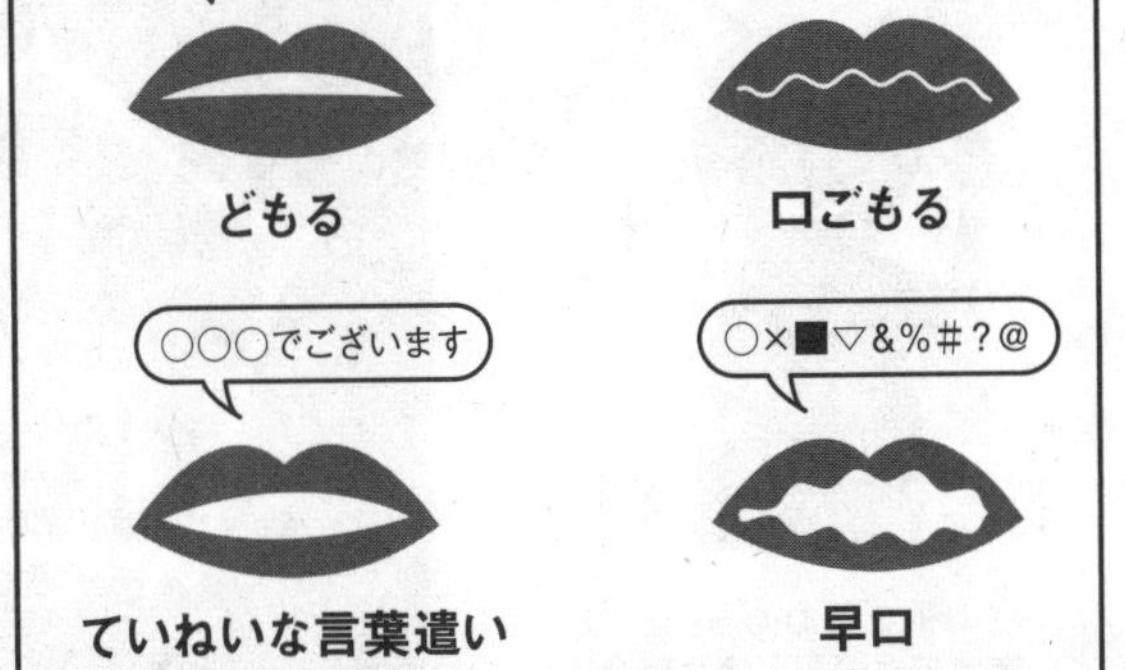
浮気を見破る4トリック
あ、ああのさ
そ、それはさ
どもる
あの～
えー…
口ごもる
○○○でございます
ていねいな言葉遣い
○×■▽&%＃？@
早口

ふたり組に声をかければナンパの成功率アップ

TRICKキーワード 自己同一化

そもそも、「ナンパなんてできないよ、絶対」という男性は多いのではあるまいか。その理由は、自分に自信がない、自信はあるけど恥ずかしいなどさまざまだろう。だがしかし、成功の可能性が飛躍的に上がるコツがあるとしたら、どうか。しかも、方法は至ってシンプルで、ふたり組の女性にターゲットを絞るだけ。気になる相手を誘う際にも応用可能だ。

これができればあなたは…

さわやかホレ対象

右の子を褒めたら、別の言葉で左の子も褒め倒せ

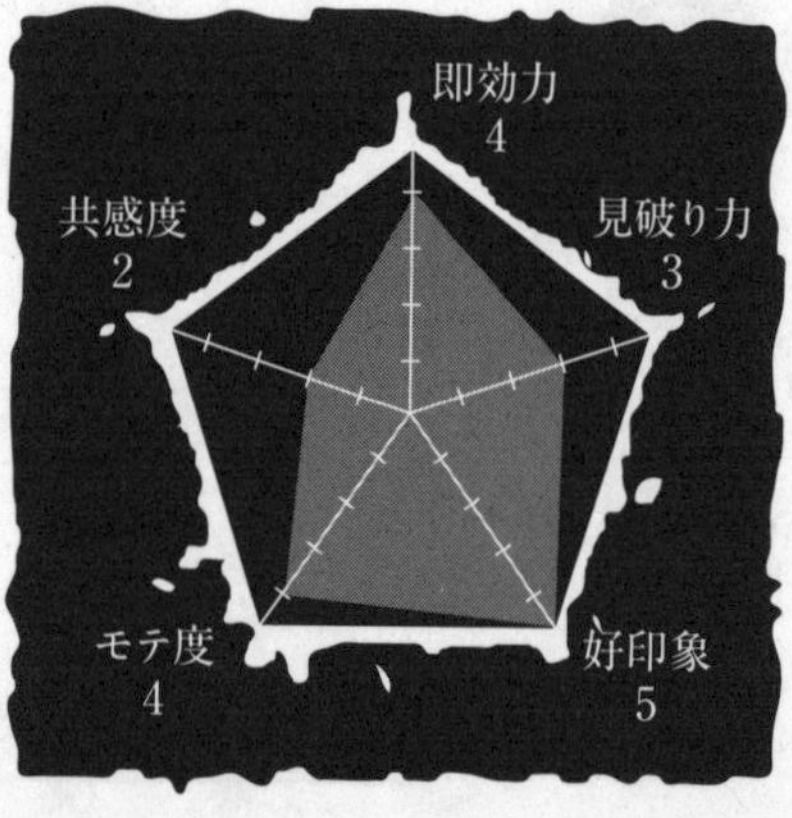

成功率アップのメカニズムはこうだ。

基本的に、人間はひとりでいると警戒心が働くもの。それを解くには、かなりのスキルが必要だろう。ところがふたり組の場合は、その警戒心が薄れるのである。これが、いわゆる『自己同一化』の効果だ。『自己同一化』とは、他人や集団の成果や実力を、あたかも自分のもののように錯覚することである。カンフー映画や任侠映画を観たあとに、肩で風を切って歩きたくなるのは、このためだ。ふたり組であるという安心感や優越感が、あなたのターゲットとなった女性たちに心の余裕をもたせ、警戒心を薄れさせるのである。そして、その代わりに顔をのぞかせるのが、好奇心だ。

誘い出せたら出せたで、注意しなければならないことがある。それは、片方だけをやたらとチヤホヤしないこと。チヤホヤされた子は好奇心そっちのけで友達を気遣い、無視されたほうは好奇心をなくして帰りたそうにしはじめるからである。

視線も話題もなるべく均等に。自己同一化を解いてしまうような言動は控えるのが鉄則。ふたりからの好感度を上げるのが、口説きたい相手を落とす前の必要条件なのである。

悪魔の格言

急がば回れ！　異性を誘う際は友人も同時に

誘いは2択にすれば断られない

TRICKキーワード

誤前提提示

人間、AかBかの選択を迫られると、どちらにしようか悩むものである。Cという別の選択肢を選んだり、どっちもイヤだから「NO」と答える人はほとんどいない。もちろん、ある程度つり合いのとれた、妥当な選択肢を与えられたら、という前提のもとではあるけれど。

例えば寿司屋と焼肉屋のどちらに行くか、と問われて「いいよ、お金ないんでしょ。ウチで食

これができればあなたは…

さわやかホレ対象

最強の提示は「お風呂？ご飯？それともアタシ？」

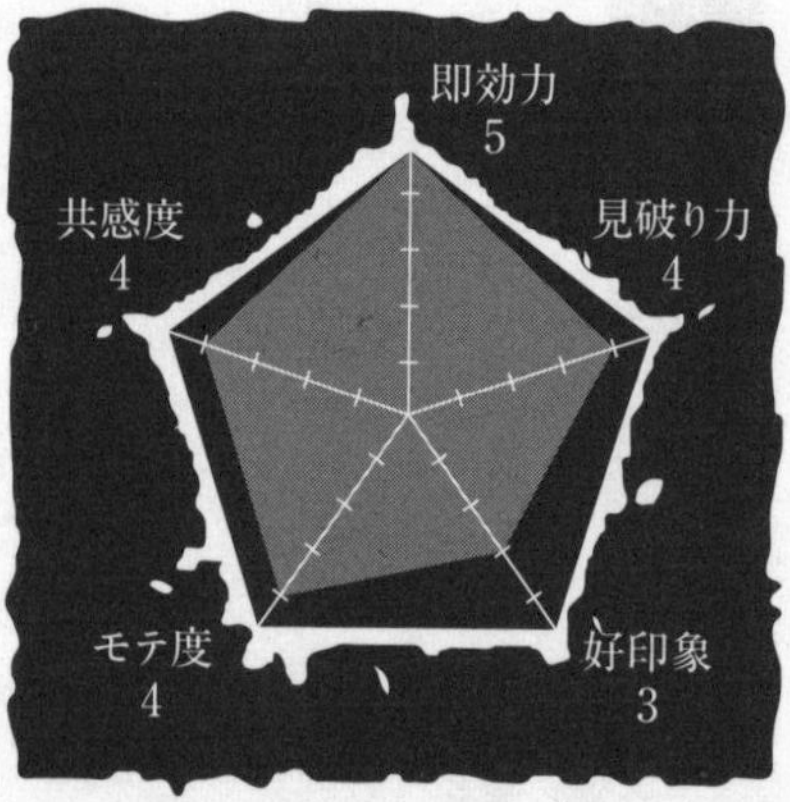

べようよ、私が作るから」なんて返事をする大和撫子は、悲しいかな、おそらく現実世界には存在しないのである。「タイ料理食べたい！　パクチー！！　大好きパクチー！」という子はいるかもしれないが、それはおそらく東南アジアにかぶれている人か、東南アジアの人だろう。

話を元に戻すと、特に異性を誘う場合、実は「どこへ行くか」の前に、そもそも食事に「行く・行かない」という選択肢があってしかるべきである。けれども、「行く」という前提で寿司屋と焼肉屋のどちらに行くかと問われた瞬間、行かないという選択肢は頭から抜け落ちてしまうのだ。

心理学では、これを『誤前提提示』と呼ぶ。そもそも論を抜きにして選択肢を提示する手法で、交渉術のひとつとしても知られている。選択肢を提示され、選択した当人は、自分に主導権があって自分が決めたつもりでいるが、実は質問者の手のひらで踊っているだけなのである。

ここで大切なのは、「AかBかを選ばせる」ということ。「お寿司屋さん行かない？」だと、選択肢は「YES」と「NO」になってしまう。いくつもの選択肢を用意できるか否か。それがモテ男とそうでない者との違いなのだ。

悪魔の格言

お誘いは「行く」前提で、2択を提示すべし！

友達づてで好きをアピれば告白は成功する

TRICKキーワード
フィキシング・ソリューション効果

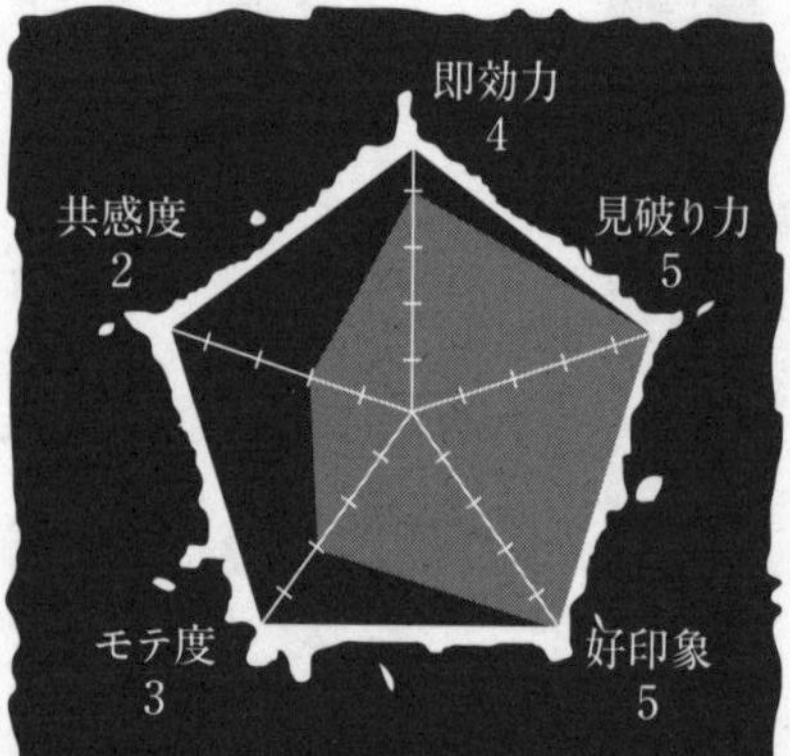

人の心は、外からは見ることができない。たとえ意中の相手と相思相愛だったとしても、それは自分にも相手にもわからないのだ。そのため、せっかく両思いであっても、「フラレたらどうしよう」と思いを打ち明けることができず、互いに思いを寄せたまま関係を発展させることができない男女も多い。「自分は相手に好かれている」というちょっとした自信、自分の背中を

これができればあなたは…

なんか気になる奴

他人の意見で、思いは強固になる

押す「力」があれば、こういった不幸は免れることができる。そんなときにおすすめなのが、『ウィンザー効果』の活用である。これは間接的に自分の評判を伝えることで、効果的に相手へ好印象を与えることができる、という心理学的効果のこと。普段の生活を例に考えてみてほしい。「自分はすごい」、「自分は仕事ができる」とアピールする人間のいうことは、どことなく信用がおけないはずだ。それよりも、第三者との何気ない会話の中で、「○○さんって、すごく素敵なんだよ」などと聞いたほうが信頼性は高く感じられる。これは恋愛においても同じことなのである。

そのため、気になる異性と自分の間に共通の友人がいる場合、その友人を通して自分のいい点を伝えてもらうと相手からの評価も格段にアップする。このとき、友人が異性（相手と同性）であればなお高い効果が望める。

また、人は自分の考えを相手にいわれることで、「やっぱり間違ってなかった」と考え・印象を定着させる。これを『フィキシング・ソリューション効果』と呼ぶ。つまり相手があなたに好意を抱いていた場合、第三者がそれに同意することで、好意はさらに強固な思いに進化する。

悪魔の格言

第三者の言葉を通して、自分の印象を相手に強く刻みつけろ

腹八分目で食事をやめればお持ち帰りできる

TRICKキーワード

欲望充足の般化

デートの約束をとりつけて、シャレオツなレストランに予約を入れて乾杯。いささかバブル感はあるものの、男性が思い浮かべるベタなデートプランといえば、こんなところだろう。女性においしいものをお腹いっぱい食べさせたいと思う男性は少なくないもの。だがしかし、ここに意外な落とし穴がある。心理学でいうところの『欲望充足の般化』には、くれぐれも気をつけなけ

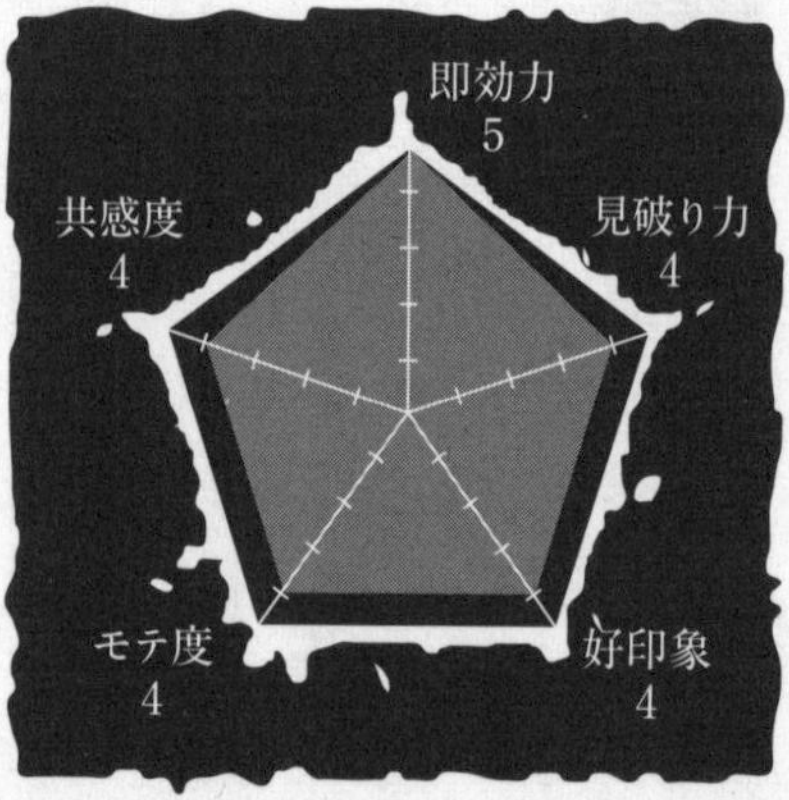

これができればあなたは…

デキる奴！

満腹で眠いのは、欲望充足の般化とは関係ない

ればならない。『欲望充足の般化』とは、何かに満足した結果、そのほかの欲望・欲求が著しく減退することを指す。ハングリー精神の対極の状態ともいえる。

この心理法則に従えば、もしあなたがデート相手と今夜ベッドインを希望していたとして、食事の席で相手を満腹にさせるのは得策ではない。たとえ相手が勝負下着をつけてきていても、フルコースの料理に満足した途端、「今日はもう帰ろうかな」と心変わりする可能性があるからだ。もちろん、自分自身も急に「面倒くせー」となる危険性をはらんでいる。

景気が後退したとはいえ、満たされた生活を送る現代の日本人は、普段からこの『欲望充足の般化』状態にあるのかもしれない。だからこそ、草食男子なるものが生まれたのかも。

ともあれ、デートは「不満を抱かせないながらも満足させすぎず」が合言葉。デザート食べ放題のフルコースなど、もってのほかだ。彼女は、あなたに好感をさらに抱くだろうし、感謝もしてくれるだろう。けれども決して、その夜のうちにゴールを決めることはできないはずだ。

デートの食事は腹八分目。覚えておきたい鉄則である。

悪魔の格言

キメたい夜のディナーは腹八分目で切り上げろ！

嫉妬させるとマンネリ化した恋がよみがえる

TRICKキーワード
嫉妬のストラテージ

どんな恋にも倦怠期は訪れる。このとき、パートナーの心が冷めてしまったのではと不安になるあまり、「私のこと愛してる?」と何度もたずねるのはまずい方法だ。「しつこい!」、「信用していないの?」と、逆に相手の反感を買ってしまうかもしれない。それでわずかに残っていた相手の愛情が完全に冷めてしまっては、元も子もない。

これができればあなたは…

嫉妬させれば、あなたの価値を再認識させられる

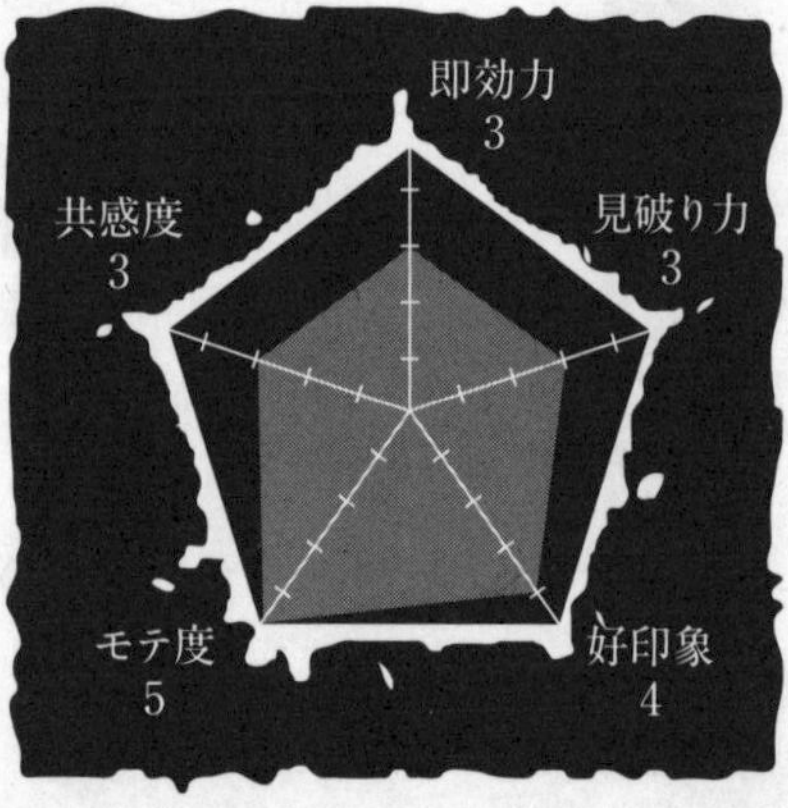

パートナーの愛を確かめ、冷めてしまった恋を再びあたためるためには、注意深さが必要だ。

そんなときは、パートナーの「嫉妬心」を上手に刺激すると効果的である。これを『嫉妬のストラテージ（対人戦略）』と呼ぶ。なにも浮気をしろといっているのではない。例えば「ストーカーされているみたい」「この間、またナンパされちゃった……」などと、相談してみる。そうすることで、あなたの近くに別の異性が存在することを、相手に感じさせることができるのだ。

「もしかするとこの人（あなた）を、失うかもしれないのだ」と思うと、恋人は突然激しい嫉妬心を覚えるだろう。嫉妬心を抱いたパートナーは、自分があなたに対し「嫉妬するほどの愛」を抱いていることに気づく。これが『嫉妬のストラテージ』の第一の効用だ。

第二に恋人はあなたのことを、「他の人間が好意を抱くほど魅力的な存在」であるとも認識するようになる。こうして「嫉妬」は「あせり」を呼び、愛情を昔の形に戻してくれるというワケだ。

恋愛にとって「慣れ」と「安心」は、ときに敵にもなる。たまには不安を煽ることで、互いの恋心を新鮮に維持してみてはいかがだろう。

悪魔の格言

他の異性の存在が、愛情をよみがえらせる

あなたの本性がわかる心理テスト

パートナーをトリコにできているか!? 恋人への対応など恋愛傾向がわかる!

Question 1

携帯電話の調子が悪くなったので、アプリをひとつだけ残してほかを削除することに決めました。あなたが残すアプリとは?

C 気象情報の分かるアプリ	A お気に入りのゲームアプリ
D 芸能情報満載のアプリ	B 今一番話題のアプリ

「恋人への嘘つき度」診断

自分がたったひとつ残したいアプリは、これからの唯一の情報源となるもの。その情報源に信憑性のあるものを選ぶか否かで、嘘つき度がわかる。

A 良心の呵責に耐えられない

嘘をついても良心が痛み、結局は正直に事実を伝えてしまうタイプ。招かなくてもいいケンカを招くこともありますが、土台のしっかりした関係を着実に築いている。

B 何の罪悪感もなく嘘をつく

状況に合わせて口八丁、手八丁。嘘をつくことに何の罪悪感も抱きません。嘘の上に成り立った恋人関係でも、うまくいっているのならそれはそれでよし!?

C 嘘をつく自分が大キライ

情報源の確かなものしか信じず、人に伝えもしない誠実な人。ただし、嘘をついたほうが人を傷つけないといった場面でも、正直な性格を貫くため、周囲は困惑しているかも。

D 余計なことまで話しがち!

情報通を気取り、自分の情報も包み隠さずに他人に伝えたくなるタイプ。相手からリアクションがあるのが嬉しいからと、聞かれていないことにまで答えてしまう。

Question 2

レジをいくつも設置しているスーパーで働くあなた。担当するレジには、お客さんがよくきますか？

- A　絶え間なくくる
- B　ほかのレジと同じくらいくる
- C　ほかのレジより少なめ
- D　なぜかあまりこない

「過去の恋愛傾向」診断

お客さんが自動的に集まる場所での集客率は、自身の持つ自信を象徴。その自信は間違いなく、過去の恋愛で培われてきたものなのだ。

A 恋愛に飢えたことはなし

お客さんが絶え間なくくると答えたあなたは、恋愛の悩みとは無縁なタイプ。モテモテだが、自分を好かない異性などいないと思っているので同性には嫌われがち。

B 恋愛経験は「それなり」

ごく普通の恋愛をマイペースに楽しんできた恋愛平凡タイプ。初エッチは 20 歳になる前にすませ、結婚は 30 代前半までには……と考えているようだ。

C 他人の恋愛をうらやむ

理想やプライドが高いわりには自分に自信がなく、恋愛の種をうまく育てられなかった過去がある様子。幸せそうなカップルを見て下唇を噛むより、婚活に力を入れて。

D 恋愛経験は皆無に近い!?

自分に劣等感を抱いていて、恋愛をあきらめており、片思いすらあまりしたことがないのでは？　まずは異性より同性の友達に心を開くことからはじめてみては？

Question 3

あなたは脱皮するための木を選ぼうとしているセミの幼虫です。迷った末、選ぶ木は次のうちどれ?

C なんとなくいいなと思った木	A どっしりとした木
D 一番近くにある木	B 背の高い木

「異性との友情は成立するか」診断

脱皮するための大切な場所・木は、あなたの相談相手を象徴している。相談相手に異性を選ぶ人は、異性はみな恋愛対象と考えている!?

A 異性との友情の成立率 99%

どっしりとした木が象徴するのは、親。何か困ったことがあったら、とりあえず友達でも上司でもなく親に相談。よって、異性との友情が成立する可能性は極めて高い。

B 異性との友情の成立率 70%

背の高い木が象徴するのは、会社の上司など、目上の人。本当にタメになるアドバイスを求めたいときだけ相談をするあなたは、公私混同と無縁のタイプ。

C 異性との友情の成立率 30%

いいなと思った相手に相談をもちかけて、あわよくば接近しようと考えているタイプ。自分の印象を上げるために、恋愛対象外の相手ともわけ隔てなく接する頭脳派。

D 異性との友情の成立率 10%

「相談をする」ことを貴重な恋愛の手段と考えているタイプ。異性はあくまで恋愛対象か対象外かであり、異性と友情を育むのは時間の無駄だと考えている。

第10章

複雑な女心をひもとく心理学

女性を口説き落とすときは暗い場所を狙え！

TRICKキーワード 暗闇の性衝動

意中の相手を落とすときに昼に口説く方が効果的か、それとも夜に口説く方が効果的か？この疑問の正解は、「夜に口説け」だ。「デートの序盤よりも終わりの頃の方が親密になれるから成功しやすい」と思われるかもしれないが、「夜に口説け」の理由は他にある。

男女のコミュニケーション能力を調査する実験が行われ、面識のない複数の男女が集められ

イメージ操作

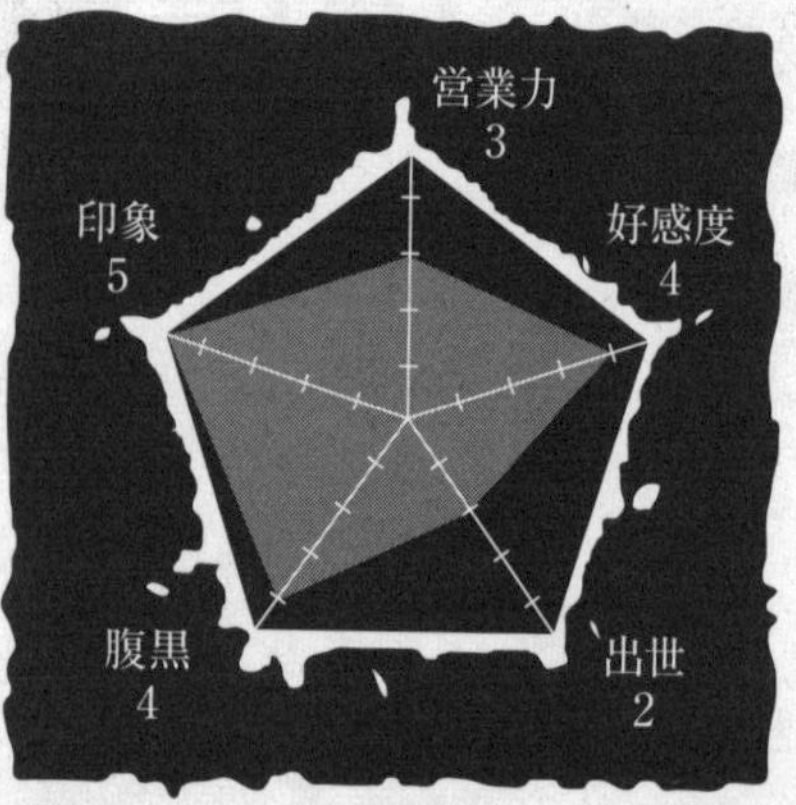

た。実験は男女にやや明るい部屋と真っ暗な部屋で、それぞれ1時間過ごしてもらうというもの。このとき、「被験者には指示は与えず自由に行動してもらった」という。

その結果、やや明るい部屋で過ごした男女は設置された椅子から動くことはなく、終止会話をして終了の時間を迎えることが多かった。しかし、真っ暗な部屋で過ごした男女は、最初こそ会話を行っていたものの次第に口数が少なくなっていき、お互いの手や肩に触れ合ったりする者のほか、中には初対面にもかかわらず抱き合う者まで現れたという。

研究者は次のように解説する。

「暗い場所は、相手を確認しづらくし、普段では言えないようなことや普段できない積極的な行動ができてしまう効果がある。抱き合うという行為を行った男女もいましたが、暗闇には性的な欲求が増幅される効果があることも確認されています」

つまり、意中の相手を口説くのにもっとも適しているのは夜ということになる。また、相手の心を動かすには密室性も重要になるため、ふたりきりになれる個室であった方がより効果的になる。

悪魔の格言

暗闇は性的欲求を増幅！　女は闇夜で口説け

「やっぱりいらない」と言えば気になる相手から好かれる

TRICKキーワード

認知的不協和理論

異性の興味を惹くために「相手に理性的なことをしてあげる」ことは多い。しかし、逆に「相手に理不尽行為をする」方が効果的なことがある。このことは、アメリカの心理学者レオン・フェスティンガーが提唱した「認知的不協和理論」によって証明されている。

これをわかりやすく説明すると、人間は不協和状態（理不尽）にあると協和状態（納得）に

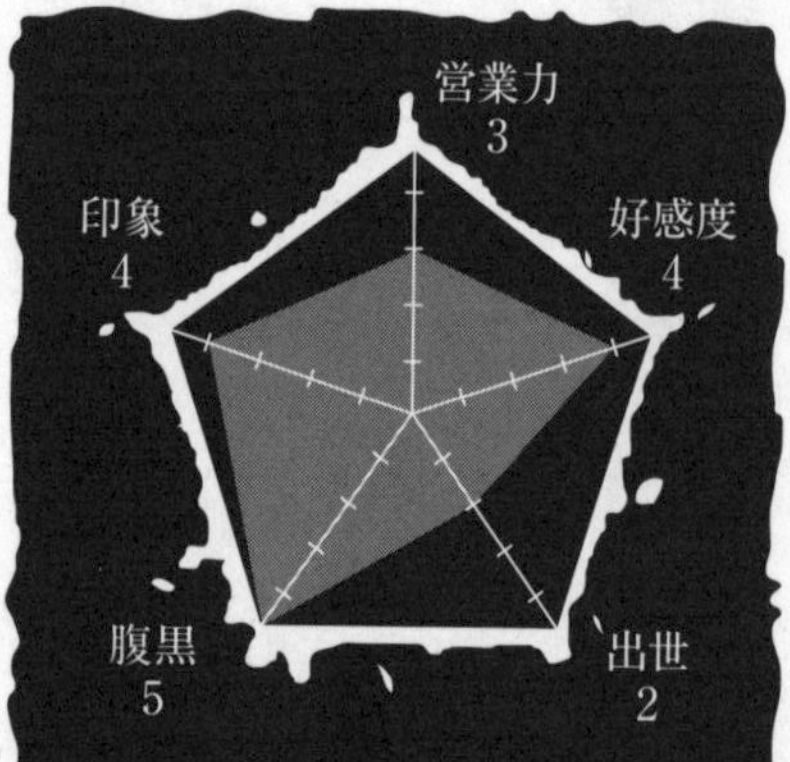

するために態度や行動を変更するということである。さらに平たく説明すれば、やらなくていいことをやらなければならないとき、人は何らかの納得できる理由づけを勝手に行なうということだ。

具体的な例を挙げてみると、もし知り合いに挨拶をしたのに無視されてしまったとしよう。そのとき、アナタはどうして挨拶を返してくれなかったのか理不尽に感じ、挨拶しなければ良かったと思うだろう。これが不協和状態にあるということだ。人はこの状態に陥ったとき、「挨拶が聞こえなかったのかも」「人違いかも」と態度や行動を変換して納得し、協和状態に持っていくのである。

それでは、異性に理不尽な行為をするとどうなるのか。理不尽な好意は、できるだけ相手にとって意外性のあるもの方が良い。例えば、いつもしているはずの挨拶をしないとか、買物を頼んでおいて「やっぱりいらない」と言ってしまうなどの少し意外な行為をしてみよう。ここで逆上されてしまえば元も子もないが、自分を意識してくれるようになった場合には相手は不協和状態に陥っているのである。不協和状態にあるということは、すなわち協和状態にしようと心理が無意識に動くということ。相手はあなたを特別な存在として意識しはじめるかもしれない。

悪魔の格言

理不尽な行為を正そうとする習性につけ込め

恋愛対象に尽くしすぎると嫌われてしまう!?

TRICKキーワード　対等な貢献

相手の役に立つことよりも役に立たないことをしてもらえ、と前の項で説明したが、実は相手の役に立とうと尽くしすぎてしまうと、まったくの逆効果になってしまうことをご存知だろうか。よく「尽くす女性はダメな男に引っかかって捨てられる」という話を耳にするが、これもあながち間違いではないのだ。

ある研究者が、大学生カップルを対象に以下

好感度アップ!

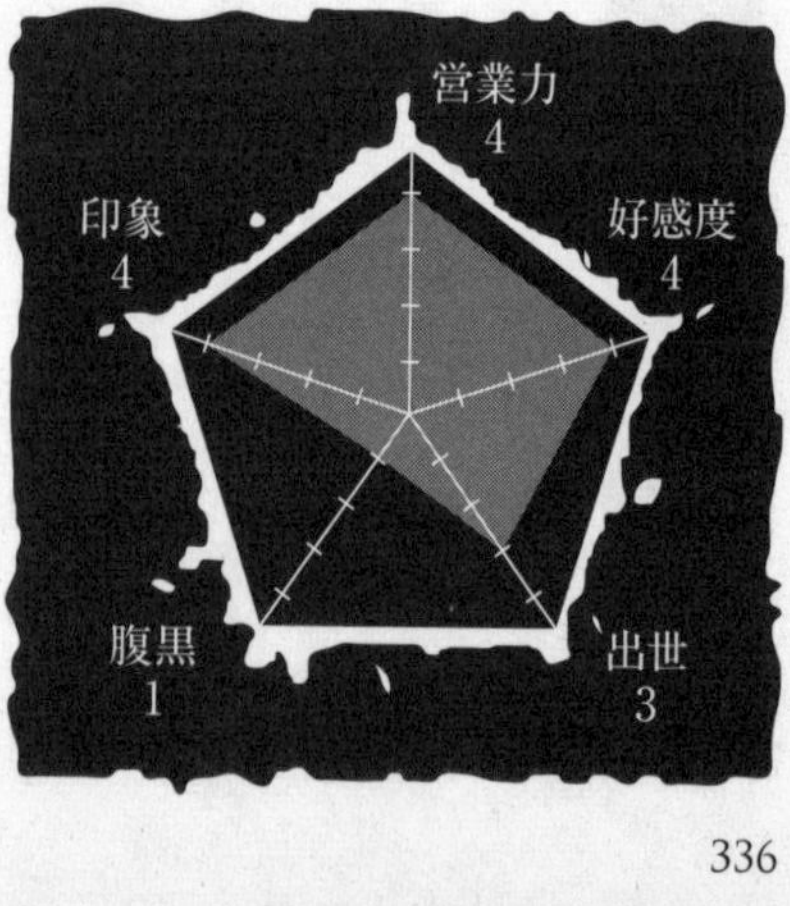

5項目のアンケートを実施した。「自分がパートナーにどの程度貢献しているか」「パートナーが自分にどの程度貢献しているか」「自分がパートナーから恩恵を受けているか」「パートナーが自分から恩恵を受けているか」「パートナーとのセックス頻度」。そして、このアンケートを実施した約3ヶ月後に実態調査を行ったところ、パートナーからの貢献や恩恵を受けていないと回答した人の多くは、セックス頻度が非常に低く、別れているケースが多く、また、パートナーに貢献や恩恵を与えていると答えた人も、同じくセックス頻度が低く、別れるケースが多かったのだ。

つまり、パートナーに尽くしすぎたのでは何もしないことと大差ないのだ。

このときの実態調査で一番多くカップルが続いていたのは、自分とパートナーが同程度の貢献をしており、お互いに恩恵を受けていると答えたカップルだった。ちなみに、このカップルはセックス頻度も高かったことが判明。ようするに、持ちつ持たれつの精神でお互いが努力しなければ恋愛は上手くいかないのである。「過ぎたるは、なお及ばざるが如し」。なにごともほどほどが一番ということだ。

悪魔の格言

お互いを支え合うのが最良の関係。尽くしすぎ、尽くされすぎは赤信号

心の距離を縮めるためにはバーを利用しろ！

TRICKキーワード

パーソナルスペース（恋愛編）

あなたは満員電車やエレベーターの中で、他人との距離が近すぎて気まずさや不快感を覚えたことはないだろうか。実はこの現象には、パーソナルスペースというものが関係している。

パーソナルスペースとは他人に近づかれると不快に感じる空間のことで、その空間の距離をアメリカの文化人類学者エドワード・ホールは次のように定義している。

腹黒テクニック

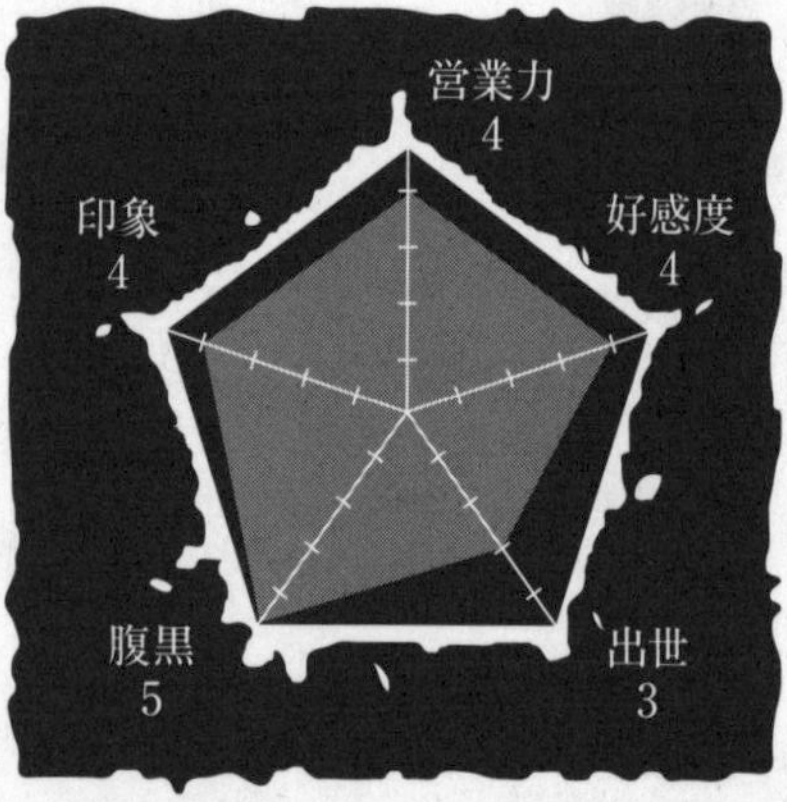

①密接距離　恋人や家族の場合は0～15センチ、友人などでは15～45センチが許容範囲。
②個体距離　普通の友人では45～75センチ、顔見知りであれば75～120センチが許容範囲。
③社会距離　知らない者同士のときは1・2～2m、会社の商談などでは2～3・5mが許容範囲。

「では、好意を抱いている相手とはいえ、仲良くなるまでは密接距離に侵入してはいけないのですね」なんて思っていたら大間違い。むしろ逆に、ある程度パーソナルスペースを侵し続けることによって、相手に親近感を抱かせることができるのである。

とはいっても、いきなり15～45センチの距離まで近づくのは容易なことではない。照れもあるだろうし、相手に顔をそむけられてしまうかもしれない。そこで、パーソナルスペースを急接近させるのに最適な場所をお教えしよう。それはバーだ。

バーに男女ふたりで入った場合、かなりの確率でカウンター席に案内される。カウンター席は肩が触れ合うほど距離が近く、BGMや周りの雑音によってはかなり顔を近づけて会話しなければならなくなる。気になる異性がいたら、まずはバーに誘ってみよう。

悪魔の格言

異性を口説くときはパーソナルスペースに踏み込め

危険日こそ女は男を求める!?

TRICKキーワード
危険日の性衝動

危険日に女性はセックスを避けるものと考えがちだが、実はその反対で危険日こそ女性は発情するのだという。生物学者からすれば、子孫繁栄のためには妊娠の可能性が高まる危険日にこそ発情期を迎えるのは当然のことだが、理性もあり社会的立場もある現代の女性に、子孫繁栄のために発情するなんてことがいまだに起こっているのだろうか。

腹黒テクニック

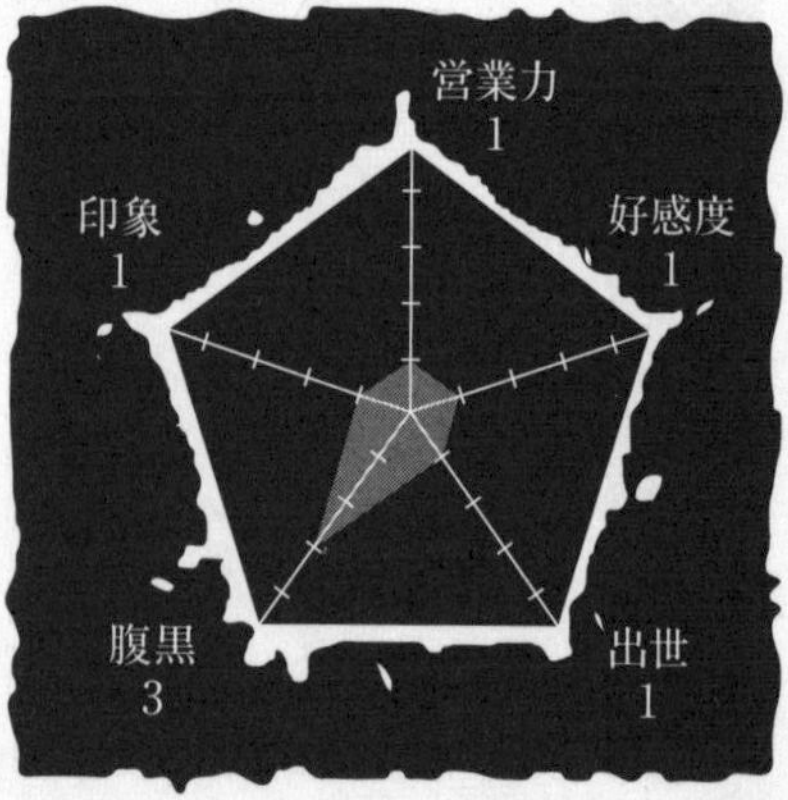

この疑問に対して、マンチェスター大学のマーク・ベリス博士が次のような論文を発表している。それによると、『カンパニー誌』に掲載された女性の浮気データ2708名分を分析したところ、婚外性交渉の割合、つまり浮気のセックスをするのは危険日に該当するケースが非常に多いことが判明したのだ。また、ニュー・サウス・ウェールズ大学のハロルズ・スタニロウ博士も1066名の女性の月経を調査し、もっとも性的欲求が高まるのは危険日であることを発表している。

ちなみに、ベリス博士によると通常の日に女性が浮気する確率は1％程度だが、危険日には4％にまで跳ね上がるというのだ。このことを単純に考えれば、女性の浮気率は危険日に4倍になるのである。つまり、危険日を制するものが女性を制すということになる。

…とは言っても男性が恋愛関係にない女性の生理日を知ることは不可能と言っても過言ではない。ちょっとした隙に基礎体温を計らせてもらうことなどできようはずもない。そのため、セックスしたい相手の発情期を見極めることは非常に難しいが、やたらとすり寄ってくる女性がいたら危険日の可能性があるので、とりあえずは敏感に察知できるように心がけよう。

悪魔の格言

子孫繁栄の本能を察知して、女性の欲望を見抜くべし。

金と時間をかけさせると相手は自分しか見なくなる

TRICKキーワード

サンクコスト効果

恋とギャンブルは似ているという考え方がある。当たるも八卦当たらぬも八卦、当たれば得るものは大きく、外れれば大きな傷を負うこともあるのだ。それを言うなら、仕事だって趣味だって何だってギャンブルに似ていると言えるのだが、実は恋の場合はギャンブルと同じ心理を応用できるところで他と違うのだ。

基本的にギャンブルは店の儲けを出すために

交渉力アップ

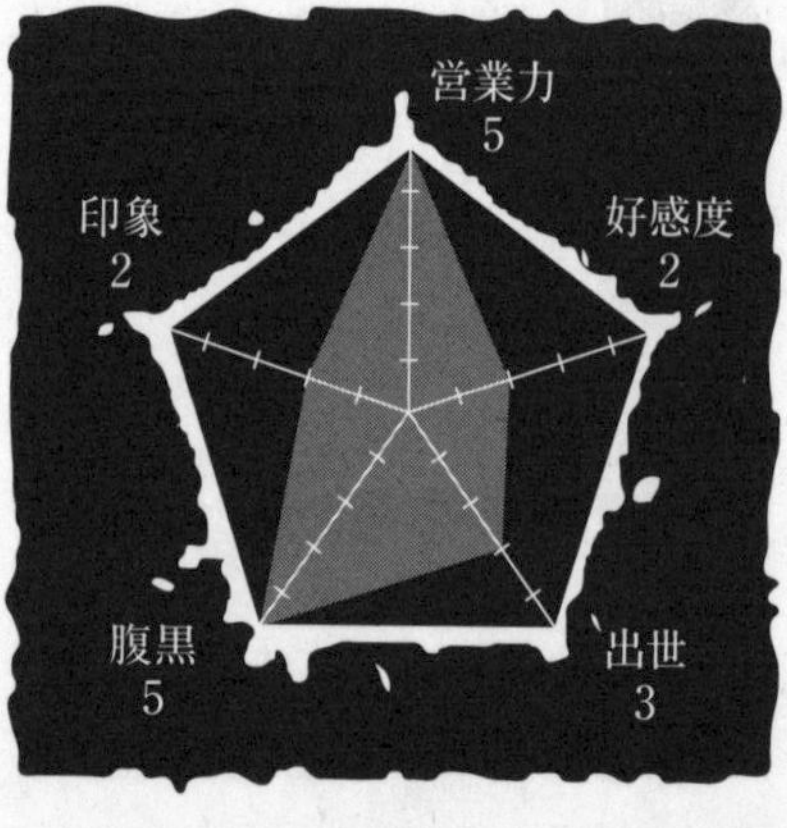

客を負けさせるようにできている。そんなことはわかりきったことであるはずなのに、それでもお金をつぎ込んでしまうのには「サンクコスト効果」というものが関連している。

サンクコスト効果とは、労力とお金を使うほど撤退しにくくなるというものだ。例えば、パソコンが故障して修理のために5万円支払ったが、しばらくすると再び故障して10万円の修理費が必要になったとする。ここで修理せずに改めて15万円支払えば新しいパソコンが買えることに気づくが、それでも先に支払った5万円を無駄にしないために10万円で修理をしてしまう。これがサンクコスト効果だ。

そして、この手法は恋愛にも応用することができる。女性に労力（時間）とお金を使わせれば、のめり込みやすくなるというわけだ。具体的に説明するなら、例えば合コンはフリータイムで少し値の張るダイニングにしてみる。すると女性には、時間制の安居酒屋よりも多くの時間とお金を使わなければならなくなるので、それらを無駄にしたくないという意識が高まって真剣になるのだ。もちろん、この方法は合コン以外にも1対1のデートや交際中の彼女にも有効だ。

悪魔の格言

金と時間を使わせて、相手の心も絡めとれ

離婚を防止する一番の方法は子どもを作ること

TRICKキーワード　子どもの重要性

幸せな新婚生活は早くも過ぎ、いつの間にやら妻とはギクシャク、離婚届を突きつけられて夫婦崩壊の危機に。でも、まだ妻のことは愛しているんだ、離婚なんて絶対にしたくない！

そんなことにならないように、離婚防止のため結婚してすぐに行っていただきたいことがある。それは子どもを作ることだ。

ペンシルバニア州立大学のデニス・プレヴィテ

危険回避!!

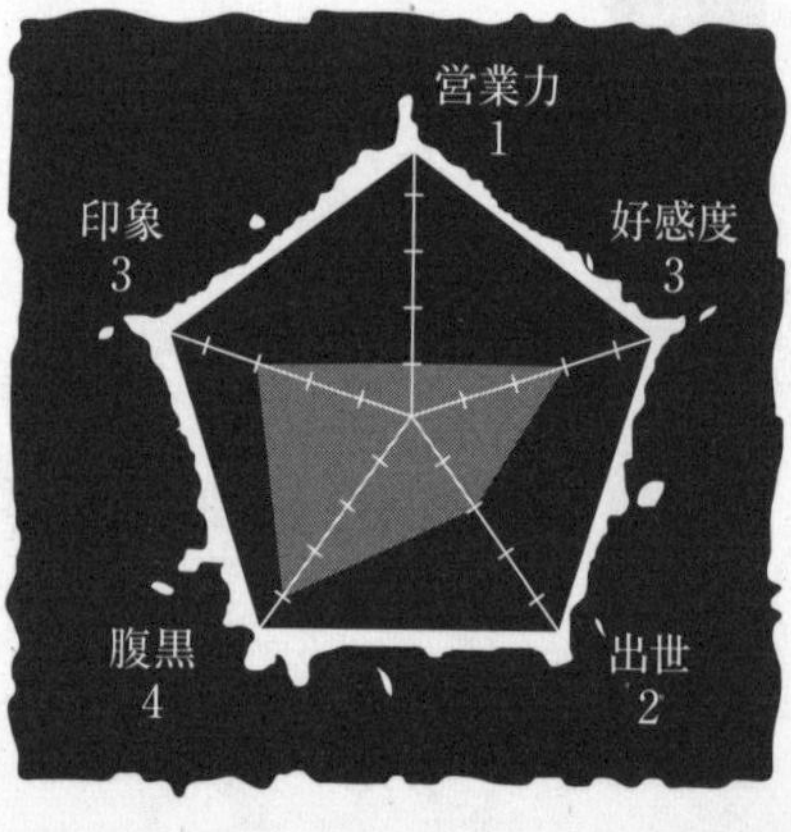

ィ教授によると離婚原因でもっとも多かったのが、「他に好きな人ができた」ことだという。要するに浮気である。しかし、プレヴィティは1424人の既婚女性に調査を行ったところ、浮気しても離婚しないケースも少なくなく、その一番の要因は「子どもがいたから」だったという。また、子どものために離婚しないのには、3つの理由があった。

1　夫に愛情はないが、愛する子どもには血のつながった実の父親と一緒に暮らして欲しいから。

2　離婚は一大イベントであり、とてつもない労力と精神力、場合によっては経済力も必要になるため、離婚後の養育費や生活費を考えると離婚が億劫になるから。

3　浮気が原因で離婚すると子どもを手元に残せないから。

離婚しないためには、子どもがいかに重要かおわかりいただけただろう。しかし、離婚防止のための子どもという考えは捨てて欲しい。愛する妻と結ばれ、家族となってからのもっとも大きな共同作業こそが子育てであり、それは何よりも大きな喜びであるはずだ。子どもへの愛情と子育ての喜びこそが、家族にとっての一番の幸福であり、その幸福こそが離婚防止の抑止力になるのだ。

悪魔の格言

永遠の愛を誓ったのなら、ひとまず子どもを作っておけ

あなたの恋人は大丈夫!? マメな女はストーカーになる

TRICKキーワード

ストーカーの法則

彼女や奥さんにするなら、よく気がついて気遣いのできるマメな女性がいい。そんな非の打ち所のない女性なら文句がないと思いがちだが、実はこの「マメ女」はとてつもない危険をはらんでいる。マメな女性は仲が良い分には何の問題もないのだが、一度仲が悪くなってしまうと、これがとにかく厄介なのだ。

なぜマメ女と仲が悪くなると危険で厄介かと

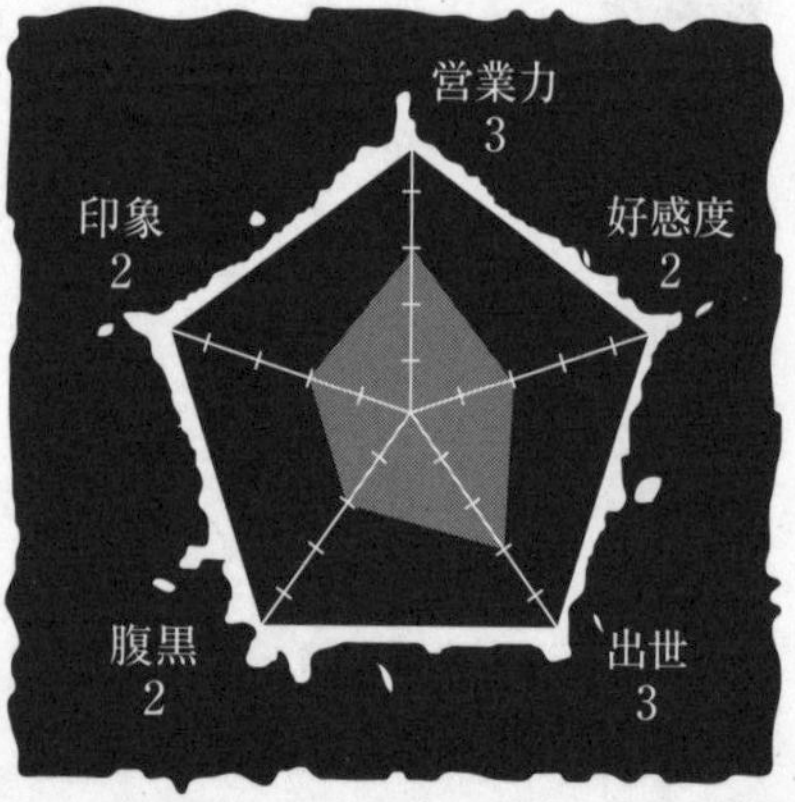

いうと、「よく気がつく」が「いつまでも根に持つ」に変わり、「気遣いができる」が「余計なことをする」に変わってしまうからだ。このいつまでも根に持ち余計なことをするタイプはストーカーになるケースが多く、また精神に障害を負ってしまう可能性も高まるのだ。

フランスのミレイル大学の心理学者マリア・サストールの統計結果によれば、他人を許してあげられる人ほど性格がノーブル（高貴）であり、許してあげられない人ほど危険な性格を持っているという。

マメであることとストーカーになることは表裏一体であるが、当の本人からすればやることを変えているわけではないので、あまり自覚がない。

言ってしまえば、「マメにとっていた連絡」が「嫌がらせの電話」と捉えられるようになり、「気の利いた送り迎え」が「待ち伏せ」と捉えられるようになっただけのことである。ただし、嫌がらせや待ち伏せをされていると捉える方にとってはたまったものではない。マメな女性がいいという意見に異論はないが、上記のような危険性も考慮しておいたほうがいいだろう。

悪魔の格言

マメな女は諸刃の刃。心して別れるべし

冬に生まれた女は口説きやすい!?

TRICKキーワード
誕生日の原理

口説き落とそうとした相手がワンナイトラブに興味があるか否か、それがわかればこれほど簡単なナンパはない。それには、その女性が刺激追求者であるかを調べればいい。「刺激追求者って何やねん」というツッコミはひとまず置いといて、ペンシルバニアで行われた心理テストに注目してほしい。

バニ・ヘンダーソン率いる心理学の研究グルー

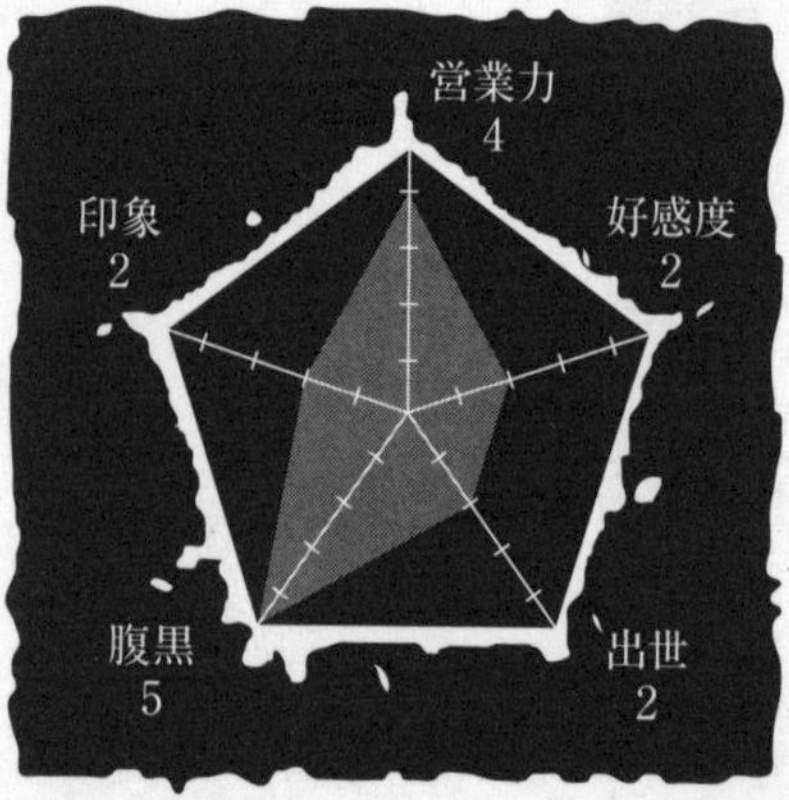

プが673名の刺激追求者に集まってもらい、「冒険は好きか」「新しい経験は好きか」「退屈が嫌いか」などのアンケート結果をもとに、特に強い刺激を好む高刺激追求者を選別した。そして、その選ばれし高刺激追求者に異性とのデートやセックスにどの程度興味があるかを尋ねてみたところ、多くの高刺激追求者が大きな興味を示すことが発覚したのだ。

さて、そろそろ「刺激追求者って何やねん」のツッコミに答えなければならない。刺激追求者とは、幼い頃から高いところや絶叫系マシーンなどが好きな、読んで字のごとく刺激を追求する者のこと。また、イギリスのキャロル・ジョンソン博士の研究によって、高刺激追求者は冬に生まれた人にその傾向が現れやすいことがわかった。

ということは、誕生日が12月～3月生まれの女性と巡り合えれば、その女性は刺激追求者である可能性が高いことになる。さらに、その女性に対してヘンダーソン博士のような「強い刺激は好きか」という質問をして「YES」と答えられたのなら、彼女をホテルに連れ込むことはまったく難しいミッションではなくなるだろう。

悪魔の格言

「強い刺激は好き？」にYESと答える女は口説きやすい

遊び好き女は結婚しても遊び好きのまま

TRICKキーワード　女の浮気性

「結婚すると人が変わる」とはよくある話で、独身時代に遊び歩いていた男性が、結婚後まっすぐ家に帰るようになったり、料理ベタな女性が完璧に家事をこなしたり、以前とは別人のように真面目になる人も少なくない。しかし、まったくと言っていいほど性格が変わらないタイプの女性もいる。それが、男好きである。

ウェスタン・ワシントン大学のJ・ティーチマ

危険回避!!

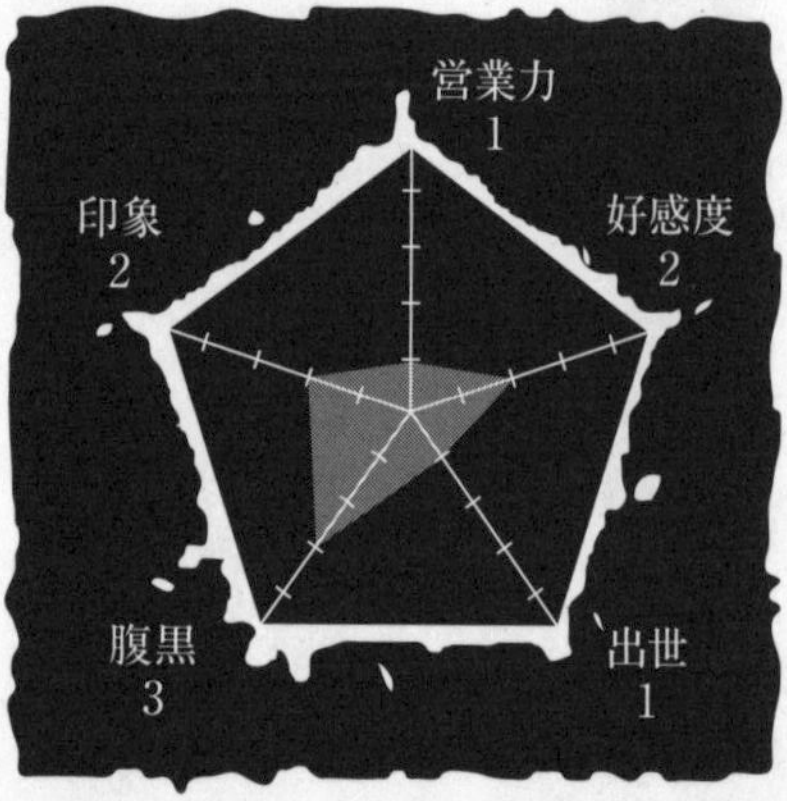

ン教授が離婚についてのアンケートを行ったところ、一般既婚女性の離婚リスクは53％だったにもかかわらず、「過去に浮気をしたことがある」と回答した既婚女性の離婚リスクは166％と3倍以上だったのだ。

また、ティーチマン教授によると「過去に浮気をしていた既婚男性と一般既婚男性では、離婚リスクはさほど変わらない」のだという。つまり、女好きは結婚するとおとなしくなる傾向にあるが、男好きは結婚しても男好きのままということになる。「結婚すれば変わるかも？」という淡い期待は持たない方がいいだろう。

悪魔の格言

女の浮気性は男のようには変わらない

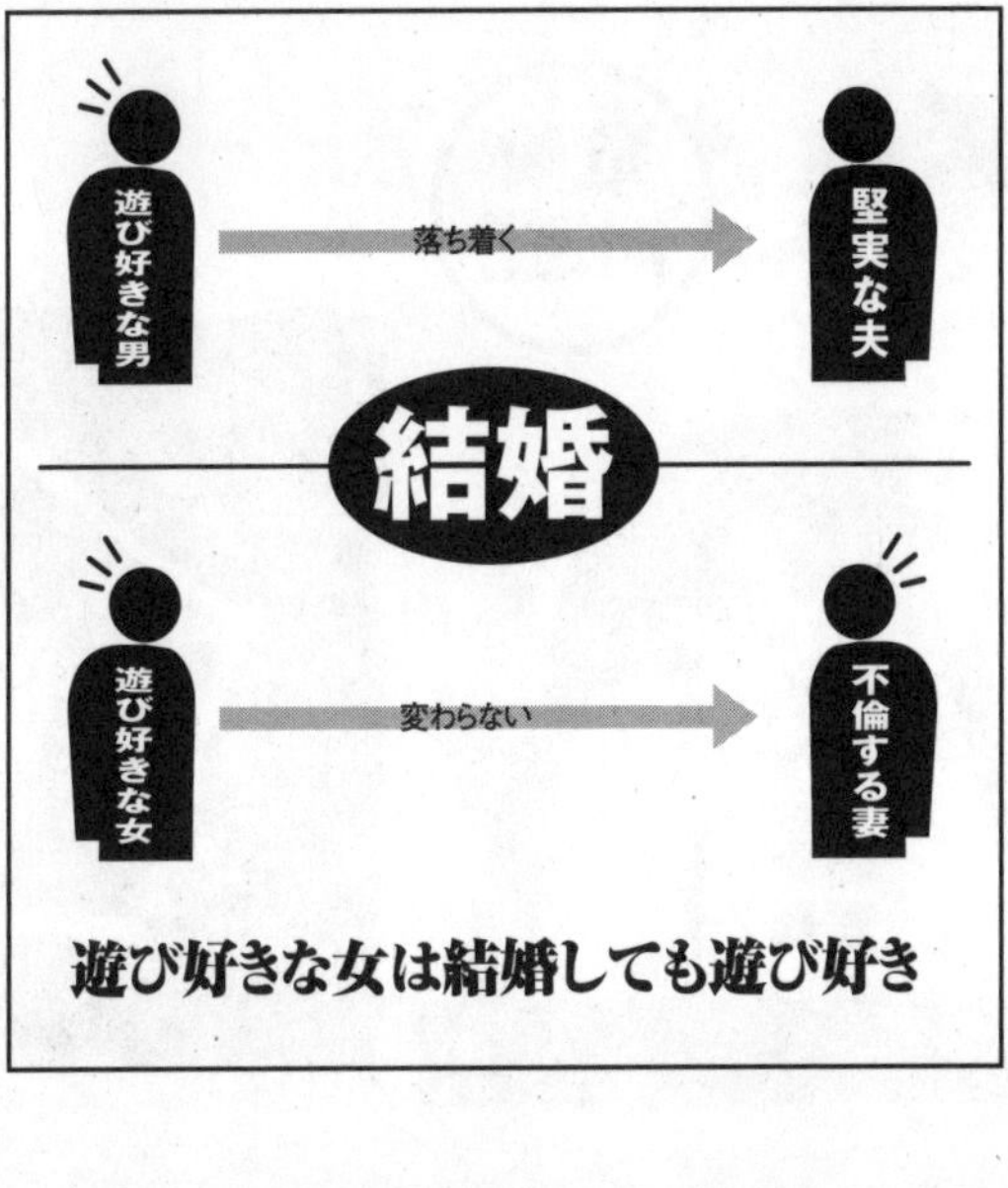

買い物大好き女は尻軽の可能性大!?

TRICKキーワード

ショッピングと性

彼女にするなら浮気癖のある尻軽な女性はごめん被りたい。そう考えるのであれば、過度にショッピングが好きな女性は避けた方がいいだろう。なぜなら、「ショッピングが大好きな女性は買い物依存症の可能性が高く、この傾向にある女性は浮気体質である」とジェームズ・ロバーツ教授は語っている。ショッピングとは欲求のはけ口であり、必要以上に買いすぎる傾向にあ

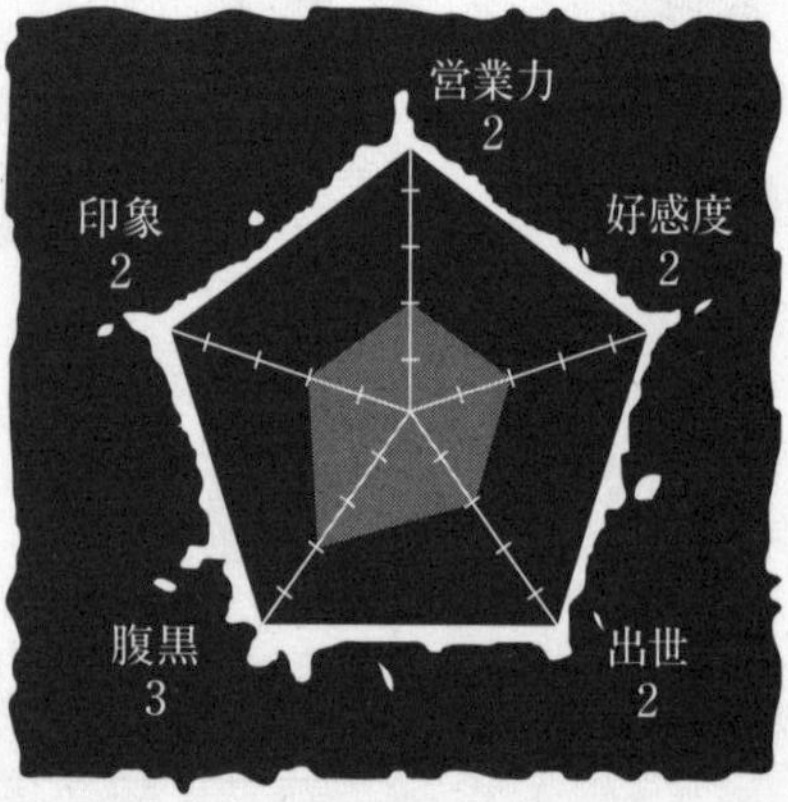

る女性はセックスに対しても貪欲であるというのだ。尻軽女を見抜くには次のポイントに当てはまるか確認するといい。

「お金があると何か買いたくなる」「お金を使うことに喜びを感じる」「目的もなく買い物に行く」「クレジットカードで買い物をする」

アナタの彼女は4つのポイントの中でいくつ当てはまっているだろうか。もしすべてに当てはまっているのであれば、浮気を注意しなければならない。また、この4つのポイントすべてに当てはまる女性はカード地獄に陥る可能性も高いので、そちらの方にも十分ご注意を。

性と物、快の衝動で連動

悪魔の格言

買い物依存症は、どんなものにも依存しがちなので要注意

最後までウソをつき通せば女性でも見抜けない

TRICKキーワード ウソの認識

女は男のウソを見抜く。しかし、男なら彼女に知られたくないことのひとつやふたつあって当然。どうしたらバレないようにウソをつくことができるか。これは、非常に簡単。ウソを最後までつき通せばいい。「そんな当たり前のことを…」と思われるかもしれないが、実はウソをつき通せる男性は少ない。「多分バレてるよな。だったら早めに自白してしまえ」と自白してしま

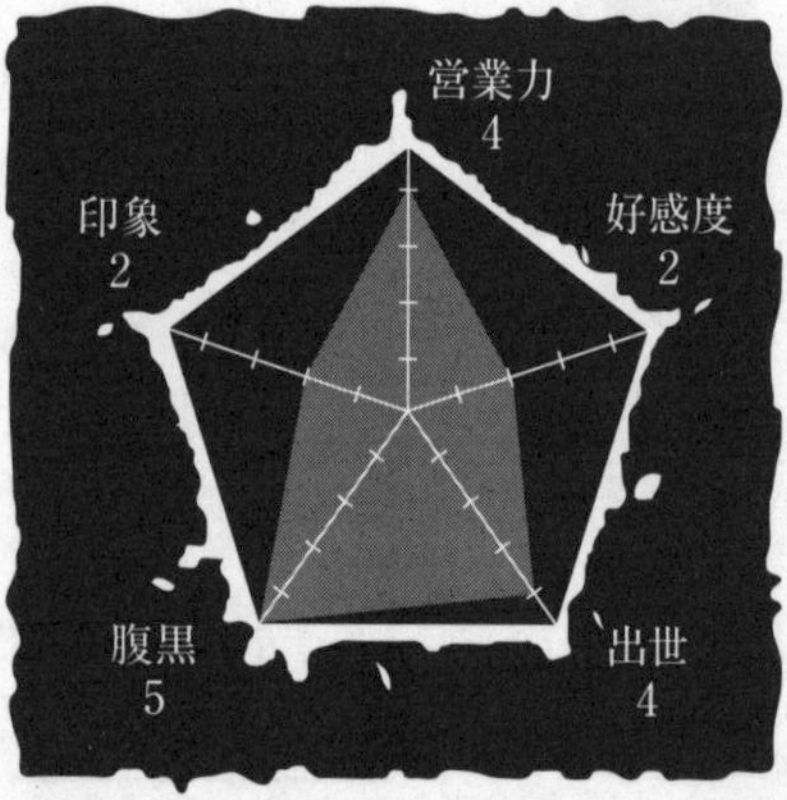

うのだ。しかし、実際には確信を持ってウソを見抜いている女性などいないのだ。

コネチカット大学のチャールズ・ボンド教授が、ウソをついている男性のビデオを女性に見せたところ、それがウソであると見抜けた女性は3割にも満たなかったという。「女は態度でウソを見抜く」という説がはなはだ疑問に感じられるほどである。女性はウソを見抜いているのではなく、怪しいと思ったことにカマをかけているだけなのだ。つまりは、ウソをつくなら最後までつき通してしまえば、怪しまれたとしてもバレることはない。

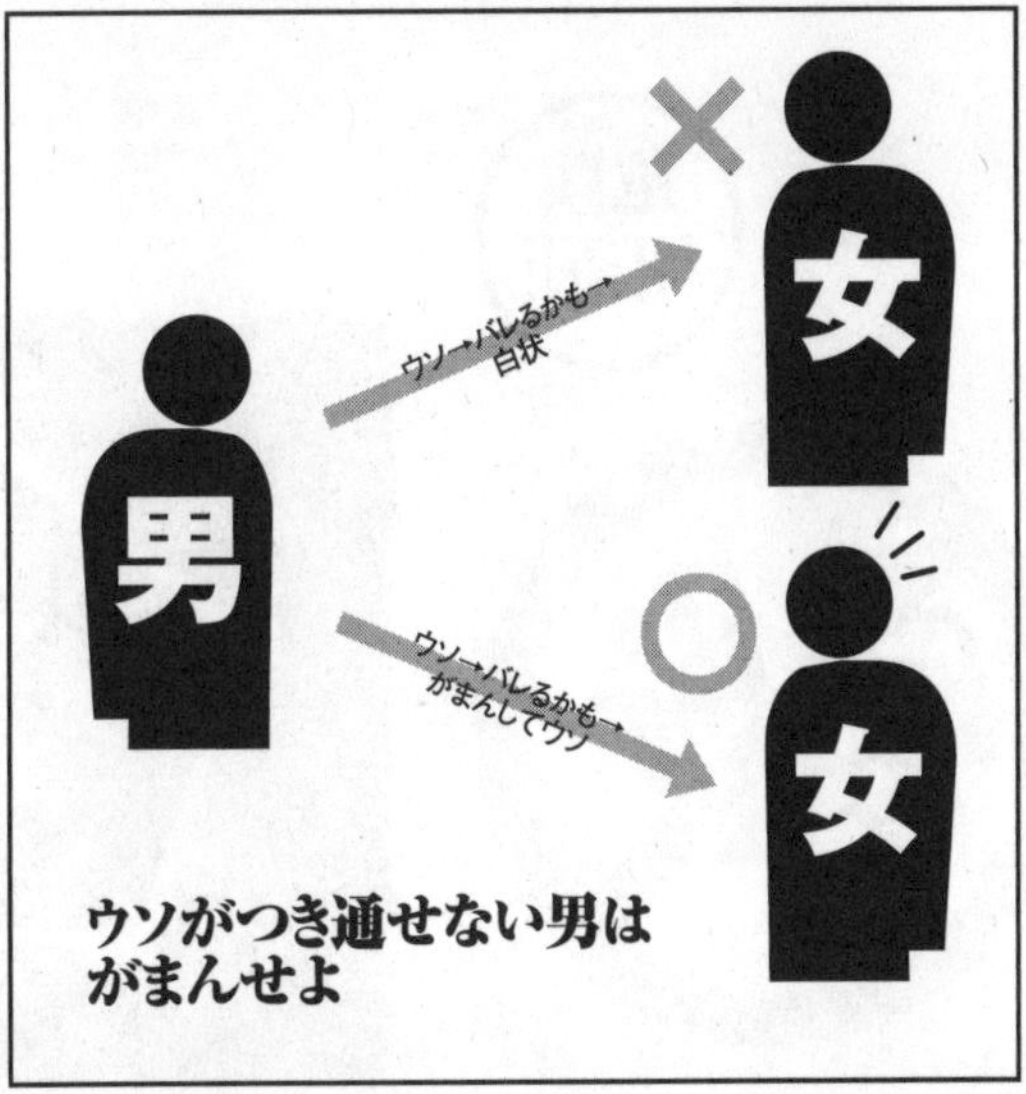

悪魔の格言

女は言うほど男の心を見通せていない

恋愛小説好きの女性はコンドームを使用しない!?

TRICKキーワード

ロマン好きの性

恋愛小説を好んで読んでいる女性をロマンチックで可愛いと思うだろうか。否、実際ではこういった女性には要注意しなければならない。何を注意しなければならないかというと、それはデキちゃった結婚のリスクである。恋愛小説には多くの場合ベッドシーンが登場するが、コンドームをつける描写は皆無。ロマンの世界であり、現実的で日常性のあるコンドームをつける描写

危険回避!!

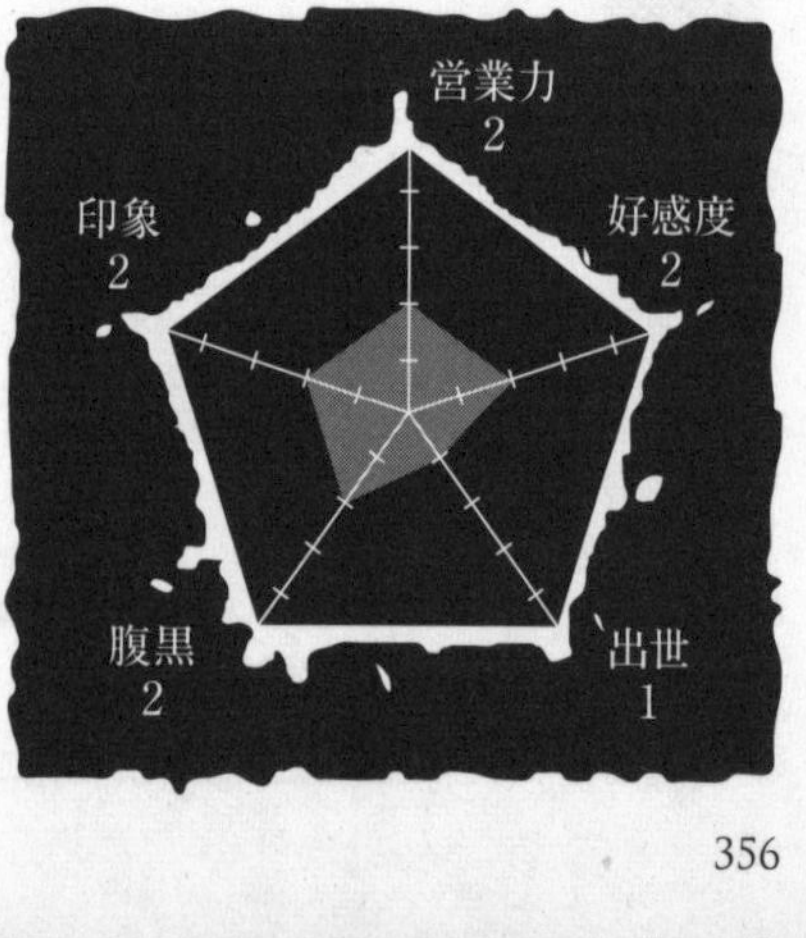

など恋愛小説には蛇足でしかない。愛し合うときは、ふたりを隔てるものが何もないノースキンが当たり前なのである。かと言って、「実生活でもコンドームを使用しないわけではないのでは？」とも思える。

この疑問に結論を出してくれたのは、ノースウェスタン大学のアマンダ・ディークマン博士だ。彼は同大学の女子学生約100名に「恋愛小説を読む頻度」と「セックスでコンドームを使用する頻度」を尋ねたところ、恋愛小説を頻繁に読む女性ほどコンドームを使用しないという結論を導き出したのだった。

女性の恋に対する夢想は男性の比ではない。ディズニー映画や宝塚への憧れと同じように、男性へも普通じゃない妄想を抱いていることがある。だから、性行為の途中にゴムをつけるなんていう興ざめすることは許されないのだ。この夢想の感覚はバージン喪失が遅いほど強い。それだけ長い間、性体験がイメージの世界でしか存在せず、リアリティがないからだ。代わりに一度目覚めるとものの凄く欲情が強くなったりもする。性の世界は本当に奥が深い。

悪魔の格言

ロマンの世界では避妊など一切語られない。自衛あるのみ

COLUMN

ワンポイント

恋愛と性愛の違いの科学

恋愛と性愛というのは非常に近いところにいながら違う作用をもたらすところがある。恋は心を介するやりとりで、性愛は肉体を介するやりとりだ。

恋をしていると心は多幸感に包まれて幸せな気分になる。そしてセックスをしているときも多幸感を感じて胸がいっぱいになる。同じ作用が働いていると思うかもしれないが、実は微妙に違う。

脳科学的に言えば、ドーパミンとオキシトシンという脳内物質が働いている。ドーパミンは「快」を司る脳内物質でオキシトシンは「幸福感」を司るもの。「快」と「幸福感」は同じようでいて、ちょっと違うのだ。ドーパミンの「快」は恋愛においては、「彼女をゲットしたい」「彼女とHがしたい」という想いを馳せているときに働く。これは彼女という「報酬」が得られることによって充足されるもの。恋人ができたときの多幸感やセックスをしたときの多幸感はドーパミンによってもたらされたもの。

一方でオキシトシンはもっと穏やかだ。スキンシップによって分泌され、強い多幸感というよりは、「確かな安心感」をもたらす。彼女と手を握っているとき、一緒に食事をしているとき、もちろんセックスしているときに得られる安心感はオキシトシンによるもの。

安心感は安定感ももたらし、さまざまな積極的な効能をもたらす。一方でドーパミンは強い多幸感があるだけに依存性も強く、ハマると抜けられない危険性もある。恋にはバランスが大切だ。

深層心理を見破る心理テスト 恋愛編

Question 1

あなたはウサギを専門に扱うペットショップの経営者です。ある日店に入るとウサギが逃げてしまっていました。どのくらい逃げていたでしょう?

C 全体の半分	A 1〜2羽
D ほとんど全部	B 全体の3割

「セクシー度」診断

ウサギは性的魅力を表す動物です。逃げたウサギの数は性的魅力が逃げていく数と言えます。

A セクシー度満点

ウサギがあまり逃げ出さないというあなたは、十分な色気を持っていると言えます。相方から嫉妬されやすいかもしれないので気をつけましょう。

B 普通にセクシー

３割ほど逃げ出すと答えたあなたは、ノーマルにセクシーな人。セックスも月に2～３回程度。一般的な性的傾向だと思われる。

C 色気少なめ

半分が逃げ出したというあなたは、あまりセックスに興味がないのかもしれない。伴侶とは、子作り目的以外のセックスはあまりしていない？

D 色気なし

全部と答えたあなたは、セックスレスかも。性愛にほとんど興味がなく、一生誰ともエッチしなくてもいいぐらいに考えている。

深層心理を見破る心理テスト 恋愛編

Question 2

愛用していたカメラが、壊れかけて使えなくなりそうです。そのカメラをあなたはどうしますか?

C 時期を見て捨てる	A 捨てずに飾る
D 最後に1回撮ってから捨てる	B すぐ捨てる

「恋人への未練度」診断

壊れたカメラは別れるべき恋人を表しています。あなたがどのような別れ方をするかがわかります。

A すがりつくタイプ

捨てないで飾るあなたは、別れるという段階になってもグズグズと渋ってしまうタイプかも。いつまでもすがりついても良いことはない。引き際も肝心だ。

B あっさり切り替えタイプ

カメラをすぐ捨てるあなたは、割とあっさりと別れてしまうタイプ。そんなに引きずらない方ですが、相手にとっては愛情のない人と思われてしまうことも。

C 復縁希望タイプ

時期を見て捨てるあなたは、実は別れたくないと思っているようだ。もしかしたら、またこちらを振り向いてくれるんじゃないか？　と思っているところがあるようだ。

D 普通の別れタイプ

最後に1回撮るという人は、円満に別れることができるタイプ。別れ際もきちんと始末して、後腐れなく別れることができる。

深層心理を見破る心理テスト 恋愛編

Question 3

明日は、友人たちと約束したパーティの日。食材調達係を頼まれたあなたは、何を選ぶのに一番時間をかけますか?

C ドリンク	A 肉
D デザート	B 野菜

「浮気願望」診断

食べ物への関心は、性欲と深いつながりがあります。食材への願望は、あなたの性生活への不満を表しています。すなわち浮気願望がわかるのです。

A

浮気願望 90%

肉は欲望を求めていることを表している。他の異性と関係を持ちたくて仕方がないのでは？　あとで痛い目を見たくなかったらがまんしたほうがいい。

B

浮気願望 40%

野菜は健康や知性の象徴。恋人には、性的魅力よりも知性を求めるタイプかも。知的好奇心を満たしてくれる相手を優先的に選ぼう。

C

浮気願望 10%

ドリンクを選んだ人は純愛タイプ。浮気願望はなく、一途に相手に愛を与えたいと考えている。恋人や伴侶としては、理想的なタイプだ。

D

浮気願望 0%

デザートを重視するあなたは、そもそもセックスを遊びと考えているかも。もう少し真剣に恋愛をしたほうがいいかも!?

第11章

人は3人集まればバカになる集団心理学

行列を意図的に作れば人の行動をあやつれる

TRICKキーワード　モデリング

人間の動作や行動は、他人の動作や行動によってコントロールされている場合が多い。例えば、人がたくさん入っている店を見ると、知らない店でも中を覗いてみたいと思う人は多いはずだ。いわゆる客寄せの「サクラ」は、こういった心理をついたものである。これはお店に限ったことではない。例えば、頼まれたわけでもないのに、いつの間にか他人のために動いていたと

これができればあなたは…

賢い奴

無意識を操るマジシャンになって人を操れ

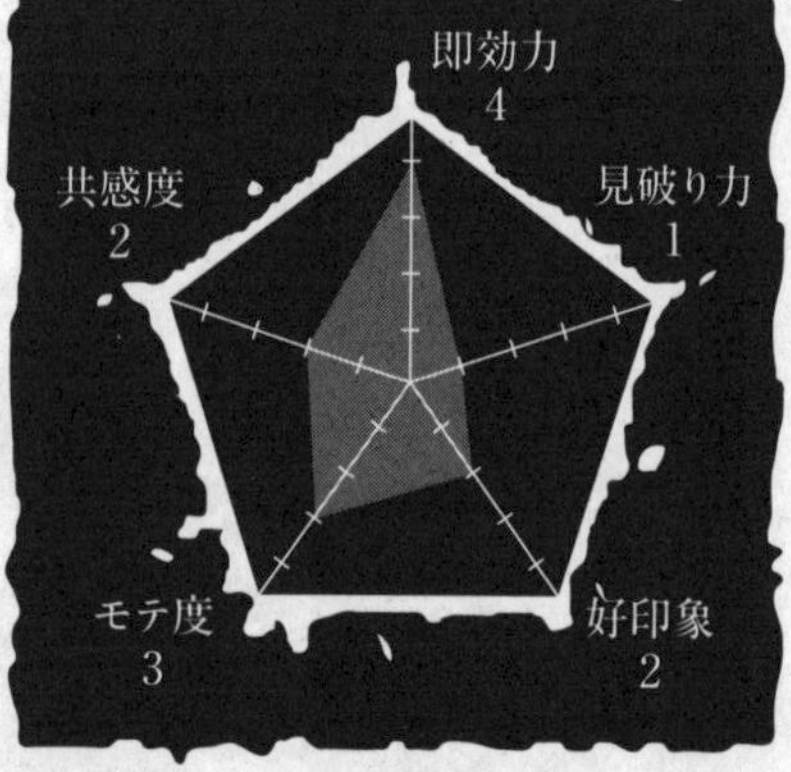

悪魔の格言

他人の行動をコントロールしたいなら、ひとまず人目を引け

いう経験はないだろうか。下図のような状況も、無意識のうちに他人の行動に影響を受けていることで起こるものだ。

このように、他人の動作や行動に影響を受けて、自分も同じように動いてしまうことを、心理学用語で『モデリング』という。人間は成長過程において、このモデリングにより学習・成長していくといわれている。

つまり、この人間の成長に根ざした行動原理を「行動する側」ではなく、「影響を与える側」に立って利用すれば、他人の興味を引き、ときにはコントロールすることも可能なのである。

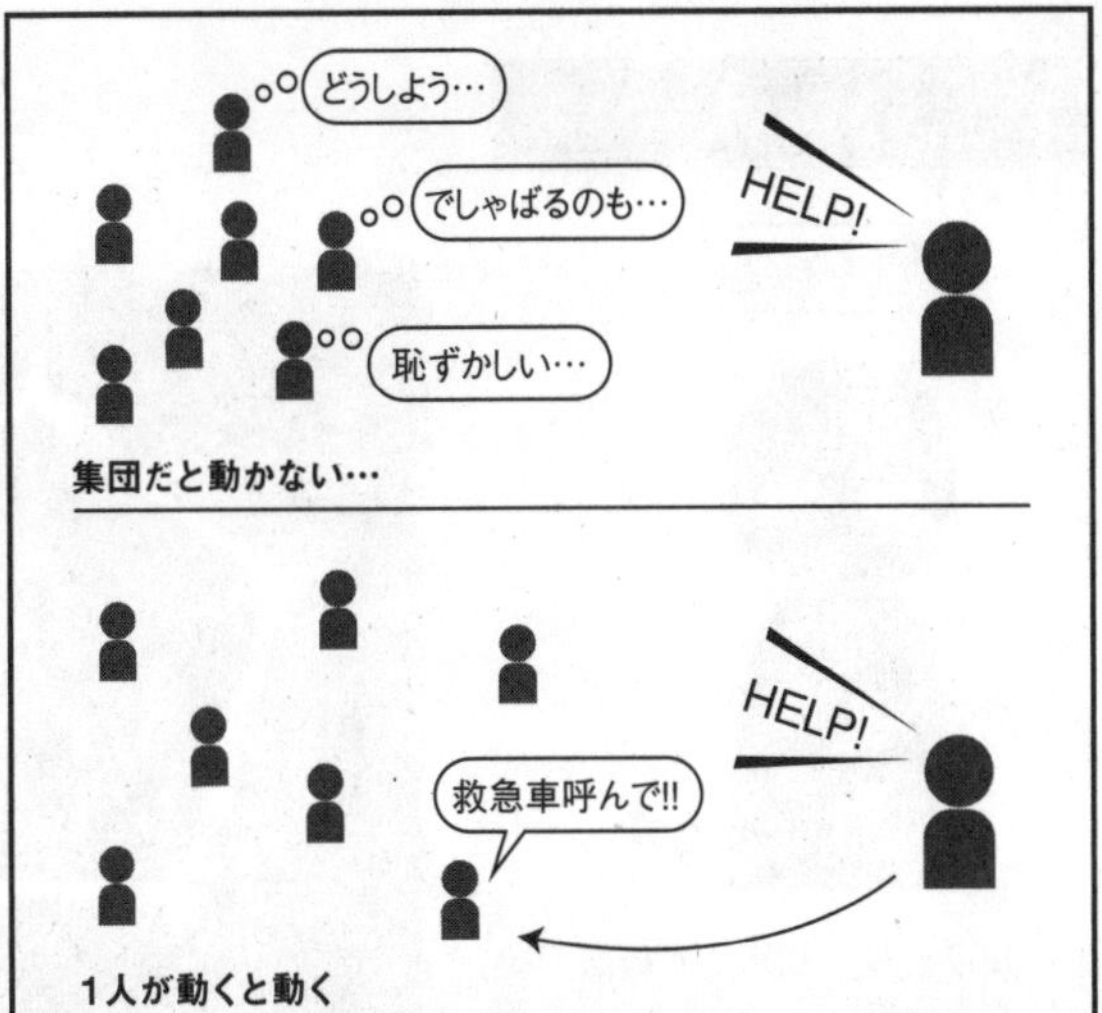
どうしよう…
でしゃばるのも…
HELP!
恥ずかしい…
集団だと動かない…
HELP!
救急車呼んで!!
1人が動くと動く

集団の団結力を高めるには共通の敵を作るだけでＯＫ

TRICKキーワード

共通の敵、ライバル

学生時代などに、普段はさほど一体感のないクラスが、体育祭になると一致団結したという経験がある人は多いのではないだろうか。これは、普段はまとまりのない集団でも、『共通の敵』や『ライバル』がいると団結力が強くなる傾向があるためだ。

「ライバルに勝ちたい」、「負けたくない」といった欲求を集団が共有することは、組織のモチ

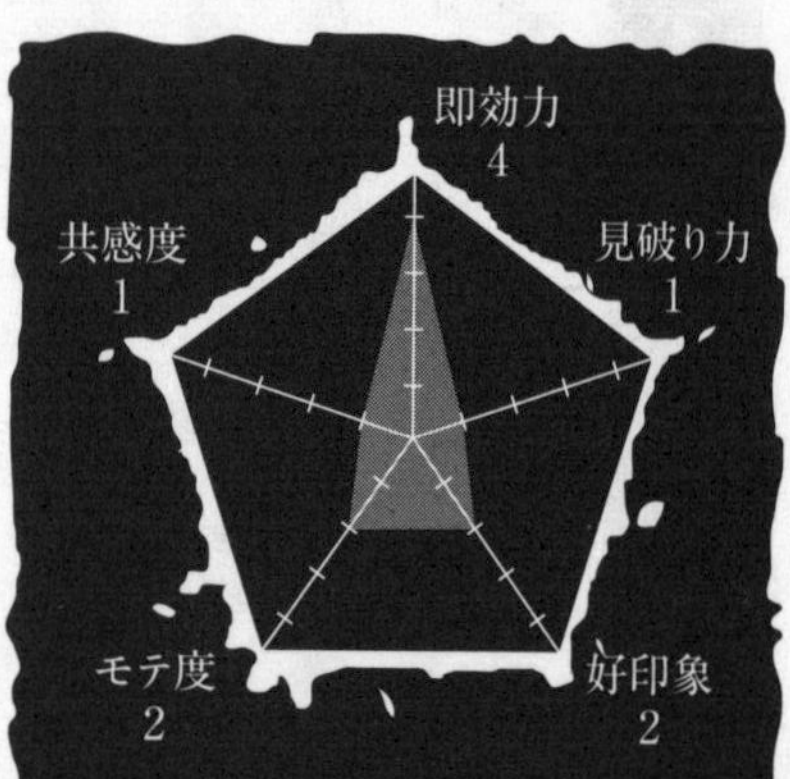

これができればあなたは…

賢い奴

集団心理を利用して組織力を強化

ベーションを高め、能力を向上させる原動力になるのである。

ただし、すべてを「勝ち」と「負け」で判断し、自己の集団と対立するものすべてを『敵』や『ライバル』といった概念でとらえることは、自分たちの価値観や文化を中心にものごとを考える「エスノセントリズム」に似た、せまい価値観にとらわれる危険性もある。

そのような狭い価値観にとらわれると、異なる集団や見知らぬ人々の中では安心感が得られなくなり、慣れ親しんだ集団の中に閉じこもるようになってしまう。そして、そのような個人や組織が、変化や競争の激しい現代社会の中で成長していくことは難しい。

組織は、新しい考え方や多様な価値観を受け入れ、分析・学習することで、さらに可能性を広げ、競争力を蓄えることができるのである。そのためには、組織にとっての『共通の敵』を作りながら、その集団の「何にどう勝ちたいのか」を明確にしたり、「この部分は絶対に負けない！」と決めたりすることが重要だ。そして、ときにはライバルから学び、盗むくらいの度量の広さと「ズルさ」を身につけることが、勝ちに一歩近づくための鉄則なのである。

悪魔の格言

無理にでも共通の敵を作って、組織のライバル心を高めろ

会社のPRをさせれば新人たちは会社の信者になる

TRICKキーワード
同一視

ミュージシャンなどの熱狂的なファンは、その人物と同じような格好や話し方をするようになる。このように、憧れの人物の摸倣をすることを『同一視』という。

これと同種の心理で、ある集団の一員であることに高い価値を認め、その一員であることに誇りを持つことを「集団同一視」という。

人が集団を同一視すると、集団に対しての親

これができればあなたは…

賢い奴

集団同一視を利用して組織の作業効率アップ

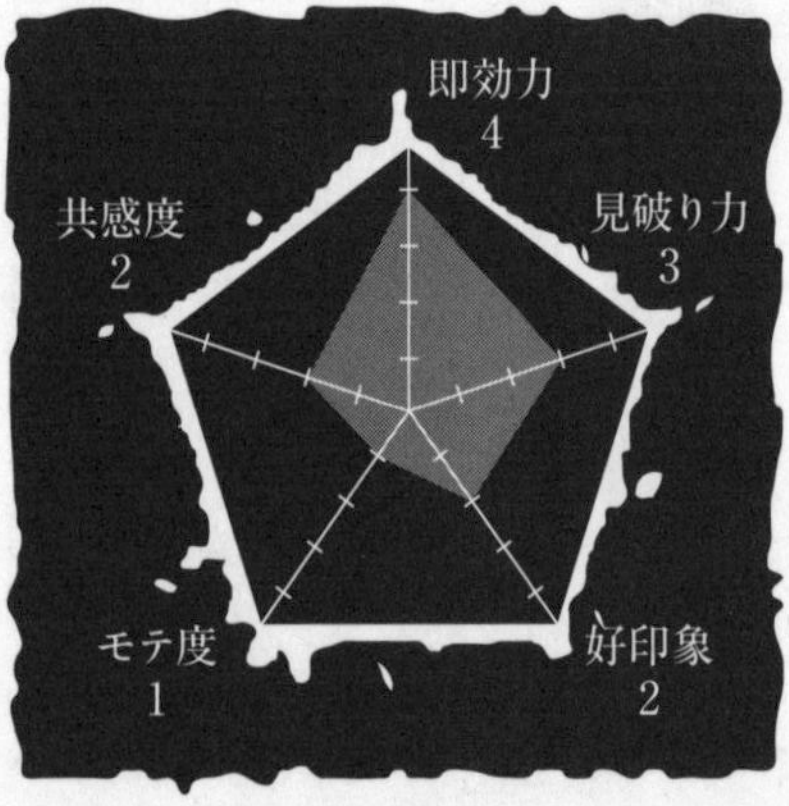

愛の情や依存感情などが生まれ、集団のルールや考え方を、自分の価値基準として積極的に受け入れるようになる。

大学生の就職活動のひとつに「OB訪問」があるが、会社の新入社員がこの対応に当たることには『集団同一視』を促す効果があるといわれている。例えば新入社員が、会社や仕事に疑問を持っていたとしても、立場上彼は後輩たちに対して会社の長所を語らなくてはいけない。すると、新入社員はいつの間にか会社への批判精神を忘れ、愛社精神を持つようになっていくのである。

悪魔の格言

不平の多い奴には、組織の長所を語らせて心理を操作しろ

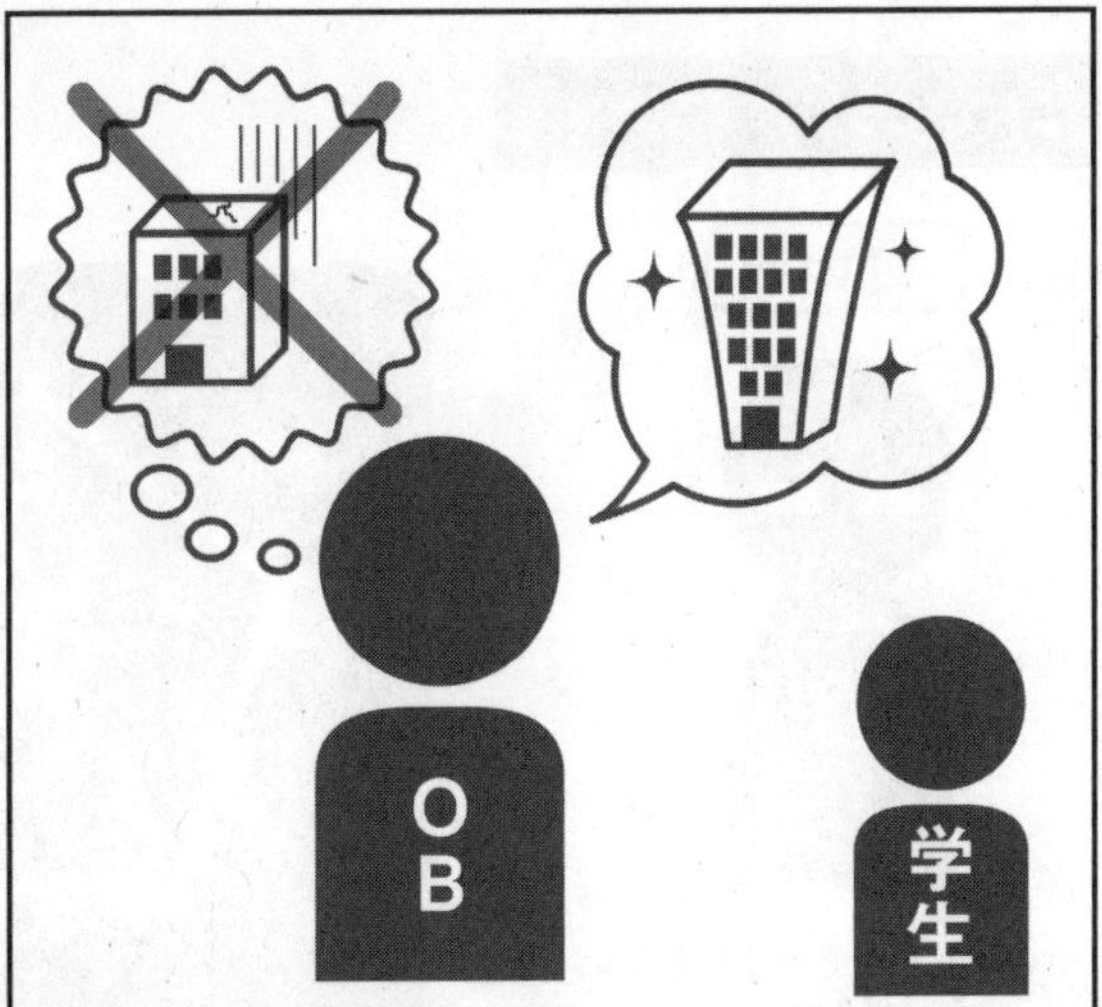

成功率半分の指令を出せば集団は100%の力を発揮する

TRICKキーワード

やる気

人間は学生であろうと、社会人であろうとあらゆる場面で大なり小なり目標を持っていて、その目標こそが大きなモチベーション、つまりやる気となる。しかし、たとえ目標があっても、気分によってやる気が出ないことはしばしば。また、仕事や勉強においては、興味がないことでも成果を上げられるように取り組まなければならないこともあるだろう。

これができればあなたは…

賢い奴

手が届きそうで届かない
ぐらいがミソ

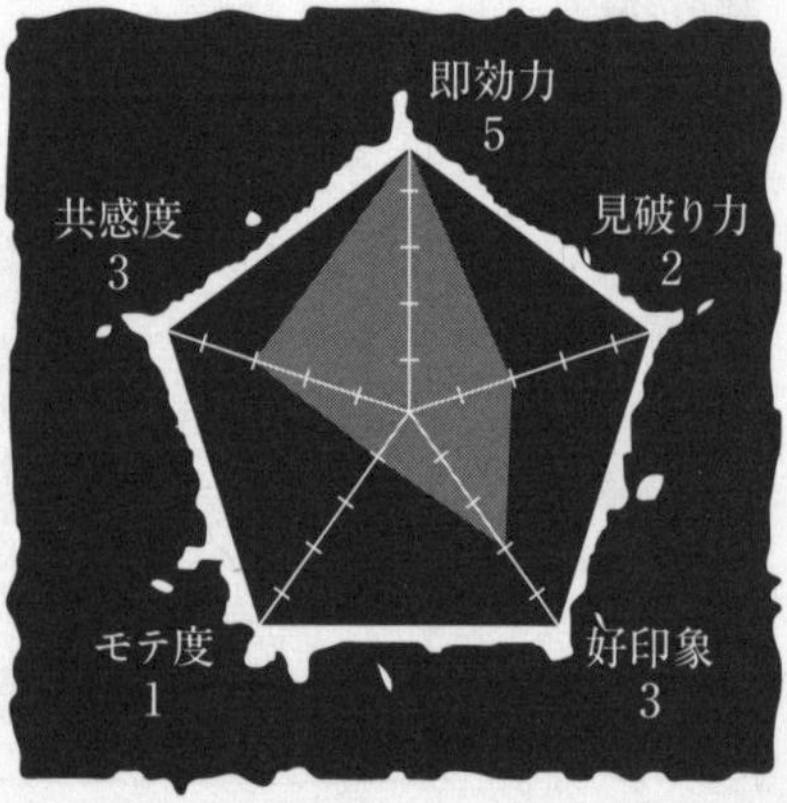

では、どのように目標を設定すればモチベーションを高めることができるのだろうか。アトキンソンの理論によると、動機づけの強さとは、本人の達成動機の強さ×成功の主観的確率の高さ×誘因（成功報酬）の価値の高さだという。これは、小学生を対象にした輪投げの実験によって証明された。この実験では、参加した子どもたちにさまざまな距離から投げてもらうことにし、それぞれの距離についてどのくらい成功すると思うかを前もって聞いておいた。そして、子どもたちに自由に輪投げをさせて観察したところ、もっとも難しいかもっとも簡単だと感じる距離からの輪投げの回数はいちばん少なかった。いちばん多く投げられたのは、成功する確率半分だと思われていた距離からだったという。加えて、グループに分けて競争させても、この確率半分の距離からのグループがいちばん結束力が固まったという。つまり、確実に成功する、確実に失敗するとわかっている目標よりも、50％ほどの確率で成功するかもしれないと思う目標において、人間はもっとも『やる気』を発揮するということなのだ。部下や子どもに何かを取り組ませる際にはこのことを頭に入れ、彼らが成功に対して適度な難しさを感じるくらいの目標を提示してみよう。

悪魔の格言

集団の団結力を高めるには「適度な難題」を提示せよ

集団心理学

個別に仕事を割りふれば ミッション達成率100％

TRICKキーワード

リンゲルマン効果

一般的には、一人ひとりがバラバラに仕事をするよりも、集団が結束して仕事をしたほうが効率的と考えがちである。しかし、実際のところはそうでもない。人は集団で作業すると、「自分ひとりくらい手を抜いても大丈夫だろう」という心理が生まれ、怠ける傾向にあるのだ。

　こういった集団内における個人の心理を『リンゲルマン効果』という。かつて、ドイツの心理

これができればあなたは…

賢い奴

個人の成果を重視して無意識の手抜きを阻止

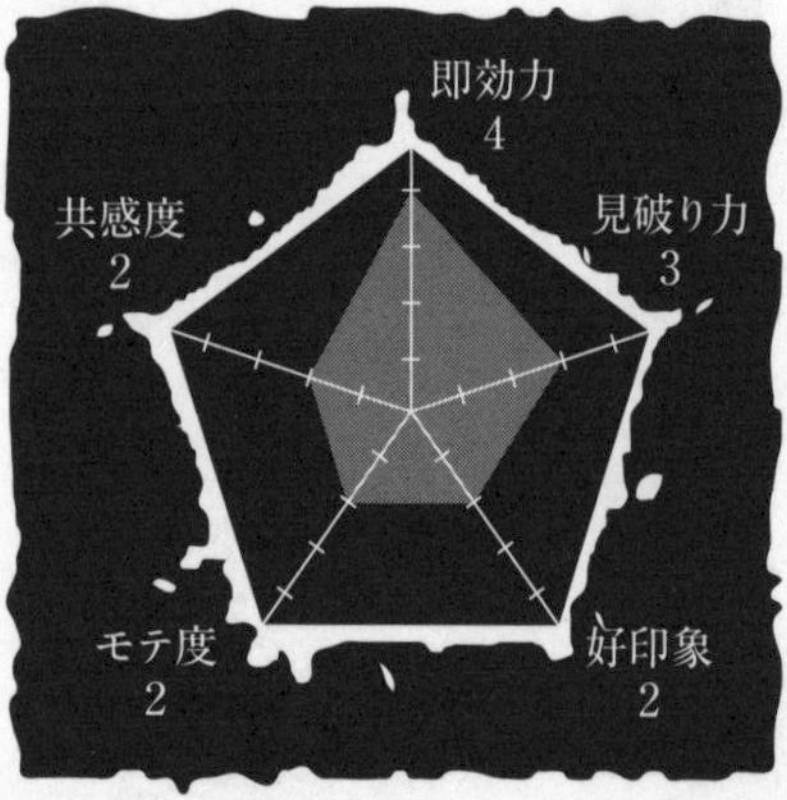

学者リンゲルマンは、綱引きを使った実験でこの心理現象を実証した。

例えば、１対１で綱引きを行った場合にその人が出す力を１００とすると、ふたりのときはひとりあたり93％、３人のときは85％と、人数が増える従って「無意識の手抜き」が生じることを実証したのである。

集団に１００％の力を出させたければ、一人ひとりにミッションを与えることが大切。それも、集団の中にリーダー気質のムードメーカーをひとりだけ立て、その人から各所に指示を出させるのが効果的とされている。

悪魔の格言

目標を最大限に達成するためには、一人ひとりにノルマを与えろ

味方をふたり確保しておけば会議で自分の案を通せる

TRICKキーワード

バンドワゴン・アピール

政治学や経済学の分野でよく使われる用語に『バンドワゴン効果』というものがある。これは、ある選択が「多くの人に受け入れられている」「流行している」という情報が流れることで、その選択への支持がいっそう強くなる現象のことである。

「バンドワゴン」というのは、リオのカーニバルなどで行列の先頭を行く楽隊車のことで、こ

これができればあなたは…

賢い奴

根回しと演出で同調者が劇的に増える！

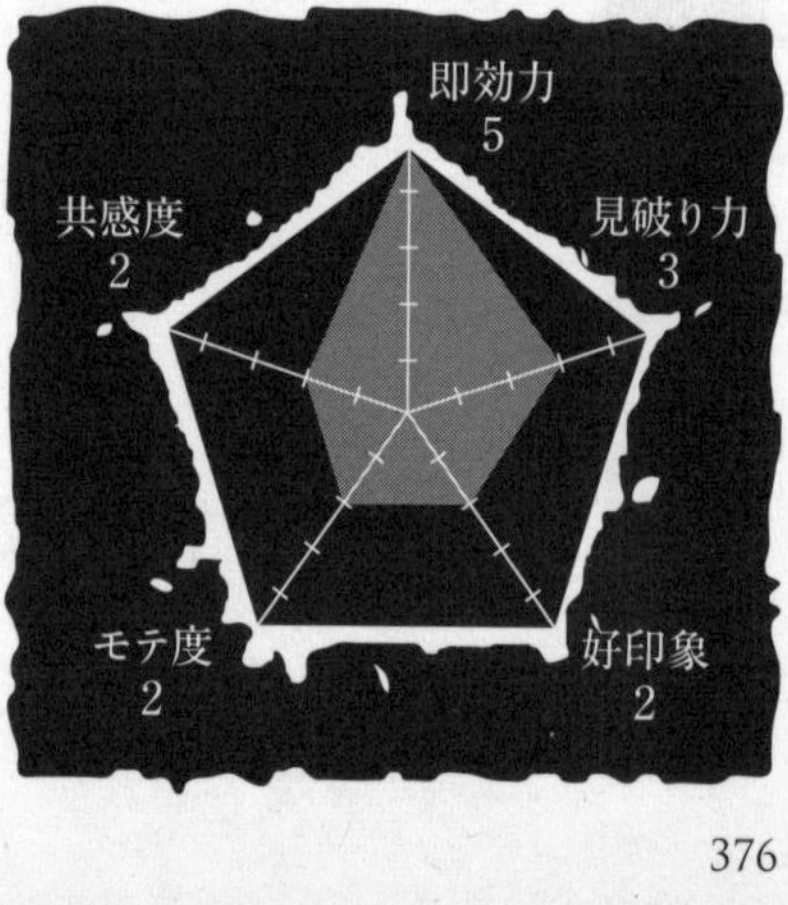

の車がやってくると祭りの気分が高まり、人々は高揚する。「バンドワゴンに乗る」とは、時流に乗る、多勢にくみすることを意味し、政治学では、事前にマスメディアの選挙予測報道などで優勢とされた候補者に有権者が投票しがちになる現象を指す。また、経済学では同じ財を消費する人が多ければ多いほど、自分がその財を消費する効用が高まる現象を指す。

この心理現象は、会議などの場でも活用することができる。例えば会議で議決をとる際に、一部から賛同の声や拍手などが上がることにより、周囲もつられて同調してしまうことがある。このように、人の心を掌握するために派手なアピールで周囲を盛り上げ、賛同者などを増やすテクニックを『バンドワゴン・アピール』という。心理学者のアッシュが行った実験によると、意見の通りやすさは、賛同者が1～2人のときに比べて、3人になったときに急激に上昇し、4人以上になるとほぼ横ばいになるという結果が出ている。つまり、あなたが会議などで自分の意見を通したいと思ったら、根回しをしてふたりの同調者を確保しておけばいい。ここぞというときに3人でアピールを行えば、同調者はかなりの確率で増えるはずである。

悪魔の格言

金をエサにしてでも、「間」を読むのがうまいヤツを味方につけろ

「予測できない人」になれば チームは簡単に操れる

TRICKキーワード

予測、ギャップ、やる気

あなたがもっとも恐ろしいと感じる上司像を想像してみてほしい。それは、「普段は温厚すぎるほど温厚なのに、キレるととてつもなく怖い上司」ではないだろうか。人格が変わってしまったのでは？　と周囲を不安にさせるほどの変化は、「予測できない」という意味で、最大の恐怖となる。逆に、ナメてしまっている上司像には「どうせまたキレるんでしょと思われている上司」

これができればあなたは…

怖すぎると近寄りがたい雰囲気になるので要注意

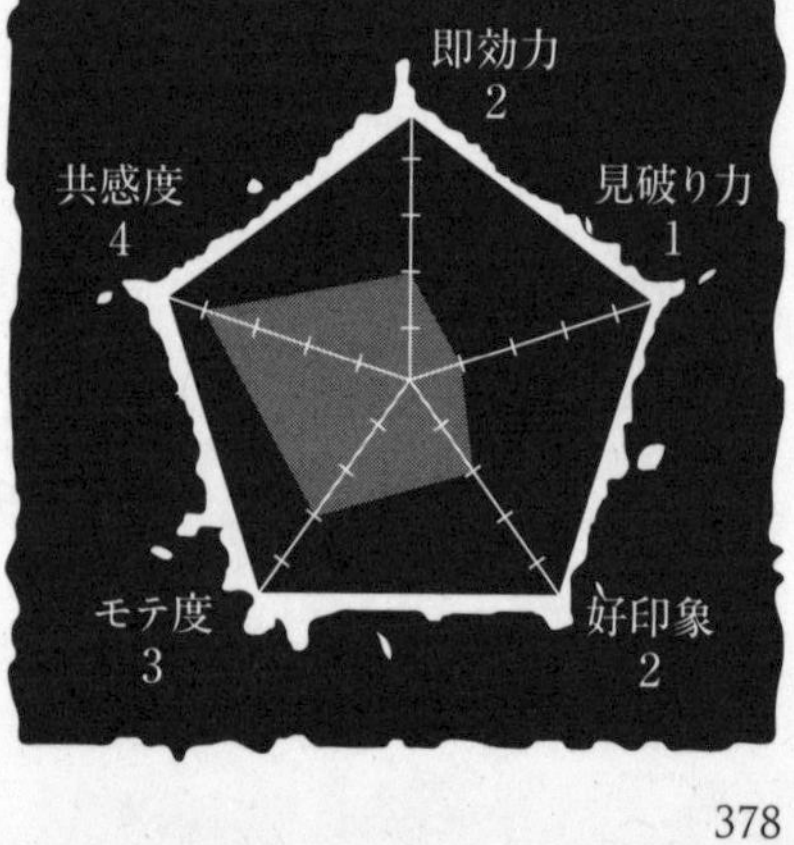

などが挙げられるだろう。「予測できすぎる」という現実が、部下をしらけさせる。そして一度ナメられてしまった上司が、部下にまた尊敬されるのはたやすいことではない。仕事の指示をしても聞いてもらえず、悲しい会社人生が長く続くことになる。部下にナメられずに動かすには、自分は「普段は温厚なのに、キレるとてつもなく怖い上司」だと周囲に印象づけるべく、何か大きな問題が起こった際に、内に秘めた恐ろしさを見せつけておくことだ。そして、普段はちょっとやそっとのことではキレずにいること。この2点により生まれるギャップが大事だ。

ただし、やる気のある部下に恐ろしさを見せつける必要はない。オランダの心理学者フレデリック・ダーメンは、被験者に単純作業をさせて様子を見る実験をした。途中、リーダーが怒りながら指示を出すと、やる気のある人間の作業効率は低下し、やる気のない人間の作業効率は上昇した。また、リーダーが楽しそうに指示を出すとやる気のある人間の作業効率は上昇、やる気のない人間の作業効率は低下したという。やる気のある人間には賞賛と楽しそうな雰囲気を、やる気のない人間には叱咤の言葉を与えるのが、もっとも効果的なのだ。

悪魔の格言

部下のやる気の度合いによって、接し方は180度変えてもいい

意志を主張し続けて多数決をひっくり返す

TRICKキーワード

マイノリティ・インフルエンス

映画『十二人の怒れる男』（1957）は殺人罪に問われた少年の裁判において、陪審員たちが評決に達するまでの様子を描いた名作だ。この映画では、はじめは全員一致で「有罪」の判決を出していたのに、ひとりの陪審員が「無罪」といい出し、どんな説得にも応じずにかたくなに主張し続けるうちに、そのほかの陪審員も「もしかしたら無罪なのでは」と考えはじめ、最終

これができればあなたは…

賢い奴

一貫したひとりの主張が
多数の意見を揺るがす

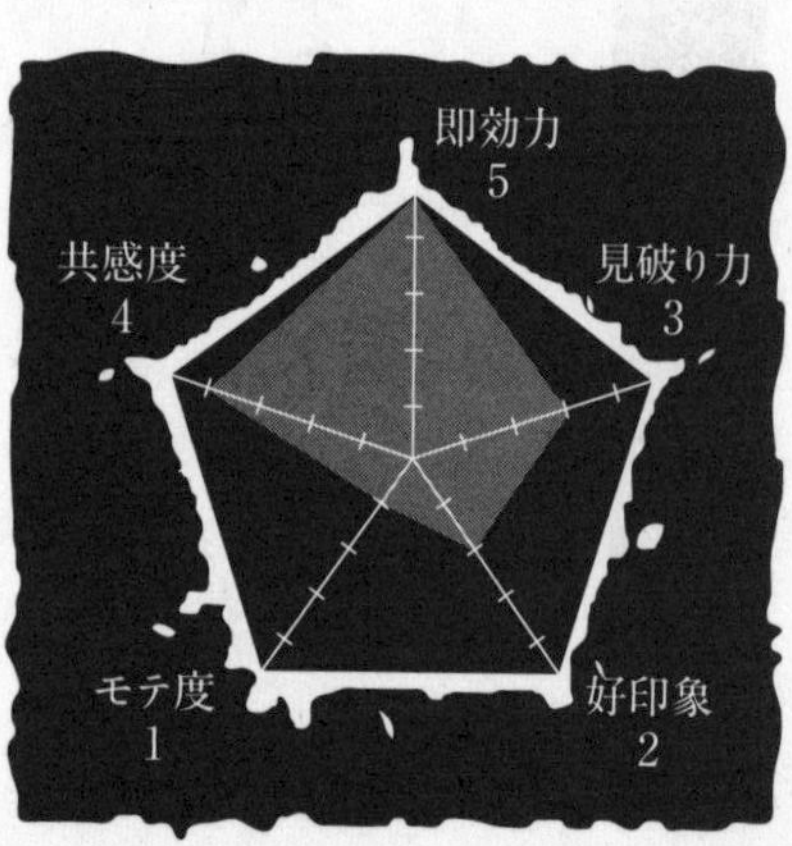

的には「無罪」の評決に達する。

これは映画の中の話だが、実生活においても少数の立場であろうと一貫した態度で意見を主張し続けていると、反対意見を持った多数の人々の気持ちに変化を起こすことがある。『マイノリティ（＝少数派）・インフルエンス』と呼ばれるこの現象は、心理学的にも証明されている。

フランスの心理学者モスコビッチがこんな実験を行っている。4人の参加者に図形をひとつずつ呈示し、そのたびに図形の特徴をひとつだけ口頭で順番にいってもらう。図形は形も色も大きさもさまざまなため、参加者は最初は「赤」「三角」などと思い思いに答えていく。しかしその中にひとりだけ、どんな図形が出てきても常に色を答えるように指示されたサクラが入れられている。そして、興味深いことには、このサクラが一貫して自信ありげに色だけを答え続けると、他の3人も色を答えるようになったのだ。このことによって少数派が同じ意見を主張し続ければ、多数派に影響を与える可能性があることが明らかになった。答えが明確でないことを議論する場においては、たとえ少数派であっても諦めてはいけない。まったく勝ち目がないわけではないのだ。

悪魔の格言

ゆずれないことは、たとえゴリ押しでも堂々と主張し続ければいい！

困った質問には「どう思う?」で返せ

TRICKキーワード

発言の機会

人間できることなら、他人からバカだとは思われたくない。たとえ自分自身で、自分のバカさ加減を十分に自覚していたとしても……。

バカであることを隠すためには、言葉や行動をごまかして賢いふりをしなければいけないが、生半可な演技はすぐに見破られてしまう。

そんな賢さの化けの皮がもっともはがれやすいのが、会議の場だ。どんなするどい質問にも

これができればあなたは…

賢い奴

即座の返答は時間稼ぎにもなる

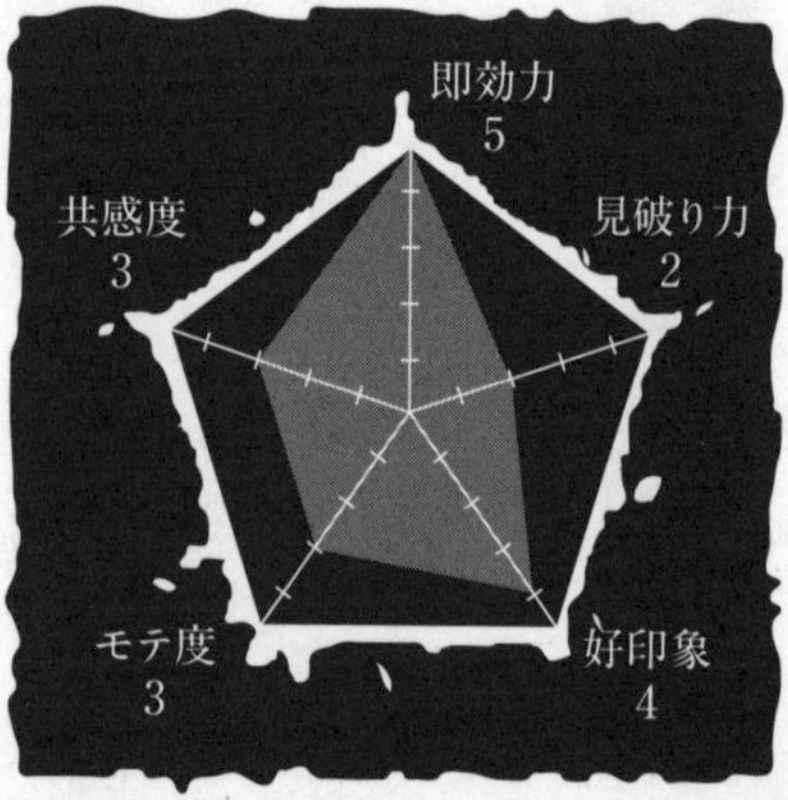

必ず答えなければならず、多くの人間の注目も集まっているため、賢さのメッキがはがれるリスクも上昇するのだ。

もしもあなたがそんな状況に遭遇したら、即座に返事をすることで、自分を賢く見せ、かつ、相手の好感を得ることができるかもしれない。つまり質問を受けたらすぐさま「あなたはどう考えるんですか?」と聞き返すのだ。

これはオランダのティルビュルク大学のデ・クレマー博士の実験結果を根拠にしている。博士はさまざまなタイプの上司に対する、部下の印象を調査した。その結果、部下に発言の機会を与え、発言を認めてくれる上司が、もっとも高い好感を得ることがわかったのだ。発言の機会を与えられることで、「認められた」と人は喜びを感じるかららしい。

また、心理学的な意味合い以外のメリットもある。こちらが質問を返すことで、相手に考え込ませ、こちらが答えを考える時間稼ぎができる。さらに、いったん相手の意見を聞くことで、自分はその意見の上に立った、よりレベルの高い答えを出すことができるのだ。

悪魔の格言

即座に質問返しをすることで、バカは簡単に隠せる

他人をおとしめるには悪い噂を流せ

TRICKキーワード　噂話

職場のライバルや、嫌なクラスメートのネガティブな情報をつかんだのなら、上司や先生に報告するのではなく、「噂話」にしたほうが、相手へのダメージを大きなものにすることができる。日本のことわざに「人の口には戸は立てられぬ」とあるとおり、人は誰しも噂好き。噂にしたとたん、その話題は周囲の人間全員に広がるだろう。

これができればあなたは…

デキる奴！

・同性間に流すのが噂を広めるポイント

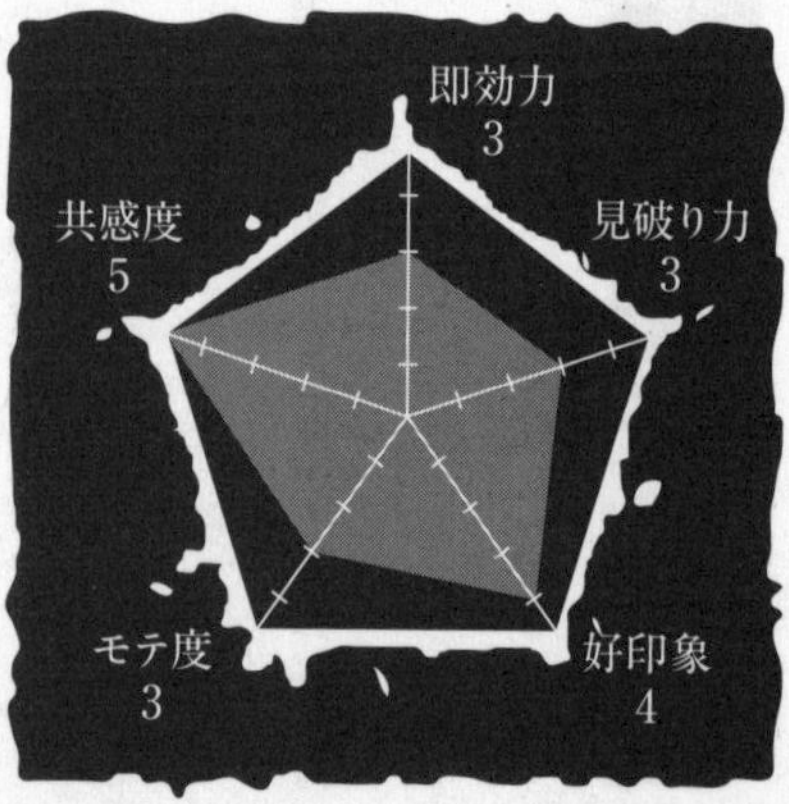

では、どのようにすれば噂話はより早く、より長く人々の間に広がるのか？

アメリカ・ノックス大学の心理学者フランシス・マッカンドルの実験がそのヒントになりそうだ。彼は架空のゴシップ記事を拡散させ、その広まり具合を調査した。すると「噂話は同性間で広まりやすい」、「悪い噂は長期にわたって広まる」ことなどがわかったのである。

これを踏まえて、より効果的な噂の広め方を考えてみよう。もしもあなたの周囲に同性同士でできた仲よしグループなどがあれば、まずはそのメンバーのひとりに、あなたがダメージを与えたいと思っている誰かの悪い噂を吹き込んでみよう。すると、一挙にグループ全体にその噂話を広めることができるはずだ。グループ全体に広まれば、後はクラスや会社全体にまで広がるのも時間の問題だ。また、心理学者のゴードン・オールポートによる実験では、噂は多くの人に伝わるごとに尾ひれがついて話が大きくなってしまうこともわかった。だから最初に流す噂は小さなものでいい。広がるにつれて勝手に大きくなるからだ。そうすれば、後で噂を流した犯人探しが始まっても、「私は○○としかいってないよ」とごまかすことができるだろう。

悪魔の格言

噂になって広まれば、情報は早く長く拡散する！

集中的にひとりを怒ればみんなが自然と姿勢を正す

TRICKキーワード

暗黙の罰、暗黙の報酬

自分が子どもだった頃のことを思い返してみてほしい。先生がみんなに向けて「授業中におしゃべりしてはいけません」といってもあまり効き目がないのに、おしゃべりした誰かひとりがこっぴどく叱られると、それ以外の人はみなピタッと話すのをやめる。この集団の心理は、『暗黙の罰』という原理に基づくもの。『暗黙の罰』とは、自分が直接的に罰を受けたわけではないの

これができればあなたは…

複数名を同時にあやつって思うままに動かそう

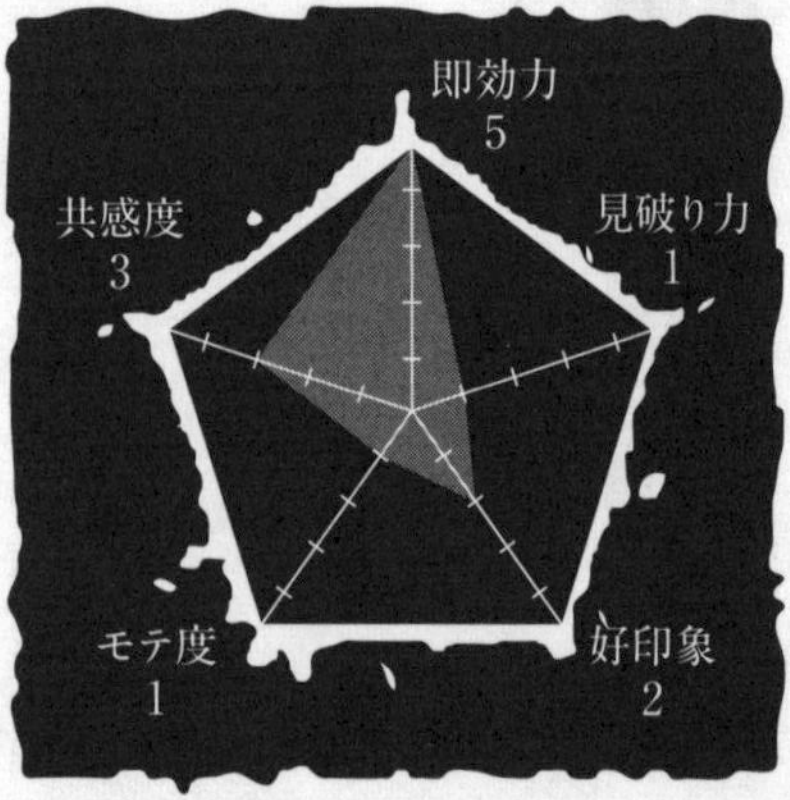

に、何かをきっかけに罰を受けるのが嫌だという気持ちが沸き起こり、結果として罰に値する行動を慎むようになる……という原理のこと。この『暗黙の罰』の活用例を考えてみよう。

あなたが部下を複数持つ上司で、「部下たちが机周りを汚したまま帰宅する」という状態をどうにかしたい場合。ほかの部下たちが見ている前で部下のひとりを厳しく注意すると、ほかの部下たちは自主的に片づけをするようになるだろう。これも『暗黙の罰』だ。罰を与える相手には、神経の太い人物が適任。神経の細い人物がみんなの前で叱られると、ショックをやたらと引きずってしまう恐れがあるためである。また、罰を与える相手が、能力の高い相手であればあるほど、周りへの影響は大きい。周りは「あんなに素晴らしい人でも叱られるのだから、自分はもっと変わらなくてはダメだ」という考えに至るのだ。

さらに、誰かひとりに、罰ではなく『報酬』を与える『暗黙の報酬』も覚えておきたい。これは前述した例であれば、「ほかの部下たちの机周りは汚いのにあなただけキレイだから、高く評価する」というように、ひとりに報酬を与えることで、周囲のやる気をアップさせるトリックである。

悪魔の格言

「暗黙の罰」の発信者になって、自分の権威を見せつけろ

ルールを破れば熱狂的ファンがついてくる

TRICKキーワード
ルールを破る、独自性、ズルさ

老若男女の支持を集める国民的アイドルグループ、ＡＫＢ48。彼女たちが大成功をおさめた一番の理由は何だろうか。それはおそらく、過去に人気を博してきたアイドルたちのルールや決まりや風習にちっとも縛られていないことだろう。プロデューサーの秋元康氏が、アイドルの概念を「憧れるだけの人」から「会いに行ける人」へと変えたこと。5人程度が相場かと思われる

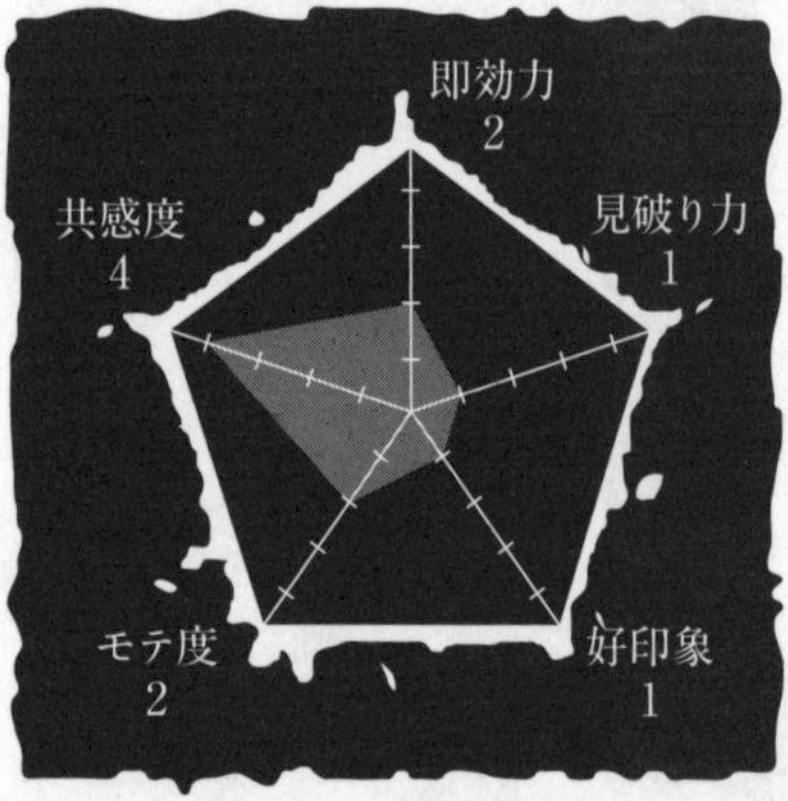

これができればあなたは…

デキる奴！

周囲との差別化を図って
成功をつかむ策略家

メンバー数を、テレビ画面にひとまとまりで収めるのが難しいほどにまで増やしたこと。メンバーの露出の増減を、総選挙というかたちで国民に委ねていること。実際のところ、多くの国民を動かし、熱狂させ、ビジネスを成功させているのだから勝ち組なのは間違いない。だが、この手法を「ズルい」という見方をする人も、少なくはないだろう。

ハーバード大学の心理学者テラサ・アマビルはあるとき、3000人のビジネスマンに創造力の度合いを調べるテストを受けさせた。その結果をもとに、創造力の高い人に見られる傾向をまとめると、彼らの多くは「仕事は自分の好きなようにする」「会社で禁止されていることでも、自分が良いと思うならやる」「決めごとは作らない」といった点が共通していたという。この3点、ごく真面目に仕事をしている人にしてみれば「調子に乗るな！」とでもいいたくなるかもしれない。しかし以上を踏まえると、秋元康氏だけではなく、ピーター・ドラッカー氏にしろ、スティーブ・ジョブズ氏にしろ、世界に名を馳せる成功者たちは、独自のやり方を勝手に貫いてきた結果、それが魅力となり人を動かしてきた「ズルい天才」にも見えてこないだろうか。

悪魔の格言

いいアイデアをパクるのも、新プロジェクト成功のために必要なズルさ

あなたの本性がわかる心理テスト

会社の中でバカに
なっていないか!?
集団で生きる力がわかる!

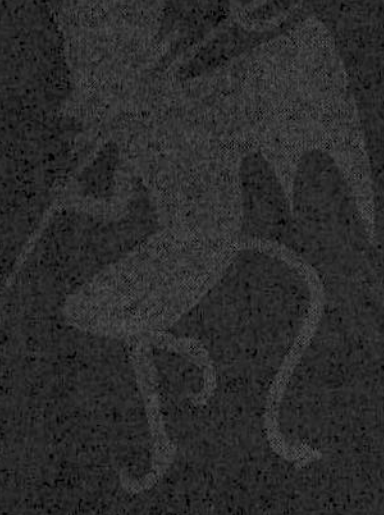

Question 1

休憩しようと公園へ。公園には、さまざまな形をしたイスがありました。あなたが選んだイスの座り心地は？

C 新感覚で**ユニーク**だ	A 弾力性がなくて**固い**
D これまでにないほど**上質**	B **フカフカ**していて気持ちがいい

「コミュニティ内での立場」診断

椅子は、社会やコミュニティのなかでの立場を表すもの。その座り心地は、友達のあいだでのあなたの格付けそのもの。

A あなたは、触らぬ神！

友達はあなたについて「触らぬ神に祟りなし」と感じていて、ご機嫌を損ねそうになったらフォローにまわる。友達にとって必要な存在ではあるはずだ。

B あなたは、純・癒し系！

いるだけでその場が丸くなる癒し系。そのキャラクターやオーラで周りを和ます代わりに、「面倒なことはやらされない」という報酬も得ている。

C あなたは、刺激の発信源！

コミュニティに刺激をもたらすのがあなたの行動や言葉。あなたがいないとそのコミュニティはあまり楽しくなくなるという意味で、重要視されている。

D あなたは、強いリーダー！

コミュニティのリーダー格。次の司令を友達みんなが待っている。兄貴・姉御肌である分頼られる場面も多いが、逆らえないという圧迫感を友達にもたらすことも。

Question 2

果実を収穫しているところで、鳥がやってきて、今にもついばもうとしています。さて、あなたの行動は？

C 鳥用の餌を**別に用意する**	A 鳥を音で**威嚇する**
D 鳥に**好きなだけ**食べさせてやる	B 果実の実に**網をかける**

「リスクマネジメント能力」診断

あなたの夢などを邪魔する人が現れたとき、あなたはどのようにそのリスクを回避するのか。鳥を、邪魔者や危険として探ってみよう。

A 邪魔なものは消してしまう

自分にとって邪魔な人は消してしまおうとするエゴイスト。気持ちだけで威嚇しても、鳥は去ってはいかない。リスクマネジメント能力は低めだ。

B 邪魔なものは前もって妨害

邪魔者が出てくることをある程度予測して、対策も考えておけるタイプ。すべての鳥を追い払うことは無理でも、一定の効果を上げることができるだろう。

C 共存の道を探る

邪魔者との共存の道を探る人道主義者。餌付けされた鳥は、果実と餌付けの餌の両方を狙いかねない。共存の道を探るというのは非常に難しい賭けだと肝に銘じて。

D リスクマネジメントせず

鳥が食べたいだけ食べさせたら、せっかく育てた果実が台無し。それも自然がなせる業と達観するのもいいですが、金銭的な余裕がないと我が身の破滅がもたらされる。

Question 3

山登りが趣味のあなた。 山に登って顔も手も足も服も泥だらけになってしまいました。 水道の蛇口を見つけたら何をする?

C 手足だけ洗う	A とりあえず顔を洗う
D 何もしない	B 服を脱いで、服も体も洗う

「あなたの第一印象」診断

汚れてしまった自分がどのように行動するかということから、他人から見たあなたの第一印象が浮き彫りに！

A

好感度 90%

あなたは常識的で好感度の高いタイプ。相手が描く第一印象は一番高いといってもよい。第一印象は「見た目がすべて」であることをよくわかっている。

B

好感度 80%

第一印象はバッチリ。頭から足元まで、あまりにも完璧に綺麗にしていて、相手に近寄りがたい印象を与えることも。肝心なのは笑顔や朗らかさであることも忘れずに。

C

好感度 60%

相手に不快な印象は与えないものの、どこか味気ない印象を与えてしまうこともある人。朗らかなコミュニケーションを忘れてしまっているかも。

D

好感度 10%

残念ながら第一印象は最悪……。外見もさることながら、立ち居振る舞いまで、今のままではいい印象を持ってもらうことは難しい。努力すべし。

第12章
長生きするための心理学

7

長生きしたければ人づきあいをよくしろ

TRICKキーワード

人づきあいと寿命

人間にとって最大のストレスは人間関係に他ならない。そして「人づきあいのうまい人ほど死亡率が下がる」という、ある意味納得できる説を発表したのが、ラ・シエラ大学のレスリー・マーティンだ。アメリカでは、ある子どもが、成人し、お年寄りになって死ぬまでを70年以上の歳月をかけて追跡調査をするらしく、彼はそのデータを使ってこの説を導いた。

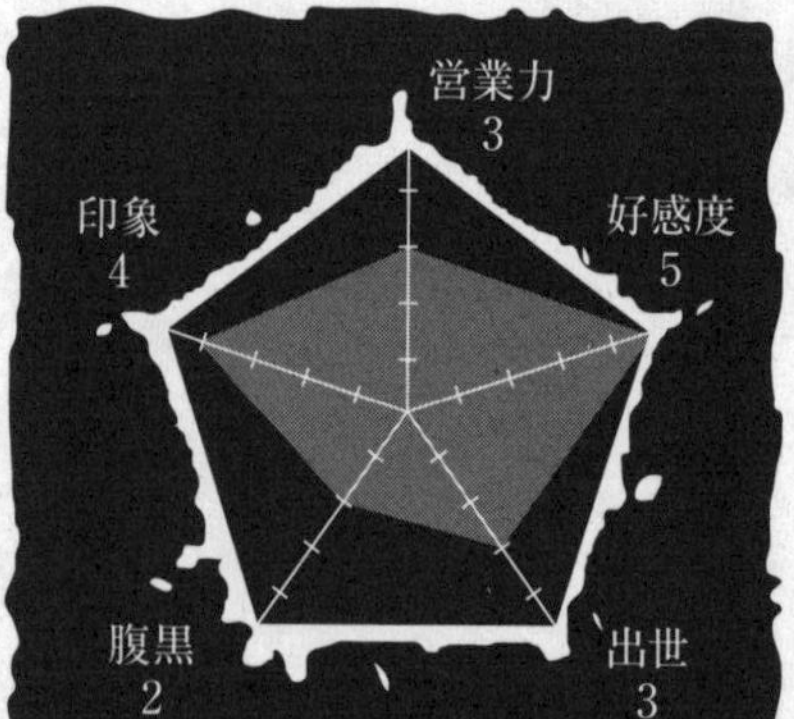

悪魔の格言

人づきあいがうまいだけでストレスフリーの長寿人生

彼によると、子どもの頃から人当たりの良さ、気立ての良さで高得点をとった人ほど長寿だったそうだ。つまり、人づきあいのうまい人は長生きできるということなのである。誰とでも仲良くなって敵を作らない人ほど、あまりストレスを感じず、一方、人づきあいの苦手な人はそのことでストレスを感じてしまうのは明白である。

人づきあいが苦手だからといって、この先の人生を一匹狼として送る必要はない。ほどほどの距離でそれなりに仲良くやっていけばいいのだ。人間関係が苦手な人は、ある程度は演技で気立ての良さを演出するのも手である。たとえ不機嫌であっても、いつもニコニコしていれば、周囲の人は「あの人は気立てが良い人だな」と勝手に思い込んでくれる。

また、人とおしゃべりする機会を増やせば、それだけで人とうまくつきあえるようになる。理屈などはこの際どうでもよく、カナヅチの人が下手くそでもプールで泳いでいれば、それなりに泳げるようになるのと一緒である。難しいことは考えず、ただニコニコして過ごすのが長生きの秘訣なのである。

誕生日前後は自殺に気をつけろ

TRICKキーワード
バースデーブルー

誕生日が近づくと年甲斐もなくワクワクするものの、特に誰からも祝ってもらえず、誕生日当日をひとり酒で過ごして「俺もいい歳になったなぁ……」と落ち込んでしまった経験はないだろうか。

アメリカの心理学者、デビッド・リスターによると、自殺者の中でも誕生日前後の28日以内に自殺する人が異様に多いのだという。なぜか

危険回避!!

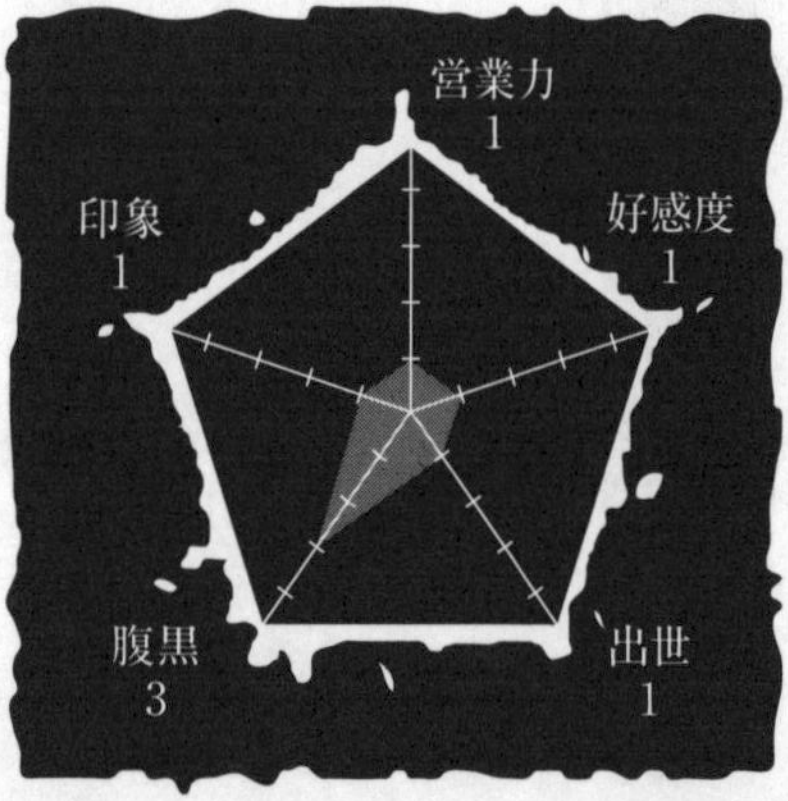

自分の誕生日前後には「もう死んじゃおうかな」という気弱な心理に陥りやすく、衝動的に自殺してしまうらしい。

これを彼は「バースデーブルー」と名づけている。このバースデーブルーを乗り越えたからといって、まだ安心は禁物。ウィーン大学の心理学研究所では「生まれた月の1ヶ月後が危ない」という報告をしているのだ。自分の誕生日が来ると、どうも人間は気が抜けるのか、冷静な判断力を失ったり、注意力が散漫になるようだ。つまり、誕生日だから浮かれたり沈んだりせずに、淡々と過ごす方が心と体にはいいのだ。

悪魔の格言

誕生日なんて忘れてしまえ！　毎日を淡々と過ごすべし

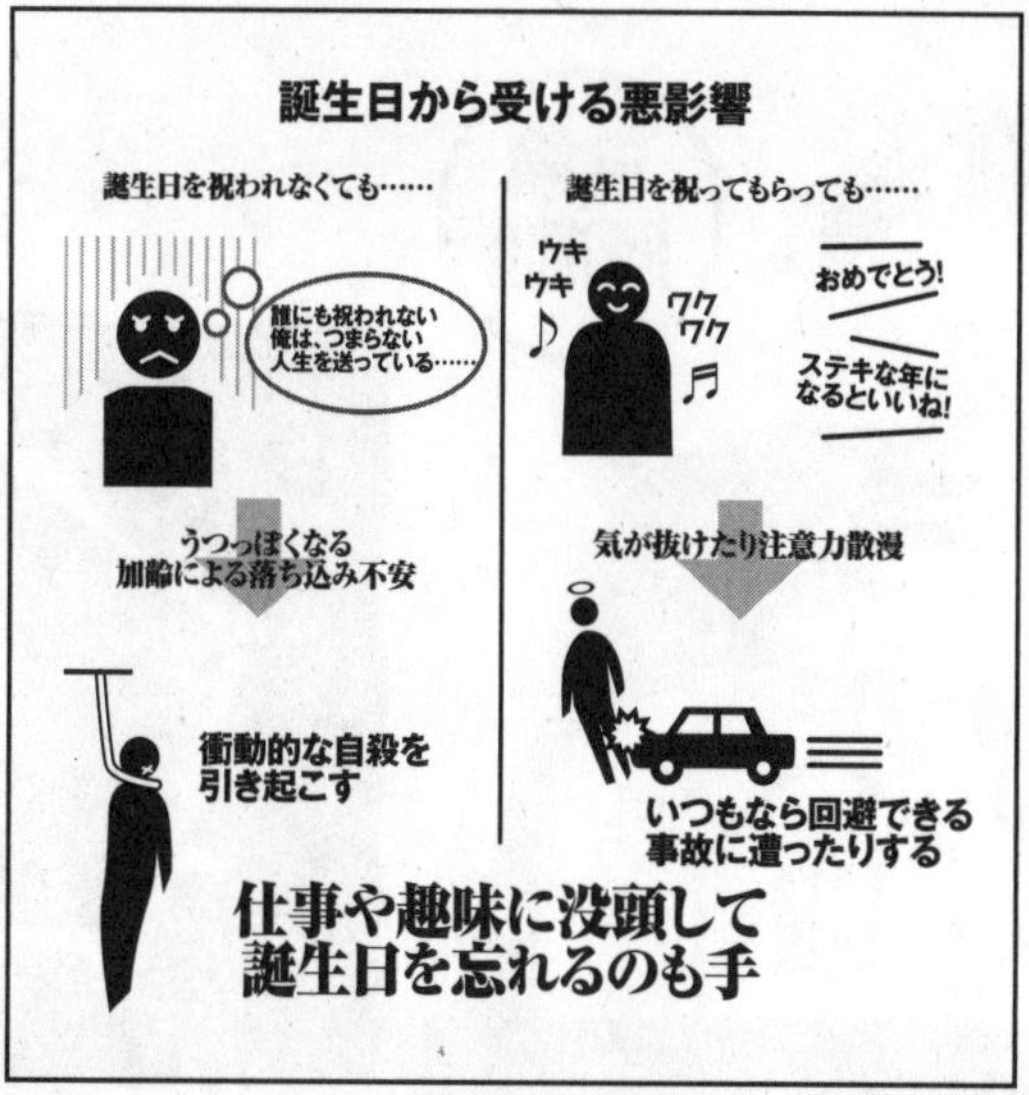
誕生日から受ける悪影響
誕生日を祝われなくても……
誰にも祝われない俺は、つまらない人生を送っている……
うつっぽくなる
加齢による落ち込み不安
衝動的な自殺を引き起こす
誕生日を祝ってもらっても……
ウキウキ
ワクワク
おめでとう！
ステキな年になるといいね！
気が抜けたり注意力散漫
いつもなら回避できる事故に遭ったりする
仕事や趣味に没頭して誕生日を忘れるのも手

ケンカはするな！ ケンカっぽやい人は早死にする

TRICKキーワード 闘争心と長寿

ライバルと切磋琢磨し、お互いを成長させていく……ドラマに出てきそうな理想の社員像だが、これも程度の問題であって、激しい闘争心を持つことも良し悪しである。ライバルに負けたとしても全力を尽くしたことで清々しい気持ちになれればいいが、相手をぶち殺したくなるようなら、そんな闘争心は捨てた方がいい。

デューク大学のレッドフォード・ウィリアムズ

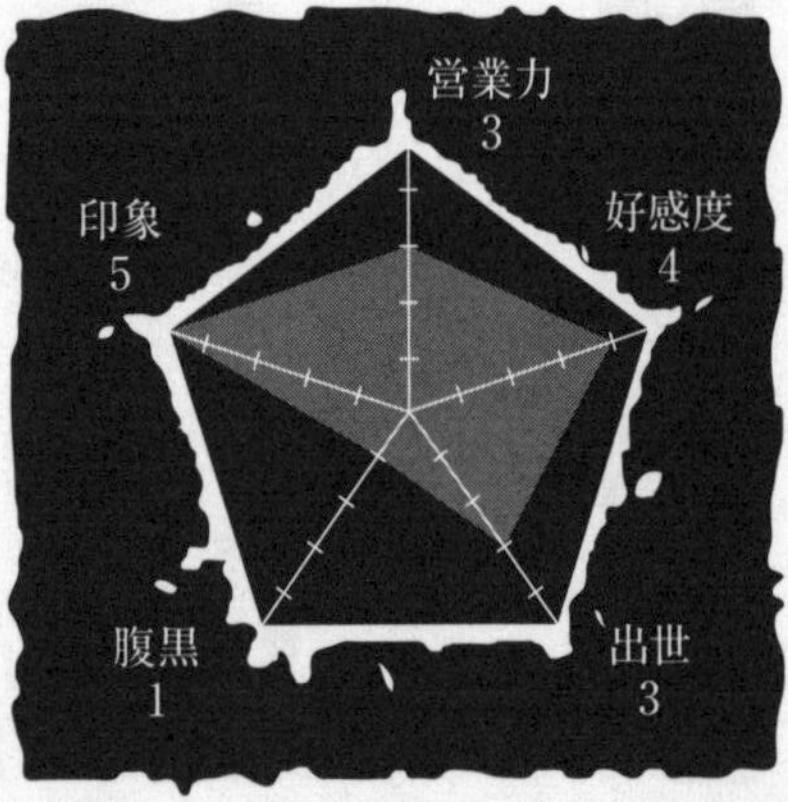

が、1900人の中年男性を25年間にわたって追跡調査したところ、誰とでも張り合おうとするケンカっぱやい人は心臓病にかかる確率も死亡率も、そうでない人の5倍も高かったという。

ライバルとの勝負の結末は、サラリと受け入れるのがいい。負ければ少しは悔しい思いをするかもしれないが、相手を恨むことは筋違いである。どうしても本気の勝負で勝ち負けにこだわるのなら、勝負そのものをやめてしまえばいいのだ。勝敗にこだわりすぎて、負けてイライラすること自体、あなたにとってマイナスのことだからである。

もし相手に勝負を吹っかけられたら「すぐムキになるから勝負しないことにしている」とかわせばいい。負けてイライラすることを考えたら、よっぽど賢明である。どうしても勝負が避けられないときは、ムキになって全勝を狙うのではなく、「ときどき勝って、ときどき負ける」という大人の対応が必要だ。うまく負けることも人間関係には重要なことである。快感と不快感がはっきりする勝負というものは、人間関係をこじれさせる原因ともなる。ほどほどに競争して、お互いに楽しみながら成長する方がベターである。

悪魔の格言

闘争心が強いと寿命が縮む。勝負であってもほどほどが一番

ギャンブルには負けておけ 勝って依存すると中毒になる

TRICKキーワード
ギャンブル依存症

「ギャンブル依存症」が社会問題化してきてしばらく経つ。これは、通算では負けているにもかかわらず、勝ったときの快感が忘れられずに現実感覚をなくし、客観性が麻痺して「また勝てる」と思い込んでしまうために起こる。

人間というのは、一度勝つと調子に乗る生き物である。昔の人はうまく言ったものである。「勝って兜の緒を締めよ」というのは、なるほどギャ

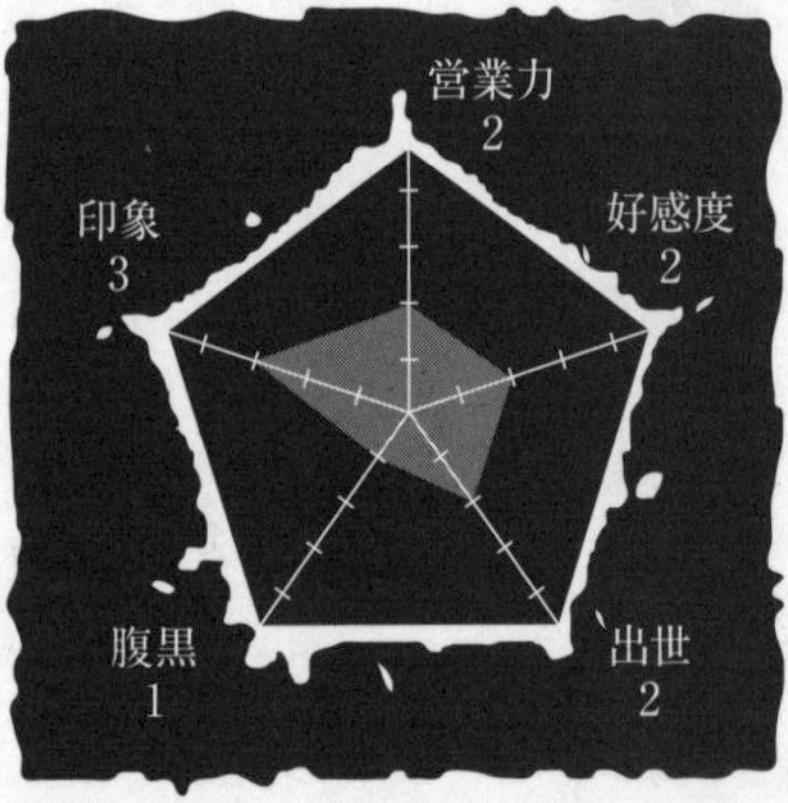

危険回避!!

ンブルのためにあるような言葉ですらあるように感じる。ノース・ダコタ大学のジェフリー・ウェザレイが大学生にスロットをやらせ、勝てば現金がもらえるという実験をした。そのときスロットは人為的に操作されていて、「大勝ち」するグループと「勝てない」グループにわけられたのだが、大勝ちグループではいったん勝ったことで味をしめ、「俺なら勝てる」と誤った期待を持つようになり、スロットをやめられなくなってしまうことが判明した。

ときとして、勝負には負けておいた方が、自分にとってプラスになることがある。ギャンブルもそのひとつだ。手痛い目に何度かあって、いい思いが一度もないとなれば、きっぱり見切りをつけられる。自分には向いていないと明確な理由が得られれば、依存症に陥ることはなりにくいのだ。「あのときの興奮よ、もう一度！」と過去の栄光に縛られていると、いくら大負けしても懲りずにギャンブルを続けてしまうものだ。ギャンブルに過度な期待はせず、「どうせ儲からないだろう」とネガティブに捉えた方が得策だろう。「俺ってギャンブルの才能があるんじゃないの？」となるのは依存症に陥りやすい典型的なパターンと言える。

悪魔の格言

大負けして「自分には向いていない」と見切りをつければ、依存症にはなりにくい

不安情報は見すぎるな 心の中もお先真っ暗でアウト

TRICKキーワード

不安スパイラル

心配性であったり、不安性の人は、「不安」という色眼鏡を通してしか世界を見られなくなってしまう。

イリノイ大学のカレン・ガスパーによると、そんな人にはすべての物事が危険に見えてきてしまうらしい。彼が113人の大学生に、アフリカの飢餓、エイズに感染する見込みなどを推定させると、不安な人ほど実際の数値よりも極端

イメージ操作

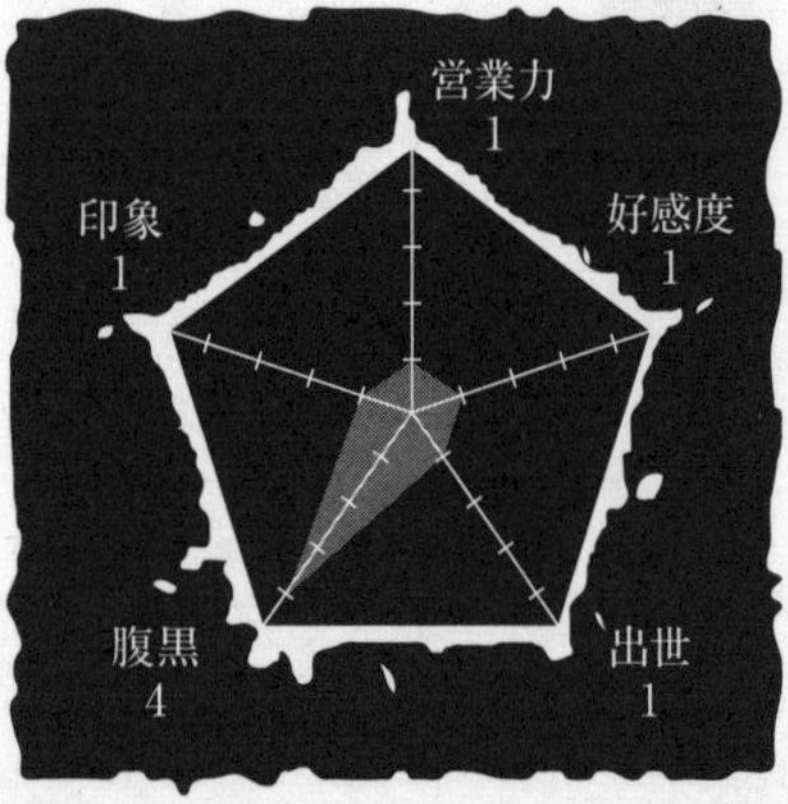

に高く推定したそうだ。

またこういった人は「これは本当に安全か」と気にしすぎるあまり、余計な情報を仕入れては真贋の判断がつかないまま情報を鵜呑みにして、さらなる不安を抱える、不安スパイラルに陥る傾向があるという。

ここまでさまざまな事象に不安を感じていると、人生そのものがつまらなくなる。そこかしこに危険を感じる状態では、なにをするにも尻込みしてしまい、なんの行動もできなくなる。

不安を全く感じないというのも問題だが、ある程度は割りきった前向きさも大切なのだ。

悪魔の格言

人生を楽しみたいなら、不安ばかりに目を向けていてはいけない

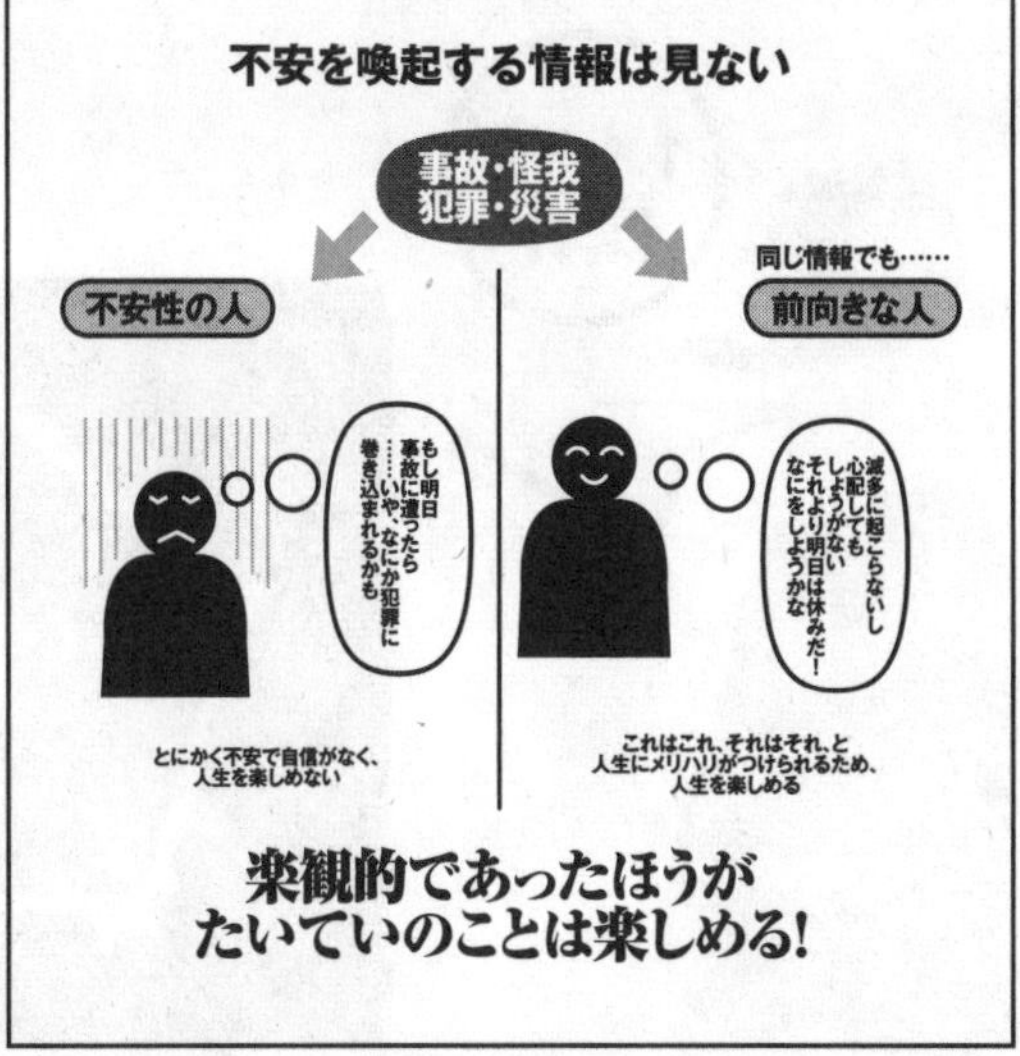
不安を喚起する情報は見ない
事故・怪我
犯罪・災害
不安性の人
同じ情報でも……
前向きな人
もし明日事故に遭ったら……いや、なにか犯罪に巻き込まれるかも
滅多に起こらないし心配してもしょうがないそれより明日は休みだ！なにをしようかな
とにかく不安で自信がなく、人生を楽しめない
これはこれ、それはそれ、と人生にメリハリがつけられるため、人生を楽しめる
楽観的であったほうがたいていのことは楽しめる!

よくおごる人は金持ちじゃない？見栄を張ることに命がけなだけ

TRICKキーワード
自我の拡大

あなたの知り合いに、食事のたびに「おごるよ」と言う気風の良い人はいないだろうか。

同僚との飲み会や、恋人とのデートなどあらゆる場面で「ここは俺が払うよ」と言い放つ男がいた。おごることが快感になっていた男は、その快感を得るためだけに、おごる必要などない場面でも身銭を切り続けた。結果、消費者金融でお金を借りるほどの文無しになってしまった

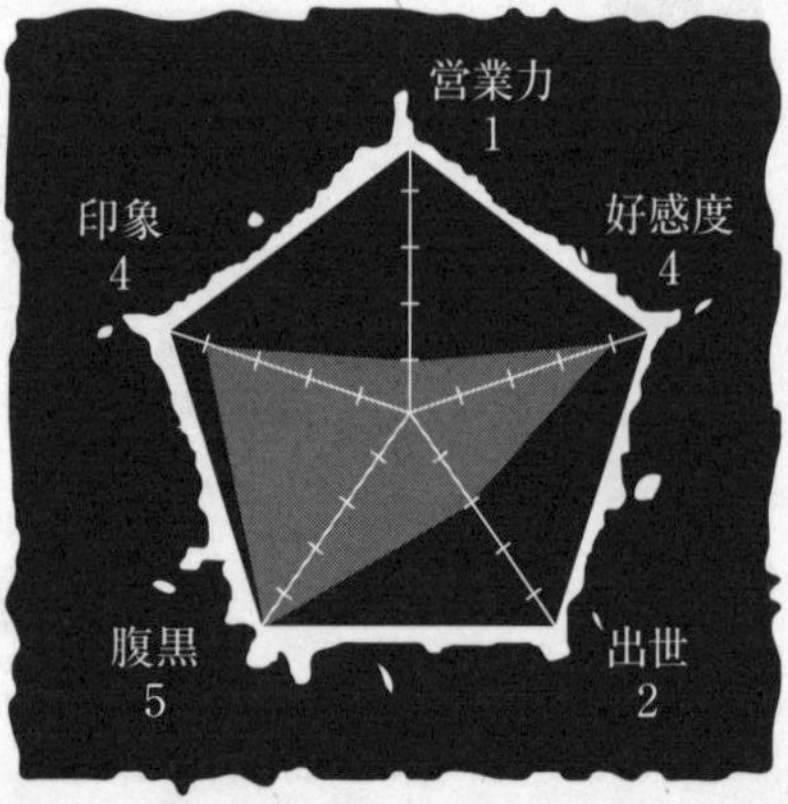

のだ。彼が借金してまでも得たかったのは「自分が相手よりも優位に立ち、大物気分を味わう」という快感だった。これを「自我の拡大」という。

周りがどんどん昇進する中で、自分はなかなか上に上がれず、安月給のまま。仕事中も肩身が狭く、慢性的な欲求不満を抱える人は多い。これを解消するため、人におごるという行動に出るのだ。

おごるというのは、他人に自分の気風の良さを見せつけられるうえに感謝もされるという、まさに大物気分が経験できる場。その場の誰よりも優位に立つことができるのだ。

また、おごり好きの人は、人におごられることを嫌う。おごることで相手よりも優位に立つことで日頃の抑圧から解放されているのに、おごられて相手に優位に立たれてしまえば、いつもの自分に逆戻りしてしまうからだ。

だから、あなたの知り合いのおごり好きの人には、「おごろうか?」という言葉を決してかけてはいけない。ただ、自由になる給料がたくさんあるわけではないと推測できる場合には、あまり負担をかけないよう、ときには遠慮してあげよう。

悪魔の格言

おごり好きが金持ちだとは限らない。安月給の人ほど見栄を張りたがる!

夢に「赤い服」が出てきたら女性に注意

TRICKキーワード　色つきの夢

心理学の分野では長らく、「色つきの夢は悪いことが起こる予兆、健康を損なう暗示である」とされてきたが、研究が進んだ現在、夢は色つきで見るのが一般的であるという説が主流になってきている。

色つきの夢を見たことがないという人でも、それは夢の中で色への関心が低かったり、印象に残る色が登場しなかっただけで、誰もが夢は

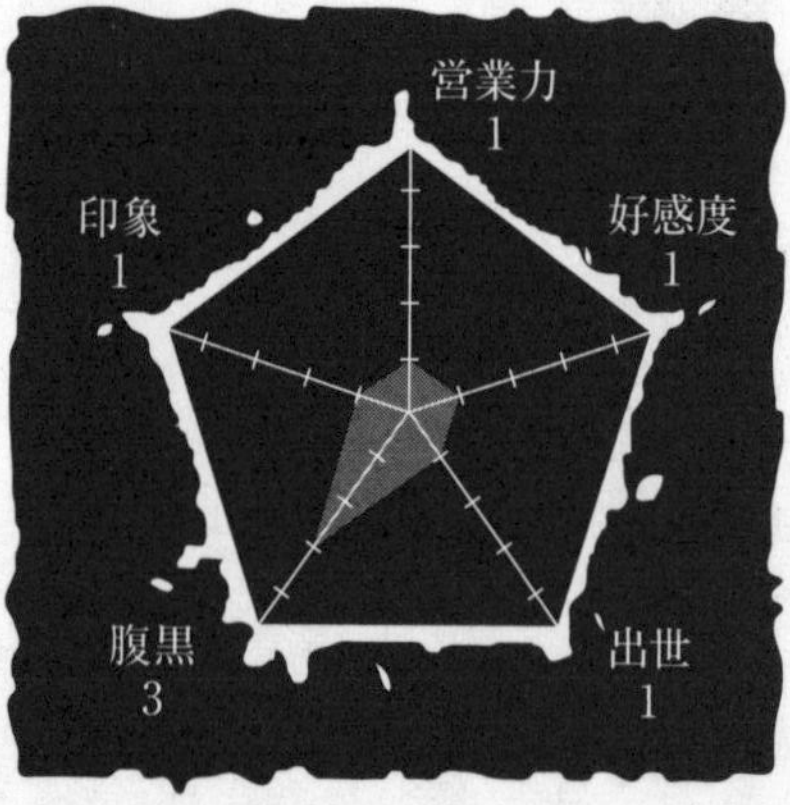

色つきで見るとされている。ただし、色は基本的1～2色で、細部にまで色づけされているわけではないという。使われる色のベスト3は、1位が緑、2位が赤、3位が黄色という調査結果もある。

夢というのは、現在の心理状態や感情の強弱がある程度関わっていると言われている。一番の多数派である緑には、安定した心理状態を示す一方で、知識や経験の不足も暗示する。黄色がメインカラーの場合は、非常に楽しい生活環境にある、心から笑える時間を過ごせているといった、自分の中に活力が満ちていることを示している。

では赤はどうだろうか。赤は、なにか祝い事があったときに見る一方、なにかに情熱を傾けている状態や恋愛感情を示す。夢の中で「赤い服」が出てきた場合は、性欲が強まっていることを暗示する。普段は欲求不満を感じなくても、深層心理ではかなり溜まっているといえよう。そんなときは、いつにも増して女性には注意するといいだろう。

このように、何気なく見ている夢も精神状態と密接に関わっているのがわかっただろう。無意識のうちに夢があなたに送っているメッセージを紐解くのもおもしろいのかもしれない。

悪魔の格言

夢に出てくる「赤い服」には欲求不満が隠されている！

心臓病になりたくなければ「～しなきゃ」をやめなさい

TRICKキーワード
生き急ぐタイプ

「命短し」とばかりに、「あれもしなきゃ、これもしなきゃ」と短時間で可能な限り多くのことをしようとするビジネスマンは意外と多い。常に時間的な切迫感を抱いているタイプだ。一方、同じような仕事を与えても、無理をしないでのんびりとこなすタイプもいる。

前者のビジネスマンは結果までのスピードを、後者は結果までのプロセスを重視する傾向があ

危険回避!!

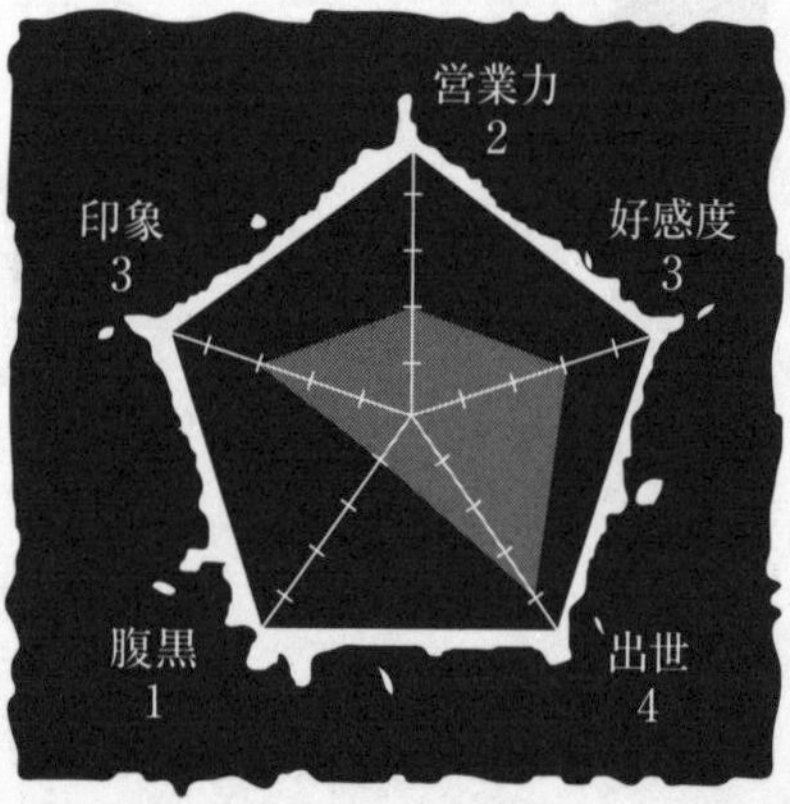

り、一概にどちらがいいとは言い切れないが、健康リスクを負っているのは前者だ。

アメリカの医学者、フリードマンとローゼンマンが3500人の健康な男性に対して行った調査によれば、10年後に心臓病にかかっていた人数は、前者の生き急ぐタイプが後者ののんびりタイプの実に3倍にものぼったという。生き急ぐことが文字通り命を縮めるとわかったなら、まずは非現実的な計画を立てないことである。

一つひとつの仕事に充てる時間に余裕を持ち、資本である体に負担をかけないことがビジネスマンには必要なスキルなのである。

文字通り「生き急ぐ」タイプは危険！

のんびりタイプ

メリット
・創造性が高い
・丁寧

デメリット
・仕事が遅い

正反対

生き急ぐタイプ

メリット
・仕事が早い
・量をこなせる

デメリット
・創造性は低め

心臓病や血清コレステロール値の上昇で体に負担をかける

身体的リスクを考えると「～しなきゃ」を捨てて余裕を持つべき

悪魔の格言

いかなる仕事にも余裕が必要。スピード重視だと体にかける負担も3倍に！

危険を避けたいならキレるな 怒る人には危険が多い

TRICKキーワード
リスク認知度

怒りっぽい、ケンカっぱやい人は早死にするとはどういうことだろうか。

カーネギー大学のジェニファー・ラーナーが97人の大学生に「アメリカで交通事故死する人は年間5万人である。さて、この知識をもとに、ガンで亡くなる人、心臓発作で亡くなる人、溺死する人の数を推測せよ」と質問した。そして、現実より多く見積もった人を、リスク認知の高

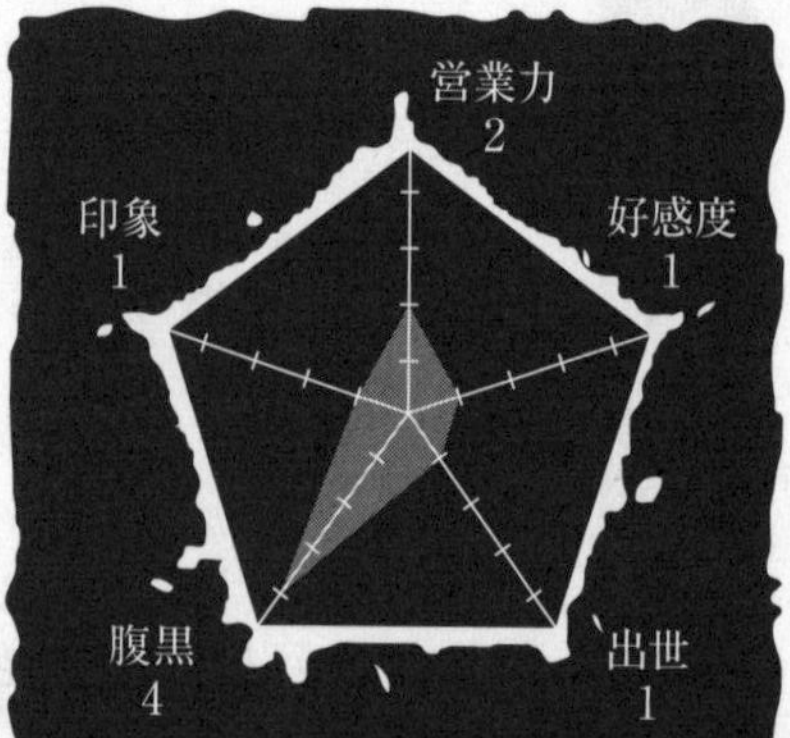

い人とし、逆に少なく見積もった人をリスク認知の低い人としたのである。

その結果、怒りっぽい人ほど、現実の危険を過小評価することがわかった。彼らは、ガンにかかる人なんてそうそういない、心臓発作で死ぬ人だって少ないに違いないと考えたのである。

怒りっぽい、ケンカっぱやい人は危険を過小評価する傾向にあり、痛い目を見てからやっと「こんなはずじゃなかった」と気づく可能性が高いのだ。だから無鉄砲にズンズン突き進んでいってしまう。人間、怒っているときには危険やリスクのことなどまったく頭に入らなくなり、立ち止まる前に行動に移してしまう。それが後々に生命を脅かすほどのリスクだとしても、ケンカっぱやい人はそこで立ち止まることができないのだ。

一方で、そこではたと立ち止まり、冷静に考えることができるタイプの人は、その先に待っている危険やリスクを察知することができる。

失敗を恐れず果敢に挑んでいくというと、ポジティブなニュアンスが出てきて、悪い性格でもなさそうに感じるが、怒っているよりニコニコしていた方が人生長く楽しめるのだ。

悪魔の格言

怒りっぽい人は、無鉄砲になりやすいので注意すべし!!

医者がいない方が病人はなぜか減る

TRICKキーワード

医者の意味

イリノイ州立大学医学部の准教授、ロバート・メンデルソンは「医者、病院、薬、医療機器という、現代医学を構成するこれらの9割がこの世から消えてなくなれば、現代人の体調はたちどころによくなるはずだ」と述べている。

さすがに9割は言いすぎだろうが、確かに医者というのは、本当に必要なのかと訝しむほど大量の薬を処方したり、効果の程がわからない

イメージ操作

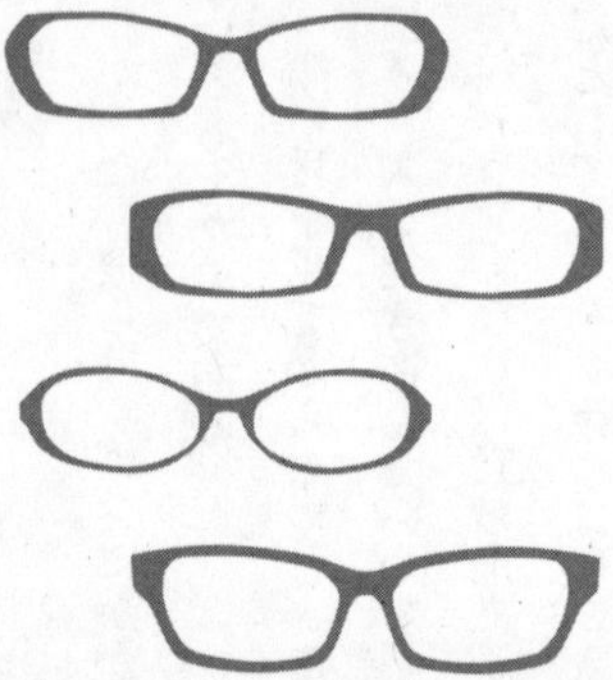

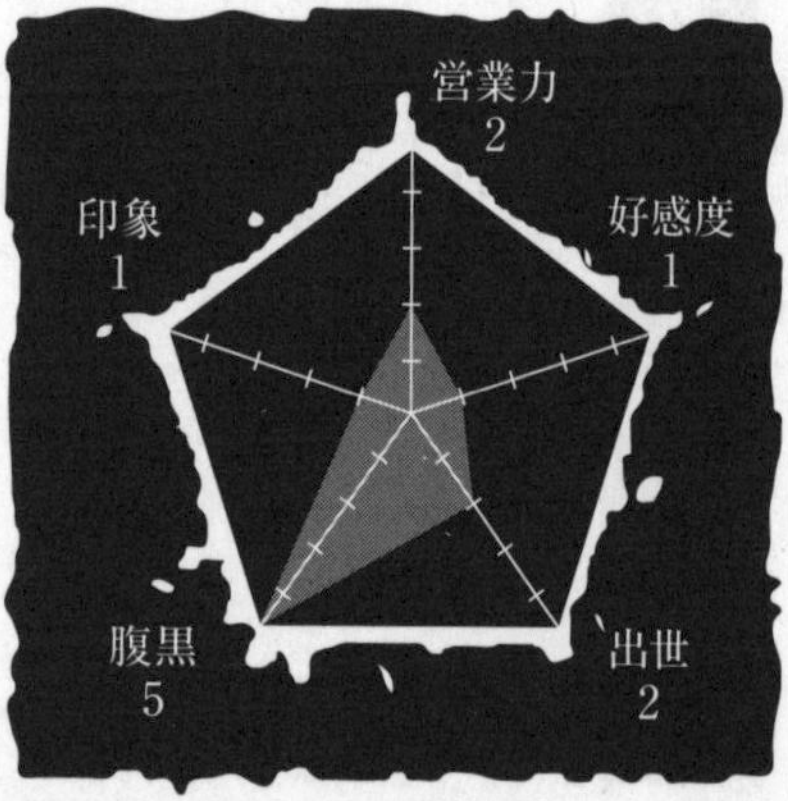

点滴を打ってみたりと、とかく余計なことをしがちだ（そうしないと病院が儲からなくて、医者の生活が成り立たない、などの理由がある）。

また、メンデルソンは、医者が仕事を辞めると世界は平穏になるというデータも報告している。

1976年、南米コロンビアの首都ボゴタ（旧サンタフェ・デ・ボゴタ）で、医者が52日間のストライキに突入し、救急医療以外は一切の治療を中止したことがある。すると驚くべきことに、死亡率が35％も減少したのである。

また同じ年、ロサンゼルスでも医者がストライキを決行し、このときも死亡率が18％も低下したという。だが、ストライキが終わると、死亡率は元の水準に戻ったそうだ。

つまり、医者が余計なことをしなければ、私たちは健康でいられるのである。

確かに、医者という職業は必要ではあるが、そんな医者本人が人格者かというと、それはまた別の話である。医者は余計なことをするものである、くらいの気持ちでいた方が、健康でいられるのかもしれない。

悪魔の格言

なんでも医者頼みにしていると早死にする！

前向きな人ほどPTSDに気をつけろ

TRICKキーワード PTSD

精神の病が社会問題化したのをきっかけに、「PTSD（心的外傷後ストレス障害）」は近年、広く世間に認知されている。PTSDとは、危険時に放出される脳内物質が、平時でも分泌されることで起こるホルモン異常や睡眠障害のことである。PTSDは幼児虐待や性的暴行などの犯罪被害、交通事故や親しい人の突然の死などにより、心に傷を負うことで引き起こされる

危険回避!!

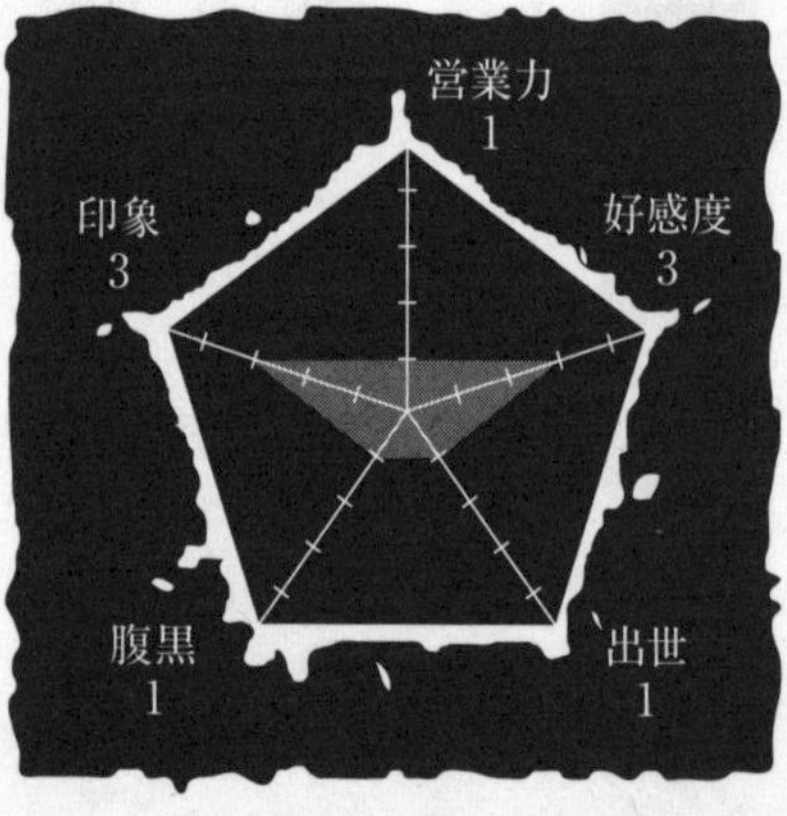

ことが知られている。もちろん、これらの被害に遭ったり、トラウマになるような経験をしたからといって全員がPTSDになるわけではないが、実は明るく前向きで、自立心の強い人ほどどこの病気になりやすい傾向があるという。誰にも相談できず、すべてをひとりで背負い込んで、ひとりでがんばろうとすればするほど、PTSDになる可能性は高まるのだという。傷ついたときに、人に頼ったり甘えたりするのは当たり前のことである。まずはそう心得て、ひとりですべてを抱え込まないことがPTSDにならないための第一歩だ。

PTSDの計り知れない苦しみ
交通事故
犯罪被害
災害
親しい人の死
虐待
重圧
PTSD
人前では
明るく前向きな
人ほどなりやすい
ひとりで背負わず、
人に頼ったりして当たり前!

悪魔の格言

ときには人を頼って、自分で抱え込みすぎない「勇気」を持て

「作り笑い」はガンになる!? 強制される笑いはストレス

TRICKキーワード 作り笑いの負

いつも陽気にニコニコと暮らしている人は、人間関係も良好でストレスフリー、笑うことは健康にもいいといいことずくめである。しかし、心から笑うのではなく、店員が客に見せるような愛想笑いや作り笑いは、普通の笑いと違い、悪影響があるのだという。

ペンシルバニア州立大学の産業心理学者、アリシア・グランディは、キャビンアテンダントや

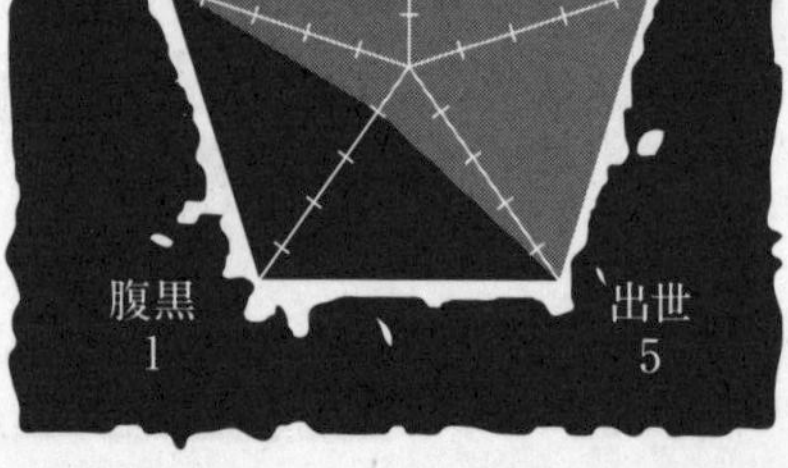

社長秘書など、たえず「笑顔を強制されている人たち」についての調査を行った。キャビンアテンダントや社長秘書は、笑うことが宿命づけられているような、いつでも作り笑いをしなければならない職種だ。そんな職業の人たちについて調べると、他の職業の人に比べて、心臓病、ガン、高血圧のリスクが、2倍以上も高かったのだという。つまり、「作り笑い」は結構なストレスになるということだ。

ちなみに、グランディはアメリカだけでなく、フランスでも同様の調査を行い、フランスでは作り笑いの悪影響は少なかった、ということを発表している。それはなぜか。フランスでは、笑顔でサービスするかどうかは個人の裁量にまかされており、アメリカのように、経営者から「もっと笑顔で！」と強制されることがないので、ストレスも生まれにくいのだという。

接客業に限らず、社会生活を営むときに笑顔というのは最強の武器になる。いっそ作り笑いなどやめてしまい、心から気持ちのいい笑顔を見せることが、ビジネスにも健康にも最良なのだ。無理して笑ったところで、相手にも「作り笑顔だな」と気づかれてしまうだけなのである。

悪魔の格言

作り笑いのストレスで死ぬぐらいなら、いっそ王様のようにふるまえ！

犯罪を一番起こすのは「長続きしない人」

TRICKキーワード 犯罪の原理

画一的な教育で「他人と同じことが良い」という時代は終わり、今や多様な価値観が称揚される時代。個性を尊重する現代社会ならではの複雑な人間関係に、ストレスを感じている人も多いだろう。その結果、現代人ならではの心の病が増えているのは周知の通り。

ドイツの精神医学者、シュナイダーは、そんな心の病を10 類型にわけている。

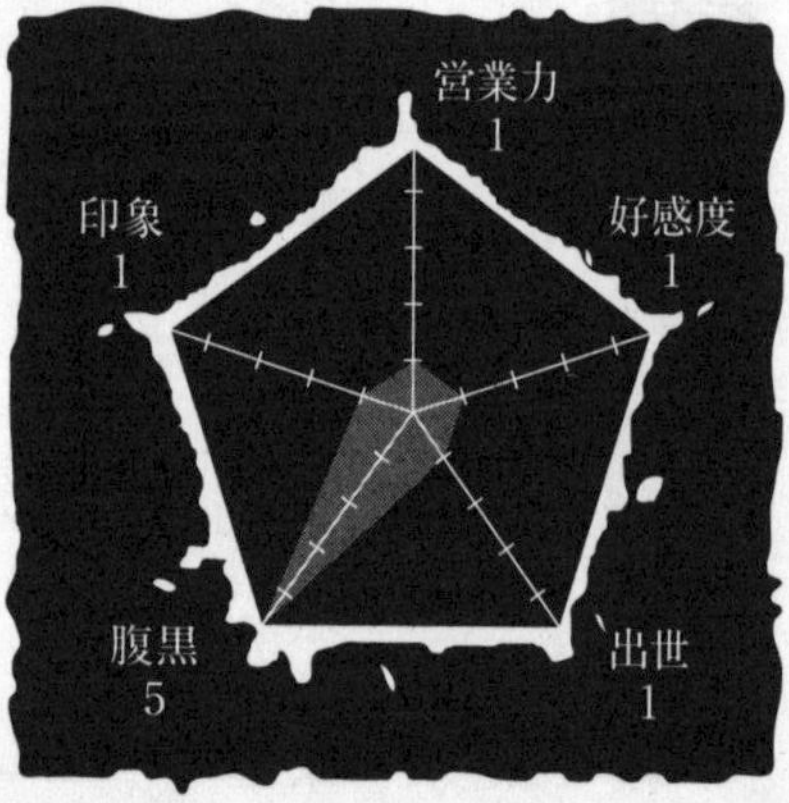

意志薄弱者（飽きやすく持続性がない）、軽躁者（活動的だが興奮してトラブルを起こしやすい）、爆発者（怒りやすく興奮すると暴力を振るう傾向がある）、自己顕示者（目立ちたがりでうそつき）、情報欠如者（同情、良心などの感情に欠ける）、狂信者（固定概念が強く、人生をかけることも惜しまない）、気分易変者（不機嫌になりやすく、その解消に大酒を飲んだり犯罪を犯す）、自信欠如者（小心者だが自意識は強い）、抑うつ者（悲観的で不機嫌）、無力者（神経質で無気力、常に身体的な症状を訴える傾向がある）。ここに挙げた類型はあくまで典型例であり、程度の差こそあれ、いくつかのタイプに当てはまる人も多い。ただ、この中でもっとも犯罪者に多いのは、軽躁者でも爆発者でも気分易変者でもなく、意志薄弱者である。学校を中退したり仕事が長続きしなかったりと、社会性に欠ける点が犯罪につながる主な理由だと考えられている。ちなみに、詐欺師に多いのは自己顕示者、凶悪犯に多いのは情報欠如者、万引き犯に多いのは気分易変者だと言われている。つまり、犯罪のすべての始まりは、精神の偏りからくる精神病質が原因であるとも言えるのだ。

ただし、軽度の偏りは個性の範疇なので、あまり深刻に考えない方がいいだろう。

悪魔の格言

長続きしないことはしょうがない。せめて迷惑をかけずに生きるべし

飛ぶ夢・食事の夢を見た人は欲求不満に注意

TRICKキーワード　夢の深層心理

夢がその人の精神状態と密接に関わっているというのは、「夢に『赤い服』が出て来たら女に注意」の項目で述べたが、他にも夢が象徴するものを紹介していこう。今回は、夢の中で「したこと」が深く関係してくる。

●飛ぶ　現状に感じている不満や劣等感から解放されたいという表れ。自由になりたいという気持ちを暗示する。

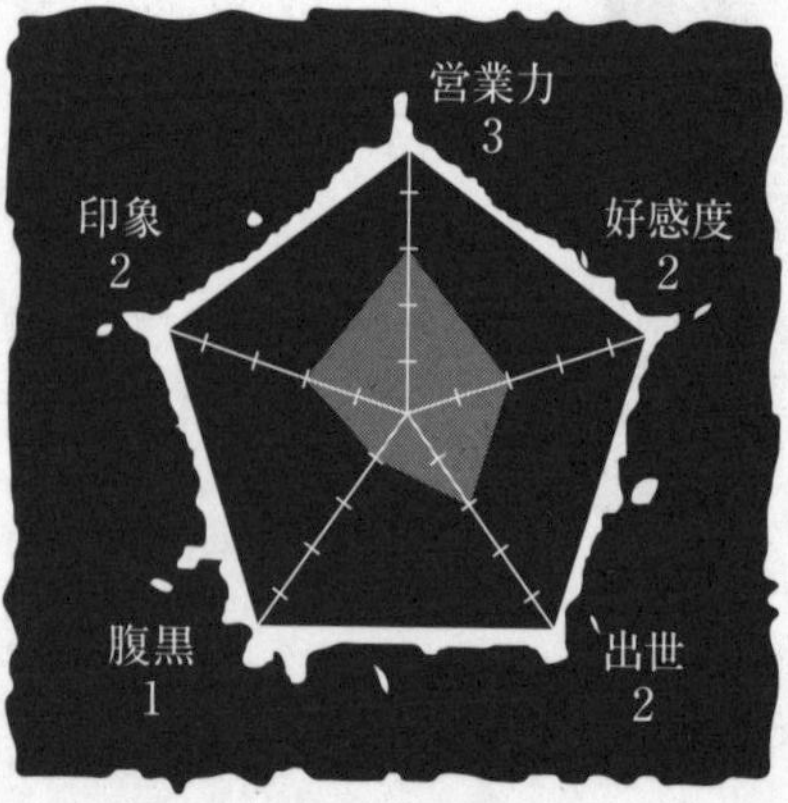

危険回避!!

●殺す　知人を殺す夢は、相手との関係を好転させたいという表れ。自殺は自己再生への願望で、見知らぬ人を殺すのも自殺と同じ意味。

●歌う　楽しく歌うのは、現状で感じているストレスの表れ。うまく歌えないのは、対人関係の悩みで、誰かが歌っているのは、恋愛への欲求の高まりを表す。

●落ちる　目標に対し、焦りを感じている表れ。高所から落ちるのはプライドの損傷、誰かが落ちる場合は、その人への愛情の強さを表す。

●食事をする　食べる夢は欲求不満を表す。

●排泄する　実際の尿意と無関係の場合、ストレス発散の表れ。誰かが排泄するのは、その人への羨望や嫉妬の高まりを表す。

飛ぶ夢や落ちる夢をよく見る人がいるが、実は心に一物を抱えている場合が多いようだ。夢の意味を理解して、自分が見た夢の意味を考えてみよう。そうすることで、自分が抱える問題点やその解決策が見つかる可能性もある。

悪魔の格言

深層心理は、夢の中で「したこと」により、ある程度わかる

夢を見ないという人は危険思想の持ち主かも？

TRICKキーワード
夢を見る理由

人は必ず夢を見る。これまでの研究によれば、一晩に3～5回の夢を見るのが普通だという。「ほとんど夢を見ない」という人もいるだろうが、それは「実は見ているのに覚えていない」だけである。睡眠中には脳の中の記憶に関するシステムも休み状態にあるため、途中で起こされるか、目が覚めるかしない限り、その記憶は消えてしまいがちなのだ。

腹黒テクニック

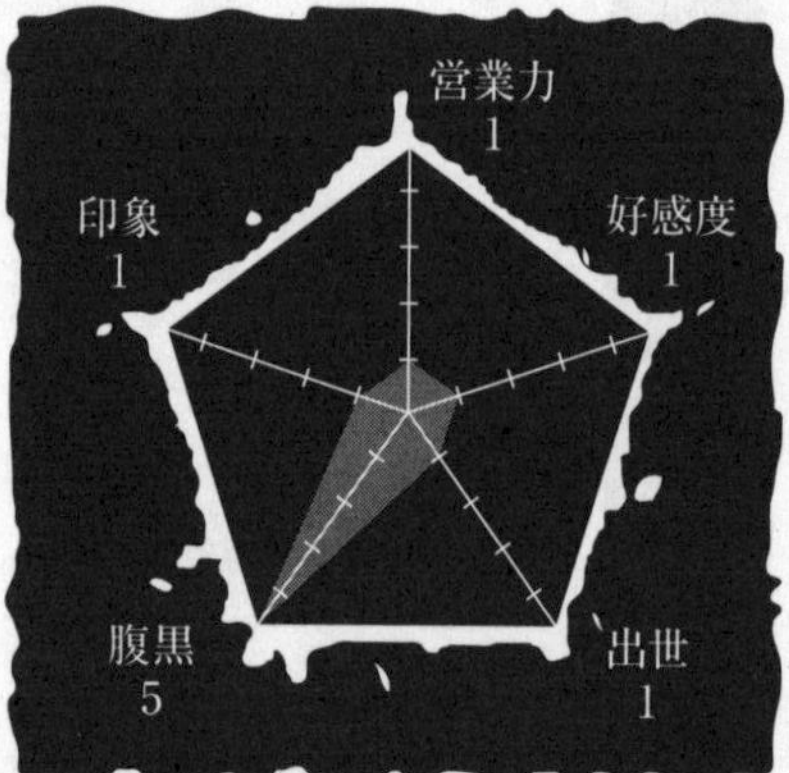

しかし、長期に渡って夢を見た記憶がないと感じる人は、心に赤信号が灯っていると考えていい。心理学者のフロイトは、人間が夢を見る理由を「人間の心の奥底にある無意識の願望や不安が、眠っているときに夢の中に表れている」と分析した。つまり、目が覚めているとき、無意識では抑圧されているが、眠っている最中にはその抑圧が弱まり、願望や不安が顔を出すというのだ。

願望や不安が表れる夢は、それがあまりにも過激であると、脳が自発的にその夢の記憶を残さないという検閲機能を発揮していると言われている。そもそもが消えてしまいがちな夢の記憶を、さらに消去しようとする検閲機能が働いているということは、その人はとんでもない夢を見続けているということなのだ。

つまり、あまりにも過激な願望や、深刻すぎる不安をいつまでも抱え続けている、というのが「夢を見た記憶がない」ことの真相なのかもしれない。「ここ最近、夢を見ないなぁ」と感じている人は、現実の自分を見つめ直す必要がある。夢を記憶しないということで深刻な悩みが心の奥底に眠っている可能性が高いからだ。

悪魔の格言

夢を見ない人は、過激な欲望や不安を抱えている可能性も……

COLUMN

ワンポイント

危険を感じる脳の働き

脳は、危険を感じるとノルアドレナリンという脳内物質を分泌する。スリリングな体験をしているとき、危ない目にあっているとき、緊張しているときに働く脳内物質である。ノルアドレナリンは逃走と闘争の脳内物質と言われ、危険を察知すると逃げるか戦うかの二者択一の選択を脳に迫る。だから、逃走しているときと喧嘩しているときはこのノルアドレナリンが出まくっている。

そしてノルアドレナリンはただ逃げたり戦ったりすることを促すだけではなく、どういった選択をすべきかという「集中力」を促す。さらにこの集中力によってワーキングメモリーという大量の情報の中から何をなすべきかという判断力を発揮するのだ。

そういう意味では、ノルアドレナリンを出す作用というのはワーキングメモリーを鍛えてくれるので大変有用だ。たくさんの危機的状況を乗り越えることで、瞬時の正しい判断力を鍛えることになる。

しかし、ノルアドレナリンにもネガティブな側面がある。ときに暴走しやすいということ。この暴走がはじまるとキレたり、犯罪行為を起こしてしまうこともあるのだ。よく働く真面目な社員が突然犯罪を起こしてしまうのも、このノルアドレナリンの暴走が理由であることが間々ある。ネットにおける炎上やまつり現象も実は、このノルアドレナリンの暴走によるところがあるのだ。

深層心理を見破る心理テスト 危険回避編

Question 1

デパートで買い物をしていたら、高価そうな財布を拾いました。中に入っていたものはどれでしょう?

C カードがぎっしり	A 小銭がいっぱい
D レシートのみ	B 札束がたくさん

「金銭欲」診断

財布の中のお金は、自分の本当の金銭欲求です。あなたが欲深いかどうかがこのことからわかります。

A

欲はない方

小銭が入っていると答えた人は、あまり欲がない素朴な性格のようだ。質素な生活を好むが、ときには欲を出して努力してもいいかも。

B

成り上がり願望強し

札束がたくさんと答えた人は、成り上がり願望のある意欲満載タイプ。あんまりつんのめると失敗したときにキツイのでほどほどに。

C

賢く儲けたい

カードがいっぱい入っているというあなたは、努力しないでがっぽり儲けたいタイプ。株や為替にハマると、ひょっとしてうまくいくかも!?

D

悲観主義

レシートしか入ってないというあなたは、ちょっと悲観的すぎるネガティブ思考タイプ。もう少し前向きになってがんばろう。

Question 2

知人と約束していて、ホームで待っています。
その人は電車のどのあたりに乗ってきますか?

C うしろの方	A 先頭車両
D 乗ってなかった	B 中間

「他人への期待度」診断

知人が乗っている場所は、あなたの他人への期待値を表しています。
あなたが他人にどれだけの事を求めているかがわかります。

A

リーダータイプを期待

先頭車両に乗っていると考えたあなたは、相手に対して先頭に立って先導してほしいと願っている。リーダーを求めているようだ。

B

余裕のある人を期待

中間車両は余裕を表している。相手にはそそっかしくない、余裕のある人間でいてほしいと願っているようだ。

C

安定感を期待

後部車両に乗っていると予想したあなたは、相手に安定感を求めている。落ち着きがあり、確かな意見のある相手を望んでいるのかも。

D

対人恐怖？

乗っていないということは、実は会いたくない、人に期待するどころか関わるのも嫌だと思っている可能性が。ひょっとして、対人恐怖症かも⁉

深層心理を見破る心理テスト 危険回避編

Question 3

友人たちと一緒にマラソンをしようと計画しています。あなたはどのコースを選びますか?

C なだらかで単調なコース	A 景色が抜群のパノラマコース
D 景色も美しく、コースも魅惑的	B アップダウンが激しいトレイルコース

「労働意欲」診断

あなたが選ぶコースはあなたが人生の選択をするときのチョイスの傾向を表します。あなたの労働に対する意欲も表します。

A 家族重視タイプ

景色がいいコースを選ぶあなたは、家族を大事にする安定した生活をのぞむタイプ。公務員やサラリーマンが向いているようだ。

B ワーカホリックタイプ

アップダウンが激しいトレイルコースは、ハードワークや困難な仕事をみずからやりがいを求めて行くタイプ。クリエーター職が向いているようだ。

C シンプルイズベストタイプ

なだらかで単調な道を選んだあなたは、家族を重視するわけでもなく、ただただシンプルで質素な生き方を望んでいる。普通のサラリーマンなどが向いている。

D わがままタイプ

すべてを欲しがるあなたは、家庭も仕事もすべてが充実してないと納得できないわがままなタイプ。少しは妥協することも覚えよう。

第13章

自分を変身させる心理学

3秒の力強い握手で自分が上だと知らしめられる

TRICKキーワード　握手

ビジネスや初対面での顔合わせなど、生活の中で多々訪れるあいさつの場面。あいさつの言葉とともにお辞儀をそえるのが一般的だが、自分の印象を一気にのし上げたいのなら、自ら握手を求め、相手の手を3秒、強く握るのが良い。

　スウェーデンの精神学者アストロムによると、握手をする際に力強く握る人は、人づきあいへの抵抗が低く、積極的な性格な人が多いのだと

これができればあなたは…

デキる奴！

とっさの判断でコミュニケーション力アップ！

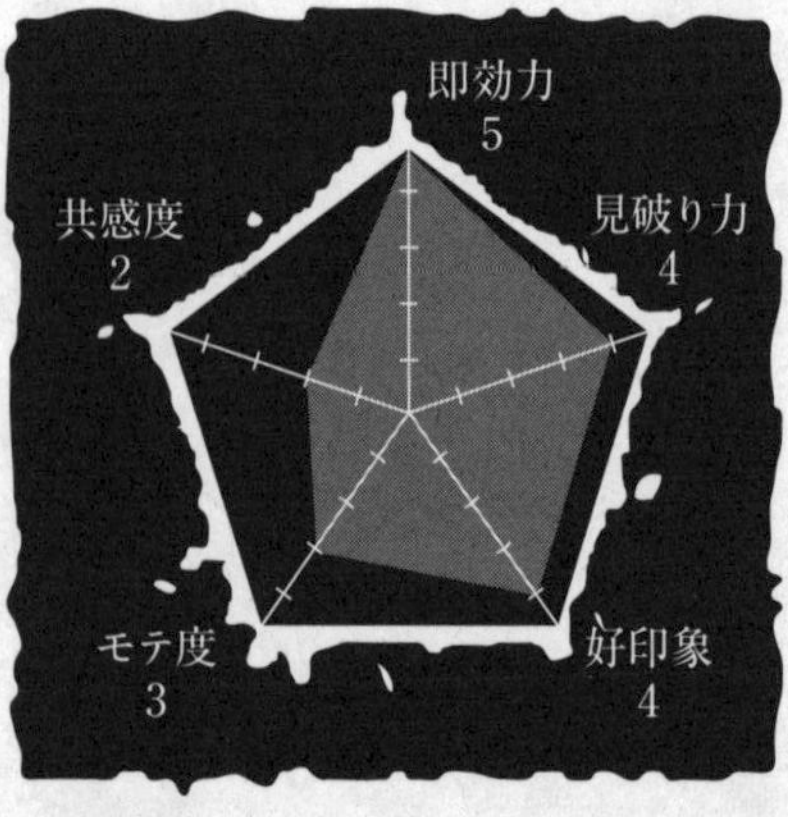

か。同時に、握られた相手に対して、「この人とは仲よくなれそう」という好意的な印象を与えるという。

また、握手をすることによって、相手の人づきあいレベルも読み解くことができる。一般的に、手のひらが乾いている人は、社交的で人づきあいが得意なタイプ。しめっている人は、内交的で人づきあいが苦手なタイプだといわれている。つまり、気になる異性と握手をしてみて相手の手がしめっていた場合には、安易に食事に誘いだすのは御法度。じっくり時間をかけて相手の心を開いていくのが有効というわけだ。

悪魔の格言

心を開きたくない相手には、軽くタッチ程度の握手で警戒を示せ

気にすることをやめれば嫌いな相手も好きになれる

TRICKキーワード　ポジティブシンキング

悪人というわけではないがどうしても好きになれない。聖人君子でもない限り、誰しもそんな相手がいるだろう。そういう場合、その人自身というよりも、その人の持つ欠点が目につきすぎて嫌になっているケースが多い。ゆえに、相手の欠点がなくなれば「嫌い」という気持ちもなくなる。とはいえ、「過去と他人は変えられない」という言葉もあるように、相手の欠点を無

これができればあなたは…

賢い奴

嫌な感情は自己暗示と発想の転換で制御可能

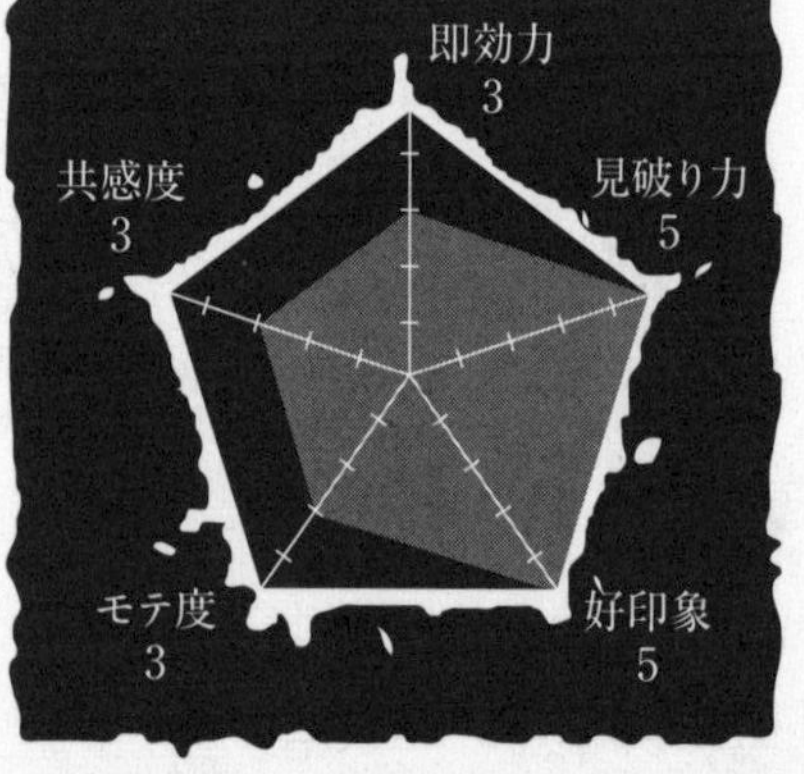

悪魔の格言

それでも嫌いな人は「可哀想な奴」と心中で思っておけ

理矢理直すのは難しい。

ではどうしたらいいのか。話は簡単。「あの人の○○という欠点が私は気にならない」と自分に暗示をかければいい。そうして相手の欠点について考えることを放棄し、怒りや苛立ちといったマイナスの感情に囚われる前に、ポジティブな方向へ発想を転換させるのだ。

よくいわれるのが、相手の性格の良い面や自分との共通点を探してみるという方法。「あんな考え方や反応をするなんて、面白い人だな」というふうに、ただのモノめずらしい観察対象として面白がるのも手だ。また、嫌いな相手と仕事上のつながりがある場合は、その欠点を上手にいかす方法はないか考えてみる。欠点と長所は背中合わせなことが多いから、欠点を長所として活用するつもりで接したら、結果的にお互い満足のいくパフォーマンスができるだろう。これだけで、「嫌い」は「好き」に変えられるのだ。コンプレックスや弱点など、自分の中の嫌な部分に本人が気がついていない、もしくは気がついていても抑えている場合、「投影」という防衛機制が働く。嫌いな相手の欠点は、実はあなたの中にもあるのかもしれない。

人の手の動きを観察すれば気のきくヤツになれる

TRICKキーワード
自己親密性

人間は不安や精神的なショックなどを受けたとき、身近な人間との接触を求める傾向がある。そして、会社や営業先などそういった環境にない場合は、自分の体に触れることで安心感を得ようとする。これを心理学では『自己親密性』と呼んでいる。

実は、体の部位のどこを触るかによって、その人の現在の心理状態だけでなく性格まである

これができればあなたは…

デキる奴!

誰かが体の一部を触ったら、即行動!

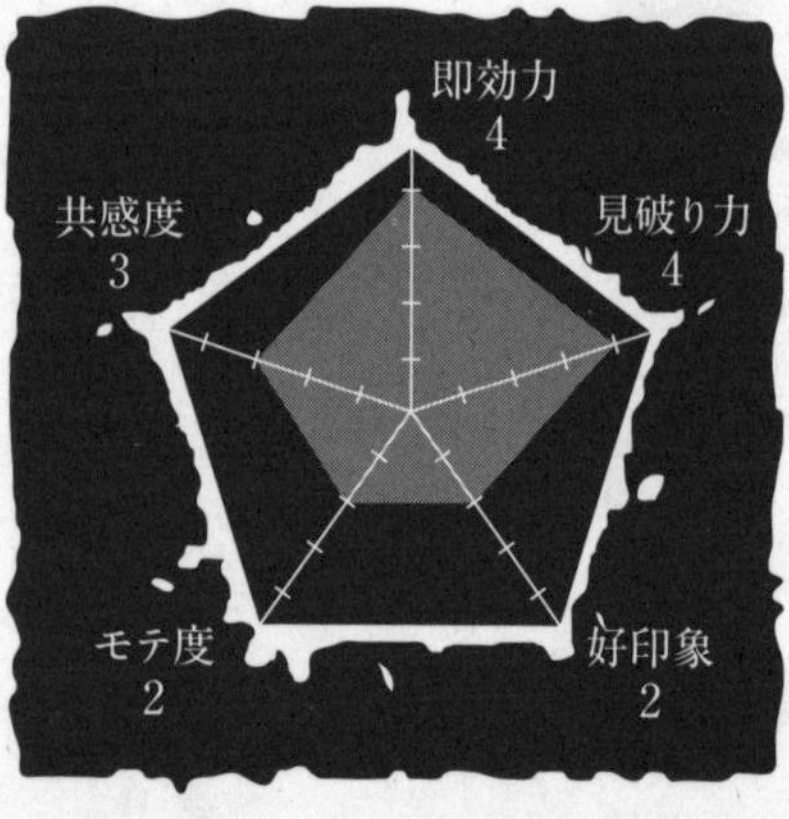

程度読みとれてしまう。頬や頭を撫でるように触る人は、ミスをしたら優しく慰めてほしいタイプ。反対に頭をたたいたりする場合は叱咤激励を求めている。腕組みの場合、胸の前で腕を組む仕草は他者への警戒心が強い人物で、自分を抱き込むように組む仕草は緊張を和らげようとしている。腰に手を当てる仕草は一見偉そうに見えるが、心理学的には自己中で自己顕示欲が強いことの現れだ。

同僚や部下、恋人などが体の一部を触っていたら、その心理状況をくすぐる行動をとれば、気がきくヤツになれるのは間違いない。

悪魔の格言

体を触る癖があったら、ポーカーフェイスは合なし

面倒な仕事を押しつければ頼れる先輩になれる

TRICKキーワード

自我関与

ある人とより親密になりたいとき、何かプレゼントをあげたり、面倒なことを代わりにしてあげるなどして気を引こうとするのが一般的だろう。だが実は、「ちょっとだけ面倒なことを頼んだほうが親しくなれる」なんて聞いたら、首をかしげるだろうか。

　このトリックを証明する心理実験がアメリカの大学で行われたことがある。その内容はまず、

これができればあなたは…

賢い奴

頼れる人より頼みごとをする人のほうが好かれる

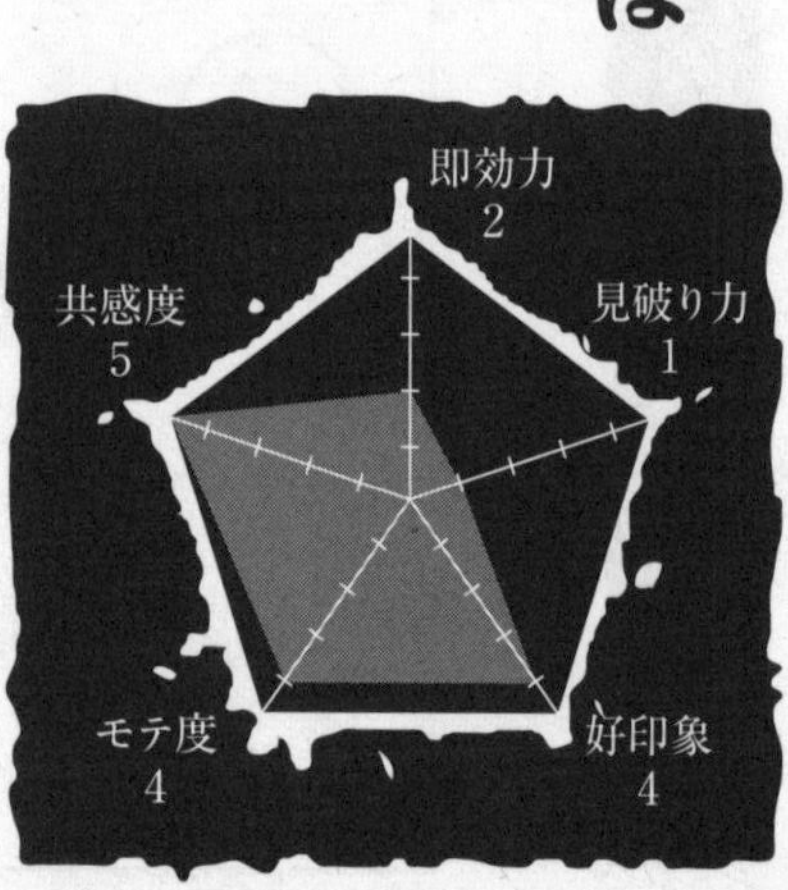

老若男女をランダムで集めた集団に、簡単なクイズを出題して60セント～60ドルの賞金を与える。その後、集団の3分の1に対しては、クイズを主催した研究者が、研究資金が足りなくなってしまったという理由で賞金の返金をお願いする。もう3分の1には、別のスタッフが返金をお願いする。残りの3分の1にはそのまま帰ってもらう。そして後日、クイズを主催した研究者に対する好感度を調査した。普通に考えれば、まるまる賞金をもらった集団の好感度が高いはずである。ところが結果は、研究者が直接返金を頼んだ集団の好感度がもっとも高く、しかも返金額が高いほど好感度も上昇する傾向となった。より損をしたほうが満足度が高いというのは、純粋な経済理論からは考えられない実験結果である。

これは、相手のことを考えている時間や密度を意味する『自我関与』や、自分の行動と感情が食い違っている混乱を、行動で解決しようとする「認知的不協和」といった心理が関与していると考えられる。これを会社に置き換えると、自分ひとりで何でもこなす上司よりも、同僚や部下にどんどん仕事をお願いする上司のほうが周囲からの好感や信頼を集められるというわけだ。

悪魔の格言

上手に頼みごとを使い分け、周囲の人間を飼い馴らせ

聞き役に徹して相手の「怒り疲れ」を待て

TRICKキーワード　傾聴

クレーム処理は、クレームが持ち込まれてから30分で勝負が決まるという。この30分でうまく対処できれば、すべては丸く収まるのだ。クレーム対応での禁句は、相手を刺激するような反論だ。「おっしゃることはわかるのですが……」とか「それはそうなんですけどね……」などとうっかり口にしようものなら、さらなる怒りを呼びかねない。下手すると裁判沙汰にまで発展

これができればあなたは…

デキる奴！

まずは聞き役に徹して相手の疲れを待て！

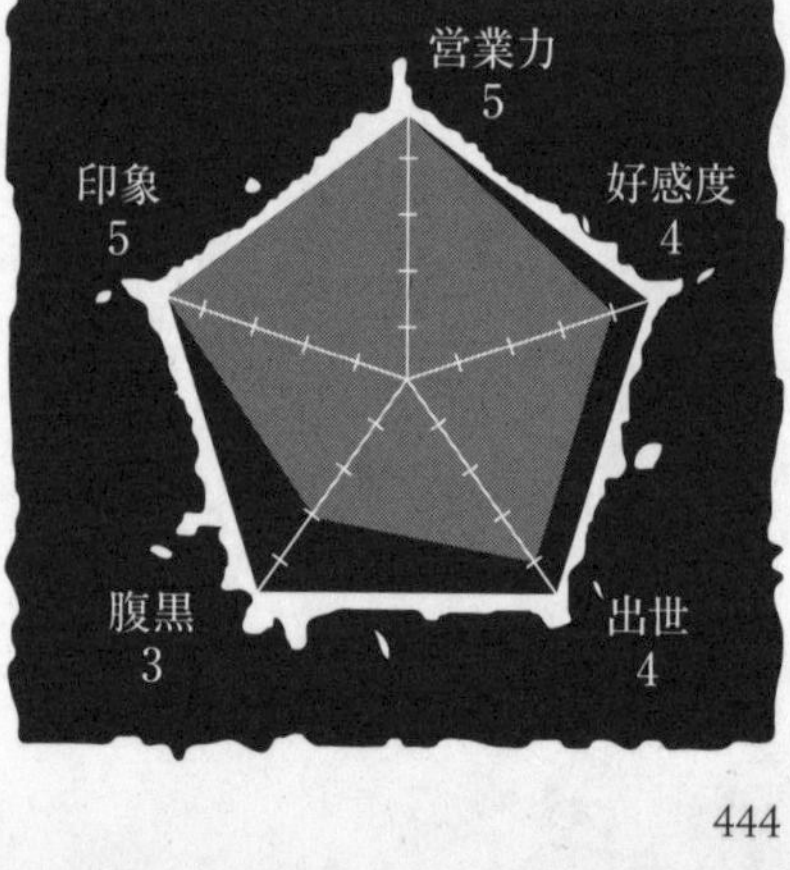

悪魔の格言

クレーマーに対しては「おっしゃるとおりです」と聞き役に徹するべし

するクレーム処理は、勝負の30分で絶対に決着をつけなければならないのだ。

というのも、わざわざクレームを持ち込んでくる相手というのは、たいてい頭に血がのぼり、理性などキレイに吹き飛んでいるからだ。相手を否定したり、反論することは、クレームを持ち込んだ側からすると「不誠実な対応」という印象を持ってしまうため、避けなければならない。クレームに対しては、少なくとも30分は聞き役に徹するべきである。また、聞き流したり、だんまりを決め込んでもいけない。このような態度をとっていると、「ちゃんと聞いているのか！」と、さらに相手の怒りに火をつけることになるからである。

聞き役に徹するというのは、「おっしゃる通りです」「お詫び申し上げます」などの謝罪を相づちのように述べることである。謝罪の意を込めた相づちを打たれることで、相手はこちらの誠意を感じるようになる。そうなるとだんだん冷静になってきて、「怒り疲れ」のような状態になるのだ。こちらが聞き役に徹することで、相手に頭を冷やす時間を与えるのである。冷静になってもらえば、あとはお互い理性的に話し合いができるから、話の折り合いもつくというわけだ。

ライバル心の強い交渉相手には戦わずして勝て

TRICKキーワード

無視の肯定

交渉や議論が得意な人は、1回目の交渉の際に、本題とはあまり関係のない質問を最初にぶつけてくることがある。これは、交渉相手がどれくらいの力量を持っているのかを推し量るためなので、油断してはならない。

しかし、あえて議論から降りるという手段に出れば、これを逆手にとることも可能なのだ。

例えば相手が「ちょっと小耳に挟んだのです

これができればあなたは…

賢い奴

含みを持たせて答えれば
相手は勝手に深読みする

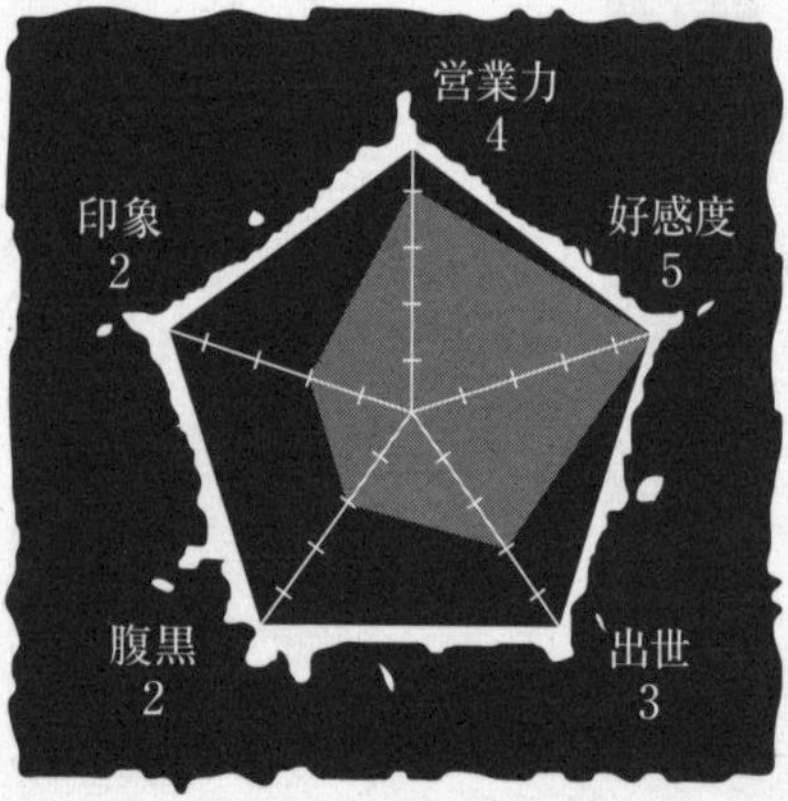

が、御社とつきあいのあるA社が大きいプロジェクトを立ち上げたそうですね。これからどうなると思います?」という質問をしてきたとしよう。ここであなたが馬鹿正直に相手の土俵に乗ってしまうと、相手の闘争心を煽るのがオチ。ではどうするのか。

「まだお答えしないほうがいいと思います。始まったばかりで成果が出ているわけではないですから」と含みを持たせて答えればいいのだ。「答えない」という言葉で、本当はあまり知らなくても、十分な知識を備えているように偽装でき、「成果が出ているわけではない」という言葉ではぐらかしつつ、いい加減な判断はしないことを相手に悟らせることができる。さらに、自分が議論の中心になろうと質問をけしかけたライバル心の強い質問者も、「こいつは手強い」と感じるはずだ。こうなれば、心理的にこちらが優位に立ち、勝ったも同然となる。

この、「答えになっていない答え」はかなり有効に使えるうえ、相手に「こいつは一筋縄ではいかないな」と思わせることができる。下手なことを話して墓穴を掘るよりは、最初から論じないことで、戦わずして勝つのが得策なのである。

悪魔の格言

面倒な交渉相手は、あえて論じないことで「こいつは手強い」と思わせろ

口達者なライバルはイチャモンで打ち負かせ

TRICKキーワード

言いがかりの効果

頭の回転速度には個人差がある。ものすごく早く回転する人もいれば、回転は遅いが、時間をかけてじっくり突き詰めて考えて、正しい結論を得る人もいる。しかし、頭の回転が遅いと、時間が限られている会議などの席上では、弁の立つ人に議論の主導権をとられてしまう。

弁の立つ人に丸め込まれないために使えるのが、相手の話にいちいちイチャモンをつけること

これができればあなたは…

デキる奴！

相手の主張の根幹につけ込んで議論の主導権を握れ

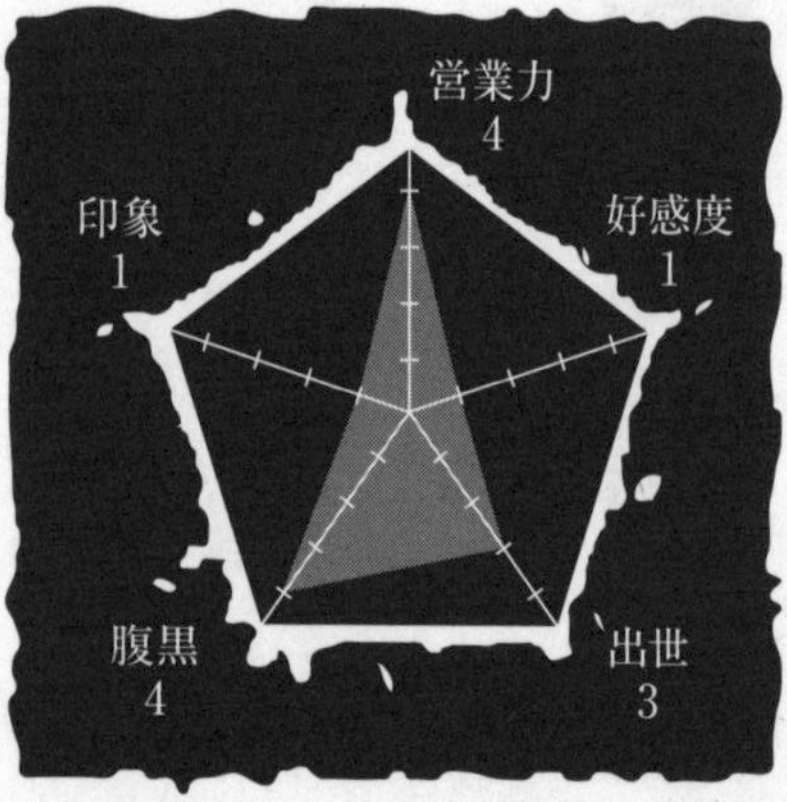

だ。相手の主張にとにかく噛みつくのである。もちろん、チンピラレベルの噛みつき方では意味がない。それどころか、相手の言葉尻をとらえるようなイチャモンは、周りからの反感を買うだけだ。さらには「言いがかりをつけるのか！」と逆に追い込まれてしまう可能性もある。

そこで相手の主張の根幹部分につけるイチャモンが一番効果的である。例えば、会議で新しいイベントの計画案が出されたとしよう。すかさずあなたは「なんの根拠があってのことですか？この時期に始めるべきだという客観的データの裏付けはあるんですか？」と問うのだ。

逆に、あなたの意見に対して異を唱える人がいたら「反対する根拠はなんですか？」とすかさず問えばいい。それに対して答えがないのなら「根拠のない反対はご遠慮願います」と相手をやり込めるのだ。相手が答えたら、「私はそう思わない」と前置きをして、自分の主張を述べればいい。自分の主張したいことの根幹部分にイチャモンをつけられると、人は不安になり、どんなに自信のあった主張だとしても、その主張に対する自信をなくしてしまう。それに乗じて、弁の立つ人をひるませて、議論の主導権を握るのだ。

悪魔の格言

「根拠は？」のひと言で、相手が主張する気力を削げ！

「一緒に悩むフリ」だけで信頼ゲット

TRICKキーワード 親切心

あらゆる人間関係において、親切心というのはたいへん重要な要素だ。あなたが誰かから相談を受けたら、めんどうだと思ってもできる限り親身になったほうがいい。人は自分に親切にしてくれた相手に好感を持つ（相手が異性であれば、ときにはそれは愛情となる）からだ。

だが、その相談内容が自分の手に余る場合など、現実的に力になれないこともある。そうい

これができればあなたは…

「協力者」スタンスが親切心アピールのカギ

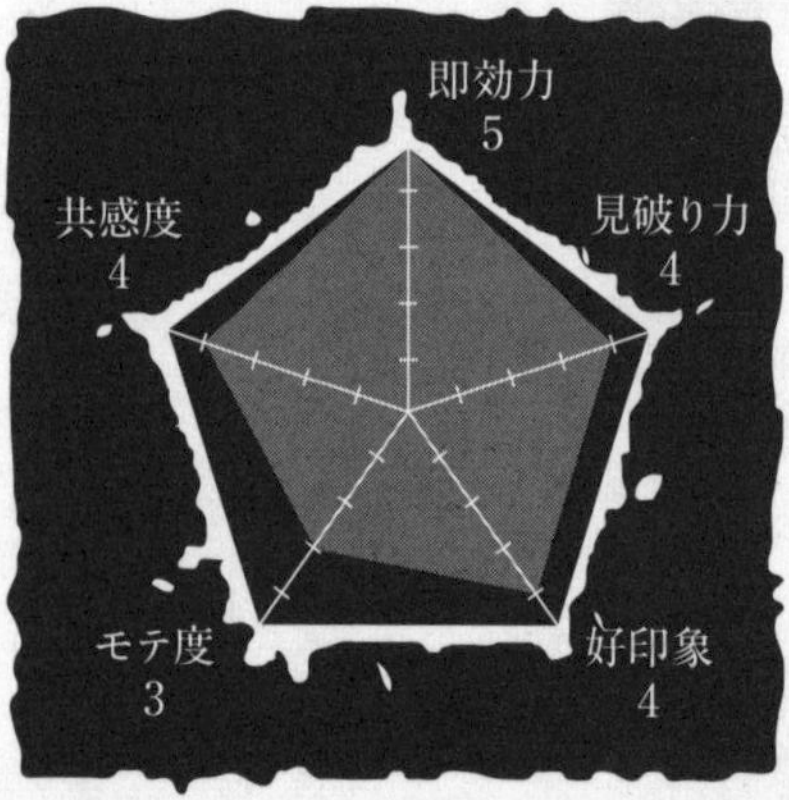

うときはとりあえず〝一緒に考えて悩んであげるフリ〟をしよう。具体的な解決策が得られなくても、自分の悩みを共有してくれる相手がいるという安心感を与えることで、親切心をアピールできる。逆にここで「それは自分の手には負えないよ」と冷たく突き放してしまうと、相手は拒絶されたと感じてしまうだろう。

とはいえ、要求が高すぎたりタイミングが悪すぎたりしたら、はっきり断っても問題ない。ただしその場合は相手に恨まれないよう、要求に応えられない理由をしっかり説明し、愚痴を聞くなどのフォローを忘れないようにしよう。

悪魔の格言

長いグチを聞きたくなければ、とりあえず悩みを聞いてるフリ！

部長の謙遜を否定できれば昇格間違いなし

TRICKキーワード

再否定

褒め言葉は円滑な人間関係を築くために欠かせないもの。人間は基本的にナルシストであり、コンプレックスの固まりで自分のことが嫌いだと公言している人も、心の奥底では「自分は他人より価値がある」と思っているものだ。そのため、人は褒められると自尊心がくすぐられ、少なからずいい気持ちになるのである。

また、褒めるという行為はビジネスの場にお

これができればあなたは…

さわやかホレ対象

褒め言葉が多い人は円滑な人間関係を生み出せる

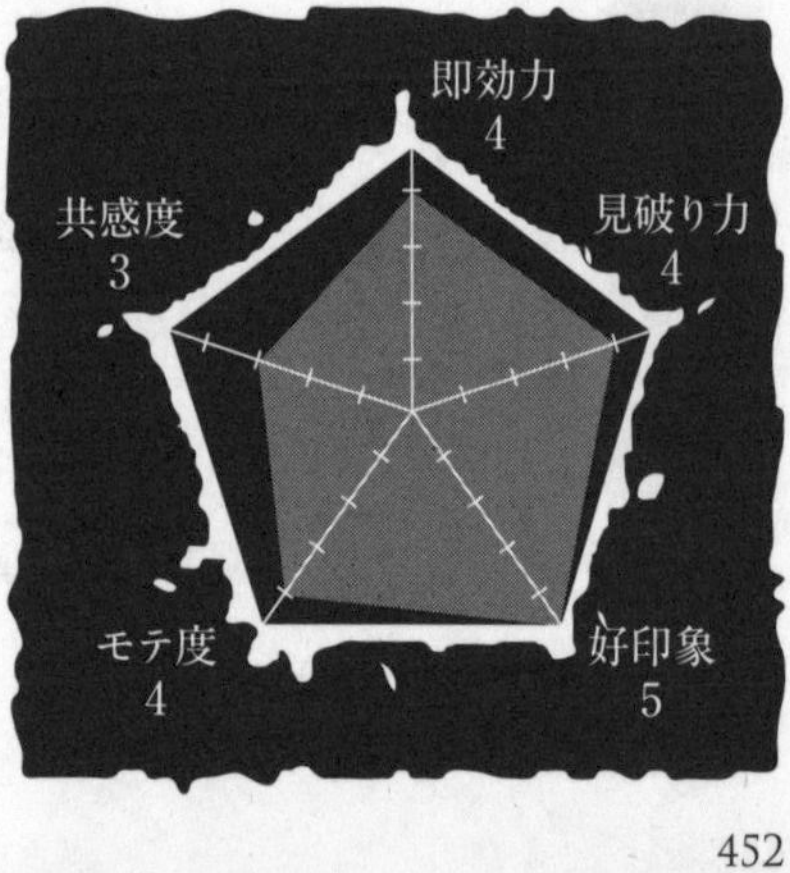

いても有効で、自分に対する好感度をアップさせ、相手の気持ちやる気を高める効果がある。実際、対人スキルが高いといわれる人はたいてい「褒め上手」だ。

とはいえ、実は人を褒めるというのは意外に難しい。何でもかんでも褒めると「あいつはおべっかばかり使う」などと軽薄に見られてしまうし、褒めるポイントがずれていると逆に相手を怒らせることもある。また、日本人は謙虚さを美徳としているため、褒められて「ありがとう」とそのまま受けとったりうまい返しができる人は少なく、たいていの人は「そんなことないですよ」と褒め言葉を否定してしまう。だが、それはあくまでもポーズであり、否定した本人は言葉とは裏腹に、本音の部分では必ず喜んでいるはずだ。だから、否定されたらすぐに『再否定』しよう。『再否定』とは、相手の謙遜や否定をさらに否定するテクニックのこと。例えば「○○さんは上司からの信頼が厚いんですね」と褒めた相手が「そんなことないですよ」と否定してきたら、間髪いれずに「そういう謙虚なところも、信頼される一因なんでしょうね」と返す。そうすることで、2倍にも3倍にも相手を喜ばせることができ、うまく扱うことができるはずだ。

悪魔の格言

人は皆ナルシスト。謙遜を再否定して自尊心をくすぐれ

入室と退室を堂々とすれば「デキるヤツ」になれる

TRICKキーワード

初頭効果・新近効果

人は物事を第一印象で判断するもの。人間相手の場合、初対面から3分で相手に与える印象はほぼ決まってしまうといわれている。そして最初によくない印象を持ってしまうと、その後はその対象に関して自分の感じた第一印象が正しいことを証明するような情報ばかりを（無意識のうちに）拾い上げ、自分の直感が正しいと思い込もうとするという。

これができればあなたは…

さわやかホレ対象

第一印象と別れ際の一言が好印象の重要なカギ

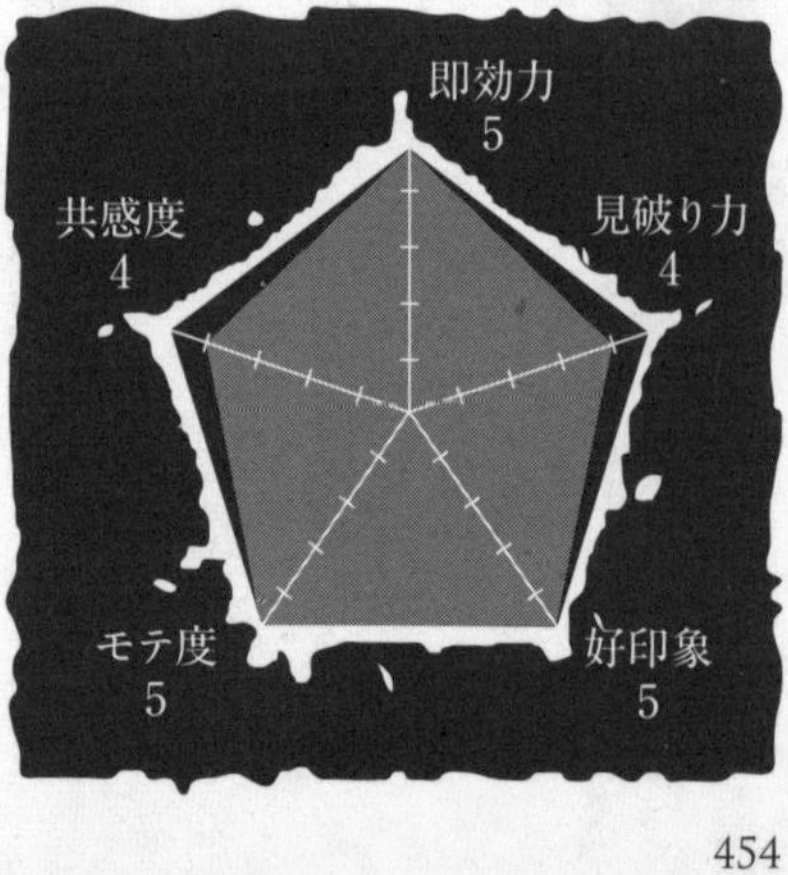

このような判断の歪みを「仮説検証バイアス」という。そして、これは対人間に限った話ではない。各企業が新たな商品やサービスを開発する際、内容そのものとともにロゴやカラーやデザインに気を配るのも、少しでも自社のイメージをアップさせたいからである。

このように、最初に得た情報が印象を強く規定することを『初頭効果』と呼ぶ。これに対して、最後に得た情報が強く規定することを『新近効果』という。例えばある人物を指して「あの人はとても優しいが、優柔不断だ」というのと「あの人は優柔不断だが、とても優しい」というのでは、受けるイメージが異なってくる。最初に否定的な言葉があっても、その後に続く肯定的な内容のほうが記憶に残るため、全体的な印象は良くなるのである。会議の席上などで最後に出された意見がもっとも強く印象に残るとされているのは、この『新近効果』による。

つまり、人に好印象を与えたければ、最初と最後の両方とも肝心ということになる。初対面なら最初の3分間で好印象を与えられるような見た目や言動を、プラス別れ際に相手の記憶に残るような言葉を、というわけだ。

悪魔の格言

どんなに相手を否定しても、最後に褒めれば万事OK

質問と相づちを挟めば会話が得意になる

TRICKキーワード
自己関連付け条件

ルックスがいい、スポーツ万能、社会的地位が高い、話題が豊富で面白い……。男性のモテポイントとしてよくこれらの点が挙げられるが、実はもっと大事な要素がある。それは「聞き上手」だ。どんな人でも、最大の関心事は自分自身のこと。自分に関連する情報に対しては知りたいという気持ちが敏感に反応するし、身近に感じられるから印象に残りやすい。これを『自己関

これができればあなたは…

なんか気になる奴

人は自分の話を聞いてくれる人に強い関心を持つ

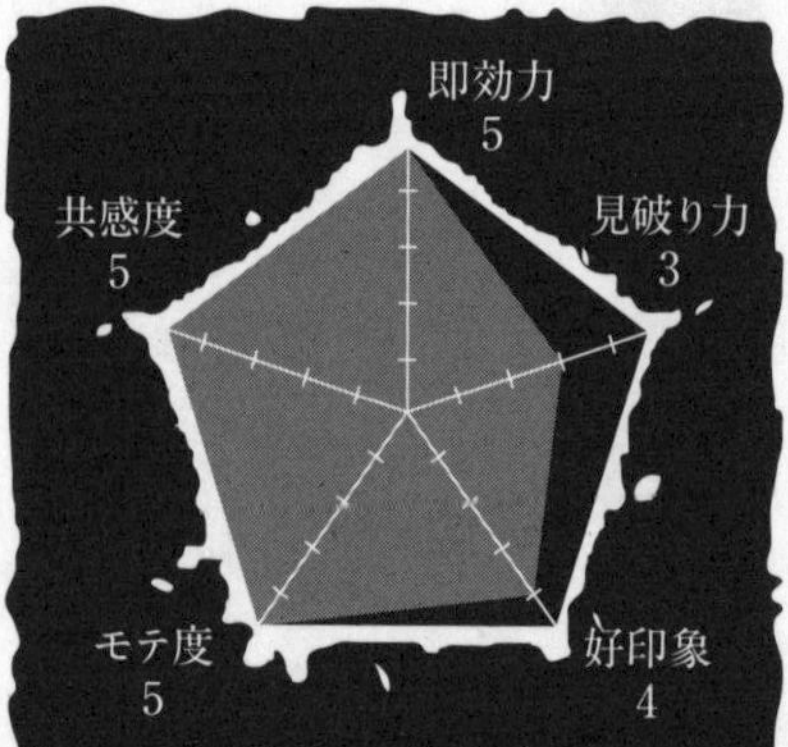

連付け効果』という。女性に好かれたければ、自慢話を延々としたり好意をガンガンアピールしたりするより、相手の話をひたすら聞いてあげるほうが、好感をもたれやすいのだ。

とはいえ、相手から話題を引き出そうとして「趣味は?」、「好きな男性のタイプは?」などと矢継ぎ早に質問をするのは逆効果である。相手は探られているように感じ、警戒してしまうだろう。

そういうときは、相手の近況など当たり障りのない話題を振るのが良い。

例えば「最近どこかに出かけた?」という質問を投げかけてみる。それで「先週末、映画を観にでかけた」というような言葉が返ってきたらしめたもの。その映画の感想や好きな映画のジャンルなどに話を展開させれば、自然に相手の話を引き出すことができる。その際、さらに相手を話しやすくさせる効果として有効なのが「うなずき」や「相づち」だ。これらを適度に挟むことで、相手は「自分の話を理解してくれている」と安心して話を続けることができる。

「うん」「はい」といった単調なものだけではく、「へえ?」、「そうなんだ」、「すごいなあ」などとバリエーションをつければ、会話のテンポが上がり、ますます盛り上がるだろう。

悪魔の格言

聞き上手になればお金を使わず異性のハートをわしづかみ

失敗を口にしなければ失敗知らずの人間になれる

TRICKキーワード

ハウリング効果

「失敗は成功のもと」とよくいわれるが、実際問題一度失敗すると、そこから挽回するのはとても難しいものだ。一度の失敗でおじけづくことなく、むしろ失敗をバネや教訓とした者だけが成功者となる。大切なのは明確な目標をもち、その目標に向かって絶えず軌道修正していく努力や態度だ。

成功者に共通する点としてもうひとつ挙げら

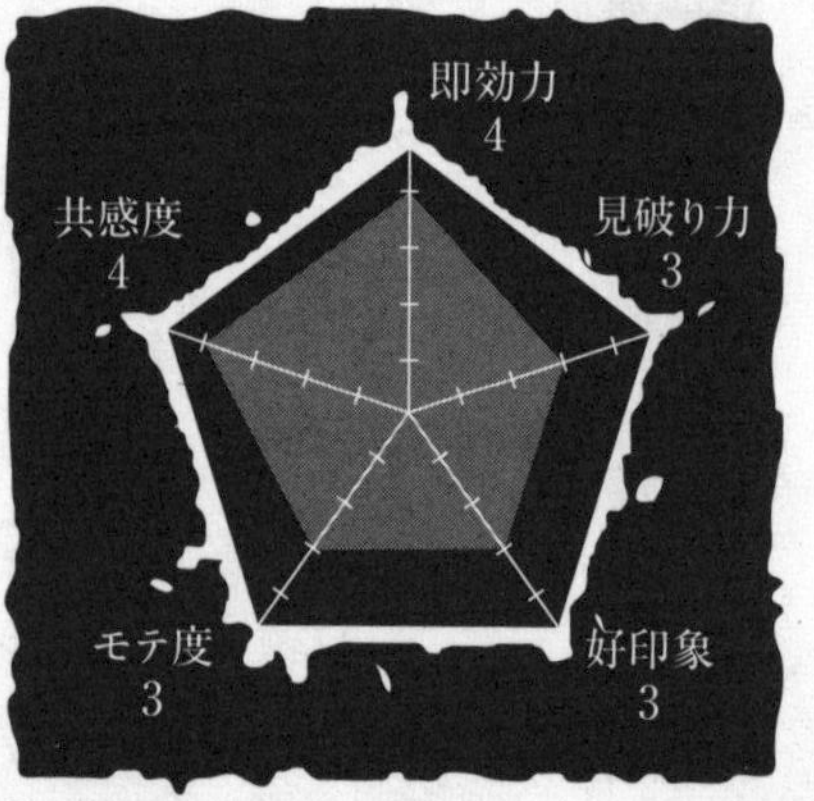

これができればあなたは…

賢い奴

失敗をプラスに評価することが次の成功への近道

れるのが、「個人的な失敗を口にしない」ということ。彼らが過去の失敗について触れるときは、たいてい「あの失敗があったから、今の成功がある」というように前向きなプラス評価で語る。個人的な失敗を口にすることはマイナスにしかつながらないからである。

反省することは大切だが、反省しても仕方のないことをいつまでも悩み続けるのはまったくのムダである。『ハウリング効果』によって再び同じ失敗を繰り返す可能性が高くなるだけだ。

ハウリングというのはスピーカーが「キ～ン」という音を出す現象のこと。「スピーカーの音がマイクに入る」→「増幅された音がスピーカーから出る」のループによって発せられるもので、たいへん耳障りなものである。これと同様に、失敗したことをいつまでも悩んでいると、いざ同じ事態に直面したとき、「もしかしたらまた失敗するのではないか」という意識が増幅されやすくなるのだ。反省は人を萎縮させてしまう。いつまでも過去の失敗を悔やむぐらいなら、「反省なんかしない」と大胆に割り切ってしまおう。そして、やる気や何かを発想するエネルギーが赴くままに行動する。それが成功へのカギとなるのだ。

悪魔の格言

反省だけならサルでもできる。過去の失敗にこだわるな

服装を少し乱すだけでまた会いたいと思われる

TRICKキーワード
認知的不協和

かつて日本では、後ろ姿のきれいな女性を「バックシャン」と呼んでいた。今でも、キュッとしまった足首、張りのあるヒップライン、くびれたウエスト、ピンと伸びた背中といったきれいな後ろ姿の女性を町で見かけると、「美人なのではないか」と期待して顔を確認しに行ってしまう男性は多いだろう。裏返せば、後ろ姿がきれいな人は一目惚れされやすいといえる。恋愛勝者に

これができればあなたは…

なんか気になる奴

美しい後ろ姿と適度な着崩しが恋を呼び込む

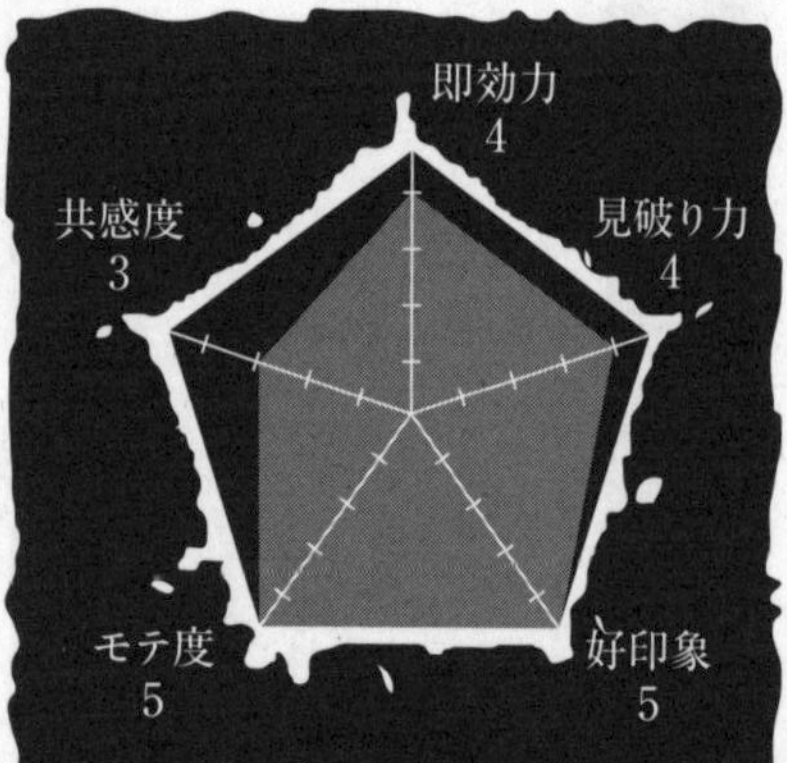

なりたければ、後ろ姿にもご注意を。

また、「適度な着崩し」も一目惚れ確率アップのポイント。コンサバすぎる服装や雑誌から飛び出したような流行最先端の服装は既視感があるためあまり印象に残らない。一方、どこか適度な着崩しには「あれ、何かちがうな」という違和感が残る。そして相手の心の中では、この違和感を「こんなに気になるのは、きっとこの人が好きだからだ」と認識することで解消しようとする心理作用が働く。これを『認知的不協和』という。つまり、違和感は恋のはじまりのきっかけとなりやすいのである。

悪魔の格言

後ろ姿に恋をして、正面姿で恋が終わることもある

持ち物のランクをアップさせれば自信が生まれる

TRICKキーワード
拡張自我

いうまでもなく、「自我」とは人間の内面に存在するものである。しかし我々には、身に着けているものも含めた持ち物すべてを「自分」と考える傾向がある。

これを心理学用語で『拡張自我』と呼ぶ。みすぼらしい服を着てレストランへ行くと気後れしてしまうのは、このためだ。ここで重要なのは、気後れしてしまうのは「人にどう見られている

これができればあなたは…

デキる奴！

安価でも自分が「いい」と思えればOK

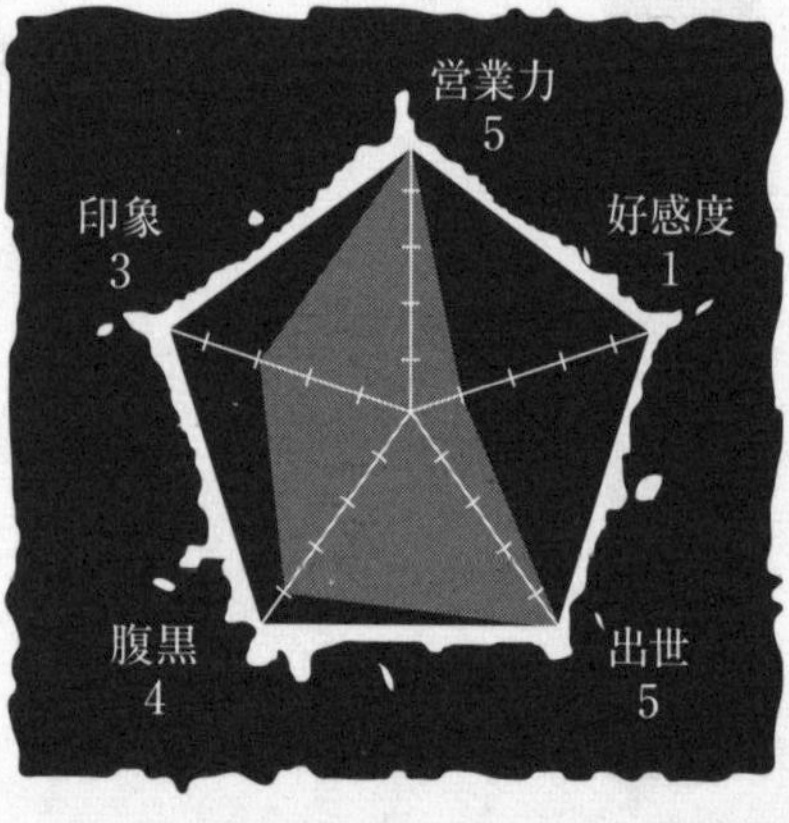

か」を気にしているからではなく、自分で自分のことを「劣っている」と思い込んでしまうことに起因している点だ。たとえ他人がなんとも思っていなかったとしても、思い込みは止まらない。半ば、うつ状態であるともいえる。

そんなダウナー気分を一新させるのに効果的なのが、ショッピングだ。わかりやすいのは洋服やアクセサリー類、時計といった目につきやすいものだが、これは別に下着でも万年筆でも車でも、「いいモノ」でありさえすれば何でも構わない。わかりやすい高級品でもいいし、他人にはわかりづらくても自分が本当に「いい」と思うものでも良い。持ち物のランクをアップさせるだけで、『拡張自我』は大きくなり、結果として自信につながる。

「まず格好から入る」のは、心理学的にも理にかなっているのだ。ちなみに、家柄や学歴、会社や職業といった目に見えないものも『拡張自我』に含まれる。日本人のみならず世界中にブランド好きが多いのは、他人との競争を余儀なくされる現代社会において「素の自分に自信のない人がいかに多いか」という事実の証左といえるかもしれない。

悪魔の格言

心が折れかけたら、高級品を身に着けよ！

博愛主義に徹すれば誰からも好かれる人になれる

TRICKキーワード
好意の返報性

他人から尊敬されたい、みんなから好かれたいという気持ちは、多くの人に生まれながらに備わっている願望である。たとえそのように考えていない人であっても、嫌われているよりは好かれているほうが実社会で生きていくうえではなにかと都合が良い、という意見には異論がないだろう。

だが、人には向き不向きがあり、どうしても

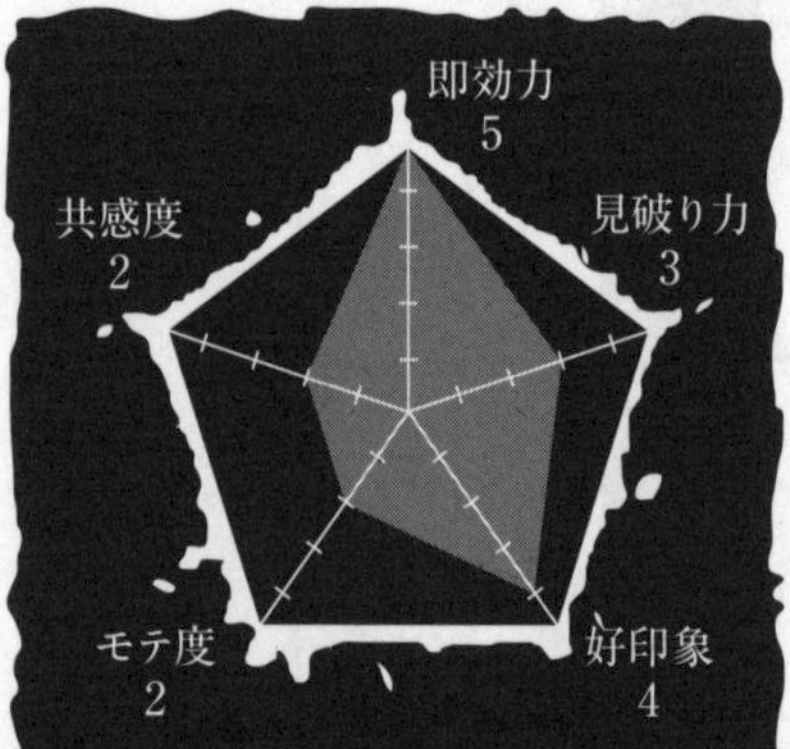

これができればあなたは…

好かれて嫌な気持ちになる人間は、ほぼいない！

性格の合わない相手もいる。誰からも好かれる完璧な人間など、なかなか存在しない。

それでもあなたが人から好かれたいと思うのなら、まずは自分が相手を好きになるところからはじめると良いだろう。なぜなら、ノースイースタン大学のジュディス・ホール博士が行った調査により、人は「自分に好意を感じている人に、同様に好意を感じる」ことが明らかになっているからだ。

ジュディス博士の研究では、病院に通っている男女530人を対象に、担当医師への好意度が調べられた。すると、医師から好かれている患者ほど、同様に医師のことを好きだと感じていることがわかったのだ。このような心理法則を、『好意の返報性』と呼ぶ。

人を好きになるということは、その人のことを認めるということ。存在、性格、態度など、その人に関する特性の多くを、肯定的に捉えるということである。

人間には「他人に自分のことを認められたい」という「自己是認欲求」が本来備わっているが、人からの好意はそれを満たす絶好の機会なのである。そのため、自分を好きになり、自己是認欲求を満たしてくれる相手を、人は自然と好きになってしまうのである。

悪魔の格言

好きになれば、相手の自己是認欲求を満たせる！

メモをとるだけでデキる新人に大変身！

TRICKキーワード
インタビュー効果

新入社員は、積極的にメモをとるべきである。

仕事上のミスを犯さないために必要なのはいうに及ばず、話のポイントとなる点をメモしようとすることで、必要な情報とそうでもない情報を頭の中で整理することができる。

だが、それだけではない。実は「話の最中にメモをとる」という行為自体が、相手に対して好印象を与える心理テクニックとなるのだ。メ

これができればあなたは…

メモとり行為は「話を聞いてます」アピール

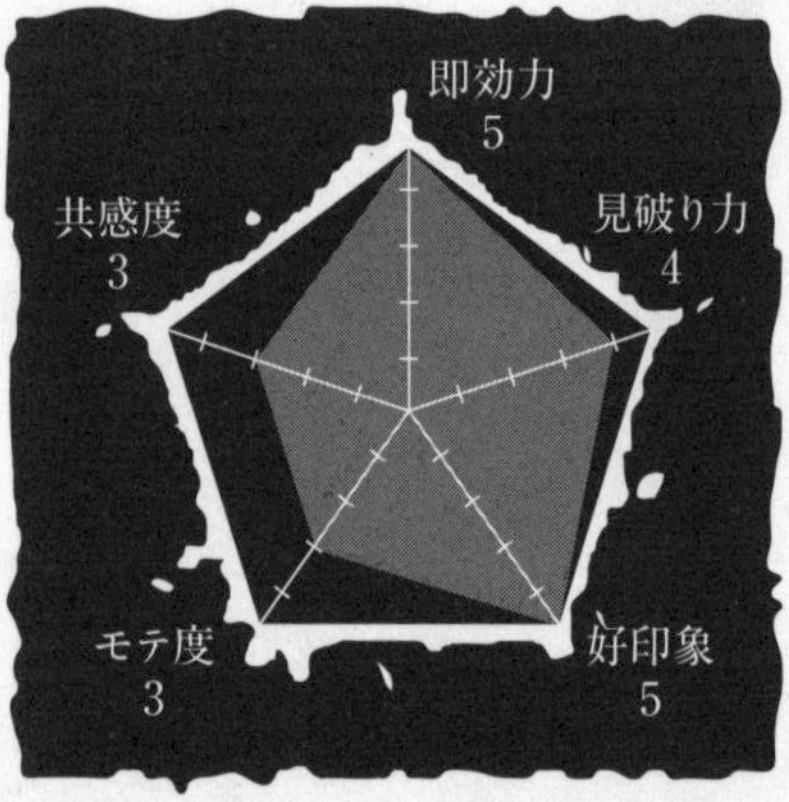

モをとる行為は、「あなたの話をしっかり真剣に聞いていますよ」という無言のメッセージとなる。

ただ相づちをうつだけだと、「自分のいっていることを本当に理解しているのだろうか」「聞いてるふりをしているだけなのでは」と不信感や不快感を抱かせてしまう可能性がある。しかし、話を聞きながらメモをとれば、相手は自分の話を熱心に聞いてくれると感じて知らず知らずのうちに気をよくし、「一生懸命でかわいいヤツだ」などとあなたに好意を持ってくれる。そうすればもう、懐に飛び込むのは簡単だ。実際、営業マンの研修では「お客さまの言葉は必ずメモをとりながら聞くように」という指導をしていることが多い。

また、心理カウンセリングの現場においても、メモをとりながら話を進める手法は、より多くの情報を引き出す効果が高いとして推奨されている。人はインタビュー中にメモをとられると、自意識が高まったり注目を浴びていることをより強く感じたりして「より正確で多くの情報を与えたい」と感じるという。事件や事故の際、協力的な態度で積極的にテレビインタビューに応じている目撃者や関係者の心理状態がまさにそれだ。これを『インタビュー効果』という。

悪魔の格言

落書きOK！　上司の長話は、ペンを動かしてヒマつぶし

落ち込んだらなるべく早めに手を打て

TRICKキーワード

心を落ち着ける技術

上司にひとつのことを注意されただけで「自分はダメな人間なんだ」とひどく萎縮して集中力を欠き、さらにミスを重ねてしまう。とれるはずの契約が直前でダメになり「やっぱり最近うまくいかない」と落ち込みやる気を失い、営業成績がガタ落ちになる。

ひとつの出来事にとても感情的になり動揺してしまう人は、仕事もうまくいかず、収入もな

これができればあなたは…

デキる奴！

常に冷静でいられることもデキる大人の条件

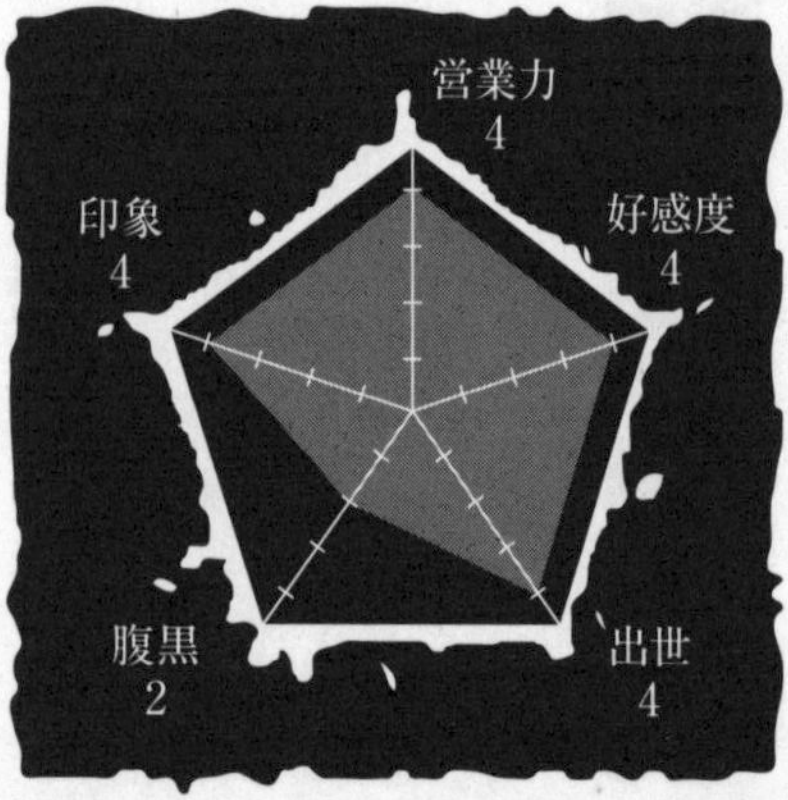

かなか上げることができない。

どんなに慣れている仕事でも、用意周到だったとしても、予想外の事態というのは起こるものである。大概のことは結局なんとかなり大した問題にはならないことが多いので、どっしりと構えて冷静に事を運べば良い。人間だから、感情に揺れがあるのも当然のことで、ときにイライラと焦り、落ち込むこともあるだろう。

だが、心が乱れるとすべてのリズムが崩れ始めてしまう。パニック状態になり、焦れば焦るほど急ぎの仕事がスムーズに片付いていかない。

そんなときはまずは一息ついて、呼吸を整える。ゆっくり深呼吸をして、呼吸をどんどん安定させて、心も落ち着かせる。そして「大丈夫」と自分に言い聞かせるのだ。

心の動揺を感じたらなるべくすぐに手を打った方が良い。動揺が小さいうちに対処した方が落ち着きをとり戻す時間も短くて済む。冷静に前向きに対処していけば、どんなことが起こっても、必ず道は開けるはずだ。

悪魔の格言

誰にだって失敗やピンチはある。いちいち動揺するな

深呼吸するだけで相手へのイライラを抑えられる

TRICKキーワード
クロス・コンプレイニング

待ち合わせに遅れた彼に、彼女は「いつもあなたはそう！」と不満をぶつける。それに対して彼は「お前だってこの間は…」と切り返し、逆ギレをする。

「夫婦喧嘩は犬も食わない」というが、喧嘩や言い合いの原因はつまらないことだったり一時的なことで、後から冷静に考えてみると「なんであんなに怒ったりしたのだろう」と不思議に思

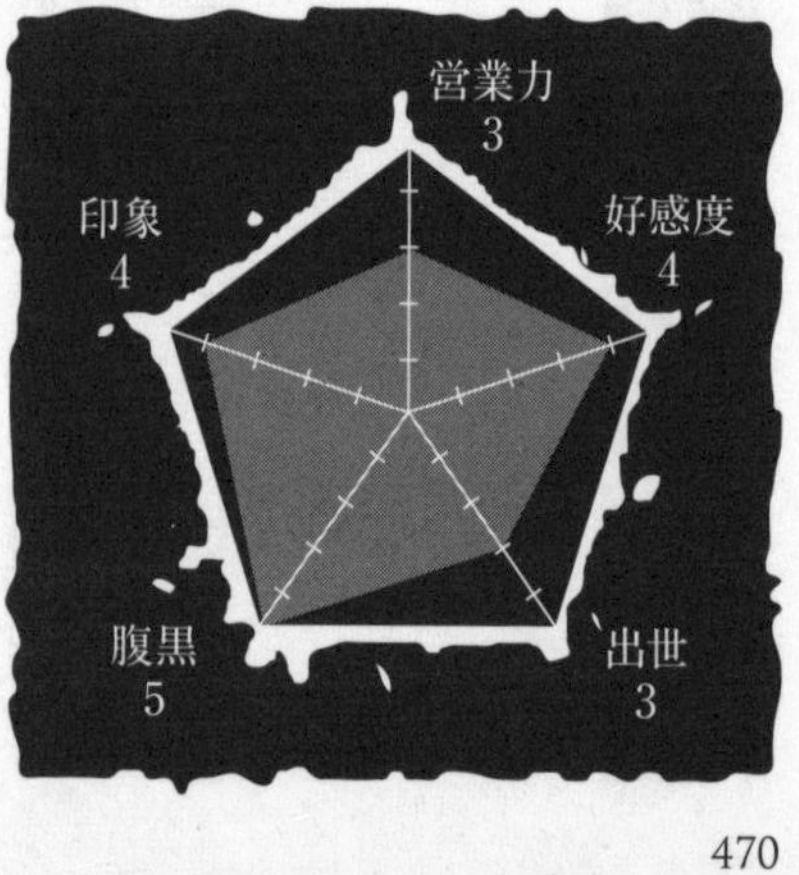

これができればあなたは…

賢い奴

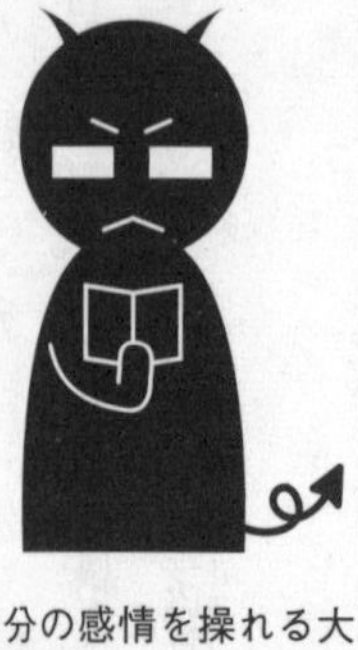

自分の感情を操れる大人は仕事もできる

うことも少なくない。関係性が近ければ近いほど喧嘩も起こりがちだ。結果的にお互いを傷つけ合ってしまい、些細な喧嘩を積みあげて人間関係が修復できないほど壊れてしまうことも多い。また、「お前こそ」と非難を仕返す「クロス・コンプレイニング」は、喧嘩を最悪な事態に発展させてしまうこともある。

相手にムッとしたら、まずはひと呼吸を置いてみる。そして話の論点を冷静に考えて明白にし、自分の気持ちを素直に伝える。そして、少し癪だと思っても、自分から歩み寄りを見せるようにする。感情的に反応して、反射的に相手のことも攻撃してしまっては、関係性の改善など望むべくもない。だいたい喧嘩の元は、日頃我慢していた相手への不満やストレスであることが多いもの。相手への不満は、溜まってから一気に吐き出すのではなく、そのときそのときで小出しに、なるべく感情的にならずに伝えること。

日々のストレスは、身体を動かす、ショッピングをする、友人と飲みにいくなど上手に対処しておかないと、喧嘩への導火線に火がつきやすくなってしまう。

悪魔の格言

日頃の不満は少しずつ吐き出せ！　溜めこんでもろくなことはない

あなたの本性がわかる心理テスト

自分を変身させる
努力をしているか!?
自分の本当の性格がわかる!

Question 1

万引きの容疑をかけられたあなたは、お店の店先で店員さんに引きとめられてしまいました。どうする?

C 泣きわめく	A あきらめずに容疑を否認
D 罪をかぶる	B 店員にキレる

「友達に抱かれる第一印象」診断

容疑がかかったとき＝自分が何かに染まりそうになった瞬間の様子は、あなたの第一印象を投影。あなたはあなたの友達に、どんな第一印象をもたれているのだろうか。

A 第一印象から好感度の高い人

あきらめずに容疑を否認するのは当然の権利で、当然の行動。ただ、非日常的な場面でそれをしっかりとやり切るのは簡単なことではない。

B だんだんと挽回していく人

自分の感情をセーブするのが苦手で、非日常的な場面で心を冷静に保つのが下手。挨拶や自己紹介をするときは緊張してしまい、普段の自分を出し切れない。

C 第一印象では気弱な人

Bと同じく、自分の感情をセーブするのが苦手。はじめて会う人がいる場面ではどうしても心細くなってしまい、それが行動にもにじみ出ている。

D 第一印象に後から苦しむ人

自分を押し殺してまで頑張るあなたの第一印象は、標準的。その標準的な第一印象を後々までキープするのが大変で、人間関係を途中放棄してしまう可能性も。

朝、出かけようとしたら、家族に「ねえ、ちょっと!」と呼びとめられました。その理由は何だった?

C **パンツ**が見えてしまっていた	A 家に**イタズラ電話**がかかってきた
D **靴**が汚れていた	B **洋服**にタグがつきっぱなしだった

「誰にも触れられたくない点」診断

友達をはじめとする周囲の人に、決して触れられたくないこと、もっともバカにされたくないことを探るのがこのクエスチョン。あなたの心に眠るコンプレックスを暴いていこう。

A 社会的地位について

姿の見えない誰かによる辱めを想像したあなたは、社会的地位が低いことを嫌うタイプ。人に尊敬されたいという思いが人一倍強い。

B 経済状況について

洋服が象徴するのは経済状況。あなたは人におごられることが大嫌いで、余裕のある生活を送っていると思われたい人。給料日前でも見栄を張って無理をしてしまう。

C 性的欲求について

性的欲求のとても強い人。いつも衝動を抑えることに必死で、ときに友達との会話中に上の空になってしまうことも。自分の性的欲求を抑える努力を欠かさない。

D 性的テクについて

靴は性的テクニックを象徴する。これを汚れていると感じた人は、テクニックの不足を気にしているきらいがある様子。まずは相手に心を開くことからはじめて。

Question 3

ペットショップに行ったあなたの目に飛び込んできたのは、ある生き物の愛おしい姿でした。その生き物とは？

C イグアナ	A カメ
D フェレット ※イタチの一種	B 犬

「必要とする本当の友達」診断

家に連れて帰りたくなるほど愛おしく映る動物は、あなたが日常的に欲している資質を備えているもの。それはすなわち、あなたが友達に求めていることそのものです。

A

刺激の少ない友達

毎日忙しいあなたは、無理に誘ってきたり、無理に面白い話をしてきたりする相手が苦手。友達にもマイペースであることを求め、ガツガツしていない関係性を望んでいる。

B

自分に服従する友達

世の中の「探り合い」込みの人間関係に疲れているのがあなた。友達とは素直な感情をぶつけ合いたい、自分の言うことを全部受け入れてほしい……と思っているはず。

C

会話が心底楽しい友達

友達のことを本音では「つまらない」、「飽きてきた」などと思っている人。一緒にいると刺激をもらえたり、会話をするたびに新しい発見があったりする友達を欲している。

D

深く語り合わない友達

「深く語る」、「悩みを打ち明ける」なんて一切したくないあなたは、ウェットな人間関係に拒否感を抱く。楽しむだけ楽しんだら、スパッと別れて、翌日もまた元気に楽しむ。

参考文献

『恋の深層心理テスト』監修／齊藤勇（宝島社）
『本当は怖い心理テスト』監修／齊藤勇（イースト・プレス）
『本当は怖い心理学』監修／齊藤勇（イースト・プレス）
『本当は怖い心理学 BLACK』監修／齊藤勇（イースト・プレス）
『人づきあいがグンとラクになる人間関係のコツ』監修／齊藤勇（永岡書店）
『板ばさみの人間関係から抜け出す技術』著／齊藤勇（こう書房）
『図解でわかる　深層心理のすべて』編著／齊藤勇（日本実業出版社）
『図解雑学　恋愛心理学』著／齊藤勇（ナツメ社）
『図解　心理分析ができる本』著／齊藤勇（三笠書房）
『植木理恵のココロをつかんで離さない心理テク』監修／植木理恵（宝島社）
『なぜか仕事がうまくいく人の「図解」ビジネス「心理」テクニック』著／齊藤勇（PHP 研究所）
『他人の心がカンタンにわかる！　植木理恵の行動心理学入門』監修／植木理恵（宝島社）
『しぐさで見抜く相手のホンネ』監修／匠英一（扶桑社）
『思いのままに人を動かす　実践　心理トリック』監修／匠英一（永岡書店）
『「しぐさ」を見れば心の９割がわかる！』著／渋谷昌三（三笠書房）
『よくわかる心理学』監修／渋谷昌三（西東社）
『夢からのメッセージと深層心理　夢事典』著／志摩ツトム、監修／渋谷昌三（日東書院）
『ズルくやれば 50 倍成功する！』著／内藤誼人（宝島社）
『人は「暗示」で９割動く！』著／内藤 誼人（だいわ文庫）
『危険な世の中を上手に渡る心理術』著／内藤 誼人（河出書房新社）
『人を魅了する暗示の技術』著／内藤 誼人（KK ベストセラーズ）
『【精神の迷宮】心はなぜ壊れるのか』著／尾久裕紀（青春出版社）
『いやな上司はスタバに誘え！』著／西田一見（ビジネス社）
『チャートで知る　社会心理学』編著／藤原武弘・高橋超（福村出版）
『ビジネス、恋愛にいますぐ使える一行交渉術』（鉄人社）
『逆引き夢辞典　願いがかなう夢占い』著／梶原まさゆめ（主婦の友社）
『人には言えない！　禁断の「腹黒」処世術』（宝島社）
『人は 99%「心理トリック」で動かせる！』著／樺旦純（三笠書房）
『図解でわかる　はじめての自己分析』著／榎本博明（日本実業出版社）
『生活の心理学』著／西川好夫（日本放送出版協会）
『男と女の超ヤバイ心理テスト』（サプライズ BOOK）
『脳からストレスを消す技術』著／有田秀穂（サンマーク出版）
『別冊宝島　わかりたいあなたのための心理学・入門』（宝島社）
『夢事典　現在・過去・未来を占う夢分析』著／トム・チェトウィンド　訳／土田光義（白揚社）

編集	坂尾昌昭、山田容子、小芝俊亮（株式会社G.B.）
執筆協力	植松宏真、住友光樹（株式会社G.B.）
	株式会社ノトーリアス、児玉陽司、西井美紗、永野久美、有田ハンタ
表紙・本文デザイン	森田千秋（G.B. Design House）
本文DTP	徳本育民
イラスト	秋葉あきこ

齊藤　勇（さいとう　いさむ）
立正大学心理学部教授。主な編・著書・監修に『図解でわかる深層心理のすべて』（日本実業出版社）、『対人心理学トピックス100』（誠信書房）、『人づきあいがグンとラクになる人間関係のコツ』（永岡書店）、『図解　心理分析ができる本』（三笠書房）、『恋の深層心理テスト』（宝島社）など。

思いのままに人をあやつる心理学大全

2013年 4月19日 第1刷発行
2020年 8月20日 第13刷発行
監修／齊藤 勇

発行人／蓮見清一
発行所／株式会社 宝島社
〒102-8388　東京都千代田区一番町25番地
電話　営業　03-3234-4621
編集　03-3239-0928
https://tkj.jp
振替　00170-1-170829　㈱宝島社
印刷・製本／株式会社 光邦

ISBN978-4-8002-0845-3